KURFÜRST FRIEDRICH DER WEISE VON SACHSEN
(1463 – 1525)

Internationale Tagung vom 4. bis 6. Juli auf Schloss Hartenfels in Torgau

gemeinsam organisiert von der Historischen Kommission der Sächsischen Akademie
der Wissenschaften zu Leipzig, den Staatlichen Kunstsammlungen Dresden,
der Arbeitsgemeinschaft für Sächsische Kirchengeschichte, der Gesellschaft für Thüringische
Kirchengeschichte e. V., des Vereins für Kirchengeschichte der Kirchenprovinz Sachsen e. V.
und des Forschungsprojektes Ernestinisches Wittenberg (1485 – 1547)
in Kooperation mit der Großen Kreisstadt Torgau und dem Landkreis Nordsachsen

D1705747

S TAATLICHE
K UNSTSAMMLUNGEN
D RESDEN

KURFÜRST FRIEDRICH DER WEISE VON SACHSEN

(1463 – 1525)

BEITRÄGE ZUR WISSENSCHAFTLICHEN TAGUNG
VOM 4. BIS 6. JULI 2014 AUF SCHLOSS HARTENFELS IN TORGAU

IM AUFTRAG DER STAATLICHEN KUNSTSAMMLUNGEN DRESDEN
HERAUSGEGEBEN VON DIRK SYNDRAM, YVONNE FRITZ
UND DOREEN ZERBE

SANDSTEIN VERLAG · DRESDEN

Vorwort

Kurfürst Friedrich III. von Sachsen, genannt der Weise (1463–1525), gehört zu den bekanntesten Fürstenpersönlichkeiten des 16. Jahrhunderts. Am 17. Januar 1463 auf Schloss Hartenfels in Torgau geboren, übernahm er nach dem Tod seines Vaters, des Kurfürsten Ernst, im Jahr 1486 gemeinsam mit seinem jüngeren Bruder Johann die Herrschaft und amtierte fast 40 Jahre lang als Kurfürst. Unter Friedrich erlebte das ernestinische Sachsen eine Zeit des Friedens und des Wohlstands. Durch die frühe Reformation und den Bauernkrieg erfuhr das ernestinische Territorium in Friedrichs letzten Jahren zugleich aber einen tiefgreifenden Umbruch. Die gemeinsame Regierung der Brüder Friedrich und Johann war von ungewöhnlicher Harmonie geprägt. Da Friedrich unverheiratet blieb, stand Johann beim seinem Tod am 5. Mai 1525 in Lochau (heute Annaburg) als Nachfolger fest.

Das Bild Friedrichs des Weisen ist im Wesentlichen vom alten Kurfürsten, wie er uns in den Portraits Lucas Cranachs d. Ä. vor Augen gestellt wird, geprägt: Übergewichtig, träge, erschöpft, unter zahlreichen Krankheiten leidend, so ist er in Erinnerung geblieben. In jungen Jahren war der Wettiner aber deutlich agiler und im Reichs- und Königsdienst stark engagiert. Als junger Mann erprobte er sich in ritterlichen Übungen und bestritt zahlreiche Turniere. Zu König Maximilian I. stand er viele Jahre lang in einem engen Dienstverhältnis, er hatte zahlreiche Freunde unter den geistlichen und weltlichen Reichsfürsten und wurde allseits geschätzt und respektiert. Umso gespannter war sein Verhältnis zu den albertinischen Vettern, mit denen er zahllose Konflikte austrug, vor allem seit dem Regierungsantritt Herzog Georgs. Einige Male standen die beiden sächsischen Linien kurz vor einer bewaffneten Auseinandersetzung, die im letzten Augenblick aber immer noch verhindert werden konnte.

Friedrich war stolz darauf, dass er sein Land in keinen Krieg verwickelte. Sein Ansehen im Reich beruhte gerade darauf, dass er politisch zuverlässig war, Recht und Ordnung achtete und nach friedlichen Lösungen suchte. Er war deshalb als Bundesgenosse und Vermittler gefragt. Persönlich war er ausgezeichnet durch ein hohes Maß an Redlichkeit, Güte und Nachsicht. Weniger wohlwollend formuliert, kennzeichnete ihn eine hausbackene Biederkeit. Er galt aber auch als etwas störrisch und menschenscheu. Sein Hof verbreitete wenig Glanz. Das Hofleben in Wittenberg und Torgau war standesgemäß, aber nicht verschwenderisch. Friedrich hatte gute Umgangsformen. Um seine unehelichen Kinder kümmerte er sich liebevoll.

Für einen weltlichen Fürsten war Friedrich vergleichsweise gut gebildet. Er verstand ein wenig Latein, auch etwas Französisch, hatte antike Schriftsteller gelesen, sich aber wohl vor allem einige Sinnsprüche gemerkt. Auch hatte er historische Interessen und einen Sinn für Musik, vor allem aber für die bildenden Künste. Er beschäftigte auf Dauer oder zeitweise eine Reihe namhafter Künstler wie Michel Wolgemut, Hans Burgkmair, Jacopo de' Barbari, Albrecht Dürer, Konrad Meit oder Lucas Cranach d. Ä. In Torgau, Wittenberg, Coburg und Weimar machte er sich um die bauliche Ausgestaltung der Schlösser verdient. Als Gründer und Förderer der Universität Wittenberg und der kurfürstlichen Bibliothek prägte Friedrich die mitteldeutsche Bildungslandschaft nachhaltig. Sein Ehrenname »der Weise« war aber weniger seiner persönlichen Bildung geschuldet als seinem diplomatischen Geschick und seiner Rolle als Universitätsstifter und Beschützer Martin Luthers.

Friedrich war ein frommer Mann. Seine Frömmigkeit war ganz und gar zeittypisch. Täglich besuchte er die Messe. 1493 unternahm er eine Pilgerreise nach Jerusalem und erhielt am Heiligen Grab den Ritterschlag. Wallfahrten,

Heiligen- und Reliquienverehrung waren selbstverständliche Teile seiner religiösen Praxis. Seine Reliquiensammlung in der Wittenberger Schlosskirche gehörte zu den bedeutendsten Heiltümern der Zeit. Umso rätselhafter erscheint seit jeher seine Rolle in der Angelegenheit Martin Luthers. Friedrichs »Lutherschutzpolitik«, der es zu verdanken war, dass Luther trotz Kirchenbann und Reichsacht nicht an Papst oder Kaiser ausgeliefert wurde, sicherte dem Kurfürsten einen festen Platz in der Geschichte.

Der 550. Geburtstag Friedrichs des Weisen lieferte den Anlass für eine große internationale Tagung, die vom 4. bis 6. Juli 2013 in den Räumen des Schlosses Hartenfels zu Torgau stattfand. Im Mittelpunkt standen das Leben und Wirken Friedrichs des Weisen, der aus unterschiedlichen Fachperspektiven in mehr als 20 Vorträgen neu gewürdigt wurde. Der vorliegende Aufsatzband, der nur wenige Monate nach dem Ende der Tagung der Öffentlichkeit übergeben werden kann, präsentiert den größeren Teil der in Torgau gehaltenen Referate. Eine umfangreichere Dokumentation der Tagungsergebnisse wird demnächst in der wissenschaftlichen Reihe der Sächsischen Akademie der Wissenschaften zu Leipzig erscheinen. Doch auch die hier präsentierten Beiträge, die Friedrichs Rolle in der Reichspolitik, seine Beziehungen zu Luther sowie die höfische Kultur und fürstliche Repräsentation berühren, liefern schon ein facettenreiches, wenngleich nicht vollständiges Bild vom Leben und Wirken Friedrichs des Weisen.

Gemeinsame Veranstalter der Torgauer Tagung waren die Historische Kommission der Sächsischen Akademie der Wissenschaften zu Leipzig, die Staatlichen Kunstsammlungen Dresden, die Arbeitsgemeinschaft für Sächsische Kirchengeschichte, die Gesellschaft für Thüringische Kirchengeschichte, der Verein für Kirchengeschichte der Kirchenprovinz Sachsen und das Forschungsprojekt Ernes-

tinisches Wittenberg. Allen beteiligten Institutionen ist für ihre Kooperationsbereitschaft herzlicher Dank zu sagen. Ein Dank geht an Nadine Hofmann für ihre Mitarbeit in der Tagungsplanung; die organisatorische Betreuung der Tagung lag in den Händen von Juliane Wolschina, die gemeinsam mit Eleni Glass für einen erfolgreichen Verlauf der Veranstaltung sorgte und der an dieser Stelle dafür gedankt werden soll. Ein besonderer Dank geht an die Beauftrage des Bundesministeriums für Kultur und Medien, durch deren großzügige finanzielle Unterstützung sowohl die Tagung als auch der vorliegende Tagungsband realisiert werden konnten. Dem Landkreis Nordsachsen und der Stadt Torgau, die das Schloss Hartenfels bzw. den Festsaal des Rathauses als Tagungsorte zur Verfügung stellten und für ein feierliches Rahmenprogramm sorgten, ist ebenfalls herzlicher Dank auszusprechen.

Die wissenschaftliche Tagung des Jahres 2013 und der vorliegende Tagungsband bilden den Auftakt zu einer Reihe von Ausstellungen und Kongressen, die in Vorbereitung auf das Reformationsjubiläum 2017 in Torgau stattfinden werden und als deren Höhepunkt die Nationale Sonderausstellung »Luther und die Fürsten« im Jahr 2015 in Torgau zu sehen sein wird. Weitere wissenschaftliche Tagungen zu »Luther und die Fürsten«, zu Kurfürst August und zu den wettinischen Herrschern des späteren 16. und des frühen 17. Jahrhunderts sollen folgen.

Dresden, Leipzig und Jena im April 2014
Die Herausgeber

Inhalt

I · AUSSENPOLITIK

EIKE WOLGAST

Die deutschen Fürsten vor der Herausforderung durch die frühe Reformation[1]

Die frühe Reformation als historisches Ereignis

Die Reformation war sowohl religiös-kirchlich als auch politisch-reichsrechtlich ein epochales Geschehen – intern religiös-kirchlich durch die vermittelten Inhalte, extern politisch-reichsrechtlich durch ihre Folgen für Staat und Gesellschaft. Gegenüber vielfältigen Bemühungen in Teilen der Forschung während der letzten Jahrzehnte, die Reformation im Wesentlichen aus Konstellationen und Entwicklungen des späten Mittelalters herzuleiten und ihre Epochenbedeutung einzuebnen oder kleinzureden und die Zäsur, die sie bewirkte, möglichst zu negieren, wird im Folgenden an der Singularität des Gesamtereignisses Reformation für die abendländische Christentumsgeschichte festgehalten. Selbstverständlich geschah die Reformation nicht einfach als *creatio ex nihilo*, ereignete sich nicht unvorbereitet, sondern stand in vielen Aspekten in Kontinuitäten. Auch war sie kein monolithischer Block, sondern durch Pluralität ihrer Ausdrucksformen gekennzeichnet. Aber sie war qualitativ – und auch quantitativ – weitaus mehr als nur die Summe von bereits vorgefundenen Ansätzen und im Kern etwas ganz Anderes als lediglich die Bündelung und Fokussierung bisheriger Entwicklungen. In den Essentialien von Frömmigkeit und Kirchenorganisation stellte sie etwas fundamental Neues dar, Abbruch und Neubeginn besaßen eine eminent größere Bedeutung als dass sie die bloße Weiterführung von früheren Ansätzen gewesen wären.

Unter dieser Grundannahme ist es denn auch gerechtfertigt, die Reformation als Herausforderung für die politischen und kirchlichen Entscheidungsträger zu verstehen, so wie sie letztlich – jedenfalls theoretisch – jeden Gläubigen der westlichen Christenheit zur Entscheidung zwang. Die Reformation als neue religiös-kirchliche Bewegung, die sich zunächst vor allem als Predigtbewegung manifestierte, forderte die Obrigkeiten auf allen Ebenen heraus, auch wenn viele weltliche Autoritäten eine Option so lange wie möglich zu vermeiden suchten. Herausgefordert waren in besonderer Weise die Reichsstände, also die Fürsten der deutschen Flächenstaaten, ebenso die Magistrate der Reichsstädte. Das Thema »Stadt und Reformation«,

genauer: Reichsstadt und Reformation, ist jedoch in den letzten Jahrzehnten so häufig behandelt worden, dass es im Folgenden ausgeklammert wird, zumal sich die Reformation in den Reichsstädten – vor allem in der Frühzeit – sehr oft in ganz anderen Kommunikationsstrukturen zwischen Bürgern und Ratsautorität vollzog als in den Territorien.

Was heißt aber konkret frühe Reformation oder frühreformatorische Bewegung?

Die frühe Reformation war gekennzeichnet durch Spontaneität und institutionelle Ungebundenheit, durch organisatorische Ungelenktheit und durch Freiwilligkeit ihrer Anhängerschaft. Ausgelöst wurde sie durch die Schriften von Luther und seinen Anhängern, beginnend mit den 95 Thesen gegen den Ablass, die sich zur Verblüffung ihres Verfassers binnen Kurzem über große Teile Deutschlands ausbreiteten und positiv rezipiert wurden. In rascher Folge erschienen dann zu wichtigen Fragen religiösen Lebens und kirchlichen Handelns Traktate, die auch für Laien leicht fassbar waren: Über die Kraft der Exkommunikation, Erklärung der Zehn Gebote, über Beichte, Buße, Gerechtigkeit, Ehestand, Gesetz und Glaube, Abendmahl, Vaterunser, Taufe, Wucher – das alles sind Titel von Schriften Luthers aus den beiden ersten Jahren seiner öffentlichen Wirksamkeit. Die Verbreitung reformatorischen Gedankenguts erfolgte durch Kommunikation – schriftliche Kommunikation in Gestalt von gedruckten Texten und Flugblättern mit polemischen Holzschnitten, mündliche Kommunikation in Gestalt von Predigten und Liedern unter Verwendung der Volkssprache sowie durch gelehrte Disputationen zur Wahrheitsfindung in lateinischer Sprache.

Bei aller Variabilität der Aussagen reformatorischer Prediger in der Spannweite von Luther und Zwingli einerseits, Karlstadt, Müntzer und Taufgesinnten andererseits lassen sich drei Kernbestandteile der neuen Lehre identifizieren, jeder mit weitreichenden Konsequenzen für die Lebensformen der Gläubigen.

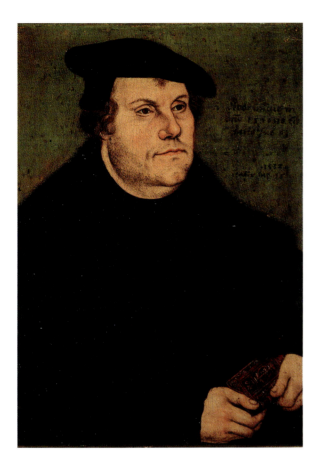

2) Die Beseitigung des religiösen Leistungszwangs, wie er exzessiv im 15. Jahrhundert praktiziert worden war. Die Fiskalisierung des Heils in der Rechenhaftigkeit des »do, ut des«, die »quantifizierte Frömmigkeit«,[2] wurde aufgehoben durch das Prinzip von *sola fide et gratia*, die Rechtfertigung allein durch die vergebende Gnade Gottes. Das bedeutete zugleich eine Absage an die Werkgerechtigkeit und eine völlige Neubewertung der guten Werke, was von den Zeitgenossen allerdings häufig missverstanden wurde als Absage an das Handeln für den bedürftigen Nächsten überhaupt und als Vorstellung einer wohlfeilen Kirche. Mit dem Verfall des religiösen Leistungsdrucks büßten Frömmigkeitsexpressionen, die das Alltagsleben des späten Mittelalters prägten, wie Heiligenverehrung und Wallfahrten, ihren Wert gänzlich ein. Um ein etwas ungewöhnliches Beispiel des Wandels der Frömmigkeitskultur vorzustellen: Starb vor der Reformation das Mitglied eines Fürstenhauses, wurden in der schriftlichen Notifikation des Todes Verwandte und Freunde aufgefordert, in ihrem Territorium Gebete für das Seelenheil des Verstorbenen und eine liturgische Memoria in Gestalt von Seelmessen, Vigilien und anderen Riten anzuordnen. Nach der Reformation änderte sich der Inhalt derartiger Notifikationen: Nun wurde um Anteilnahme an dem Verlust gebeten, d. h. es erfolgte eine Funktionsverschiebung »von der Sorge um den Toten hin zum Mitleid mit den Hinterbliebenen.«[3]

3) Das Priestertum aller Getauften und dadurch die Herstellung religiös-spiritueller Gleichheit der Gläubigen, was die bis dahin strikt und letztlich unwidersprochen respektierte fundamentale Differenzierung zwischen Klerus und Laien aufhob, die Unterscheidung zwischen aktivem Heilsverwalter und Heilsvermittler auf der einen und passivem Heilsempfänger auf der anderen Seite beseitigte. Das religiöse Individuum hatte ab jetzt unabhängig vom äußeren Status einen unmittelbaren Zugang zu Gott. Dieser Faktor wirkte sich direkt auf die Sozialstruktur aus; für das Leben in der Welt war das Ziel nun die einheitliche Glaubens- und Rechtsgemeinschaft, die Herstellung einer gleichberechtigten homogenen Zivilgesellschaft, ohne dass der Klerus weiterhin einen Anspruch auf Sonderrechte oder – im Klosterleben – auf die Verwirklichung einer exklusiven *via securior* erheben konnte. Die Gemeinschaft der Gläubigen verfügte über das Mitspracherecht in Fragen des Heils, ja sie hatte das Recht und die Pflicht, sich in ihrem Bezugsrahmen um das Seelenheil aller zu kümmern, sie besaß die Kompetenz, über die reine Lehre und ihre Verkündiger zu urteilen. Im Mai 1523 erschien ein Traktat Luthers mit dem programmatischen Titel: »Dass eine christliche Versammlung oder Gemeinde Recht und Macht habe, alle Lehre zu urteilen und Lehrer zu berufen,

1) Ein Biblizismus, der das Evangelium aus der Kontextualität der Tradition herauslöste und es zur allein gültigen Norm von Lehre und Leben machte. Durch das Prinzip von *sola scriptura* wurde die nichtbiblische Tradition in ihrem Eigenwert negiert und in ihrer Bedeutung nur noch soweit akzeptiert, als sie nicht der Normsetzung durch die Heilige Schrift zuwiderlief. Das bedeutete einen radikalen Bruch mit bisher unhinterfragt geltenden Autoritäten, es bedeutete zugleich eine Absage an die Verrechtlichung religiöser Praktiken und Verhaltensweisen, wie sie nicht drastisch genug vorstellbar ist. Als Luther am 10. Dezember 1520 zusammen mit der Bannandrohungsbulle auch das Corpus Iuris Canonici verbrannte, verneinte er durch dieses Zeichenhandeln den Anspruch von Rechtsregelungen dort, wo das reine Wort Gottes die Regeln vorgeben sollte – allerdings nur, um wenige Jahre später zu erkennen, dass auch die sich neu bildende Landeskirche institutioneller Regelwerke in Gestalt von Kirchenordnungen bedurfte. Auch warfen sehr rasch entschiedene Gruppen den Großreformatoren vor, den Biblizismus nicht konsequent umzusetzen, vor allem bei der Kindertaufe, aber auch etwa in der Eidfrage.

Abb. 1
Lucas Cranach d. Ä.
(Werkstatt): Martin Luther,
1532, Öl auf Buchenholz,
18,6 × 15 cm. Staatliche
Kunstsammlungen Dresden,
Gemäldegalerie Alte Meister, Inv. Nr. Gal. Nr. 1918

ein- und abzusetzen, Grund und Ursache aus der Schrift.«[4] Zwei Jahre später fand diese Überzeugung ihren Niederschlag im ersten der Zwölf Artikel der Bauernschaft mit der Formulierung: Es ist »unser aller Wille und Meinung, daß wir nun fernerhin Gewalt und Macht wollen haben, eine ganze Gemeinde soll einen Pfarrer selbst erwählen und kiesen, auch Gewalt haben, denselbigen wieder zu entsetzen, wenn er sich ungebührlich hielte«, d. h. nicht »das reine Evangelium lauter und klar ohne allen menschlichen Zusatz, Lehre und Gebot« predigte.[5] Die selbstverständliche liturgisch-rituelle Konsequenz aus dem Wegfall der spirituellen und institutionellen Schranken zwischen Klerus und Laien war die Kommunion unter beiden Gestalten im Abendmahl für alle Christen.

Insbesondere der gemeine Mann fühlte sich durch die Kernbestandteile der neuen Theologie angesprochen, denn er war mangels finanzieller Möglichkeiten oft wenig in der Lage, sich durch Stiftungen handgreifliche Heilsgewissheit zu verschaffen. Er wurde in seinem Selbstbewusstsein durch die Gleichheit aller Christen gestärkt, außerdem konnte die Predigt von der christlichen Freiheit leicht auch als äußere Freiheit gedeutet werden. Die Hinwendung zur neuen Lehre wurde in Zeichenhandeln wie Fastenbrechen und in Änderungen des Lebensentwurfs wie Klosteraustritt und Priesterehe demonstriert.

Die Predigtbewegung war auch in den Flächenstaaten zunächst vor allem ein städtisches Phänomen. Das erklärt sich leicht, denn in einem Ballungszentrum, wie es jede Stadt darstellt, war die kritische Masse von Anhängern des Neuen oder wenigstens von Gegnern des Alten schneller erreicht als in der relativen Vereinzelung des Dorfes. Sie konnte sich daher in der Stadt durchsetzungskräftiger gegen die amtierenden Autoritäten behaupten, sei es durch Schutz des evangelischen Predigers gegen Verfolgung, sei es in Gottesdienststörungen, sei es in Bilder- und Klosterstürmen. Auf dem Land waren die Erfolgschancen für evangelische Prediger dagegen stark abhängig vom Grund-, Gerichts- oder Gutsherrn; allerdings ist − nicht zuletzt wegen des Fehlens aussagekräftiger Quellen vor dem Bauernkrieg − das Phänomen der ruralen Reformation noch bei Weitem nicht hinreichend untersucht. Träger der Predigtbewegung waren im Allgemeinen nicht die etablierten Pfarrpriester, sondern niedere Kleriker ohne ausreichende Pfründen, *clerici vagantes* ohne feste Stelle und schlechtbesoldete Vikare, daneben Prädikanten und Mönche.

Als Folgen der neuen Predigt wurden in einem Mandat des Reichsregiments vom 20. Januar 1522 wahrgenommen und entsprechend verurteilt: Feier der Messe in Laienkleidung, Veränderung der Zeremonien, deutsche Gottesdienstsprache und Konsekration der Sakramente auf

Deutsch, Austeilung des Abendmahls mit Kelch und ohne vorheriges Beichten und Fasten, Selbstkommunion der Laien (»in ihre laiischen Hände reichen«), Kinderkommunion, Behinderung von Priestern bei Amtsausübung, Auslaufen aus Klöstern, Priesterheirat.[6]

Der deutsche Fürstenstand

Die Reichsmatrikel von 1521 wies sechs Kurfürsten aus: drei weltliche (Pfalz, Sachsen, Brandenburg, während die böhmische Kurwürde ruhte) und drei geistliche (Mainz, Köln, Trier), zusammen und im Selbstverständnis gern als »columnae imperii« bezeichnet; ferner vier weitere Erzbischöfe (Magdeburg, Salzburg, Bremen, Besançon), mehr als 45 Reichsbischöfe und etwa 30 weltliche Fürsten mit sehr unterschiedlich umfangreichen Territorien. Dazu kam eine große Anzahl von Äbten und Äbtissinnen reichsunmittelbarer Klöster und Stifte sowie von Grafen und Herren. Die Fürstbischöfe verfügten über eine in Europa einzigartige verfassungsrechtliche Sonderstellung, da sie gleichzeitig weltliche Herrschaft in ihren Hochstiften ausübten und geistliche Leitungsfunktionen in ihren Diözesen wahrnahmen. Im Gegensatz zum Territorium weltlicher Fürsten war das Hochstift weder teilbar noch vererbbar. Auf die Wahlen, für die die Domkapitel zuständig waren, nahmen allerdings interessierte Dynastien spätestens seit dem Anfang des 15. Jahrhunderts häufig erheblichen Einfluss, um nachgeborene Söhne oder verdiente Amtsträger zu versorgen und sich neue Einflussbereiche zu erschließen. So hatten die Wettiner seit dem letzten Viertel des 15. Jahrhunderts zeitweise das Erzbistum Magdeburg mit dem Bistum Halberstadt (Ernst, Bruder Friedrichs des Weisen, 1476 / 14 80 – 1513), ferner das Erzbistum Mainz (Albrecht, Bruder Friedrichs des Weisen, 1482 – 1484) und das Hochmeisteramt des Deutschen Ordens (Friedrich, Bruder Georgs, 1498 – 1510) in der Hand. In allen diesen Pfründen waren sie von den Hohenzollern beerbt worden: Markgraf Albrecht, der jüngere Bruder des Kurfürsten Joachim I., war 1513 Erzbischof von Magdeburg und Bischof von Halberstadt geworden, 1514 außerdem Erzbischof und Kurfürst von Mainz. Die fränkische Linie übernahm 1512 mit Albrecht das Hochmeisteramt, vier weitere Brüder hatten ertragreiche Pfründen inne: Friedrich war Dompropst in Würzburg, Wilhelm wurde 1534 Erzbischof von Riga, Johann Albrecht 1523 Koadjutor und 1545 Erzbischof von Magdeburg, Gumprecht Domherr in Würzburg und Bamberg. Auch Ludwig V. von der Pfalz brachte drei Brüder auf Bischofsstühle: Pfalzgraf Johann in Regensburg, Georg in Speyer, Heinrich zunächst als Propst von Ellwangen, dann Bischof in Utrecht und Worms. Der jüngste Bruder Wolfgang besaß Domherrenpfründen in Würzburg, Augsburg und Speyer.

Nicht ohne Selbstkritik stellte denn auch Herzog Georg von Sachsen im August 1526 als »Ursprung dieses Irrsals«, d. h. der Reformation, fest, es sei »nicht der wenigste Mißbrauch in der Christenheit, daß wir Laien hohen und niederen Standes des nicht achten, als wie wir unsere Kinder, Brüder und Verwandte zu bischöflichen Ämtern und Würden bringen mögen. […] Solches ist bei uns Fürsten in einem Brauch, als hätten wir Macht, mit Gewalt zur Hölle zu fahren.«[7]

Das Selbstverständnis der deutschen Fürsten als Landesherren gründete sich auf die Ausübung von territorialer Macht und Gewalt. Ihr Ziel war durchweg der Ausbau der Landesherrschaft und der Gewinn des Machtmonopols durch Beseitigung der Mitregierungsansprüche der Landstände. Ihre Amtsauffassung erstreckte sich vor allem auf die Garantie von Ordnung, Frieden und Recht in ihrem Herrschaftsbereich und auf die Sorge für die zeitliche Wohlfahrt der Untertanen sowie auf den Schutz der Kirche und ihrer Institutionen. Neben dem Landeswohl wussten sich die Fürsten und Herren, vor allem die Kurfürsten und mächtigeren Herzöge, zusammen mit dem Kaiser für das Reichsganze verantwortlich, wenigstens soweit es für die Aufrechterhaltung des Landfriedens und der interterritorialen Ordnung im Reich notwendig war. Für die Außenpolitik der Kaiser engagierten sie sich dagegen durchweg nur wenig und zumeist widerwillig.

Dem Ausbau der Landesherrschaft und der Kumulation von Herrschaftsrechten diente auch das sogenannte vorreformatorische landesherrliche Kirchenregiment, für das durch die deutschen Konkordate mit der Kurie seit 1448 der Grundstock geschaffen worden war. Mit diesen Abmachungen und ihrer extensiven Auslegung in der Praxis wurde jedoch nicht das kirchliche System als solches infrage gestellt, sondern die Landesfürsten bemühten sich vielmehr nur darum, bestimmte diözesane Kompetenzen der Bischöfe zurückzudrängen, vor allem die geistliche Gerichtsbarkeit, sowie den bevorrechtigten Gerichtsstand (*privilegium fori*) und die Steuerfreiheit (*privilegium immunitatis*) der Geistlichkeit zu beschneiden. Außerdem nutzten die Landesherren ihre Kirchenpatronate und Klostervogteien dazu, Einfluss auf die Personalpolitik und die Kirchenökonomie zu gewinnen. In manchen Territorien mussten die Priester Loyalitätseide auf die Landesherrschaft ablegen. Im Einvernehmen mit dem zuständigen Bischof und Ordensoberen versuchten die Obrigkeiten zudem, die Disziplin im Weltklerus zu verbessern und durch Förderung der Reformbewegung in den Klöstern die striktere Beachtung der Regeln durchzusetzen. Insgesamt diente das landesherrliche Kirchenregiment vor der Reformation mithin dazu, klerikales Fehlverhalten zu korrigieren und institutionelle und organisatorische Kompetenzen auf sich zu verlagern. Das landesherrliche Kirchenregiment nach der Reformation bedeutete demgegenüber etwas qualitativ völlig Neues: Verfügungsgewalt und Deutungshoheit über Dogmen, Zeremonien und Riten, Aufhebung der kirchlichen Hierarchien und Leitungsstrukturen sowie Vernichtung oder Säkularisierung der meisten geistlichen Institutionen, vor allem der Klöster.

Mit oppositionellen religiösen Massenbewegungen hatte vor 1517 kein Landesfürst zu tun gehabt, wenn man von dem ephemeren Ereignis des Pfeifers von Niklashausen im Hochstift Würzburg im Jahr 1476 absieht. Ernsthafte theologische Devianzen hatte es während der Regierung der Fürstengeneration vor 1517 gar nicht oder nur ganz vereinzelt gegeben.

Nimmt man die 20 bedeutendsten Fürsten des Reiches nach Alterskohorten – mit 1521 als Maßstab – in den Blick, waren Herzog Bogislaw X. von Pommern (*1454) und Kurfürst Friedrich von Sachsen (*1463) die ältesten Reichsfürsten – 1521 regierten sie seit 47 bzw. 35 Jahren. Auch die anderen weltlichen Kurfürsten waren erfahrene Regenten: Joachim I. von Brandenburg (*1484) regierte seit 1499, Ludwig V. von der Pfalz (*1478) seit 1508. Ebenso wenig waren die Kurfürsten von Trier und Köln Neulinge im politischen Geschäft: Richard von Greiffenklau (*1467) regierte seit 1512, Hermann von Wied (*1477) seit 1515. Nur Albrecht von

Abb. 3
Das Wormser Edikt vom
8. Mai 1521, [Worms]:
[Hans von Erfurt], 1521,
Einblattdruck, Stadt-
bibliothek Worms,
Sign. -Mag- LB 5
(Reproduktion von
Faksimile: Worms: Alter-
tumsverein, 1983)

Mainz war mit dem Geburtsjahr 1490 relativ jung. Vor 1471 waren Johann von Sachsen (1468) und Erich I. von Calenberg-Göttingen (1470) geboren, aus den Jahrgängen 1471 bis 1480 stammten drei Fürsten: Georg von Sachsen, Heinrich V. von Mecklenburg und Philipp I. von Baden. Zwischen 1481 und 1490 waren fünf Fürsten geboren: Kasimir von Brandenburg-Ansbach, Ulrich von Württemberg, Johann III. von Jülich-Kleve-Berg und Heinrich d. J. von Braunschweig-Wolfenbüttel sowie Friedrich von der Pfalz (als Vormund für Ottheinrich und Philipp von Pfalz-Neuburg). Zur Kohorte 1491 bis 1500 gehörten drei Fürsten: Wilhelm IV. und Ludwig X. von Bayern sowie Ernst von Braunschweig-Lüneburg. Der jüngste weltliche Fürst der ersten Generation von Fürsten während der Reformationszeit war Philipp von Hessen (*1504). Für das Verhalten der deutschen Fürsten zur Reformation lässt sich aus dem Lebensalter und der Länge der Regierungszeit gleichwohl kaum etwas ableiten.

Das Wormser Edikt als Ausgangspunkt für das Verhalten der Reichsfürsten

Bis zum Wormser Reichstag 1521 gab es offensichtlich nur wenige landesfürstliche Reaktionen auf die neue Bewegung. Lediglich Georg von Sachsen machte frühzeitig auf ihre Gefahren für das kirchliche Leben aufmerksam. Aus der Erfahrung des Grenzlandes zu Böhmen und in unmittelbarer Nähe zu Wittenberg warnte er Ende Dezember 1519 seinen ernestinischen Vetter vor den Konsequenzen des gerade erschienenen »Sermon von dem hochwürdigen Sakrament des heiligen wahren Leichnams Christi und von den Bruderschaften«. Er beklagte die Selbstgewissheit Luthers, als hätte »niemand die Gnade gehabt, die Wahrheit zu sagen, als er«, und folgerte: »Wenn E. L. meinet, E. L. hätten ein Doktor zu Wittenberg, so wäre er Bischof oder Häresiearcha zu Prag.«[8]

Erst das Wormser Edikt vom 8. Mai 1521 stellte die deutschen Fürsten vor die Entscheidung, wie sie im Text personalisiert wurde: gegen oder für Luther. Von den weltlichen Fürsten hatten sich aus grundsätzlicher Überzeugung a priori Joachim I. von Brandenburg und Georg von Sachsen gegen Luther festgelegt; Ludwig X. von Bayern schloss sich nach Luthers Auftreten der Argumentation des päpstlichen Legaten Aleander an, dass Luthers Lehre nur dazu dienen könne, »alle Macht der Rechte und kaiserlichen Gesetze, auch aller Obrigkeit umzustoßen und umzukehren«, was Aufruhr und Zerstörung der christlichen Ordnung wie in Böhmen zur Zeit der Hussiten zur Folge haben werde.[9] Die meisten auf dem Reichstag anwesenden Fürsten verhielten sich dennoch neutral-unentschieden oder sahen die Gelegenheit, Luther für ihre antikuriale Politik zu instrumentalisieren. Dass dem Verhör Luthers gegen den Willen Karls V. auf Wunsch der Stände überhaupt noch eine kurze Verhandlungsphase folgte, war jedoch vor allem Ausfluss der Furcht vor sozialen Unruhen. Die Sorge der Fürsten vor der negativen Außenwirkung einer Verurteilung Luthers, ohne jede erdenkliche Möglichkeit einer Verständigung mit ihm ausgeschöpft zu haben, kommt zum Ausdruck in der Begründungsbitte für einen Aufschub des Urteils, wie sie Ludwig X. von Bayern formulierte: »in Bedenkung des gemeinen Mannes, so dem Luther anhängt.«[10] Nicht zuletzt der große Zulauf, der Luthers Fahrt nach Worms begleitete, dürfte diesen Eindruck hervorgerufen oder doch bestärkt haben. Auch nach 1521 diente die Angst vor dem Zusammenfließen der religiösen und der sozialen Unruhe vielfach als Argument, um das Wormser Edikt nicht durchzuführen.

Das Edikt, das nach dem Scheitern der Verhandlungen verkündet wurde, kam rechtlich einwandfrei zustande – die Stände hatten zuvor zweimal ihre Zustimmung zu einem solchen Urteil gegeben. Zu den Merkwürdigkeiten des politischen Handelns Karls V. gehörte aber, dass ausgerechnet demjenigen Fürsten, der die beste, ja sogar einzige Gelegenheit zur Exekution gehabt hätte, soweit sie die Person Luthers betraf, nämlich dem sächsischen Kurfürsten, auf seine Bitte das Edikt nicht zugestellt wurde, sodass er es offiziell nicht zur Kenntnis nehmen musste. Die Exekutionswilligkeit anderer Reichsstände wurde durch diese Politik vermutlich nicht gerade befördert. Für den Kaiser blieb das Wormser Edikt dagegen mindestens bis 1530 ein zwingendes Rechtsgebot, dem alle zu gehorchen hatten und für dessen Durchführung er seine Autorität immer wieder einsetzte. Den deutschen Fürsten schien jedoch das Edikt in seiner Stringenz von Ächtung Luthers und Unterdrückung reformatorischer Schriften sowie von geistlicher Bücherzensur eher hinderlich für ihr eigenes Handeln. Seine Durchführung – vor allem auch in Gestalt des Verbots neugläubiger Schriften und ihrer Verbrennung – wurde auch nach 1521 keineswegs als Beweis der eigenen Rechtgläubigkeit verstanden. Einige Landesfürsten erließen für ihre Territorien seit 1522 eigene Religionsmandate unterschiedlicher Schärfe, die teilweise gar nicht auf das Wormser Edikt Bezug nahmen. Derartige Mandate ergingen etwa für das Herzogtum Sachsen, für Bayern, die Pfalz und Baden. Markgraf Philipp I. von Baden artikulierte in seinem Mandat vom 30. August 1522 zudem sein Unbehagen, regelnd in einem Bereich tätig zu werden, der eigentlich nicht seiner Zuständigkeit unterlag: »Wiewohl nun Wir als weltlicher Fürst uns ungern unterwinden wollten der Dinge, so geistlicher Obrigkeit zustehen, so befinden Wir doch in Erfahrung nach Gestalt gegenwärtiger Läufte«,[11] dass die Geistlichkeit mit dem Problem offenbar überfordert und daher die weltliche Obrigkeit zum Handeln aufgerufen war.

Parallel zur Lutherfrage waren auf dem Wormser Reichstag 1521 erstmals in 102 Artikeln die »Beschwerden der deutschen Nation« gegen Missstände der Kirche formuliert worden, die sogenannten Gravamina. Sie waren gegliedert in »Artikel, damit päpstliche Heiligkeit deutsche Lande beschwert«; Beschwerden gegen den hohen Klerus (Erzbischöfe, Bischöfe und Prälaten); Beschwerden gegen Dom- und Chorherren, Pfarrer und andere geistliche Personen; Beschwerden gegen Erzpriester, Offiziale und andere geistliche Gerichtspersonen.[12] Der Zusammenhang mit der Behandlung der Luthersache bestand bei diesen Gravamina gegen die kirchlichen Amtsträger einmal darin, dass sie in der Öffentlichkeit eine Entlastungsfunktion gegenüber der Verurteilung Luthers ausüben konnten, indem sie demonstrierten, dass das Wormser Edikt durchaus nicht die einzige Reaktion auf die kirchlichen Zustände war. Zum anderen sollte der Kurie signalisiert werden, dass die Ächtung Luthers nicht gleichbedeutend war mit dem Willen, alles im bisherigen Zustand zu belassen. Anders formuliert: Die Absage an die Reformation, personifiziert in Luther, im Wormser Edikt verband sich mit der deutlichen Aufforderung an den Klerus zur Selbstreform. Inhaltlich richteten sich die Gravamina unter anderem gegen den Missbrauch geistlicher Privilegien, gegen Fiskalisierung sakraler Handlungen (Ablösung von Buße durch Geldzahlung), ungeistliches Leben der Kleriker, unbefugte Eingriffe in Bereiche, die zur weltlichen Zuständigkeit gehörten. Auch entschiedene Gegner Luthers wie Georg von Sachsen setzten sich für die Beseitigung der Gravamina ein, da die Beschwerden sich nicht gegen Essentialien des bisherigen Kirchensystems richteten und schon gar nicht irgendwelche Dogmen-, Riten- und Zeremonialänderungen verlangten, sondern ungebührliches Verhalten, das die kirchliche Substanz nicht berührte, abstellen wollten.

Die Nürnberger Reichstage 1522–1524

Für die Zukunft der Reformation und die Stellung der deutschen Fürsten zu ihr wurde entscheidend, dass Karl V. nach dem Wormser Reichstag bis 1530 dem Reich fern blieb und lediglich schriftlich für die Umsetzung des Edikts tätig werden konnte. Die Reichsgewalt wurde durch ein ständisches Regiment ausgeübt, das unter Leitung des Kaiserbruders Ferdinand stand, aber nur über geringe Autorität verfügte. Die erste Äußerung des Reichsregiments zu der sich unterdessen weiter ausbreitenden reformatorischen Bewegung bestand in dem schon erwähnten Mandat vom 20. Januar 1522, das auf Veranlassung Georgs von Sachsen erging und die Abweichungen vom herkömmlichen »christlichen Gebrauch« benannte. Es forderte die Fürsten auf, derartige Neuerungen nicht zu dulden, sondern bei hoher Strafe zu verbieten, wobei das Reichsregiment von der Voraussetzung ausging, dass sich die Neuerungen und Missbräuche »noch nicht weit ausgebreitet oder eingerissen, sondern sich an wenig Orten und durch wenig Personen erhalten und erzeigen«. Um dem abzuhelfen, sollten geeignete Prediger das Volk ermahnen, bei den bisherigen Frömmigkeitsformen zu bleiben, bis durch »Versehung der gemeinen Reichsstände christliche Versammlung oder Konzilien solcher Sachen halben eine bedächtliche, wohlerwogene, begründete, gewisse Erklärung, Erörterung und Determination vorgenommen und beschlossen werde«.[13] Mit dieser Aussage wurde dem Wormser Edikt, das in dem Mandat auch gar nicht erwähnt war, implizit die Eigenschaft einer Letztentscheidung abgesprochen und das Endurteil über die neue Lehre ausdrücklich für noch offen erklärt.

Als Konsequenz des Reichsregimentsmandats erließ Georg von Sachsen im Februar 1522 ein erstes Religionsmandat für sein Land, mit dem er die allgemeinen Anweisungen konkretisierte, um seine Untertanen vor Ansteckung zu schützen: Ausgelaufene Mönche in weltlichen Kleidern und Priester, die Luthers und seiner Jünger verbotene unchristliche Lehre verkündeten, waren gefangen zu setzen, ebenso jeder, der das Abendmahl unter beiden Gestalten nahm. Von Universitäten und Schulen, an denen die neue Lehre verbreitet wurde, waren die Studenten zurückzurufen.[14] Die bayerischen Herzöge erließen im März 1522 ihr erstes Religionsmandat; in ihm wurde unter Berufung auf das Wormser Edikt mit offener Gewaltanwendung gegen Lutheranhänger gedroht. Verboten wurde, »des Luthers Irrungen […] anzuhangen noch dieselben bedächtlich oder beharrlich zu disputieren, beschützen und verfechten«.[15] Als solche Verirrungen waren aufgeführt: Laienkelch, Abschaffung der Messe, Priesterehe, Klosteraustritt, Verwerfung der Beichte, freier Wille, Verachtung der Mutter Gottes und der Heiligen. Neben den habsburgischen Erblanden und dem Herzogtum Sachsen blieb Bayern auch in der Folgezeit bei einer uneingeschränkten Repressionspolitik, um die »Zweiung in unserm heiligen Glauben«[16] zu verhindern – wenigstens für das eigene Territorium. Dabei ließen sich die Herzöge von der Kurie ermächtigen, auch ohne Mitwirkung der zuständigen Diözesanbischöfe gegen Ketzer eigenständig vorgehen zu können. Heinrich d. J. von Braunschweig-Wolfen-

büttel schärfte in seinem Religionsmandat ausdrücklich die Beachtung von Bannbulle und Wormser Edikt ein, da sie von den höchsten Autoritäten in Kirche und Reich ergangen seien.

Der Abschied des zweiten Nürnberger Reichstags vom 9. Februar 1523 entfernte sich noch weiter von 1521 als das Mandat des Vorjahres, indem er Predigtnormen festlegte: »Allein das heilige Evangelium nach Auslegung der Schriften, die von der heiligen christlichen Kirche approbiert und angenommen«,[17] eine genauere Definition blieb allerdings offen. Vor allem aber wurde – erstmals in einem Reichsabschied – ein freies christliches Konzil, das in einer deutschen Stadt tagen sollte, als Entscheidungsforum über die Glaubensfrage gefordert. Bis zum Generalkonzil sollten Luther und seine Anhänger dem Reichsabschied zufolge nichts Neues drucken lassen – über die Verbreitung des bisherigen Schrifttums wurde nichts gesagt. Ausdrücklich verboten blieben Priesterehe und Klosteraustritt. Die Beschlüsse des Reichstags wurden in einem Mandat am 6. März 1523 wiederholt – der sächsische Kurfürst wurde in ihm explizit aufgefordert, dafür zu sorgen, dass Luther das Publikationsverbot einhielt.

In Reaktion auf den letzten Reichsabschied verlangte Karl V. in seiner Proposition für den dritten Nürnberger Reichstag 1524 die Rückkehr zum Wormser Edikt und dessen uneingeschränkte Befolgung, obwohl das Reichsregiment in seinem Ausschreiben für diesen Reichstag bezeichnenderweise überhaupt keine Diskussion der Religionsfrage vorgesehen hatte und die Sache damit auf die lange Bank schieben wollte. Der Reichsabschied vom 18. April 1524 respektierte die kaiserliche Autorität zwar, indem er befahl, das Wormser Edikt einzuhalten. Zugleich entschärfte er aber diese Vorschrift durch die Einschränkung: »so viel ihnen [sc. den Reichsständen] möglich«.[18] Mit dieser Klausel war die Entscheidung von der Lageanalyse jedes Fürsten selbst abhängig gemacht. Da das im Vorjahr verlangte Generalkonzil nicht so schnell wie für die kirchliche Krise in Deutschland erforderlich zustande kommen werde, sollte im November 1524 in Speyer »eine gemeine Versammlung deutscher Nation« zusammentreten, um über Interimslösungen zu beraten.[19] Die Universitäten im Reich wurden aufgefordert, alle Schriften, die die neue Lehre enthielten, zu untersuchen und über das Disputierwürdige Exzerpte anzufertigen, um nicht das Gute mit dem Schlechten zu unterdrücken – das war eine Argumentation, die schon im Wormser Edikt ausdrücklich abgelehnt worden war. Für die Übergangszeit sollte weiterhin die Predigtformel von 1523 gelten, strittige Fragen durften nicht auf der Kanzel erörtert werden. Die Reichsstände erinnerten im Abschied auch an ihre Gravamina, über die auf dem Konzil diskutiert werden müsste. Dem Reichsabschied wurde bei seiner Versendung an die Reichsstände das Wormser Edikt beigelegt, sodass diesmal auch Kursachsen erstmals amtlich von dessen Text Kenntnis nehmen musste. Friedrich der Weise protestierte gegen diesen Bruch der Vereinbarung, die er 1521 mit dem Kaiser getroffen hatte; seine Gesandten hatten schon auf dem Reichstag die Beschlüsse zur Religionsfrage abgelehnt, da dieser Punkt im Ausschreiben nicht genannt gewesen war.

Karl V. verbot bekanntlich das Nationalkonzil, während der Pfälzer Kurfürst Ludwig V. ihm gegenüber die Entscheidung des Reichstags verteidigte. Aus der unmittelbaren Anschauung heraus versuchte er dem Kaiser klarzumachen, dass dieser die deutsche Situation nicht zutreffend beurteile. Er ließ ihn wissen, es sei »von hohen Nöten und die Notdurft« erfordere es zu handeln, »damit dann der gemeine Mann in seinem vorgefaßten Willen ein wenig zu Frieden kommen möchte und die Dinge nicht in weitere Vertiefnis wachsen«. »Des Luthers Lehre und Glaubens halben ist unter dem gemeinen Mann ein merklich großer Aufruhr und Widerwärtigkeit schier in ganzer deutscher Nation gewesen«, was den Reichstag zu seinem Beschluss geführt habe, von dem man sich eine kalmierende Wirkung versprach.[20]

Auf dem dritten Nürnberger Reichstag waren die kursächsischen Vertreter zum letzten Mal isoliert, als sie gegen die Religionsbestimmungen protestierten. Schon seit 1522 wurden in Flugschriften und Memoranden die deutschen Fürsten immer wieder in Gegner und Befürworter Luthers eingeteilt. In einer Denkschrift für Papst Hadrian VI. nannte Johannes Eck 1523 als aktive Luthergegner Erzherzog Ferdinand, die Kurfürsten Ludwig V. von der Pfalz (der müsse allerdings immer wieder ermahnt werden, damit er sich richtiger verhielte als in Worms) und Joachim I. von Brandenburg (»totus purus«), ferner Wilhelm IV. von Bayern (»totus bonus«), Georg von Sachsen (»totus bonus, ardet in hoc negotio«), Philipp I. von Baden (»bonus«), Philipp von Hessen (»bonus«, aber wie der Pfälzer zu ermahnen) und die geistlichen Fürsten. Ludwig V. beurteilte Eck offensichtlich nicht zutreffend, während er Heinrich d. J. von Braunschweig-Wolfenbüttel anscheinend versehentlich nicht aufführte. Von den Bischöfen nannte Eck als aktive Gegner der neuen Lehre Meißen, Straßburg, Trier, Augsburg, Trient, Brandenburg und Worms, während er als gutwillig, aber ängstlich (»pusillanimes«) Würzburg, Konstanz, Eichstätt, Brixen und Merseburg bezeichnete – merkwürdigerweise erwähnte er Mainz und Köln nicht. Das Resümee von Eck fiel insgesamt negativ aus, wenn er unter Zitat von Hes. 22,30 feststellte: »Paucissimi sunt, qui opponant se murum pro Israel.«[21]

Die ersten Bündnisse und die Speyerer Reichstage 1526–1529

Zu einer ersten Differenzierung – wenigstens bei den mittel- und norddeutschen Fürsten – kam es durch den Bauernkrieg 1525. Während bei der Niederschlagung des Aufstands des gemeinen Mannes noch alle Fürsten zusammengewirkt hatten, schieden sich die Geister an der Erklärung der Ursachen: der Bauernkrieg als »fructus germinis Lutheri« oder als Folge der Vorenthaltung der reinen Evangeliumspredigt und des Weiterbestehens der Missbräuche. In Dessau verabredeten im Juli 1525 Georg von Sachsen, Joachim I. von Brandenburg, Kardinal Albrecht von Magdeburg (-Mainz), Erich I. von Calenberg-Göttingen und Heinrich d. J. von Braunschweig-Wolfenbüttel, gemeinsam vorzugehen, um die »lutherische Sekte« als Wurzel des Aufruhrs auszurotten. Sie hofften, dass auch Johann von Sachsen und Philipp von Hessen durch den Bauernkrieg von ihrer lutherfreundlichen Haltung abgebracht worden seien. Die Dessauer Verabredung wurde im Oktober 1526 durch einen Rezess in Helmstedt institutionalisiert, abgeschlossen von Räten Kardinal Albrechts, Joachims I. von Brandenburg, Georgs von Sachsen, Heinrichs von Braunschweig-Wolfenbüttel und Erzbischof Christophs von Bremen. Dabei wurde beschlossen, die Bannbulle und das Wormser Edikt zur gemeinsamen Handlungsgrundlage zu machen und Mandate zu ihrer Durchführung zu erlassen. Verdächtige Personen sollten vor die Alternative Reinigungseid oder Exil gestellt werden. Bei einem Aufruhr der Untertanen wegen der evangelischen Lehre wollten die Bündnispartner einander Beistand leisten.

Im Gegenzug zum Dessauer Bündnis gingen der neue Kurfürst Johann von Sachsen und Landgraf Philipp von Hessen im Februar / Mai 1526 das Gotha-Torgauer Bündnis ein, dem im Juni in Magdeburg Heinrich V. von Mecklenburg, Ernst von Braunschweig-Lüneburg, Philipp von Braunschweig-Grubenhagen, Wolfgang von Anhalt sowie Ernst und Albrecht von Mansfeld beitraten. Es war das erste explizite Religionsbündnis, das im Reich abgeschlossen wurde. Als potentielle Aggressoren wurden die Geistlichen und ihre Anhänger ausgemacht, die das Wort Gottes unterdrücken wollten. Die Verbündeten versprachen sich gegenseitige Hilfe bei einem Angriff

- wegen des göttlichen Wortes und
- wegen »der Dinge, so demselbigen nach wider die [...] Missbräuche in unseren Fürstentümern und Landen vorgenommen und gehalten werden«, also wegen reformatorischer Maßnahmen, außerdem
- auch wenn »andere Sachen zum Schein wollten vorgewendet werden, da es doch berührten göttlichen Worts halben im Grunde gemeint würde«.[22]

Mit dieser nahezu beliebig auslegbaren Generalklausel war das Religionsbündnis faktisch in ein allgemeines Defensivbündnis umgewandelt; es richtete sich gegen jeden Angreifer, wenn ein Religionsgrund auch nur zu vermuten war; selbst der Kaiser wurde nicht ausgenommen.

Mit dem Dessauer und dem Gotha-Torgauer Bündnis wurde eine erste Klärung der Fronten in der Religionsfrage – wenigstens für eine Hälfte des Reiches – herbeigeführt. Als Karl V. in seiner Proposition für den Reichstag in Speyer 1526 erneut jede Abweichung von der Kirchenlehre verbot und bis zum Konzil die Befolgung des Wormser Edikts befahl, reagierten die Reichsstände mit dem Plan einer Gesandtschaft nach Spanien, die den Kaiser über die wirkliche Situation aufklären sollte. In der Instruktion für diese Gesandtschaft deckten sie offen die seit 1521 bestehende kirchliche Spaltung innerhalb des Reiches auf: Ein Teil der Stände und Untertanen hängen dem bisher geübten – ihres Erachtens nach – christlichen Glauben und der Kirchenlehre und Zeremonien an, während ein anderer Teil – »ihres Erachtens nach – auch christliche Lehre und derselbigen Zeremonien anhängig sind, also daß ein jeder Teil vermeint, auch darauf besteht, bei seiner Seelen Seligkeit dafür achtet und hält, daß sein Weg und Meinung in dem Evangelio und heiligen Schriften gegründet und die rechte christliche Wahrheit auf sich trage«.[23] Bei dieser Bewusstseinslage war die Berufung eines freien allgemeinen Generalkonzils oder wenigstens einer Nationalversammlung unbedingt erforderlich, nicht aber ein bloßer Befehl, am Wormser Edikt festzuhalten. Anordnungen, die noch dazu unter gänzlich anderen Bedingungen getroffen worden waren, konnten die diametral unterschiedlichen Standpunkte, von denen jeder das Wahrheitserfordernis für sich beanspruchte, nicht mehr beseitigen. Die daraus resultierende Bitte, das Wormser Edikt zu suspendieren, wurde von den geistlichen Ständen allerdings nicht mitgetragen. Diese fürchteten vielmehr, eine Suspension des Wormser Edikts werde nur zu weiterem Abfall vom Glauben führen und die weltlichen Stände ermutigen, den geistlichen Ständen »ihre Obrigkeit in der Geistlichkeit ganz zu entziehen, auch neue Ordnung und Zeremonien aufzurichten und die alten ganz niederzudrücken.«[24]

Der Situationsbeschreibung entsprach im Reichsabschied vom 27. August 1526 die bekannte Verantwortungsformel, die zwar am Wormser Edikt als Reichsgesetz festhielt, aber jedem Reichsstand bis zum Konzil selbst die Entscheidung über seine Verbindlichkeit und damit über ein Festhalten am traditionellen Kirchenwesen oder aber über dessen Veränderung überließ, so wie er es gegenüber Gott und dem Kaiser glaube verantworten zu können.[25] Mit dem Doppelbezug auf Gott und Kaiser war allerdings zugleich ein potentieller Loyalitätskonflikt vorprogrammiert, wenn nämlich die beiden Bezugsgrößen auseinandertraten und zwischen der Verantwortung vor der göttlichen und der irdischen Autorität entschieden werden musste.

Die altkirchliche Mehrheit des zweiten Speyerer Reichstags 1529 suchte im Reichsabschied die Deutungshoheit über die Verantwortungsformel zurückzugewinnen, indem sie im Wesentlichen zu den Bestimmungen von 1524 zurücklenkte. Da die Bevollmächtigung von 1526 »bei vielen in einen großen Mißverstand und zur Entschuldigung allerlei erschrecklicher neuen Lehren und Sekten seither gezogen und ausgelegt hat werden wollen«, wurde zwar nicht die Rückkehr zum Status von 1521 verlangt, aber der Status quo festgeschrieben. Stände, die bisher das Wormser Edikt befolgt hatten, sollten ihre Untertanen bis zum Konzil weiterhin dabei behaften. »Bei den anderen Ständen, bei denen die anderen Lehren entstanden und zum Teil ohne merklichen Aufruhr, Beschwerden und Gefahr nicht abgewendet werden können«, sollten wenigstens weitere Neuerungen unterbleiben. Allerdings wurde auch diese Vorschrift durch die Einschränkung »soviel möglich und menschlich« aufgeweicht.[26] Diese »anderen Stände«, die sich gegen den Reichsabschied mit einer rechtsförmlichen Protestation wehrten, bestanden 1529 aus Johann von Sachsen, Philipp von Hessen, Ernst von Braunschweig-Lüneburg, Georg von Brandenburg-Ansbach und Wolfgang von Anhalt. Obwohl sich nur der hessische Landgraf auf die Speyerer Ermächtigung berufen hatte, stellte die Verantwortungsformel doch auch bei den anderen Landesfürsten den Rechtsboden für ihr Reformationshandeln seit 1526 dar. Bei ihrer Protestation gegen die Kassierung dieser Rechtsbasis 1529 sekundierten ihnen 14 Reichsstädte, die sich unterdessen gleichfalls der Reformation angeschlossen hatten, darunter so wichtige wie Straßburg, Nürnberg und Ulm.

Weitere konfessionelle Differenzierungen im deutschen Fürstenstand

Auf die Entwicklung in den einzelnen Territorien – ob evangelisch werdend oder altkirchlich bleibend – kann im Folgenden nicht detailliert eingegangen werden. In zwei der fünf Territorien, in denen bis 1529 die Reformation durch obrigkeitliche Maßnahmen eingeführt wurde, war ein Regentenwechsel die Voraussetzung: 1525 in Kursachsen und 1527 in Brandenburg-Ansbach. Eine durchdachte und alle Bereiche umfassende Umgestaltung des Kirchenwesens wollte Landgraf Philipp von Hessen mit der »Reformatio

Ecclesiarum Hassiae« von 1526 vornehmen. Diese Absicht scheiterte jedoch an Luthers Abneigung gegen jeden obrigkeitlichen Oktroi. Zwischen der evangelischen Reichstagsminderheit und der kompakten altkirchlichen Mehrheit stand eine Gruppe von Fürsten, die einer Entscheidung lange Zeit – oder sogar bis zu ihrem Tod – auswichen, deren Religionspolitik uneindeutig blieb und sich mitunter nach tagespolitischer Opportunität richtete, die teilweise wohlwollend-neutral die evangelische Predigt duldeten, vielleicht sogar förderten, aber zugleich auf die Bewahrung der tradierten Riten und Zeremonien sowie auf den Schutz der geistlichen Institutionen achteten. Waren sie religiös eher desinteressiert, setzten sie das politische Element, Ruhe und Ordnung aufrechtzuerhalten, prioritär. Zu der Gruppe der »konfessionsneutralen«[27] Fürsten gehörte vor allem Ludwig V. von der Pfalz (1508–1544), der sich noch 1530 zwischen Habsburg und Sachsen-Hessen nicht festlegen wollte und keine Entscheidung in der Religionsfrage traf, weil er sich als Laie für theologische Fragen nicht kompetent fühlte. Stattdessen verfolgte er kirchlich eine Politik des Attentismus, um zu sehen, welche Religionspartei sich durchsetzen würde. Auf den ersten Reichstagen Karls V. unterstützte er die Politik des sächsischen Kurfürsten Friedrich – möglicherweise aus Dankbarkeit für die kursächsische Unterstützung auf dem Reichstag von Köln 1505 bei der Liquidierung der Folgen des Landshuter Erbfolgekriegs –, hielt sich aber bis zu seinem Tod 1544 in Äquidistanz zu beiden Parteien. Nach dem zweiten Speyerer Reichstag 1529 war er als aktiver Vermittler tätig, seine Berater stammten aus beiden konfessionellen Lagern.

Der Richtung der pfälzischen Kirchenpolitik lässt sich von den Fürsten der ersten Reformationsgeneration vor allem Heinrich V. von Mecklenburg († 1552) zuordnen, der bis in die 1530er Jahre eine Option vermied; dasselbe gilt für Johann III. von Jülich-Kleve-Berg († 1539), dessen maßgebliche Räte reformkatholische Positionen vertraten; sein Sohn Wilhelm V. († 1592) setzte diese Kirchenpolitik zwischen den Fronten fort. Auch Philipp I. von Baden († 1533) gehörte zur Gruppe der neutralen Fürsten, wenngleich seine Kirchenpolitik wie die Kasimirs von Ansbach († 1527) zwischen Entgegenkommen und Repression oszillierte. Unentschieden blieben auch Bogislaw X. von Pommern († 1523) und seine Söhne Georg I. und Barnim IX. bis 1534.

Die Stellung des sächsischen Kurfürsten Friedrich zur Reformation ist bis heute umstritten – eine Aktenedition, wie sie für Georg von Sachsen vorliegt, ist ein dringendes Desiderat. Genauer als bisher geschehen ließe sich dann vermutlich auch der Einfluss seiner Berater bestimmen. Friedrichs Verhalten ist vielleicht mit der Formulierung »aktive Passivität«[28] am prägnantesten gekennzeichnet.

Er blieb in der ganzen *Causa Lutheri* außerordentlich vorsichtig und zurückhaltend – ob aus religiöser Unsicherheit oder aus politischer Berechnung, soll dahingestellt bleiben. Ein markantes Zeugnis seines Attentismus in der Religionsfrage ist das Taktieren auf dem Altenburger Landtag 1523, auf dem die weltlichen Stände auf die ungehinderte Predigt des Wortes Gottes, also auf die Einführung der Reformation, drängten. Die kurfürstlichen Räte beriefen sich demgegenüber auf den Reichsabschied von 1523 und das Mandat des Reichsregiments vom 6. März 1523, in denen auf das Konzil zur Abstellung der Beschwerden verwiesen wurde, dessen Entscheidung nicht vorgegriffen werden durfte. Ähnlich verhielt sich Ludwig V. zwei Jahre später gegenüber entsprechenden Forderungen eines Pfälzer Adelstags. Kurfürst Friedrich starb vor Eintreten der Entscheidungssituation. Ob Kursachsen nach dem Bauernkrieg weiterhin im informellen Zustand der Gemeindereformation unter formaler Aufrechterhaltung des alten Kirchenwesens (Klöster, Zeremonien und dergleichen) hätte gehalten werden können, muss ebenso offen bleiben wie die Frage, ob Friedrich ein Religionsbündnis wie das von Gotha-Torgau eingegangen wäre. Dass er trotz eines offenbar fast ausschließlich evangelisch gesinnten Beraterstabs bis zu seinem Tod an der Politik des Attentismus und Temporisierens festhielt, scheint auf eine letzte Entscheidungsunsicherheit und auf eine anhaltend fehlende Bereitschaft, sich mit der neuen Lehre zu identifizieren, hinzudeuten.

Die Zahl der aktiven Reformationsgegner unter den Reichsfürsten war immer sehr viel größer als die der Anhänger; sie konnten sich zudem auf die Autorität von Kaiser und König stützen. Die Masse der Reformationsgegner bestand naturgemäß aus dem Episkopat, der als *duplex persona* – weltlicher Regent im Hochstift, geistlicher Leiter der Diözese – schon aus Gründen der Selbsterhaltung jede Veränderung im Kirchenwesen ablehnen musste. Die Position der Reichsbischöfe war gleichwohl schwierig durch die Geschlossenheit der weltlichen Stände in der Gravamina-Frage. Die Versuche zur Selbstreform des Klerus blieben zudem jeweils in den Anfängen stecken und erstreckten sich stets nur auf regionale Verbünde; zu einer Handlungsgemeinschaft aller Bischöfe in der Reformfrage kam es dagegen bis 1526 nicht. Außerdem wurden die Konvente und Synoden fast durchweg von weltlichen Fürsten, insbesondere Erzherzog Ferdinand und den bayerischen Herzögen Wilhelm IV. und Ludwig X., initiiert. Auf deren Drängen verabschiedeten der Erzbischof von Salzburg und seine Suffragane sowie einige Äbte bayerischer Klöster in Mühldorf Ende Mai 1522 ein Reformprogramm, das die Gravamina gegen das weltliche Leben vieler Kleriker aufnahm und entsprechende Vorschriften erließ.[29] Als sich Vertreter der Mühldorfer im Februar 1523 auf dem zweiten Nürnberger Reichstag trafen, hatten sie aber gegenüber der Aufgabe der Selbstreform und der Reform des kirchlichen Lebens der Laien bereits resigniert. Die Ausrottung der lutherischen Ketzerei war nach ihrer Meinung der weltlichen Obrigkeit zu überlassen, da geistliche Verbote nichts ausrichteten[30] – ein markantes Eingeständnis des Bankrotts der klerikalen Autorität.

Auch der Regensburger Konvent im Juni / Juli 1524, zu dem der päpstliche Legat Campeggio, Erzherzog Ferdinand und die bayerischen Herzöge zwölf Bischöfe mit Diözesananteilen in bayerischen und österreichischen Gebieten einluden, nahm die Kritik am Klerus auf und versuchte, die Verbreitung der neuen Lehre durch Verbote einzugrenzen. Die Regensburger Reformordnung vom 7. Juli 1524 wurde von Campeggio einseitig für alle Kleriker im Reich erlassen, von den Erzbischöfen bis zu den Dorfpfarrern, ohne die Metropoliten außer Salzburg auch nur zu befragen. Festgelegt wurden unter anderem: Ordination als Voraussetzung für Amtsausübung; die Kirchenväter Cyprian, Chrysostomos, Ambrosius, Augustinus, Hieronymus und Gregor als verbindliche Autoritäten für die Schriftauslegung; sachgemäße Lebensführung der Kleriker; Aufhebung der *casus reservati*; Verbot vagierender Priester; Abschaffung überflüssiger Feiertage; Interdiktverhängung bei Ermordung eines Priesters nur noch über die Schuldigen statt über die ganze Kommune; Vollmacht für die weltlichen Obrigkeiten, Gelübde- und Zölibatsbruch zu verfolgen und die Täter dem zuständigen Ordinarius zur Bestrafung zu übergeben; Provinzialsynode im Turnus von drei Jahren, jährliche Diözesansynode; Simonieverbot; Verbot leichtfertiger Disputationen über Glaubensfragen; angemessene Bezahlung der Vikare; keine Sündenvergebung gegen Geld statt Buße.[31] Die Reformordnung blieb, obwohl sie im Druck erschien, ohne größere Wirkung; dasselbe geschah mit den Landauer Reformstatuten von Vertretern aus acht Diözesen der Kirchenprovinz Mainz vom 16. November 1526.[32]

Eine gemeinsame Aktion der Reichskirche erfolgte erst auf dem Reichstag 1526, als die geistlichen Stände umfangreiche Gravamina gegen die weltlichen Obrigkeiten vorlegten – gewissermaßen als Gegenaktion gegen die weltlichen Gravamina von 1521. Die Beschwerden zeigten, in welchem Ausmaß in den letzten Jahren in kirchliche Angelegenheiten eingegriffen worden war.[33] Die Einzelbeschwerden wurden sehr detailliert – vor allem in den materiellen Bereichen – unter sieben Punkte zusammengefasst: 1) Weltliche Obrigkeiten behindern das Vorgehen der Bischöfe gegen Prediger, die Irrlehren verbreiten, ferner gegen verheiratete Priester und ausgelaufene Mönche; 2) sie ändern eigenmächtig Zeremonien oder schaffen sie ganz ab; 3) sie entziehen Klerikern und geistlichen Institutionen ihre Privilegien, vor allem die Abgabenfreiheit und die Befreiung von der weltlichen Gerichtsbarkeit; 4) sie schränken die geistliche Gerichtsbarkeit nach Möglichkeit ein und hindern die Bischöfe an der Ausübung ihrer Diözesangewalt; 5) »etliche der weltlichen Obrigkeit« reglementieren die Verwaltung des Kirchengutes, nehmen Inventarisierungen vor und erlassen Klosterordnungen; 6) den Geistlichen werden Gefälle vorenthalten, von deren Erträgen Erzbischöfe, Bischöfe und Prälaten »ihren fürstlichen und gebührenden Stand unterhalten« und Reichsabgaben leisten; 7) Güter verstorbener Geistlicher werden eingezogen und die Wiederbesetzung von Stellen wird hinausgezögert, um über die Einkünfte in der Vakanzzeit verfügen zu können, Testamente zugunsten der Kirche werden von oft nur weitläufig Verwandten des Testators erfolgreich angefochten. In einem ergänzenden Schriftstück wurde Klage wegen »Luthers Lehre und Sekte, auch was daraus gefolgt hat und noch täglich entsteht«,[34] erhoben: Zerstörung des christlichen Glaubens und Verachtung des Gehorsams gegen Gott und Welt, Gotteslästerung, Bildersturm. »Etliche weltliche Fürsten und Reichsstädte« fördern deutsche Gottesdienste, Abendmahl unter beiden Gestalten, Laienpredigten, Verachtung kirchlicher Strafen, Förderung verheirateter Priester und Verfolgung rechtgläubiger Geistlicher und Mönche. Zur Erörterung auf dem Reichstag sind diese Gravamina 1526 offensichtlich nicht gekommen.

Ausblick

Nach der Konfrontation der beiden Religionsparteien 1529 in Speyer schien die Rückkehr Karls V. in das Reich und die versöhnliche Einladung zum Reichstag 1530 auf eine Entspannung der Situation zu deuten. Der Anspruch des Kaisers auf das Richteramt in Glaubenssachen ließ das Illusionäre dieser Erwartung jedoch bald deutlich werden; der Reichsabschied vom November 1530 machte klar, dass Karl V. seine bisherige Religionspolitik nicht aufgab: uneingeschränkte Weitergeltung des Wormser Edikts sowie der Abschiede der letzten Reichstage. Die Reichsstände, die die Confessio Augustana eingereicht hatten, sollten bis zum 15. April des Folgejahres alle kirchlichen Veränderungen rückgängig machen. »Allerhand Beschwerungen und Neuerungen, dem christlichen Glauben und Religion zuwider«, wurden im Einzelnen aufgeführt, insgesamt verlangte der Reichsabschied eine *restitutio in integrum* in

Glaubens-, Zeremonial- und Kirchengutsangelegenheiten. Gegen Widerspenstige sollte der kaiserliche Offizial Klage vor dem Reichskammergericht erheben. Eine Derogationsklausel sicherte die Bestimmungen des Reichsabschieds gegen Anfechtungen unter Berufung auf frühere Beschlüsse und gegen Appellationen an das Konzil. Das von Alt- und Neugläubigen gleichermaßen verlangte Konzil sollte vom Papst binnen sechs Monaten ausgeschrieben werden und innerhalb eines Jahres nach Ausschreibung zusammentreten.[35]

Allerdings überschätzte Karl V. 1530 seine Autorität. Gerade der Augsburger Reichstag, dessen Abschied – mit Ausnahme der Konzilsforderung – die Entwicklung der letzten neun Jahre rückgängig machen wollte, führte zu einer Stärkung der evangelischen Position. Der noch Ende 1530 gegründete Schmalkaldische Bund bot künftig übertretenden Reichsständen Rückhalt, da der casus foederis den Festlegungen im Gotha-Torgauer Bündnis von 1526 entsprach. Zudem gelang es Karl V. nicht, den Papst zur Berufung des Konzils zu veranlassen.

Die in den folgenden 25 Jahren unternommenen Versuche zur Überwindung der Krise des Reichsreligionsrechts seien wenigstens noch erwähnt: temporäre Friedstände für den jeweiligen Kreis der evangelischen Stände 1532, 1539 und 1544, Religionsgespräche, schließlich der Religionskrieg 1546/47 mit der Realisierung der Richterfunktion des Kaisers im Interim. Die Macht Karls V. erwies sich jedoch als zu gering, um den von ihm 1548 verordneten Religionsstatus überall und auf Dauer durchzusetzen. Daher blieb als einzige Möglichkeit, um das Problem der konkurrierenden konfessionellen Alleinvertretungsansprüche zu neutralisieren und den konfessionellen Bürgerkrieg zu verhindern, der politische Frieden »in während er Spaltung der Religion«. Mit dem Augsburger Religionsfrieden wurde die Bikonfessionalität des Reiches sanktioniert und in den Landfrieden integriert. Das Postulat des »beständigen, beharrlichen, unbedingten, für und für ewig währenden Friedens« bei Nichtentscheidung der Wahrheitsfrage verschaffte dem Reich – trotz aller Konflikte – eine Friedenszeit von über einem halben Jahrhundert.[36]

Anmerkungen

1   Öffentlicher Abendvortrag am 4. Juli 2013 im Torgauer Rathaus. Die Vortragsform ist im Folgenden beibehalten; einige Abschnitte, die aus Zeitgründen gestrichen worden waren, sind für den Druck wieder eingefügt worden. Die Zitate wurden normalisiert. Generell sei verwiesen auf Eike Wolgast, Die deutschen Territorialfürsten und die frühe Reformation, in: Die frühe Reformation in Deutschland als Umbruch (Schriften des Vereins für Reformationsgeschichte 199), hrsg. von Stephen E. Buckwalter und Bernd Moeller. Gütersloh 1998, S. 407–434; ders., Die Einführung der Reformation und das Schicksal der Klöster im Reich und in Europa, Gütersloh 2014.

2   Peter Dinzelbacher in: Handbuch der Religionsgeschichte im deutschsprachigen Raum Bd. 2, hrsg. von Peter Dinzelbacher. Paderborn u. a. 2000, S. 66.

3   Ilka Minneker, Vom Kloster zur Residenz. Dynastische Memoria und Repräsentation im spätmittelalterlichen und frühneuzeitlichen Mecklenburg. Münster 2007, S. 356.

4   Vgl. WA Bd. 11, S. 408–416; Martin Luther, Studienausgabe Bd. 3, S. 75–84.

5   Vgl. Flugschriften der Bauernkriegszeit, hrsg. von Adolf Laube und Hans Werner Seiffert. Berlin ²1978, S. 26–31 (Zitat S. 27).

6   Vgl. Akten und Briefe zur Kirchenpolitik Herzog Georgs von Sachsen Bd. 1, hrsg. von Felician Gess. Leipzig 1905, Köln 1985, S. 250–252 (Zitat S. 251).

7   Akten (wie Anm. 6) Bd. 2. Leipzig, Berlin 1917, Köln 1985, S. 612. Deutsche Reichstagsakten Jüngere Reihe (im Folgenden RTA JR) Bd. 5/6, S. 739.

8   Akten (wie Anm. 6), S. 111.

9   RTA JR Bd. 2, S. 496 (Bericht Gregor Brücks über Aleanders Rede).

10 RTA JR Bd. 2, S. 869.

11 Die evangelischen Kirchenordnungen des XVI. Jahrhunderts Bd. 16, bearb. von Sabine Arend und Thomas Bergholz. Tübingen 2004, S. 500.

12 RTA JR Bd. 2, S. 671–704.

13 Akten (wie Anm. 6), S. 252.

14 Akten (wie Anm. 6), S. 270 f.

15 August von Druffel, Die Bairische Politik im Beginne der Reformationszeit 1519–1524. München 1885, S. 99.

16 Acta Reformationis Catholicae Ecclesiam Germaniae concernentia Bd. 1, hrsg. von Georg Pfeilschifter. Regensburg 1959, S. 162 (Wilhelm von Bayern an Ernst von Bayern, 1. Feb. 1524).

17 RTA JR Bd. 3, S. 747 f.

18 RTA JR Bd. 4, S. 603.

19 RTA JR Bd. 4, S. 604.

20 RTA JR Bd. 5/6, S. 129–131.

21 Acta Reformationis (wie Anm. 16), S. 137 f.

22 RTA JR Bd. 5/6, S. 282 f.

23 RTA JR Bd. 5/6, S. 592.

24 RTA JR Bd. 5/6, S. 554.

25 RTA JR Bd. 5/6, S. 881.

26 RTA JR Bd. 7/II, S. 1142.

27 Vgl. Albrecht Pius Luttenberger, Glaubenseinheit und Reichsfriede. Konzeptionen und Wege konfessionsneutraler Reichspolitik (1530–1552) (Kurpfalz, Jülich, Brandenburg). Göttingen 1982.

28 Ingetraut Ludolphy, Friedrich der Weise – Kurfürst von Sachsen 1463–1525. Göttingen 1984, S. 488.

29 Vgl. Acta Reformationis (wie Anm. 16), S. 67–75.

30 Vgl. Acta Reformationis (wie Anm. 16), S. 88.

31 Vgl. Flugschriften gegen die Reformation (1518–1524), hrsg. von Adolf Laube. Berlin 1997, S. 700–714. Acta Reformationis (wie Anm. 16), S. 334–344.

32 Vgl. Acta Reformationis (wie Anm. 16), S. 406–418.

33 Vgl. RTA JR Bd. 5/6, S. 686–709 (Zitate S. 701, 704).

34 RTA JR Bd. 5/6, S. 710–713 (Zitate S. 710, 711).

35 Vgl. Neue und vollständigere Sammlung der Reichs-Abschiede […] Teil 2, hrsg. von Heinrich Christian von Senckenberg und Ernst August Koch. Frankfurt 1747, Osnabrück 1967, S. 306–316 (Zitat S. 310).

36 Vgl. RTA JR Bd. 20/IV, S. 3108–3114 (Zitate S. 3108. 3112).

ARMIN KOHNLE

Kaiser, Reichstag, Reichsreform. Friedrich der Weise und das Reich

Die Kontakte Friedrichs des Weisen ›zum Reich‹ ziehen sich durch seine Regierungszeit wie ein ständiges Hintergrundgeräusch, das phasenweise deutlicher vernehmbar ist, um dann wieder leiser zu werden, ohne jemals ganz zu verstummen. Dass Friedrich ein geachteter Kurfürst war, dessen Meinung im Kreis der Reichsstände etwas zählte, ist schon oft festgestellt worden. Die politische Bedeutung des Sachsen hatte mit seinem Amt als Kurfürst und mit dem wirtschaftlichen Gewicht seines Territoriums ebenso zu tun wie mit seiner besonnenen und vermittelnden Persönlichkeit.[1] Amt, Land und Person waren unter den Bedingungen des frühneuzeitlichen Fürstenstaates nicht voneinander zu trennen, sondern erst ihre Kombination war die Grundlage politischen Einflusses. Hinzu kamen Faktoren wie Erfahrung in Reichsangelegenheiten und die damals üblichen Formen der Vernetzung durch Verwandtschaft, Heirat, Dienste und Freundschaft. Diese Elemente lassen sich auch bei Friedrich dem Weisen feststellen und könnten im Rahmen dieses Beitrags thematisiert werden. Doch soll das Thema hier enger verstanden und Friedrichs Rolle im Reich unter den folgenden vier Überschriften systematisch behandelt werden: Reichstagsbesuche; Im Dienst Maximilians I.; Stellung zur Reichsreform; Verhältnis zu Kaiser Karl V.[2]

Reichstagsbesuche

Wertet man Georg Spalatins heute noch brauchbare Biographie Friedrichs des Weisen[3] für die Reichstagsbesuche des Kurfürsten aus, so ergibt sich, dass Spalatins Angaben bis auf einige Ungenauigkeiten und Lücken, die beim Abgleich mit den edierten Reichstagsakten zu entdecken sind, auch vor der modernen Forschung noch bestehen können. Nach Spalatin besuchte Friedrich nicht weniger als 30 Reichstage persönlich,[4] wobei wohl sämtliche längere Abwesenheiten Friedrichs im Dienst für Kaiser und Reich, nicht nur die Reichstagsbesuche im engeren Sinne, eingerechnet sind.[5] Zwischen 1486 und Friedrichs Tod im Mai 1525 fanden 32 Versammlungen statt, die als Reichstage, königliche Tage oder Wahltage gezählt werden können.[6] Von diesen hat der Kurfürst mindestens 17 persönlich besucht, also etwas mehr als die Hälfte, darunter alle großen und wichtigen Versammlungen. Bei fortschreitender Edition der mittleren Reihe der Deutschen Reichstagsakten könnten aber noch weitere Teilnahmen an Reichsversammlungen zutage treten. Wo er nicht persönlich zugegen war, ließ er sich in der Regel durch seine Gesandten vertreten,[7] ein Umstand, den Spalatin nicht berücksichtigt hat. Dass der Kurfürst ein ungewöhnlich fleißiger Teilnehmer an Reichstagen war, wurde von Spalatin aber richtig beobachtet.

Friedrichs Reichstagsbesuche setzten bereits vor dem Beginn seiner selbstständigen Regierung ein. 1486 begleitete er seinen Vater zum Reichstag nach Frankfurt am

Abb. 1
Adriano Fiorentino,
Friedrich der Weise,
Kurfürst von Sachsen,
1498, Gelbguss, H 62,8 cm.
Staatliche Kunstsammlungen Dresden,
Skulpturensammlung,
Inv. Nr. H4 1/1

Main,[8] wo die Wahl Maximilians I. zum römischen König noch zu Lebzeiten Kaiser Friedrichs III. vollzogen wurde.[9] Im folgenden Jahr (1487) war Friedrich auf dem Reichstag in Nürnberg.[10] Dieser von Spalatin nicht ausdrücklich verzeichnete Reichstagsbesuch war für Friedrich insofern von Bedeutung, als er bei dieser Gelegenheit von Kaiser Friedrich III. gemeinsam mit seinem Bruder Johann belehnt wurde.[11] Damals wurden auch eine sächsisch-bayerische Erbeinung vereinbart[12] und die bestehende sächsisch-brandenburgisch-hessische Erbeinung erneuert.[13] 1491 besuchte Friedrich erneut einen Reichstag in Nürnberg.[14]

Die über Spalatins Friedrich-Biographie verstreuten Erwähnungen von weiteren Reichstags-besuchen des Kurfürsten ergeben folgenden Befund: Zu 1494 verzeichnet Spalatin einen Aufenthalt in Worms, wo Graf Eberhard von Württemberg zum Herzog erhoben worden sei.[15] Dies ist nun offensichtlich eine Verwechslung mit dem im folgenden Jahr (1495) in Worms stattfindenden großen Reformreichstag Maximilians I.,[16] auf dem tatsächlich die Rangerhöhung Württembergs zum Herzogtum erfolgte. Auf diesem großen Reichstag wurde Friedrich nach dem Tod Kaiser Friedrichs III. von Maximilian I. belehnt und erhielt eine Bestätigung seiner Privilegien.[17] Weitere Reichstagsbesuche verzeichnet Spalatin zum Jahr 1496 (Worms)[18] und zu 1498 (Freiburg im Breisgau),[19] wo Maximilian I. ihm eine Schuldverschreibung über mehr als 65 000 Gulden quittierte und ihn dafür als Statthalter in den an der heutigen italienisch-slowenischen Grenze gelegenen Görzer Herrschaften einsetzte.[20] Spalatins Angabe zu 1496 ist wieder zu korrigieren, denn 1497 (nicht 1496) hatte Friedrich lediglich einen Gesandten in Worms. Weitere Reichstagsbesuche notiert Spalatin für Nürnberg 1501[21] und Köln 1505, wo der Landshuter Erbfolgekrieg durch den Kölner Spruch beendet wurde und der sächsische Kurfürst und sein Bruder Johann als einzige unter den Reichsfürsten zum Kurfürsten Philipp von der Pfalz hielten.[22] Auch in Konstanz 1507[23] und Augsburg 1510 war Friedrich nach Spalatins Angabe persönlich anwesend.[24]

Diese Notizen wird man für zuverlässig halten dürfen, auch wenn sie mangels edierter Reichstagsakten augenblicklich nicht überprüft werden können. Übergangen hat Spalatin den Besuch des wichtigen Augsburger Reichstags von 1500[25] und des Wormser Reichstags 1509.[26] Gut bezeugt und von Spalatin mehrfach erwähnt ist jedoch der Aufenthalt des Kurfürsten in Augsburg 1518, als er sich einer Festlegung auf Karl V. als Nachfolger Maximilians I. verweigerte.[27] Damals habe Kaiser Maximilian I. ihn umzustimmen versucht,[28] als Friedrich der Weise als einziger unter den Fürsten daran festhielt, den von Papst Leo X. ausgeschriebenen Ablass

gegen die Türken abzulehnen, und als er darauf bestand, dass zu Lebzeiten Maximilians kein römischer König gewählt werden dürfe.[29]

Bis zum Ende der Regierungszeit Maximilians I. ergibt die Auswertung der Angaben Spalatins und der edierten Reichstagsakten demzufolge, dass Friedrich der Weise im Durchschnitt etwa alle zwei bis drei Jahre einen Reichstag persönlich besuchte. Dies entspricht mehr als der Hälfte aller Versammlungen. In der Regierungszeit Karls V. wurde seine Besuchsfrequenz sogar noch höher. Er nahm am Frankfurter Wahltag 1519 teil, reiste im Vorfeld der Krönung Karls V. 1520 nach Köln und besuchte die Reichstage in Worms 1521 und Nürnberg 1524.[30] Dies ergibt im Durchschnitt den Besuch einer Reichsversammlung etwa alle eineinhalb Jahre. Spalatin, der die Teilnahmen in Worms 1521[31] und Nürnberg 1524[32] ebenfalls erwähnt, bemerkt ausdrücklich, dass Friedrich nach 1524 nicht mehr ›ins Reich‹ gezogen sei.

Diese nur mit einiger Mühe ermittelten Zahlen geben einen Eindruck davon, was gemeint ist, wenn die Zeitgenossen den älteren Kurfürsten Friedrich als einen in Reichsangelegenheiten erfahrenen Mann ansahen. Man wird lange suchen müssen, um in seiner Generation einen anderen Fürsten zu finden, der wie er auf über ein Dutzend persönlich besuchte Reichstage und Reichsversammlungen zurückblicken konnte.

Besonders umgänglich und leutselig war Friedrich der Weise bekanntlich nicht, was auch sein Biograph Spalatin einräumte.[33] Aber er verfügte über ein gutes Personengedächtnis und konnte sich noch nach Jahren an Geschichten, Reden und Streitigkeiten auf vielen Reichstagen erinnern.[34] Dies war das Potential, aus dem in der Fürstengesellschaft des Spätmittelalters politisches Gewicht erwuchs. Das persönliche Netzwerk Friedrichs wurde wohl überwiegend bei solchen Gelegenheiten geknüpft. Spalatin erwähnt zweimal den Freundeskreis des Sachsen. Unter den Reichsfürsten standen ihm demnach die folgenden Persönlichkeiten besonders nahe: Erzbischof Berthold von Mainz (1441–1504),[35] Erzbischof Hermann von Köln (1477–1552), Erzbischof Johann von Trier (1434–1503), Kurfürst Philipp von der Pfalz (1448–1508) und Kurfürst Johann von Brandenburg (1455–1499), also sämtliche Kurfürsten. Sodann unter den geistlichen Fürsten: Bischof Friedrich von Utrecht (1455–1517), Bischof Lorenz von Würzburg (1459–1519) und Bischof Gabriel von Eichstätt (1455–1535).[36] Als weitere Freunde Friedrichs werden genannt: Herzog Heinrich von Sachsen (1473–1541), Pfalzgraf Friedrich bei Rhein (1482–1556), die Markgrafen Albrecht (1490–1568) und Kasimir von Brandenburg-Ansbach (1481–1527) sowie die Bischöfe Philipp von Freising (1480–1541) und Johann von

Naumburg (†1517).[37] Die meisten dieser Personen gehörten nicht zur Alterskohorte Friedrichs, sondern waren deutlich älter oder jünger als er. Es wäre eine interessante Frage, ob sich dieses Personennetzwerk auf Reichsebene in den Akten niederschlägt. Spalatin hatte seine Kenntnisse jedenfalls von Friedrich selbst.

Im Dienst Maximilians I.

Spalatin hat das Dienstverhältnis des Kurfürsten von Sachsen zu König bzw. Kaiser Maximilian I. wie folgt geschildert: Friedrich habe eine Zeit zusammen mit seinem Bruder Johann an Maximilians Hof zugebracht und sei ihm viele Jahre in Ober- und Niederdeutschland »zu Dienst gefolget«, auch sei er etliche Jahre des Kaisers Hofmeister und oberster Hofregent gewesen. Dann wörtlich und vielsagend: »Darüber auch Römische Kayserl. Majestät diesem Churfürsten und seinem Bruder … etliche viel tausend Gülden schuldig worden.«[38] Details erfahren wir von Spalatin keine, lediglich das Generalstatthalteramt Friedrichs wird noch erwähnt.[39]

Tatsächlich war das Engagement Friedrichs des Weisen auf Reichsebene nicht nur ein erheblicher Zeitfaktor, sondern auch überaus kostspielig. Das Geld, das man den Habsburgern lieh, sah man in der Regel nicht wieder, und die Reichstagsbesuche waren teuer. Aufstellungen über die Ausgaben des Kurfürsten liegen vom Nürnberger Reichstag 1491[40] und vom Wormser Reichstag 1521 vor. Letzterer verschlang allein über 14 000 Gulden.[41]

1494 intensivierten sich Friedrichs Kontakte zum Reich im Zuge seiner Bestellung zum Rat König Maximilians zunächst auf ein Jahr.[42] Damit begann ein ziemlich wechselhaftes Engagement des Sachsen für König und Reich, das bis 1498 eine hohe Intensität aufwies. Als besoldeter Rat Maximilians gehörte der Kurfürst zum engeren Kreis um den König und wurde wohl oder übel in die habsburgische Politik im Reich und in Europa verwickelt. Als Kurfürst blieb er aber in gewisser Weise immer auch ein Gegenspieler des Habsburgers. So agierte Friedrich in einer komplizierten Gemengelage zwischen reichsständischer Solidarität, Dienstverhältnis zum König und wohlverstandenem sächsischem Eigeninteresse, was es schwierig macht, irgendeinen roten Faden in seinem reichspolitischen Engagement dieser Zeit auszumachen. Wenn man aus den spärlichen Details seiner Tätigkeit[43] etwas ablesen kann, dann vielleicht sein Talent zu vermitteln, sich bedeckt zu halten und sich selbst nicht zu exponieren. Dieser politischen Kunst begegnet man in seiner Lutherschutzpolitik seit 1518 vielfach wieder.

Friedrichs Eigeninteresse war insbesondere berührt durch die Frage des Reichsvikariats in Abwesenheit des Königs, die in dem Augenblick akut wurde, als Maximilian I. 1496 seinen Romzug plante. Die Goldene Bulle hatte das Vikariat zwischen dem Pfalzgrafen und dem Kurfürsten von Sachsen *vacante imperio* aufgeteilt, doch war es am Ende des 15. Jahrhunderts üblich, auch die Stellvertretung des Königs bei dessen Abwesenheit als Vikariat zu bezeichnen.[44] Es gibt einige Hinweise darauf, dass Friedrich dieses Recht für sich zu sichern versuchte, was ihn in eine gewisse Konkurrenz zu Kurfürst Philipp von der Pfalz brachte, der viel energischer als der Sachse auf seinem Vikariatsrecht beharrte. Die Angelegenheit erledigte sich, als sich die Romzugspläne Maximilians zerschlugen. Dem persönlichen Verhältnis Friedrichs zum Pfälzer hat diese Sache keinen Abbruch getan, wie wir von Spalatin schon gehört haben.

1497 wurde Friedrich der Weise an die Spitze des neugeschaffenen königlichen Hofrats berufen, mit dem Maximilian ein »oberstes Regierungs-, Verwaltungs- und Gerichtsorgan … sowohl für das Reich als auch für Österreich und Burgund«[45] zu etablieren versuchte. Im dauernden Ringen zwischen einer ständisch getragenen Reichsreform, für die Erzbischof Berthold von Henneberg stand, und den zentralistischen Interessen Maximilians schien sich Friedrich als Statthalter demnach ganz auf der königlichen Seite zu positionieren. Zwischen Herbst 1497 und Herbst 1498 stand der Sachse auf dem Höhepunkt seines politischen Einflusses im Reich, was ihm auch außerhalb der Reichsgrenzen eine gewisse Beachtung eintrug. In die europäischen Konflikte Maximilians, vor allem in seine Auseinandersetzung mit Frankreich und in seine Oberitalienpolitik, wurde er zwangsläufig hineingezogen. Für einige Jahre tat sich sogar die Perspektive einer europäischen Stellung der Ernestiner auf, als Friedrich durch die erwähnte Verpfändung der Görzer Hinterlassenschaft ein Standbein in Oberitalien zu erhalten schien. Friedrich nutzte sein Statthalteramt für Vermittlungsversuche und Ausgleichsverhandlungen, insbesondere zwischen dem Habsburger und seinem französischen Gegenspieler.[46] Erfolg war Friedrich jedoch nicht beschieden. Im August 1498 entlud sich der habsburgisch-französische Konflikt in militärischen Aktionen. Friedrich versuchte weiterhin, die Parteien an den Verhandlungstisch zu bringen, mit mäßigem Erfolg. Im November 1498 verließ er – vielleicht darf man sagen: frustriert von den Intrigen und der Sprunghaftigkeit Maximilians I. – den königlichen Hof.

Erstaunlicherweise scheint Friedrich durch die gescheiterte Episode seiner Statthalterschaft weder das Vertrauen der Reformpartei im Reich noch das des Königs verloren

Abb. 2
Albrecht Dürer,
Kaiser Maximilian I.,
1519, Öl auf Lindenholz,
74 × 61,5 cm. Kunst-
historisches Museum
Wien, Gemäldegalerie,
Inv. Nr. GG 825

Motor der ständischen Bemühungen um eine Reichsreform war der 1484 zum Erzbischof von Mainz gewählte Berthold von Henneberg (†1504), den Spalatin unter die Freunde Friedrichs des Weisen rechnete. Daraus ist nun aber nicht ohne Weiteres zu schließen, dass auch Friedrich ein Protagonist der Reichsreform gewesen sei. Dass er auf den Reichstagen und als Rat Maximilians I. in vielfältiger Weise in den verschlungenen Verhandlungsprozess integriert war, versteht sich von selbst. Nirgendwo aber lässt sich eine programmatische Stellungnahme des Sachsen zur Reichsreform finden. Die Quellenlage für seine Beteiligung am Diskussionsprozess ist ausgesprochen dünn. Die Bruchstücke weisen jedoch darauf hin, dass Friedrich sich den Reformanliegen zumindest nicht verschlossen hat. Aus Worms 1495 liegt seine Stellungnahme zum Entwurf der Regimentsordnung mit zusätzlichen Vorschlägen vor,[49] und Kursachsen gehörte zu den Reichsständen, die Bereitschaft zur Bezahlung des Gemeinen Pfennigs zeigten,[50] der letztlich an der Zahlungsunwilligkeit anderer Stände scheiterte.

Das im Jahr 1500 ins Leben getretene erste Reichsregiment sollte die Mitregierung der Stände absichern. Als Instrument zur Beschränkung der königlichen Machtgelüste scheint Kurfürst Friedrich es aber nicht betrachtet zu haben, denn im August 1500 ließ er sich von Maximilian, der ihm zuvor den Titel eines Hofmeisters verliehen hatte,[51] für einen Jahressold von 6000 Gulden zum königlichen Statthalter beim Reichsregiment ernennen.[52] Tatsächlich nahm das Reichsregiment im Herbst 1500 seine Arbeit in Nürnberg auf. Doch Friedrich scheint die Freude daran bald verloren zu haben, denn schon im November legte er sein Amt zwischenzeitlich nieder, kehrte nach einer Mahnung des Königs im Dezember aber nach Nürnberg zurück.[53] Bis auf zwei Reisen nach Hause scheint er den größeren Teil des Jahres 1501 am Regiment in Nürnberg zugebracht zu haben. Im Spätjahr hatte er die Nase endgültig voll.[54] Das erste Reichsregiment ging nach seiner Abreise sang- und klanglos ein.

Über Friedrichs Motive wissen wir nichts Bestimmtes. War er frustriert über die mangelnden Kompetenzen des Reichsregiments, über die ausbleibende Besoldung, während die Habsburger bei ihm immer tiefer in der Kreide standen? Die von Ludolphy konstatierte »fortschreitende innere Distanz gegenüber Reichsangelegenheiten«,[55] eine »Zurückhaltung«, »Reserve gegenüber dem König«, gar »passiver Widerstand« oder eine »renitente Haltung«[56] sind allerdings nicht zu erkennen. Friedrich war und blieb einer der engagiertesten Fürsten auf Reichsebene, und er besuchte weiterhin regelmäßig die Reichstage. Als 1507 noch einmal der Romzug Maximilians auf der Tagesord-

zu haben. Offenbar galt er allen Seiten immer noch als ehrlicher Makler. Nicht nachvollziehbar ist Ludolphys Urteil, Friedrich habe sich vorerst ganz von den Reichsgeschäften zurückgezogen und der Verwaltung Sachsens gewidmet.[47] In den Jahren 1500, 1501 und 1505 besuchte er vielmehr die Reichstage persönlich. Nicht sein Engagement ging demnach zurück, sondern seine Stoßrichtung veränderte sich. Friedrich engagierte sich jetzt stärker für die Anliegen der Reichsreform.

Stellung zur Reichsreform

Unter dem Schlagwort »Reichsreform« fasst man üblicherweise die zahlreichen, in den Jahren um 1500 konzentrierten Bemühungen zusammen, die drängenden inneren Probleme des Reiches zu lösen. Unterdrückung der Fehden durch Sicherung des Landfriedens; Beseitigung der Mängel in der Rechtspflege durch die Errichtung eines Kammergerichts; Reform der Reichskriegsverfassung; Reform des Reichsfinanzenwesens durch Einführung des Gemeinen Pfennigs; Austarierung und institutionelle Neuordnung des Verhältnisses von Kaiser und Reichsständen durch ein Reichsregiment und Weiterentwicklung der Reichstage waren die wichtigsten Projekte.[48]

Abb. 3
Loy Hering (Werkstatt),
Kaiser Karl V.,
um 1540/50, Jurakalk-
stein (Solnhofer Stein),
15,1 × 12,2 cm, Kunst-
historisches Museum
Wien, Kunstkammer,
Inv. Nr. KK 4371

nung stand, ließ er sich im August zum Generalstatthalter des Königs mit umfassenden Kompetenzen ernennen.[57]

Aber Friedrich der Weise agierte nicht einfach als Maximilians verlängerter Arm, sondern versuchte auch als Generalstatthalter, die Interessen der Reichsstände und des Königs auszugleichen. Nach der Ächtung des Pfälzers und nach dem Tod Bertholds von Henneberg war es Friedrich der Weise, der als Sprecher der Stände fungieren musste und der bei Abwesenheit des Königs dessen Vertretung übernahm. Wenn man den Interessenausgleich zwischen Kaiser und Ständen als das maßgebliche Anliegen der Reichsreform versteht, ist Friedrich tatsächlich in eine Protagonistenrolle hineingewachsen. Bezeichnend für seine Mittlerstellung ist nun, dass Friedrich 1509 eine erneute Statthalterschaft nur annehmen wollte, wenn er nicht nur dem Kaiser, sondern auch den Reichsständen genehm sei.[58]

Auch wenn es Differenzen immer wieder gegeben hat, ist es unzutreffend, eine Distanz oder gar Opposition Friedrichs zu Maximilian I. allzu sehr zu betonen. Friedrich versuchte, Loyalität zum König mit Wahrung reichsständischer und eigener Interessen zu verbinden. Dies ist ihm offensichtlich gut gelungen, denn das Verhältnis zu Maximilian I. blieb freundlich, wie die Vorgänge auf dem Augs-

burger Reichstag von 1518 zeigten. Dass sein Ruf auch unter den Reichsständen nicht gelitten haben kann, zeigen die Vorgänge bei der Königswahl 1519, als der Kurfürst von Sachsen römischer König hätte werden können, wenn er nur gewollt hätte.

Verhältnis zu Kaiser Karl V.

Bei der Beschäftigung mit Friedrichs Beziehungen zum Reich in der Zeit vor dem öffentlichen Auftreten Martin Luthers ist deutlich geworden, dass die 1518 einsetzende Lutherschutzpolitik[59] nur deshalb erfolgreich sein konnte, weil Friedrich in den zurückliegenden beiden Jahrzehnten ein politisches Kapital gesammelt hatte, von dem er jetzt zehrte.

Die Vorgänge um die Königswahl des Jahres 1519[60] haben keinen Schatten auf das Verhältnis Friedrichs des Weisen zu Karl V. geworfen, im Gegenteil: Die bekannten Verhandlungen im Vorfeld des Wormser Reichstags, als es Friedrich gelang, dem Kaiser die Zusage abzuringen, dass Luther die Gelegenheit zu einem Verhör erhalten würde,[61] belegen den nach wie vor hohen Stellenwert des Sachsen im politischen Kalkül der kaiserlichen Politik. Das Lutherverhör in Worms wurde vermutlich schon im Vorfeld der Aachener Krönungsfeier im November 1520 zwischen Karl und Friedrich vereinbart. Zwar ist dieses Projekt zwischenzeitlich noch einmal fraglich geworden, als der Kaiser auf Drängen des päpstlichen Nuntius seine Zusage zurücknahm und der Kurfürst die Verantwortung für die Zitation Luthers nicht auf sich nehmen wollte,[62] doch eine erneute persönliche Unterredung im Januar 1521 brachte die Entscheidung zugunsten des kursächsischen Verhörsplanes.[63] Dass auch die Reichsstände diesen Plan unterstützten, hatte mit Luther etwas zu tun, aber noch viel mehr mit dem politischen Gewicht Friedrichs des Weisen, mit seinem politischen Kapital, das jetzt Zinsen trug. Und wenn es Friedrich nach Luthers Widerrufsverweigerung in einem erneuten persönlichen Gespräch kurz vor seiner Abreise aus Worms gelang, dem Kaiser das Versprechen abzuringen, ihn mit der Sache Luthers nicht weiter zu behelligen, dann ist auch dies wohl nur mit der Autorität des erfahrenen Reichsfürsten zu erklären, den sich der Kaiser gewogen halten wollte.[64] Die Folge war, dass das Wormser Edikt nicht an den Kurfürsten übersandt wurde, er also faktisch von der Pflicht zum Vollzug ausgenommen wurde.

Bei den Planungen Karls V. für ein neues Reichsregiment und eine Statthalterschaft in der Zeit seiner Abwesenheit aus dem Reich spielte Kurfürst Friedrich nicht

mehr die tragende Rolle wie in der Zeit des ersten Reichsregiments. An den Reichsgeschäften nahm er aber noch
immer intensiven Anteil. Er war im Regiment nicht nur
durch den umtriebigen Rat Hans von der Planitz repräsen-
tiert,[65] sondern besetzte mit Joachim von Pappenheim
auch noch die Regimentsratsstelle des Sächsischen Krei-
ses.[66] Trotz Alter und Krankheit war Friedrich der engagier-
teste unter allen Kurfürsten, was die Beteiligung an den
Reichsgeschäften betrifft. Im Rotationssystem des zweiten
Reichsregiments war er der einzige Kurfürst, der zu den
beiden für ihn vorgesehenen Quartalen persönlich in
Nürnberg erschien und seine Verpflichtungen erfüllte.[67]
Von Anfang Juli bis Ende September 1522 hielt er sich in
Nürnberg auf,[68] und noch einmal von Ende November 1523
bis Ende Februar 1524.[69] Sein Quartal wäre erst Ende März
abgelaufen. Die vorzeitige Abreise begründete er mit Alter
und Krankheit, aber auch damit, dass die Verhandlungen
des dritten Nürnberger Reichstags unfruchtbar gewesen
seien.[70]

Fazit

Friedrich der Weise hat drei Jahrzehnte lang eine über-
durchschnittlich intensive Reichspolitik betrieben. Wenn
man die Monate seiner Abwesenheit ›im Reich‹ zusam-
menzählen würde, käme man auf eine beachtliche Zeit-
spanne von vermutlich mehreren Jahren, die er den über-
geordneten Interessen des Reiches und nicht seinem kursächsischen Territorium gewidmet hat. Die Kosten dieses
Engagements waren enorm. Friedrich hat sie sicher nicht
nur aus Loyalität zum Königtum getragen, sondern auch
aus Reichs-patriotismus. Auch wenn die Jahre zwischen
1494 und 1498 als Zeit eines besonders intensiven reichspolitischen Engagements des Sachsen erscheinen, erlahmte
dieses Engagement auch unter dem späten Maximilian und
in der Regierungszeit Karls V. nicht. Einen Rückzug von den
Reichsgeschäften, gar einen Bruch mit Maximilian I. gab es
auch nach 1498 nicht. Die anderslautende Meinung Inge-
traud Ludolphys konnte hier nicht bestätigt werden.[71]
        Diese exzeptionelle Rolle des sächsischen Kurfürsten
als eines erfahrenen, angesehenen und als Vermittler ge-
schätzten Reichspolitikers ist in Erinnerung zu behalten,
wenn die Lutherschutzpolitik des Sachsen nach 1518 richtig gedeutet werden soll. Friedrich erntete in den ersten
Jahren der Reformationszeit die Früchte eines 30-jährigen
Engagements für Kaiser und Reich.

Abb. 4
Kaiser Karl V. und die Kurfürsten auf dem Reichstag, in: Abschiedt des Reichßtags
zu Augspurg anno 1530, Meynz: Johannes Schöffer, 1531,
Bayerische Staatsbibliothek München, Sign. 2 J.publ.g. 301, Titelblatt

Anhang

Liste der Teilnahmen Friedrichs des Weisen
an Reichs- und Wahltagen[72]

1	1486	Frankfurt am Main	persönlicher Besuch
2	1487	Nürnberg	persönlicher Besuch
3	1489	Frankfurt am Main	durch Gesandten vertreten
4	1491	Nürnberg	persönlicher Besuch
5	1492	Koblenz	unbekannt
6	1493	Colmar	kein Fürst persönlich anwesend
7	1495	Worms	persönlicher Besuch
8	1496 / 97	Lindau	unbekannt
9	1497	Worms	durch Gesandten vertreten
10	1498	Freiburg im Breisgau	persönlicher Besuch
11	1499	Worms	unbekannt
12	1499	Köln	unbekannt
13	1499	Überlingen	unbekannt
14	1500	Augsburg	persönlicher Besuch
15	1501	Nürnberg	persönlicher Besuch
16	1502	Gelnhausen	persönlicher Besuch
17	1502	Würzburg	unbekannt
18	1505	Köln	persönlicher Besuch
19	1507	Konstanz	persönlicher Besuch
20	1509	Worms	persönlicher Besuch
21	1510	Augsburg	persönlicher Besuch
22	1512	Köln	durch Gesandten vertreten
23	1512	Trier	durch Gesandten vertreten
24	1513	Worms	durch Gesandten vertreten
25	1517	Mainz	durch Gesandten vertreten
26	1518	Augsburg	persönlicher Besuch
27	1519	Frankfurt am Main	Wahltag, persönlicher Besuch
28	1520	Köln, Aachen	Krönungstag, in Köln persönlich
29	1521	Worms	persönlicher Besuch
30	1522	Nürnberg	durch Gesandten vertreten
31	1522 / 23	Nürnberg	durch Gesandten vertreten
32	1524	Nürnberg	persönlicher Besuch

Anmerkungen

1   Vgl. zu diesem Sachverhalt zum Beispiel Bernd Stephan, Beiträge zu einer Biographie Kurfürst Friedrichs III. von Sachsen, des Weisen (1463−1525), 3 Bde. Diss. masch. Leipzig 1979, hier Bd. 1 bei Anm. 586. Die Arbeit Stephans erscheint demnächst in der Reihe Leucorea-Studien zur Geschichte der Reformation und der lutherischen Orthodoxie. Spezielle Untersuchungen zu Friedrichs Beziehungen zu Kaiser und Reich liegen nicht vor. Berührt wird die Reichsdimension jedoch immer wieder in der maßgeblichen Biographie: Ingetraut Ludolphy, Friedrich der Weise, Kurfürst von Sachsen 1463−1525. Göttingen 1984, Leipzig 2006. Stark auf Ludolphy fußend, aber im Duktus moderner und für ein amerikanisches Publikum geschrieben ist Sam Wellman, Frederick the Wise. Seen and Unseen Lives of Martin Luther's Protector. [Charleston] 2011. Ohne selbstständigen wissenschaftlichen Wert ist Klaus Kühnel, Friedrich der Weise, Kurfürst von Sachsen. Eine Biographie. Wittenberg 2006.

2   Die Frage der Königswahl von 1519 bleibt im Folgenden ausgeklammert, obwohl sie mit Friedrichs Beziehungen zum Reich zu tun hat. Vgl. hierzu den Beitrag von Heiner Lück in diesem Band sowie den noch ungedruckten, am 14. Juni 2013 vor dem Plenum der Sächsischen Akademie der Wissenschaften zu Leipzig gehaltenen Vortrag des Verfassers: Kaiser Friedrich? Friedrich der Weise, die Königswahl des Jahres 1519 und ein Epigramm Martin Luthers.

3   Zuerst ediert: George Spalatins Lebensgeschichte Friedrichs des Weisen Churfürstens zu Sachsen, o. O. 1770 aus der Sammlung vermischter Nachrichten zur sächsischen Geschichte 5 (1770), S. 1−194 nach einer Abschrift (künftig abgekürzt: Spalatin, Leben Friedrichs, Ausgabe 1770). Neuere Edition: Georg Spalatin's historischer Nachlaß und Briefe. Aus den Originalhandschriften hrsg. von Chr. Gotth. Neudecker und Ludw. Preller, 1. Bd.: Das Leben und die Zeitgeschichte Friedrichs des Weisen. Jena 1851 (künftig abgekürzt: Neudecker / Preller), S. 21−220 (in einer redaktionell bearbeiteten Form, in der Teile als Beilagen ausgesondert wurden).

4   Vgl. Spalatin, Leben Friedrichs, Ausgabe 1770, S. 26 § 18 (wie Anm. 3); Neudecker / Preller (wie Anm. 3), S. 39.

5   Vgl. Ludolphy, Friedrich der Weise (wie Anm. 1), S. 138.

6   Vgl. die auf der Basis der Deutschen Reichstagsakten, mittlere und jüngere Reihe (künftig abgekürzt: RTA MR bzw. RTA JR) verzeichneten Reichstage und Wahltage in der Liste im Anhang. Die Reichsversammlungen werden hier der Einfachheit halber sämtlich als »Reichstage« bezeichnet, auch wenn es im Einzelfall einer genaueren Prüfung bedürfte, um welche Art von Versammlung es sich handelte.

7   Nachweislich etwa in Frankfurt 1489, wo er durch Dr. Otto Spiegel und Götz vom Ende vertreten war (vgl. RTA MR Bd. 3, S. 1020). Beglaubigung Friedrichs für Spiegel und Ende: Ebd., S. 983 (Nr. 263a) und Instruktion S. 984 (Nr. 263b und 263c).

8   Vgl. Ludolphy, Friedrich der Weise (wie Anm. 1), S. 137. Erwähnt auch bei Spalatin, Leben Friedrichs, Ausgabe 1770 (wie Anm. 3), S. 72 f.; Neudecker / Preller (wie Anm. 3), S. 125.

9   Zum Reichstag von 1486 vgl. RTA MR Bd. 1.

10 RTA MR Bd. 2, Nr. 374, S. 461: Friedrich und Johann trafen am 28. März in Nürnberg ein und waren bei der Eröffnung anwesend (S. 480).

11 RTA MR Bd., S. 634 f. (Nr. 475).

12 RTA MR Bd., Nr. 229: Friedrich und Johann schließen eine Einung mit Herzog Georg von Bayern (Ingolstadt 20. 4. 1487).

13 RTA MR Bd., S. 434 Anm. 82; vgl. Ludolphy, Friedrich der Weise (wie Anm. 1), S. 141.

14 RTA MR Bd., S. 634 f. (Nr. 475).

15 Spalatin, Leben Friedrichs, Ausgabe 1770 (wie Anm. 3), S. 26 § 18; Neudecker / Preller (wie Anm. 3), S. 39.

16 Spalatin, Leben Friedrichs, Ausgabe 1770 (wie Anm. 3), S. 74 f.; Neudecker / Preller (wie Anm. 3), S. 128.

17 RTA MR Bd. 5, Nr. 886 (Belehnung Friedrichs durch Maximilian), Nr. 887 (Bestätigung aller Privilegien). Zum Reichstag selbst vgl. 1495 – Kaiser, Reich, Reformen. Der Reichstag zu Worms. Ausstellung des Landeshauptarchivs Koblenz in Verbindung mit der Stadt Worms zum 500jährigen Jubiläum des Wormser Reichstags 1495. Worms 1995.

18 Spalatin, Leben Friedrichs, Ausgabe 1770 (wie Anm. 3), S. 75; Neudecker / Preller (wie Anm. 3), S. 129.

19 Spalatin, Leben Friedrichs, Ausgabe 1770 (wie Anm. 3), S. 75; Neudecker / Preller (wie Anm. 3), S. 130.

20 Spalatin, Leben Friedrichs, Ausgabe 1770 (wie Anm. 3), S. 79 f.; Neudecker / Preller (wie Anm. 3), S. 133 f. Zu den habsburgischen Schulden und zu dieser Transaktion vgl. Ludolphy, Friedrich der Weise (wie Anm. 1), S. 162.

21 Vgl. Spalatin, Leben Friedrichs, Ausgabe 1770 (wie Anm. 3), S. 81–88; Neudecker / Preller (wie Anm. 3), S. 138–144.

22 Vgl. Spalatin, Leben Friedrichs, Ausgabe 1770 (wie Anm. 3), S. 90; Neudecker / Preller (wie Anm. 3), S. 145 f. Zum Kölner Reichstag 1505 vgl. RTA MR Bd. 8.

23 Vgl. Spalatin, Leben Friedrichs, Ausgabe 1770 (wie Anm. 3), S. 91; Neudecker / Preller (wie Anm. 3), S. 146.

24 Vgl. Spalatin, Leben Friedrichs, Ausgabe 1770 (wie Anm. 3), S. 123; Neudecker / Preller (wie Anm. 3), S. 149.

25 Vgl. Ludolphy, Friedrich der Weise (wie Anm. 1), S. 176 mit den Nachweisen.

26 Vgl. Ludolphy, Friedrich der Weise (wie Anm. 1), S. 197 mit den Nachweisen.

27 Spalatin, Leben Friedrichs, Ausgabe 1770 (wie Anm. 3), S. 24 f. § 17; Neudecker / Preller (wie Anm. 3), S. 37 f.

28 Spalatin, Leben Friedrichs, Ausgabe 1770 (wie Anm. 3), S. 34 § 26; Neudecker / Preller (wie Anm. 3), S. 45.

29 Vgl. Spalatin, Leben Friedrichs, Ausgabe 1770 (wie Anm. 3), S. 39 f. § 34; Neudecker / Preller (wie Anm. 3), S. 50.

30 Nachweise bei Armin Kohnle, Reichstag und Reformation. Kaiserliche und ständische Religionspolitik von den Anfängen der Causa Lutheri bis zum Nürnberger Religionsfrieden (Quellen und Forschungen zur Reformationsgeschichte 72). Gütersloh 2001.

31 Vgl. Spalatin, Leben Friedrichs, Ausgabe 1770 (wie Anm. 3), S. 134 f.; Neudecker / Preller (wie Anm. 3), S. 166 f.

32 Vgl. Spalatin, Leben Friedrichs, Ausgabe 1770 (wie Anm. 3), S. 26 § 18; S. 49 § 42; ebd., S. 53 f. wird ein Brief Friedrichs aus Nürnberg vom Reichstag von Freitag nach Dreikönigstag 1524 angeführt. S. 55 ist dann von Reichstag in Nurnberg Ende 1523 bis Anfang 1524 die Rede. S. 136: Friedrich zog im Advent 1523 auf den Reichstag nach Nürnberg, S. 166 in der Fastenzeit wieder nach Hause. »Dieser Churfürst kam auch darnach nicht mehr ins Reich«.

33 Vgl. Spalatin, Leben Friedrichs, Ausgabe 1770 (wie Anm. 3), S. 37 f. § 31; Neudecker / Preller (wie Anm. 3), S. 48.

34 Vgl. Spalatin, Leben Friedrichs, Ausgabe 1770 (wie Anm. 3), S. 38 f. § 33; Neudecker / Preller (wie Anm. 3), S. 49.

35 Im Folgenden werden in Klammern die Lebensdaten angegeben, nicht die Amtszeiten.

36 Vgl. Spalatin, Leben Friedrichs, Ausgabe 1770 (wie Anm. 3), S. 22 § 15; Neudecker / Preller (wie Anm. 3), S. 36. Zu den Lebensdaten der genannten Persönlichkeiten vgl. Die Bischöfe des Heiligen Römischen Reiches 1448 bis 1648. Ein biographisches Lexikon, hrsg. von Erwin Gatz unter Mitwirkung von Clemens Brotkorb. Berlin 1996.

37 Vgl. Spalatin, Leben Friedrichs, Ausgabe 1770 (wie Anm. 3), S. 31 f. § 23; Neudecker / Preller (wie Anm. 3), S. 43 f.

38 Vgl. Spalatin, Leben Friedrichs, Ausgabe 1770 (wie Anm. 3), S. 8 § 5; Neudecker / Preller (wie Anm. 3), S. 24.

39 Vgl. Spalatin, Leben Friedrichs, Ausgabe 1770 (wie Anm. 3), S. 8 f. § 6; Neudecker / Preller (wie Anm. 3), S. 24.

40 RTA MR Bd. 4, S. 683 – 686 (Nr. 514).

41 RTA JR Bd. 2, S. 138.

42 Vgl. Ludolphy, Friedrich der Weise (wie Anm. 1), S. 145.

43 Zusammengetragen bei Ludolphy, Friedrich der Weise (wie Anm. 1), S. 145–152.

44 Vgl. Ludolphy, Friedrich der Weise (wie Anm. 1), S. 152–157.

45 Vgl. Ludolphy, Friedrich der Weise (wie Anm. 1), S. 157.

46 Vgl. Ludolphy, Friedrich der Weise (wie Anm. 1), S. 157–168.

47 Vgl. Ludolphy, Friedrich der Weise (wie Anm. 1), S. 174.

48 Vgl. Armin Kohnle, Reichsreform, in: Religion in Geschichte und Gegenwart Bd. 7, hrsg. von Hans Dieter Betz. Tübingen 42004, Sp. 224 – 227.

49 RTA MR Bd. 5, S. 346 – 350.

50 50 RTA MR Bd. 6, S. 664.

51 51 Der genaue Titel bei Vgl. Ludolphy, Friedrich der Weise (wie Anm. 1), S. 179.

52 Vgl. Ludolphy, Friedrich der Weise (wie Anm. 1), S. 179.

53 Vgl. Ludolphy, Friedrich der Weise (wie Anm. 1), S. 180 f.

54 Vgl. Ludolphy, Friedrich der Weise (wie Anm. 1), S. 183–186.

55 Vgl. Ludolphy, Friedrich der Weise (wie Anm. 1), S. 182.

56 Zitate von Ludolphy, Friedrich der Weise (wie Anm. 1), S. 190–192.

57 Vgl. Ludolphy, Friedrich der Weise (wie Anm. 1), S. 193 f.

58 Vgl. Ludolphy, Friedrich der Weise (wie Anm. 1), S. 197 f. mit den Nachweisen.

59 Vgl. Kohnle, Reichstag und Reformation (wie Anm. 30), insbesondere die Kapitel 1 und 3.

60 Vgl. den in Anm. 2 genannten Vortrag.

61 Kohnle, Reichstag und Reformation (wie Anm. 30), S. 60 f.

62 Kohnle, Reichstag und Reformation (wie Anm. 30), S. 61–63.

63 Kohnle, Reichstag und Reformation (wie Anm. 30), S. 86.

64 Kohnle, Reichstag und Reformation (wie Anm. 30), S. 103.

65 Des kursächsischen Rathes Hans von der Planitz Berichte aus dem Reichsregiment in Nürnberg 1521–1523, gesammelt von Ernst Wülcker, nebst ergänzenden Aktenstücken bearb. von Hans Virck. Leipzig 1899.

66 Vgl. Christine Roll, Das zweite Reichsregiment 1521–1530. Köln, Weimar, Wien 1996, S. 282.

67 Vgl. Roll, Zweites Reichsregiment (wie Anm. 66), S. 232.

68 Vgl. Roll, Zweites Reichsregiment (wie Anm. 66), S. 352.

69 Vgl. Roll, Zweites Reichsregiment (wie Anm. 66), S. 366.

70 Kohnle, Reichstag und Reformation (wie Anm. 30), S. 209.

71 Vgl. oben bei Anm. 58 f.

72 Neben Spalatin und den gedruckten Reichstagsakten wurde für die obige Liste auch das Findbuch des Ernestinischen Gesamtarchivs Weimar, Reg. E (Reichstage) (http://www.archive-in-thueringen.de/finding_aids/index.php?path=0;24595;3132) herangezogen, wo neben Reichstagen auch Kurfürstentage und andere Versammlungen aus der Regierungszeit Friedrichs des Weisen verzeichnet werden. Nicht alle Versammlungen wurden in der obenstehenden Liste berücksichtigt. Persönliche Anwesenheiten oder Gesandtschaften sind in die Liste eingetragen, soweit sie aus den Inhaltsangaben eindeutig hervorgehen.

CHRISTIAN WINTER

Kurfürst Friedrich der Weise und sein Bruder Herzog Johann

I

Im August 1486, nur ein Jahr nach der für die wettinischen Länder so prägenden Leipziger Teilung zwischen der ernestinischen und der albertinischen Linie,[1] starb Kurfürst Ernst von Sachsen infolge eines Sturzes vom Pferd bei Colditz.[2] Seinem Testament entsprechend, übernahmen die beiden Söhne Friedrich und Johann die gemeinsame Regierung über das ernestinische Gebiet, das aus mehreren Landesteilen vor allem in Thüringen, Franken, dem Vogtland sowie dem Kurkreis um Wittenberg bestand. Friedrich als der Ältere erhielt die Kurwürde, welche die Wettiner seit 1423 innehatten.[3]

Johann – 1468 in Meißen geboren – war nur der viertgeborene Sohn Kurfürst Ernsts und seiner Gemahlin Elisabeth von Bayern.[4] Damit hatte Johann zunächst kaum Aussicht, einmal Regierungsverantwortung übernehmen zu können. Doch zwei ältere Brüder traten in den Dienst der Kirche und schieden so aus der Herrschaftsnachfolge aus. Ernst wurde Erzbischof in Magdeburg,[5] Albrecht (Adalbert) Administrator in Mainz.[6] Johann, der nun mit dem fünf Jahre älteren Friedrich (*1463) gemeinsam die Regierung antrat, stand allerdings bis zu dessen Tod 1525 mehr oder weniger im Schatten des Bruders, denn dieser bestimmte als Träger der Kurwürde offiziell die sächsische Politik, insbesondere die Außenpolitik. Diese äußere Wahrnehmung hat auch die Geschichtsschreibung geprägt, in der Johanns Regierungsjahre bis zum Tod Friedrichs vielfach recht stiefmütterlich behandelt werden. Diese Zeit der gemeinsamen Regierung – es waren immerhin fast 40 Jahre – soll daher im Folgenden eingehender betrachtet werden. Schmerzlich vermisst wird auch an dieser Stelle eine Quellenausgabe der Korrespondenz zwischen Friedrich und Johann. Zwar sind einige Briefe an verschiedenen Orten ediert,[7] doch blieb das Projekt einer solchen Aktenedition bisher ein Desiderat. Um so erfreulicher ist es, dass Anfang 2014 nach jahrelanger Vorbereitung an der Sächsischen Akademie der Wissenschaften zu Leipzig das Editionsvorhaben »Briefe und Akten zur Kirchenpolitik der Kurfürsten Friedrich der Weise und Johann der Beständige 1513 bis 1532« als Langzeitprojekt im Akademienprogramm begonnen werden kann.[8] Damit können die Auswertung des im Thüringischen Hauptstaatsarchiv Weimar[9] überlieferten Briefwechsels zwischen Friedrich und Johann auf eine neue Stufe gestellt und ein komfortabler Zugang zu den wichtigsten Quellen der Kirchenpolitik der beiden ernestinischen Fürsten und der Reformationsgeschichte überhaupt geschaffen werden.

II

Jugend und Erziehung Herzog Johanns werden sich von der seiner Brüder wenig unterschieden haben. Die spärlichen Quellen sprechen für eine gute, standesgemäße Erziehung. Alle Brüder wurden zuerst in Grimma unterrichtet und erhielten eine Bildung, die auch einige Lateinkenntnisse vermittelte.[10] Das heißt, Latein wurde verstanden, man vermied aber, es zu sprechen und ließ sich Schriften übersetzen. Hier unterschieden sich die ernestinischen Herzöge deutlich von ihrem albertinischen Vetter Herzog Georg.[11]

Längere Zeit hielt sich Herzog Johann auch am Hof Kaiser Friedrichs III., dem Bruder seiner Großmutter Margarethe von Österreich auf.[12] Und anders als für Kurfürst Friedrich spielte in den ersten Jahren der Mitregierung bei Johann auch die militärische Ausbildung eine Rolle. So nahm er zeitweise am Krieg Kaiser Maximilians gegen Venedig (zwischen 1508 und 1513) teil. 1490 errang er bei dem Sturm des Heeres Maximilians auf Stuhlweißenburg sogar die Corona Muralis, nach römischem Vorbild die Auszeichnung für denjenigen, der als erster die Mauer der feindlichen Stadt erstürmt hatte.[13]

Im Jahr 1500 schloss Herzog Johann die Ehe mit Herzogin Sophie von Mecklenburg. In Torgau wurde eine äußerst prunkvolle Hochzeitsfeier ausgerichtet, die in keiner Weise jenem glänzenden Fest nachstehen sollte, das Herzog Georg 1496 in Dresden bei der Heirat mit der polnischen Prinzessin Barbara ausgerichtet hatte.[14] Doch nicht nur untereinander zeigten die Wettiner ihre Potenz, sondern auch vor der Öffentlichkeit des Reiches demonstrierten sie, welche Position sie einzunehmen gedachten. Drei Jahre nach der Vermählung wurde der Sohn Johann Friedrich geboren, Sophie allerdings starb kurze Zeit danach im Wochenbett. Gemeinsam stifteten Johann und Friedrich einen Altar an der Grablege in der Marienkirche Torgau – auch das gewiss ein Zeichen des brüderlichen Zusammenhalts, nicht zuletzt in dynastischer Perspektive.[15]

Zehn Jahre später, im Herbst 1513, heiratete Johann erneut, diesmal die 19-jährige Fürstin Margarete von Anhalt. Und wieder fand in Torgau ein Fest mit verschwenderischer Pracht statt. Dieser Ehe entstammen die vier Kinder Maria[16] (1515–1560), Margarete (1518–1535), Johann (∗†1519) und Johann Ernst[17] (1521–1553).

III

Das Verhältnis der Brüder Friedrich und Johann schildern uns alle Quellen als ein ausgesprochen harmonisches und enges Zusammenwirken. Friedrichs langjähriger Vertrauter Georg Spalatin schreibt, der Kurfürst habe »in vierzig Jahre mit seinem Bruder, Herzog Johannsen, […] so brüderlich und einträchtiglich« gelebt, dass man nie gehört habe, dass sie »mit einem einigen Wort also zureden aufstutzig wären worden, daß auch keiner dem andern nicht einen Diener zuwider angenommen hätt, daß gewißlich dergleichen freundlicher einträchtiger Brüder von Fürsten in deutscher Nation nicht waren«.[18] Und von Friedrich selbst überliefert Spalatin den Ausspruch: »Ich hab und weiß keinen Freund auf Erden denn meinen Bruder.«[19] Diese Aussagen sind nicht in Zweifel zu ziehen. Nach allem, was uns die Quellen sagen, bestand zwischen Friedrich und Johann tatsächlich ein besonders enges und vertrautes Verhältnis. Immer wieder ist bezeugt, wie einer den anderen in Entscheidungen einbezieht, sich beraten lässt oder ein Treffen wünscht. Diese Schilderungen sind im Folgenden etwas näher zu untersuchen. Dabei sollen –

Abb. 1
Lucas Cranach d. Ä.,
Die Kurfürsten von Sachsen:
Friedrich der Weise, Johann
der Beständige und Johann
Friedrich der Großmütige,
nach 1532, Öl auf Rotbuche,
Mitteltafel: 67,5 × 67 cm,
Flügel je: 68,7 × 32,3 cm.
Hamburger Kunsthalle,
Galerie Alte Meister,
Inv. Nr. 606

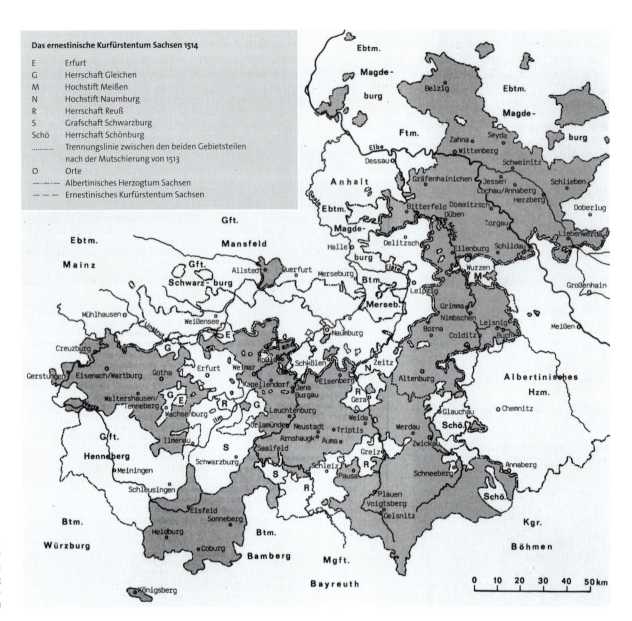

Das ernestinische Kurfürstentum Sachsen 1514

E	Erfurt
G	Herrschaft Gleichen
M	Hochstift Meißen
N	Hochstift Naumburg
R	Herrschaft Reuß
S	Grafschaft Schwarzburg
Schö	Herrschaft Schönburg
....	Trennungslinie zwischen den beiden Gebietsteilen nach der Mutschierung von 1513
O	Orte
—·—·—	Albertinisches Herzogtum Sachsen
— — —	Ernestinisches Kurfürstentum Sachsen

Abb. 2
Das ernestinische
Kurfürstentum Sachsen
nach der Mutschierung
(aus: Müller, Die Mutschierung (wie Anm. 20), S. 183)

auch im Hinblick auf die Quellenlage – vor allem zwei Themenkreise im Vordergrund stehen, die sogenannte Mutschierung von 1513 sowie selbstverständlich das Verhältnis zur Reformation und zu Martin Luther.

IV

In der ersten Hälfte des Jahres 1513 hatte sich Friedrich mehrfach mit dem Wunsch nach einer Mutschierung[20] an seinen Bruder gewandt. Johann hatte zunächst zurückhaltend reagiert, konnte dann aber dem Anliegen des Kurfürsten nicht ausweichen, da Friedrich unmissverständlich darauf be-

stand, dass er die Regierung, den Hof und die Haushaltung für sich und seinen Bruder nicht mehr länger übernehmen könne. Zur Begründung verwies Friedrich auf »vil beswerungen, […] auch die unschicklickait und unvermogen meins leibs« sowie die Zahl seiner Jahre.[21] Nach gründlicher Verhandlung über die konkrete Ausgestaltung[22] – die Aufteilung der Gebiete, der Einkünfte und vor allem auch der Schuldenlast – wurde Ende 1513 die Mutschierung genannte Verwaltungsteilung vorgenommen. Dabei handelt es sich um eine dynastische Vereinbarung, die einer befristeten inneren Landesteilung vergleichbar ist, die aber keine Erbteilung darstellt. Die Stände waren davon nicht betroffen. Sie garantierten die Einheit des Landes.[23] Eine solche innere Landesteilung bei Aufrechterhaltung der politischen Einheit ist nicht unüblich, gerade auch bei den Wettinern – ähnliche Beispiele finden wir 1437 zwischen Kurfürst Friedrich dem Sanftmütigen und Landgraf Wilhelm dem Tapferen oder 1541 zwischen Kurfürst Johann Friedrich und seinem Halbbruder Johann Ernst.[24] Die Mutschierung von 1513 jedenfalls war nicht Ergebnis eines Konflikts, sondern eher ein Element der Konfliktvermeidung, mit der Friedrich »Verantwortung für den jüngeren Bruder« wahrnahm.[25]

1513 nun behielt Friedrich das Kurland, mit dem sich die Kurwürde verband, außerdem blieb der ernestinische Teil des Landes Meißen in seiner Verwaltung. Johann erhielt das Land Thüringen, das Vogtland und das Land Franken. Die Karte (Abb. 2) zeigt eine deutliche Nord-Süd-Teilung, bei der zwei flächenmäßig annähernd gleich große Teilgebiete entstanden. Die Grenze verlief südlich von Altenburg.[26] Johann erhielt einen eigenen Hof in Weimar mit Kanzlei, Räten und Finanzverwaltung, auch wenn die Ausstattung in dieser Hinsicht anfangs wohl recht bescheiden war. Er bekam also nicht nur die Einkünfte dieser Gebiete, sondern ihm stand auch eine eigene Verwaltung und damit Herrschaftsausübung zur Verfügung.

Die Reichsangelegenheiten allerdings behielt der Kurfürst in seiner Hand. Ausdrücklich wurde an das brüderliche Einvernehmen und an das gemeinsame Regiment appelliert und beteuert, dass mit der Mutschierung keine Trennung zwischen den Brüdern erfolgen solle, die dann auch nicht eintrat. Trotz Teilung der Verwaltung wurde in der Folgezeit keine wesentliche politische Entscheidung ohne Rückfragen, gegenseitigen Rat und gutes Einvernehmen getroffen. Auswärtige Verhandlungen wurde zum Teil auch gemeinsam geführt.[27]

Dennoch, obwohl die gemeinsame Herrschaft erhalten blieb, gestaltete sich die Regierungspolitik durch die Mutschierung gewiss in Teilen schwerfälliger. Der Weg zur Bildung zentraler kursächsischer Hof-, Verwaltungs- und Finanzbehörden war unterbrochen worden.[28] Zudem war der Zeitpunkt für eine solche Teilung 1513 eher ungünstig. Die Ernestiner hatten gerade einige politische Fehlschläge zu verkraften, das Verhältnis zum Reichsoberhaupt hatte sich deutlich verschlechtert. Friedrich selbst verwies auf diese Verwicklungen. Eine besondere Belastung war das hochproblematische innerwettinische Verhältnis. Die Konflikte mit Herzog Georg, mit dem es, wie Friedrich schrieb, »warlichen gancz vbel« stehe,[29] hatten sich seit dessen Regierungsantritt 1500 verschärft und rührten nicht erst aus den unterschiedlichen Positionen in der Luthersache her.[30] Hinzu kamen Auseinandersetzungen um Erfurt, die Anwartschaft auf Jülich, die hessische Vormundschaft und Gebietskonflikte mit Henneberg.[31] Wenn Friedrich trotz-

dem an der Mutschierung festhielt, muss offenbar sein Gesundheitszustand tatsächlich ein wichtiger Grund für die Entscheidung gewesen sein. Daneben spielten gewiss auch Überlegungen für die Regelung der Nachfolge eine Rolle, denn Friedrich hatte bekanntlich keine erbberechtigten Söhne.[32] Dagegen wurde Herzog Johann Friedrich, der Sohn Johanns, von ihm des Öfteren als »unser Sohn« bezeichnet.[33] Eher äußerlicher Anlass war wohl der Umstand, dass Johann mit seiner Wiederverheiratung 1513 eine eigene Hofhaltung begründete. Ob daneben auch an eine Optimierung der Verwaltung des weitverteilten Territoriums gedacht war, kann vermutet werden.

Mit dem Jahr 1514 setzten die getrennten Landesverwaltungen ein. Der Kurfürst regierte von Torgau und Wittenberg aus. Herzog Johanns Hauptresidenz wurde Weimar, wo ihm allerdings anfangs nur wenige erfahrene Räte zur Verfügung standen.[34] Getrennt war nun auch die Finanzverwaltung der beiden Landesteile, wobei Johann offenbar schlechter wirtschaftete als sein Bruder. Jedenfalls erhöhte sich der Schuldenstand beständig, wobei allein Johanns Hochzeit 1513 mit 26 181 Gulden Schulden zu Buche schlug. Johann, auch darauf ist hinzuweisen, gehörte zu den Wettinern, die mit Abstand das Gros der Finanzen für sich und den Hof ausgehen ließen.[35]

V

Dass die Verwaltungsteilung zu keiner Trennung führte, ist gewiss das Resultat der engen persönlichen Beziehung der Brüder. Betrachtet man den Briefwechsel zwischen Friedrich und Johann in den Folgejahren, so fällt neben den großen Themen der Reichs- und Landespolitik sowie den alltäglichen Verwaltungs- und Rechtsfragen auch viel ›Privates‹ ins Auge. Immer wieder wird der Wunsch ausgesprochen, sich zu treffen, das Weihnachtfest gemeinsam zu verbringen,[36] gemeinsam zu jagen oder Turnier – und Ritterspiele zu besuchen.[37] Jagd und Turnier sind überhaupt die immer wiederkehrenden Themen. So widmete Friedrich in einem Brief an seinen Bruder vom Sommer 1520[38] zwar auch Luther einen Satz, zum Thema Jagd aber schrieb er gleich zwei Absätze: Genauestens wird berichtet, was im Einzelnen geschossen wurde. Paul Kirn stellt nicht unzutreffend fest, dass fast die Hälfte der Briefe, die Friedrich und Johann wechselten, wenn der Kurfürst an einem Reichstag oder einer Fürstenzusammenkunft teilnahm, dem Bericht über Vorkommnisse auf der Stechbahn, der Bestellung von Waffen, Sattelzeug und Ähnlichem gegolten habe.[39] Auch auf das Thema der Hofkleidung wurde große Aufmerksamkeit verwendet, auch auf einzelne Stücke wie einen grünen Hut, den Friedrich seinem Bruder besorgen sollte.[40] Hier zeigt sich ein Hang zur Prachtentfaltung, der offenbar beiden Brüdern zu eigen war. Daneben finden sich Nachrichten über den Austausch von Cranach-Bildern,[41] über Bauvorhaben,[42] über das Wetter[43] und die Frage, ob der Wein erfroren ist,[44] Neuigkeiten und Gerüchte aus aller Welt.[45] Einmal dankt der Kurfürst seinem Bruder auch für die Übersendung einer Brille,[46] und Johann dankt für den Pfefferkuchen, den Friedrich vom Nürnberger Reichstag sandte.[47] Immer wieder Thema der Briefe ist Friedrichs Gesundheitszustand – oder besser seine Krankheitsgeschichte.[48] Die Korrespondenz gibt also auch einen recht guten Einblick in Fragen des fürstlichen Alltags.

An Themen der Reichs- und Landespolitik finden sich die Streitigkeiten mit anderen Fürsten, zuvorderst mit Herzog Georg,[49] doch auch auf den Sessionsstreit auf den Reichstagen mit dem Haus Bayern[50] oder Konflikte mit Kurmainz[51] wird eingegangen. Immer wieder übersandte Friedrich Kopien entsprechender Schriften und bat um Johanns Meinung und Rat. So geschah es auch bei der Ankunft des Gesandten König Heinrichs VIII. von England im April 1523, der einen Brief des Königs an Kurfürst Friedrich, Herzog Johann und Herzog Georg überbrachte. In diesem klagte der König heftig über das Handeln Luthers und warnte vor den Gefahren durch Luthers Neuerungen. Er forderte, dass die Fürsten das Erscheinen der von Luther angekündigten Bibelübersetzung verhindern. Friedrich berichtete dem Bruder, dass der Gesandte auch das vom König verfasste Buch »Assertio Septem Sacramentorum adversus Martinum Lutherum« überreicht habe, gegen das sich Luther schriftlich geäußert hatte.[52] Abschließend bat Friedrich den Bruder um Rat, wie dem König geantwortet werden solle.[53]

Über die Reichstagsversammlungen, von denen Friedrich stets ausführlich berichtete, klagte er zumeist heftig: Man richte in wichtigen Sachen »wenig oder ffylleicht gar nichts auß, das gelld wird gleich wol vorczerdt vnd ffyl zceidt versäumet. ßo vormack ich der grossen mühe vnd arbeit nymeher.«[54] Friedrich »entschlage [sich] aller gesellschaft, dan, liber got, eß ist mein wessen nicht, der gesellschaft allßo auß zcu warthen«.[55]

VI

Die Verwaltungsteilung von 1513 hatte die Eintracht zwischen Friedrich und Johann nicht zerstört. Zu fragen ist aber, inwieweit es dennoch unterschiedliche Ausprägungen der Herrschaftsausübung gegeben hat. Das kann am besten im Hinblick auf die Stellung zur Reformation ge-

schehen. Auf die Bedeutung der Geschichte der wettinischen Territorien für die Entwicklung der Wittenberger Reformation und insbesondere auf die ganz wesentliche Rolle der unterschiedlichen Positionen der wettinischen Herzöge in der Luthersache muss hier nicht näher hingewiesen werden. Wie aber war die Situation bei Friedrich und Johann? Gab es, ausgehend von der verfassungsrechtlichen Besonderheit der Mutschierung, unterschiedliche innen- und kirchenpolitische Reaktionen auf das Wirken Luthers und die Äußerungen der frühen Reformation im Land? Johanns Regierung hatte 1514 in einem Gebiet eingesetzt, das durch Reformation und Bauernkrieg kurze Zeit später stark aufgewühlt werden sollte. Gewiss wurde die Kirchenpolitik der beiden Brüder von den Zeitgenossen als einheitlich wahrgenommen. Das lag nicht zuletzt im Interesse der Fürsten selbst. Ihr Briefwechsel zeigt auch, dass sich Friedrich und Johann prinzipiell einig waren über die vorsichtig-neutrale Stellung gegenüber Luther und der von ihm und den Wittenbergern geübten Kritik am alten Kirchenwesen sowie an den begonnenen Neuerungen. Das oberste Gebot gerade nach außen hin lautete: keine Eingriffe in diese kirchlichen Angelegenheiten – weder fördernd noch hindernd. In ihrer Antwort an König Heinrich VIII. drückten es Friedrich und Johann im April 1523 so aus: Sie hätten sich nie »vnterfangen […] des Luthers lere/Schreiben vnd Predigen zu vertretten/Sondern es alles in seinem Werd/vnd bey seiner Verantwortung gelassen.« Sie wollten die Entscheidung eines freien, christlichen Konzils abwarten und bis dahin »als die solcher Sachen nicht gnugsam bericht vnd erfaren sind« nichts unternehmen.[56] Obrigkeitliches Eingreifen beschränkte sich zunächst weiterhin auf die Maßnahmen eines spätmittelalterlichen landesherrlichen Kirchenregiments, wie die Beschränkung und Regulierung der geistlichen Gerichtsbarkeit, die Kontrolle der Gemeindevermögen, die Förderung der Klosterreform oder das Bemühen um Einfluss auf die Domkapitel. Die Unterhaltung von Klöstern etwa stand für die Landesfürsten außer Frage, das gewaltsame Vertreiben von Mönchen und Priestern wurde entschieden abgelehnt.

Zur Position Friedrichs des Weisen in der Luthersache sind bereits viele mögliche Motive ins Feld geführt worden – private, politische, psychologische –, die begründen mögen, warum der Kurfürst Luther eben nicht auslieferte oder auswies. Dennoch bleibt in der Haltung des Kurfürsten am Ende immer etwas Rätselhaftes.[57] Denn in vielen Punkten hielt Friedrich am alten Glauben fest, auch wenn er nicht duldete, dass man ihm »den münch vertreiben« wollte.[58] Dessen Sache sah er in der Hand Gottes liegen, und genau da wollte er nicht eingreifen – denn Gott werde die Wahrheit an den Tag bringen.[59]

Betrachtet man die Kirchenpolitik Herzog Johanns im Detail, so zeigt sich aber trotz der prinzipiellen Einigkeit der beiden Brüder in ihrer Haltung zur reformatorischen Bewegung doch eine Differenzierung. Anders als bei dem Kurfürsten gibt es bei Johann bereits seit 1520 deutliche Anzeichen für ein stärkeres Interesse und eine Annäherung an die Lehre Luthers. Wohl nach Rückfrage und mit Zustimmung Johanns widmete Luther dem Herzog in diesem Jahr den »Sermon von den guten Werken«.[60] Dabei hob er das Interesse des Herzogs an deutschen Büchern und theologischen Themen hervor. Johann beschäftigte sich also früh mit Luthers Gedanken. Neu erschienene Lutherschriften ließ er sich von Friedrich zusenden.[61] Anfang 1521 schrieb er an den Kurfürsten, er höre ungern, dass Martinus verfolgt werden solle, »dan mich ye dunket, er seye auff dem rechten wege«.[62] Den Kurfürsten forderte Johann auf, Friedrich möge »den frommen Mann Luther« in gnädigem Befehl haben und auch die anderen Fürsten auf dem Reichstag dazu anhalten.[63] Friedrich teilte mit, in Worms halte man täglich Rat, um Luther und seine Anhänger in Acht und Bann zu erklären, »das thuen dye mit den rothen huttlein vnd dye Romher mit Irem anhang, ßünst seyn auch ffil Leuthe, dye ime gutthes günen«.[64] Doch Friedrich wolle Gott vertrauen, »dye warheit ßolle an tag komen«.[65]

Während des Wormser Reichstags bat Johann mehrfach um Bericht, wie es Luther gehe bzw. wo Luther sei.[66] Über Luthers Aufenthaltsort nach dem Wormser Reichstag wurde er allerdings lange im Unklaren gelassen – erst nach vier Monaten, Anfang September 1521 erfuhr Johann vom Aufenthalt auf der Wartburg.[67]

Seit 1521 holte Johann bei Luther theologische Auskünfte ein. So erkundigten sich Johann und sein Sohn Johann Friedrich im März 1522, wie sie das Abendmahl nehmen sollten.[68] Im gleichen Jahr erhielt Johann auf seine Bitte von Luther ein druckfrisches Exemplar der Matthäus-Übersetzung.[69] Seit diesem Jahr förderte Johann die evangelische Predigt in seinem Schloss Weimar, wo seit 1519 der Hofprediger Wolfgang Stein (†1548/1553) wirkte, sowie in der Stadt Weimar. Während Kurfürst Friedrich sich scheute, seine Verbindungen zu Luther öffentlich zu zeigen, ließ Johann diesen im Oktober 1522 sechs Predigten in Weimar halten – vier davon in der Hofkirche.[70] Als Thema wählte Luther unter anderem die weltliche Obrigkeit und das Verhältnis der Untertanen zu dieser. Johann veranlasste Luther, aus zwei dieser Predigten die Schrift »Von weltlicher Oberkeit, wie weit man ihr Gehorsam schuldig sei«[71] zu erarbeiten. Auch diese wurde Johann gewidmet.

Der Herzog ergriff aber noch nicht ausschließlich für Luther Partei. Im thüringischen Raum trafen unterschiedliche reformatorische Strömungen aufeinander. Thüringen, das Herrschaftszentrum Johanns, war geradezu ein Brennpunkt verschiedener reformatorischer Richtungen, die zwar einen gemeinsamen Ausgangspunkt in der Predigt des Evangeliums und der Beseitigung kirchlicher Missstände hatten, sich aber in der praktischen Durchführung zeitweise oder für immer von Luthers weiterem Weg unterschieden. Der Kontakt Johanns zu mit Luther in Konflikt stehenden Theologen begann gewissermaßen im eigenen Haus. Sein Hofprediger in Weimar, Wolfgang Stein, übte mit seiner Orientierung auf eine Einführung des Mosaischen Gesetzes als alleiniger Rechtsgrundlage zeitweise starken Einfluss auf den Herzog aus.[72] Stein wiederum stand in Verbindung mit Jakob Strauß (1480/1485 – um 1533), der in Eisenach, der bedeutendsten Stadt in Johanns thüringischem Gebiet, als Prediger wirkte und mit Schriften gegen den Wucher hervortrat.[73] Johann duldete Strauß, auch wenn dieser gegen Luther die Ansicht vertrat, dass bereits das Zahlen von Zinsen sündig sei, was letzten Endes die finanziellen Grundlagen der bestehenden wirtschaftlichen und politischen Ordnung in frage stellte.

Schwerwiegender als Stein und Strauß, bei denen es schließlich nicht zum Bruch mit Luther kam, waren zwei weitere Theologen, die ihren Wirkungskreis zeitweise in Johanns Herrschaftsgebiet finden konnten: Andreas Bodenstein aus Karlstadt und Thomas Müntzer. Karlstadt (um 1486 – 1541) wirkte seit Mai 1523 in Orlamünde.[74] Nach Luthers Rückkehr von der Wartburg infolge der Wittenberger Unruhen hatte sich Karlstadt in Wittenberg alsbald zurückgezogen. Aus seinem Archidiakonat am dortigen Allerheiligenstift standen ihm die Einkünfte aus der Pfarrei Orlamünde zu. Karlstadt einigte sich schließlich mit der Gemeinde von Orlamünde – mit Zustimmung Johanns, des zuständigen Landesherrn –, die Pfarrstelle selbst zu übernehmen. In dieser Position konnte er, von der weltlichen Obrigkeit zunächst ungehindert, mit seiner Gemeinde seine Reformen umsetzen. Dazu gehörten der Verzicht auf Orgel, Bilder und Priestergewand und auch auf die Kindertaufe.

Thomas Müntzer (um 1489 – 1525) schließlich hatte seit März 1523 eine Pfarrstelle in Allstedt inne, das ebenfalls zu Johanns Landesteil gehörte. Er wurde dort von seinem Landesherrn lange geduldet.[75] Müntzer wiederum warb durchaus um die Gunst der Herzöge Johann und Johann Friedrich. Im Juli 1524 predigte er vor beiden in der Kapelle des Allstedter Schlosses. In der berühmten Fürstenpredigt forderte Müntzer nachdrücklich, die Fürsten sollten das ihnen von Gott verliehene Schwert gebrauchen, um die

Gegner des Evangeliums zu beseitigen: »Also yr theuren Fursten ist not das wir in diesen gantz verlichen tagen (1. Timo 4) den allerhöchsten fleiß vorwenden wie alle liebe veter in der Biblien vorzceychnet vom anfang der welt solchem hinderlistigen vbel zu begegnen.«[76] Das Schwert sei notwendig, »die gotlosen zu vertilgen (Rom. am 13). Das aber das selbige nw redlicher weyse vnnd fuglich geschee/so sollen das vnnser thewren veter die Fursten thun/die Christum mit vnns bekennen. Wo sie aber das nicht thun/so wirt yhn das schwerdt genommen werden.«[77] Müntzer konnte die beiden Herzöge bekanntlich nicht für seine Vorstellungen gewinnen. Dennoch verhielt sich der Weimarer Hof zunächst weiterhin zurückhaltend. Der Druck der Müntzerpredigt wurde nicht verhindert. Anfang August 1524 wurde Müntzer in Weimar zwar von Herzog Johann verhört, erhielt aber nur die Auflage, den von ihm gegründeten Bund der Auserwählten aufzulösen und sich in weltlichen Dingen zurückzuhalten.[78] Johann wollte zunächst Kurfürst Friedrich Bericht erstatten, die Entscheidungsgänge erfolgten also auch hier nach gemeinsamer Absprache. Friedrich setzte ein zweites Verhör an.[79] Selbstverständlich wollte man – wie auch von Luther gefordert – aufrührerische Prediger aus dem Land weisen, aber man wollte dabei behutsam vorgehen und keinesfalls den Eindruck erwecken, dass man vorhabe, die Predigt des Wortes Gottes zu unterbinden.

Angesichts der Differenzierung der reformatorischen Bewegung im Thüringer Raum und Johanns Haltung dazu drängte seit Sommer 1524 ein Kreis um Johanns Sohn Johann Friedrich und den Kanzler Gregor Brück auf Gegenmaßnahmen. Ende Juni 1524 schlug Johann Friedrich Luther eine Visitation vor, um die Tauglichkeit der Prediger festzustellen und untaugliche durch die Obrigkeit abzusetzen.[80] Luther ging darauf zwar nicht ein, suchte aber Strauß und Stein für seine Position zu gewinnen und setzte sich mit Müntzer und Karlstadt auseinander. Johann schwenkte im Sommer 1524 auf diese Linie ein. Müntzer war noch im August 1524 aus Allstedt geflohen.[81] Karlstadt wurde im September des Jahres ausgewiesen. Johann kam dem entsprechenden Betreiben Luthers und der Wittenberger Universität schließlich nach. Ausgewiesen wurde auch Karlstadts Anhänger Martin Reinhart sowie Karlstadts Schwager Gerhard Westerburg in Jena.[82] Kurfürst Friedrich schrieb seinem Neffen Herzog Johann Friedrich, er freue sich, dass Herzog Johann gegen einen Druck Karlstadts vorgehen wolle, denn dieser und seine Anhänger würden »nicht ffyl guthes schreyben«.[83] Dabei ist jedoch auch der außenpolitische Aspekt nicht außer Acht zu lassen: Mit der Ausweisung Karlstadts folgten die er-

nestinischen Fürsten einem nachdrücklichen Rat Erzherzog Ferdinands von Habsburg und sorgten so nicht zuletzt für die Pflege guter Beziehungen zum Kaiserhaus.[84]

In seinem Landesteil beschritt Johann nun entschieden den Weg von der Tolerierung zu Förderung und Durchsetzung der Reformation. Schon im Sommer 1523 hatte er seinem Bruder vorsichtig geschrieben, am Fronleichnamstag seien in Thüringen Prozession und Umtragen des Sakraments von selbst unterblieben, Friedrich möge sich nicht darüber entsetzen.[85] Herzog Georg klagte über die deutsche Predigt und das Abendmahl in beider Gestalt in vielen Städten in Johanns Gebiet. Deshalb, so Georg, drohe die Absetzung des Kurfürsten und ein Angriff auf Betreiben des Papstes.[86] Johann tröstete den Bruder mit dem Hinweis darauf, sie müssten Gott danken, »das wir armen sunder die gnad von gott haben, das E. L. [Friedrich] und ich umb das wort gottes sollen verfolget werden, gott sei abermals gelobet, dan da wirdt nichts anders aus den V. D. M. I. E., und man findt es in der geschrieft, das der liebe Christus alweg dem kleinisten heuflein wil beistehen«.[87]

In Gotha erhielt im August 1524 Friedrich Myconius eine Predigerstelle, der bereits als Franziskaner in Weimar 1522 reformatorisch aufgetreten war. Herzog Johann förderte mit ihm einen Vertrauten Luthers, der sich um die Durchsetzung der Reformation weit über Gotha, wo er im Augustinerkloster eine Schule einrichtete, und das ernestinische Thüringen hinaus verdient machte.[88]

Im Januar und März 1525 erhielt ausgerechnet Jakob Strauß den Auftrag, das Eisenacher Land zu visitieren. Als Beauftragter des Landesherrn nahm dessen Vertrauter Rat Burkhard Hundt an der Visitation teil.[89] Ende März 1525 wurde den altgläubig gebliebenen Franziskanern in Weimar die öffentliche Predigt verboten. Der Weimarer Stadtpfarrer, der nicht evangelisch lehren wollte, wurde abgelöst.[90] In Neustadt/Orla wurde schon 1524 das Augustiner-Eremiten-Kloster an den herzoglichen Amtmann zur Verwaltung übergeben.[91] Gewaltsame Vertreibungen von Klosterinsassen, wie 1525 in Eisenach, lehnte der Herzog aber weiterhin ab.[92]

Obrigkeitliche Maßnahmen aber, die das alte Kirchenwesen hätten stärken können, unterblieben. So riet Johann seinem Bruder, die Bemühungen des Bischofs von Merseburg um eine Visitation seines Bistums nicht zu unterstützen mit der Begründung, die Herzöge könnten niemanden mit weltlicher Gewalt gegen sein Gewissen zwingen.[93] Wenngleich Friedrich aus politischer Taktik heraus dann weniger schroff gegen den Bischof handelte,[94] gab es doch auch hierbei keinen Konflikt zwischen den Brüdern, sondern gegenseitigen Rat und Abstimmung. Zugleich darf nicht übersehen werden, dass die reformatorischen Ereignisse – auch wenn sich Klosteraustritte und Priesterehen häuften – doch noch Einzelereignisse einer längeren Übergangsphase waren. Gerade in Thüringen war die Lage auch in den Folgejahren unruhig. So blieb die Täuferbewegung bis in die 1530er Jahre hinein virulent.[95]

VII

Dem heraufziehenden Bauernkrieg standen Kurfürst Friedrich und Herzog Johann zunächst abwartend, zurückhaltend und deutlich verhandlungsbereiter gegenüber als etwa Herzog Georg oder Landgraf Philipp. Das politische Handeln und die Last der Entscheidung lagen nun bereits fast allein bei Herzog Johann, während sich Friedrich schwer krank und weitab in Lochau aufhielt. Johann hatte zunächst Bedenken, gewaltsam gegen die Bauern vorzugehen, noch als der Bauernkrieg mit ganzer Gewalt in Thüringen losbrach. Nahezu täglich berichtete er dem Bruder brieflich aus Weimar über die näherkommende Bedrohung.[96] Friedrich bestärkte ihn, wenn irgend möglich den Verhandlungsweg, eine gütliche Lösung zu suchen und Gewalt zu vermeiden. Bekannt ist die Aussage Friedrichs, zum Aufruhr habe man den armen Leuten vielleicht durch das Verbot des Wortes Gottes und andere Beschwerungen durch die weltlichen und geistlichen Obrigkeiten Ursache gegeben.[97] Noch einen Tag vor seinem Tod schrieb Friedrich, er meine noch immer, man solle in der Güte verhandeln.[98] Am 5. Mai 1525 verstarb Kurfürst Friedrich der Weise in Lochau, als der Bauernkrieg in Thüringen seinem Höhepunkt entgegen strebte.

VIII

Johann, der bei seinem Regierungsantritt im Kurfürstentum bereits im 57. Lebensjahr stand, hatte schließlich doch ein Aufgebot an Adel an Städte in Thüringen ausgehen lassen. Zwischenzeitlich waren die verbündeten Fürsten Landgraf Philipp und Herzog Georg in Thüringen einmarschiert, und Johann schloss sich der Streitmacht Georgs an. An der Schlacht von Frankenhausen am 15. Mai war Johann nicht beteiligt, sondern erst vor Mühlhausen. Nach dem blutigen Ende des Bauernkrieges galt es, schnellstmöglich Normalität in das aufgewühlte Land zu bringen. Dabei musste sich der neue Kurfürst auch gegen Bestrebungen des albertinischen Vetters Herzog Georg behaupten, vor allem aber die Einigkeit seiner Untertanen wahren.

Die Ereignisse des Bauernkrieges hatten die Kräfte am Weimarer Hof bestärkt – zu denen nun auch Johann gehörte –, die ein ordnendes Eingreifen der Obrigkeit in den Kirchendingen, eine obrigkeitliche Regelung der kirchlichen Verhältnisse im Lande für notwendig erachteten. Nicht zuletzt vertrat Luther diese Forderung. Bei der Regierungsübernahme Johanns im Kurfürstentum ist von einem guten persönlichen Verhältnis zwischen Luther und seinem Landesherrn auszugehen. Eine Zeit der Unsicherheit, in der sich die landesfürstliche Obrigkeit noch nicht völlig über ihre Haltung schlüssig war, ging endgültig zu Ende. So wurden Johanns Regierungsjahre als Kurfürst bis 1532 geradezu Jahre der Entscheidung. Aus lokalen reformatorischen Ereignissen wurde nun ein planmäßiges Vorgehen auf Landesebene. Dass dabei »der politische Weg Kursachsens zwischen 1525 und 1532 mit Luthers Überlegungen so oft übereinstimmte, war nicht darauf zurückzuführen, dass das Entscheidungszentrum in Wittenberg lag, sondern daß der Kurfürst und wichtige Räte […] die anstehenden Fragen ähnlich beurteilten.«[99]

Die weiteren Schritte seien stichwortartig genannt: Im August 1525 wurden die Geistlichen des Amtes Weimar aufgefordert, das reine Evangelium zu predigen. Weihnachten 1525 wurde Luthers Deutsche Messe in Wittenberg eingeführt.[100] 1526 brach Johann bewusst und öffentlich die Fastengebote – die vorher eben noch eingehalten wurden.[101] Johann ordnete auf Luthers Anregung hin auch die Ausstattung der Universität Wittenberg neu und ließ verstärkt Kirchengut unter weltliche Verwaltung stellen, wodurch auch zusätzliche Mittel in die ernestinischen Kassen flossen. Dies war jedoch ein allmählicher Prozess.[102] Schließlich wurde die neue Kirchenordnung durch Visitationen bis 1529 in den Gemeinden durchgesetzt, die einerseits die Befähigung der Pfarrer kontrollierten, evangelischen Gottesdienst zu halten, und andererseits die Versorgung und materielle Ausstattung der Pfarreien prüften.[103]

Auf Reichsebene waren nun alle wesentlichen Ereignisse der Reformation eng mit Johanns Namen verbunden: die Erfolge in Speyer 1526, die Protestation der evangelischen Minderheit in Speyer 1529 und die Verlesung der Confessio Augustana 1530. Außenpolitisch waren die Jahre geprägt von der Herausbildung der Bündnissysteme auf altgläubiger und protestantischer Seite.[104] In den letzten Regierungsjahren gelang Johann eine gewisse Entspannung im innerwettinischen Streit mit dem »Grimmaischen Machtspruch« 1531[105] sowie eine Verständigung mit Karl V. im Nürnberger Anstand 1532.[106]

Als Kurfürst Johann im August 1532 auf seinem Jagdschloss Schweinitz starb, hatte er die äußeren Grundlagen für ein evangelisches Kirchenwesen geschaffen und hinterließ ein gefestigtes Land. Der endgültige Durchbruch der Reformation im mitteldeutschen Raum ist mit der Person Johanns untrennbar verbunden. Seine Standhaftigkeit in dieser Sache wurde in dem erstmals 1580 nachweisbaren Beinamen »der Beständige« festgehalten.[107] Jagemanns Biographie von 1756 formuliert es unter dem Frontispiz als Selbstaussage Johanns so:

»Ich war kein leichtes Rohr, das ieder Wind bewegt.
Ich habe GOTTES Wort, zu Augsburg vorgelegt.
Ich wolte nur allein, durch Jesum Christ genesen.
Ich bin dem Pabst ein Gift, der Secten Tod gewesen.«[108]

Johanns Bedeutung für die Reformationsgeschichte begann aber, wie gezeigt, nicht erst 1525 mit seiner Regierungsübernahme als Kurfürst. Die Anfänge liegen – ohne damit die Bedeutung Friedrichs des Weisen schmälern zu wollen – bereits in jener Zeit, als Johann noch den ihm durch die Mutschierung zugesprochenen Landesteil regierte. So lassen sich, bei aller Einigkeit und Gemeinsamkeit der Brüder, auch unterschiedliche Strategien bezüglich der Kirchenpolitik nachweisen, welche die frühe evangelische Bewegung im ernestinischen Sachsen wesentlich beeinflusst haben.

Anmerkungen

1   Vgl. Jörg Rogge, Herrschaftsweitergabe, Konfliktregelung und Familienorganisation in fürstlichen Hochadel. Das Beispiel der Wettiner von der Mitte des 13. bis zum Beginn des 16. Jahrhunderts (Monographien zur Geschichte des Mittelalters 49). Stuttgart 2002, S. 222–226; Uwe Schirmer, Kursächsische Staatsfinanzen (1456–1656). Strukturen – Verfassung – Funktionseliten (Quellen und Forschungen zur sächsischen Geschichte 23). Leipzig, Stuttgart 2006, S. 139–146 mit weiterer Literatur; Christian Winter, Die wettinischen Länder um 1500 – ein Überblick über politische und kirchliche Strukturen am Vorabend der Reformation, in: Spalatin in Altenburg. Eine Stadt plant ihre Ausstellung, hrsg. von Hans Joachim Kessler und Jutta Penndorf. Halle 2012, S. 15–26, bes. 17 f.

2   Vgl. Enno Bünz, Die Kurfürsten von Sachsen bis zur Leipziger Teilung 1423–1485, in: Die Herrscher Sachsens. Markgrafen, Kurfürsten, Könige 1089–1918, hrsg. von Frank-Lothar Kroll (Beck'sche Reihe). München ²2013, S. 49–54; Günther Wartenberg, Luthers Beziehungen zu den sächsischen Fürsten, in: ders.: Wittenberger Reformation und territoriale Politik. Ausgewählte Aufsätze, hrsg. von Jonas Flöter und Markus Hein (Arbeiten zur Kirchen- und Theologiegeschichte 11). Leipzig 2003, S. 16 f.

3   Vgl. Bünz, Die Kurfürsten (wie Anm. 2), S. 39–42.

4   Die biographische Literatur zu Johann ist durchaus von bescheidenem Umfang, eine wissenschaftliche Biographie fehlt. Vgl. daher Carl Franz Anton Jagemann, Kurzgefaßte Lebensbeschreibung der durchlauchtigsten Herzoge und Churfürsten zu Sachsen, Johann des Standhaften und Johann Friedrichs des Großmüthigen, zweyer glorwürdigen Bekenner des Evangelii. Halle 1756; Johann Adolph Leopold Faselius, Friedrich der Weise und Johann der Beständige, Kurfürsten von Sachsen, Ernestinische Linie. Ein historischer Versuch und Beytrag zur Reformationsgeschichte. Eisenach 1800; [Ders.], Leben des Kurfürsten Johann des Beständigen von Sachsen des großen Beförderers der Freiheit, in Angelegenheiten der Religion unabhän-

gig von menschlichen Machtsprüchen zu denken und zu urtheilen. Leipzig 1805; [F. A. Eduard Burdach], Johann der Beständige, Churfürst von Sachsen der heldenmüthige Bekenner des evangelischen Glaubens (Schillings-Bücher des Rauhen Hauses 35/36). Hamburg ²1854; Heinrich Theodor Flathe, Johann der Beständige, Kurfürst von Sachsen, in: ADB 14 (1881), S. 322–326; Johannes Becker, Kurfürst Johann von Sachsen und seine Beziehungen zu Luther. Teil 1: 1520–1528. Leipzig 1890; Thomas Klein, Johann der Beständige, in: NDB 10 (1974), S. 522–524; Gunda Wittiach, Johann I., der Beständige, Kurfürst von Sachsen, in: Biographisch-Bibliographisches Kirchenlexikon 3 (1992), Sp. 174 f. (fehlerhaft); Helmar Junghans, Johann von Sachsen, in: TRE 17 (1988), S. 103–106; Uwe Schirmer, Die ernestinischen Kurfürsten bis zum Verlust der Kurwürde (1485–1547), in: Die Herrscher Sachsens (wie Anm. 2), S. 65–70; Ders., Johann der Beständige und die Anfänge der Reformation, in: Heimat Thüringen. Kulturlandschaft, Umwelt, Lebensraum 17 (2010), H. 4, S. 34–36.

5   Vgl. Josef Pilvousek, Ernst, Herzog zu Sachsen (1464–1513), in: Die Bischöfe des Heiligen Römischen Reichs 1448 bis 1648. Ein biographisches Lexikon, hrsg. von Erwin Gatz unter Mitw. von Clemens Brodkorb. Berlin 1996, S. 171.

6   Vgl. Friedhelm Jürgensmeier, Adalbert, Herzog zu Sachsen (um 1467–1484), in: Die Bischöfe (wie Anm. 5), S. 2 f.

7   Vgl. Neues Urkundenbuch zur Geschichte der evangelischen Kirchen-Reformation Bd. 1, hrsg. von Carl Eduard Förstemann. Hamburg 1842, S. 1–290; Theodor Kolde, Friedrich der Weise und die Anfänge der Reformation. Eine kirchenhistorische Skizze mit archivalischen Beilagen. Erlangen 1881, S. 41–61; vgl. weiterhin [Carl Eduard Förstemann], Zur Geschichte des Bauernkrieges in Thüringen und Mansfeldischen, in: Neue Mitteilungen aus dem Gebiet historisch-antiquarischer Forschungen 12 (1869), S. 150–244; Deutsche Reichstagsakten unter Kaiser Karl V. Bd. 4, bearb. von Adolf Wrede. (RTA JR 4). Gotha 1905; Thomas-Müntzer-Ausgabe. Kritische Gesamtausgabe (ThMA) Bd. 3, bearb. von Wieland Held und Siegfried Hoyer (Quellen und Forschungen zur sächsischen Geschichte 25/III). Leipzig 2004.

8   Vgl. http://www.saw-leipzig.de/forschung/projekte/briefe-und-akten-zur-kirchenpolitik-friedrichs-des-weisen-und-johanns-des-bestaendigen-1513-bis-1532.-reformation-im-kontext-fruehneuzeitlicher-staatswerdung.

9   Vgl. vor allem die Bestände im Ernestinischen Gesamtarchiv (EGA) im Thüringischen Hauptstaatsarchiv Weimar (ThHStAW), Reg. N 17, Reg. N 821, Reg. N 823, Reg. E 62, Reg. E 66, Reg. E 78 und Reg. E 79; vgl. dazu auch Uwe Schirmer, Quellen aus dem Thüringischen Hauptstaatsarchiv Weimar zur Kirchenpolitik der ernesti[ni]schen Kurfürsten und Herzöge Friedrich und Johann (1517–1532), in: Zur Kirche gehört mehr als ein Kruzifix. Studien zur mitteldeutschen Kirchen- und Frömmigkeitsgeschichte. Festgabe für Gerhard Graf zum 65. Geburtstag (Herbergen der Christenheit Sonderband 13). Leipzig 2008, S. 77–87.

10   Vgl. Jagemann, Kurzgefaßte Lebensbeschreibung (wie Anm. 4), S. 4; Faselius, Leben des Kurfürsten (wie Anm. 4), S. 9; Ingetraut Ludolphy, Friedrich der Weise. Kurfürst von Sachsen 1463–1525. Göttingen 1984, Leipzig 2006, S. 45–47.

11   Vgl. Christoph Volkmar, Georg von Sachsen und der Humanismus. Distanz und Nähe, in: Der Humanismus an der Universität Leipzig. Akten des in Zusammenarbeit mit dem Lehrstuhl für Sächsische Landesgeschichte an der Universität Leipzig, der Universitätsbibliothek Leipzig und dem Leipziger Geschichtsverein am 9./10. November 2007 in Leipzig veranstalteten Symposiums, hrsg. von Enno Bünz (Pirckheimer Jahrbuch für Renaissance- und Humanismusforschung 23). Wiesbaden 2009, S. 129–148.

12   Margarethe von Österreich (1416–1486), Tochter Herzog Ernsts des Eisernen, 1431 Gemahlin Kurfürst Friedrichs II. des Sanftmütigen von Sachsen.

13   Vgl. Jagemann, Kurzgefaßte Lebensbeschreibung (wie Anm. 4), S. 8 f.; Faselius, Leben des Kurfürsten (wie Anm. 4), S. 9–11.

14   Vgl. Uwe Schirmer, Die Hochzeit Herzog Georgs des Bärtigen mit der polnischen Prinzessin Barbara von Sandomierz (1496), in: Strukturen und Figuren. Historische Essays für Hartmut Zwahr zum 65. Geburtstag, hrsg. von Manfred Hettling u. a. München 2001, S. 171–182.

15   Ich danke Frau Iris Ritschel, Leipzig, für den Hinweis auf die Grablege der Herzogin Sophie. Vgl. Iris Ritschel, Das Gemälde »Die Vierzehn Nothelfer« und »Christus als Schmerzensmann« in der Marienkirche zu Torgau, in: Denkmalpflege in Sachsen (1995), S. 38 – 62, bes. 39 f.

16   Maria wurde 1536 Gemahlin Herzog Philipps I. von Pommern.

17   Johann Ernst regierte seit 1532 in Coburg. Vgl. August Beck, Johann Ernst, Herzog von Sachsen-Coburg, in: ADB 14 (1881), S. 369.

18   Georg Spalatin, Friedrichs des Weisen Leben und Zeitgeschichte, hrsg. von Chr. Gotth. Neudecker und Ludw. Preller (Georg Spalatin's historischer Nachlaß und Briefe 1). Jena 1851, S. 42 f.

19   Spalatin, Friedrichs (wie Anm. 18), S. 63 (überliefert für 1524).

20   Mutschierung, von mittelhochdeutsch »muot-schar« bzw. » muot-scharunge«: »teilung von gesammteigentum durch übereinkunft, urspr. wol s. v. a. teilung od. auseindersetzung (schar) nach verlangen (muot)«, Matthias Lexer, Mittelhochdeutsches Handwörterbuch Bd. 1. Leipzig 1872, Sp. 2247 = http://www.woerterbuchnetz.de/Lexer?lemma=muotschar mit Nachweisen für 1321 und 1333 (althochdeutsch nicht überliefert). – Zur Mutschierung 1513 vgl. Ernst Müller, Die Mutschierung von 1513 im ernestinischen Sachsen, in: Jahrbuch für Regionalgeschichte 14 (1987), S. 173 – 183 (mit Karte), zum Begriff S. 173 Anm. 1; Rogge, Herrschaftsweitergabe (wie Anm. 1), S. 291 – 301.

21   Müller, Die Mutschierung (wie Anm. 20), S. 175.

22   Vgl. Müller, Die Mutschierung (wie Anm. 20), S. 175 – 179.

23   Vgl. Schirmer, Quellen (wie Anm. 9), S. 79 f.

24   Vgl. Georg Mentz, Johann Friedrich der Großmütige. 1503 – 1554 Bd. 3 (Beiträge zur neueren Geschichte Thüringens 1,3). Jena 1908, S. 122 – 125.

25   Rogge, Herrschaftsweitergabe (wie Anm. 1), S. 291 – 301, (Zitat S. 291).

26   Die Karte zitiert nach Müller, Die Mutschierung (wie Anm. 20), nach S. 183; vgl. auch Schirmer, Quellen (wie Anm. 9), S. 80.

27   Vgl. Spalatin, Friedrichs (wie Anm. 18), S. 172 (Christian II. von Dänemark); Ludolphy, Friedrich (wie Anm. 10), S. 261 – 272 (Hildesheimer Stiftsfehde).

28   Vgl. Müller, Die Mutschierung (wie Anm. 20), S. 182.

29   Neues Urkundenbuch (wie Anm. 7), S. 4 (Nr. 5): Allstedt, 16. 12. 1520.

30   Vgl. Uwe Schirmer, Sachsen und die Reichspolitik, in: Das Jahrhundert der Reformation in Sachsen, hrsg. von Helmar Junghans. Leipzig ²2005, S. 219 – 227; Reiner Groß, Ernestinisches Kurfürstentum und albertinisches Herzogtum Sachsen zur Reformationszeit. Grundzüge außen- und innenpolitischer Entwicklung, in: Glaube und Macht. Sachsen im Europa der Reformationszeit. Begleitband zur 2. Sächsischen Landesausstellung in Torgau, hrsg. von Harald Marx und Cecilie Hollberg. Dresden 2004, S. 52 – 60; Winter, Die wettinischen Länder (wie Anm. 1), S. 15 – 26.

31   Vgl. Müller, Die Mutschierung (wie Anm. 20), S. 174.

32   Mit seiner »Lebensgefährtin« hatte Friedrich vier uneheliche Kinder, von denen ihn die Söhne Friedrich und Sebastian sowie eine Tochter überlebten, vgl. Ludolphy, Friedrich (wie Anm. 10) S. 47 – 5; vgl. auch Iris Ritschel, Friedrich der Weise und seine Gefährtin. Überlegungen und Erkenntnisse zu fünf verdächtig(t)en Kunstwerken, in: »… wir wollen der Liebe Raum geben«. Konkubinate geistlicher und weltlicher Fürsten um 1500, hrsg. von Andreas Tacke (Schriftenreihe der Stiftung Moritzburg, Kunstmuseum des Landes Sachsen-Anhalt 3). Göttingen 2006, S. 296 – 341.

33   Neues Urkundenbuch (wie Anm. 7), S. 12 (Nr. 20): Worms, 25. 3. 1521.

34   Vgl. Müller, Die Mutschierung (wie Anm. 20), S. 180 f.

35   Vgl. Schirmer, Kursächsische Staatsfinanzen (wie Anm. 1), S. 328 – 386; vgl. auch ders., Die Finanzen der Kurfürsten und Herzöge von Sachsen zwischen 1485 und 1547, in: Landesgeschichte als Herausforderung und Programm. Karlheinz Blaschke zum 70. Geburtstag, hrsg. von Uwe John und Josef Mazerath (Quellen und Forschungen zur sächsischen Geschichte 15). Leipzig, Stuttgart 1997, S. 277 f.

36   Vgl. Neues Urkundenbuch (wie Anm. 7), S. 2 (Nr. 2): Lochau, 25. August 1520, S. 3 (Nr. 4): Borna, 10. 12. 1520; S. 4 (Nr. 6): Gießen, 2. 1. 1521; S. 9 (Nr. 14): Worms, 4. 2. 1521; S. 15 f. (Nr. 24): Worms, 4. 5. 1521.

37   Vgl. Neues Urkundenbuch (wie Anm. 7), S. 1 f. (Nr. 1): Lochau, 13. 8. 1520; S. 4 (Nr. 6): Gießen, 2. 1. 1521.

38   Vgl. Neues Urkundenbuch (wie Anm. 7), S. 1 f. (Nr. 1): Lochau, 13. 8. 1520.

39   Paul Kirn, Friedrich der Weise und die Kirche. Leipzig 1926, S. 7.

40   Vgl. Neues Urkundenbuch (wie Anm. 7), S. 1 f. (Nr. 1): Lochau, 13. 8. 1520.

41   Vgl. Neues Urkundenbuch (wie Anm. 7), S. 14 (Nr. 22): Worms, 8. 4. 1521.

42   Vgl. etwa zum Schloss Colditz, das kurz zuvor noch ein wüstes Haus gewesen sei, Neues Urkundenbuch (wie Anm. 7), S. 21 (Nr. 31): Grimma, 9. 4. 1522. – Zum Schlossbau in Wittenberg vgl. Heinrich Heubner, Der Bau des kurfürstlichen Schlosses und die Neubefestigung Wittenbergs durch die Kurfürsten Friedrich den Weisen, Johann den Beständigen und Johann Friedrich den Großmütigen. Nach den Akten im Ernestinischen Gesamtarchiv zu Weimar und den Wittenberger Ratsakten. Wittenberg 1936, S. 14 – 20.

43   Vgl. Neues Urkundenbuch (wie Anm. 7), S. 21 (Nr. 37): Colditz, 12. 1. 1523 (»in dyssem frischen wether«).

44   Vgl. Neues Urkundenbuch (wie Anm. 7), S. 3 (Nr. 3): Köln, 19. 10. 1520.

45   Vgl. Neues Urkundenbuch (wie Anm. 7), S. 13 f. (Nr. 21): Worms, 30. 3. 1521: Krieg in Brabant; S. 23 (Nr. 36): 1522; S. 24 (Nr. 37): Colditz, 12. 1. 1523; S. 259 (Nr. 22): Lochau, 14. 4. 1525.

46   Neues Urkundenbuch (wie Anm. 7), S. 24 (Nr. 37): Colditz, 12. 1. 1523.

47   DRA JR Bd. 4 (wie Anm. 7), S. 680 – 682, Zitat 682 (Nr. 190): Weimar, 15. 2. 1524.

48   Neues Urkundenbuch (wie Anm. 7), S. 10 (Nr. 16): Worms, 6. 2. 1521; S. 17 (Nr. 26): Worms, 21. 5. 1521; S. 17 f. (Nr. 27): Heidelberg, 25. 5. 1521; S. 18 f. (Nr. 29): Gerolzhofen, 31. 5. 1521; S. 23 (Nr. 35): Lochau, 23. 5. 1522; S. 259 (Nr. 22): Lochau, 14. 4. 1525; S. 272 f. (Nr. 38): Lochau, 28. 4. 1525. Vgl. auch Ludolphy, Friedrich (wie Anm. 10), S. 58 – 63.

49   Vgl. Neues Urkundenbuch (wie Anm. 7), S. 1 f. (Nr. 1): Lochau, 13. 8. 1520; S. 3 (Nr. 4): Borna, 10. 12. 1520; S. 3 f. (Nr. 5): Allstedt, 16. 12. 1520; S. 8 (Nr. 12): Worms, 30. 1. 1521; S. 18 f. (Nr. 29): Gerolzhofen, 31. 5. 1521; S. 22 (Nr. 33): Colditz, 18. 4. 1522; S. 23 (Nr. 36): 1522; S. 26 (Nr. 40).

50   Vgl. Neues Urkundenbuch (wie Anm. 7), S. 7 f. (Nr. 10 f.): Worms, 26. / 28. 1. 1521.

51   Vgl. Neues Urkundenbuch (wie Anm. 7), S. 8 (Nr. 12): Worms, 30. 1. 1521.

52   ASSERTIO SEPTEM SA-||cramentorum aduersus Martin. || Lutherū, ædita ab inuictis-||simo Angliæ et Fran-||ciæ rege, et do. Hy-||berniæ Henri-||co eius no||minis || o-||ctauo. London 1521. – Luthers Entgegnung im August / September 1522 in deutscher (»Antwort auf König Heinrichs Buch«, in: WA 10 / II, S. 223 – 262) sowie in lateinischer Sprache (»Contra Henricum Regem Angliae«, in: WA 10 / II, S. 175 – 222).

53   Vgl. Neues Urkundenbuch (wie Anm. 7), S. 25 (Nr. 39): Colditz, 28. 4. 1523.

54   Neues Urkundenbuch (wie Anm. 7), S. 13 (Nr. 20): Worms, 25. 3. 1521, vgl. auch S. 10 f. (Nr. 18): Worms, 27. 2. 1521.

55   Neues Urkundenbuch (wie Anm. 7), S. 9 (Nr. 13): Worms, 4. 2. 1521.

56   Antwort Kurfürst Friedrichs und Herzog Johanns an König Heinrich VIII., in: Wittenberger Lutherausgabe Bd. 9 (1557), S. 173v.

57   Vgl. dazu Armin Kohnle, Die Frömmigkeit der Wettiner und die Anfänge der Reformation, in: Lutherjahrbuch 75 (2008), S. 125 – 140; vgl. auch Kirn, Friedrich (wie Anm. 39), S. 164 – 177; Ludolphy, Friedrich (wie Anm. 10), S. 337 – 486.

58   Neues Urkundenbuch (wie Anm. 7), S. 1 (Nr. 1): Lochau, 13. 8. 1520.

59   Neues Urkundenbuch (wie Anm. 7), S. 8 (Nr. 12): Worms, 30. 1. 1521.

60   WA 6, S. (196) 202 – 276, die Widmung vom 29. 3. 1520 WA 6, S. 202 – 204. – Vgl. auch Becker, Kurfürst Johann (wie Anm. 4), S. 3 f.

61   Vgl. Neues Urkundenbuch (wie Anm. 7), S. 1 f. (Nr. 1 f.): Lochau, 13. / 25. 8. 1520; Kolde, Friedrich (wie Anm. 7), S. 42 (Nr. III): Weimar, 14. 1. 1520. – Vgl. auch Becker, Kurfürst Johann (wie Anm. 4), S. 5.

62   Vgl. Kolde, Friedrich (wie Anm. 7), S. 42 – 44. (Nr. IV): Coburg, 28. 1. 1521.

63   Vgl. Kolde, Friedrich (wie Anm. 7), S. 44 – 47 (Nr. V): Coburg, 4. 4. 1521.

64   Neues Urkundenbuch (wie Anm. 7), S. 5 (Nr. 8): Worms, 16. 1. 1521.

65   Neues Urkundenbuch (wie Anm. 7), S. 8 (Nr. 12): Worms, 30. 1. 1521.

66   Vgl. Kolde, Friedrich (wie Anm. 7), S. 47 f. (Nr. VI): Coburg, 29. 5. 1521.

67   Vgl. Luther an Spalatin, 9. 9. 1521, WA Br 2, S. 387 – 390 (Nr. 429) und 17. 9. 1521, WA Br 2, S. 391 f. (Nr. 431); vgl. auch Ludolphy, Friedrich (wie Anm. 10), S. 438; Kolde, Friedrich (wie Anm. 7), S. 47 f. (Nr. VI): 29. 5. 1521.

68   Vgl. Junghans, Johann von Sachsen (wie Anm. 4), S. 103; Schirmer, Johann der Beständige (wie Anm. 4), S. 34.

69   Vgl. Becker, Kurfürst Johann (wie Anm. 4), S. 12 f.; Junghans, Johann von Sachsen (wie Anm. 4), S. 103.

70 Vgl. WA 10 III, S. CLX-CLXII, 341–346 (Nr. 50, 19.10.1522, Schlosskirche), 347–352 (Nr. 51, 19.10.1532, Pfarrkirche), 371–379 (Nr. 54, 24.10.1522, Schlosskirche), 379–385 (Nr. 55, 25.10.1522, Schlosskirche), 386–393 (Nr. 55, 26.10.1522, Schlosskirche), 394–399 (Nr. 57, 26.10.1522, Pfarrkirche). Vgl. Wartenberg, Luthers Beziehungen (wie Anm. 2), S. 16–19.

71 WA 11, S. (229) 245–281, die Widmung vom 1.1.1523 WA 11, S. 245 f. Vgl. Becker, Kurfürst Johann (wie Anm. 4), S. 18–22; Junghans, Johann von Sachsen (wie Anm. 4), S. 104.

72 Vgl. Becker, Kurfürst Johann (wie Anm. 4), S. 36; Otto Clemen, Wolfgang Stein aus Zwickau, Hofprediger in Weimar und Superintendent in Weißenfels, in: ZKG 45 (1926), S. 555–562; Günther Wartenberg, Landesherrschaft und Reformation. Moritz von Sachsen und die albertinische Kirchenpolitik bis 1546 (Arbeiten zur Kirchengeschichte 10). Weimar 1988, S. 261–263.

73 Vgl. Joachim Rogge, Der Beitrag des Predigers Jakob Strauß zur frühen Reformationsgeschichte (Theologische Arbeiten 6). Berlin 1957, S. 34–95; vgl. auch Jakob Strauß, Haubtstuck vnd || Artyckel Christen= || licher leer widder den vnchrysten = || lychen wuecher / darumb et= || lich Pfaffen tzu Eysse= || nach so gar vnruwig || vnd bemühet || synt. || ... D. Jacobus Strausz zu || Eyssenach Ecclesiastes. Erfurt 1523.

74 Vgl. Volkmar Joestel, Ostthüringen und Karlstadt. Soziale Bewegung und Reformation im mittleren Saaletal am Vorabend des Bauernkrieges (1522–1524). Berlin 1996, S. 80–140; Günter Schmidt, Austreibung eines Dissidenten. Andreas Karlstadt (1486–1541), in: Ketzer, Käuze, Querulanten. Außenseiter im universitären Milieu, hrsg. von Matthias Steinbach und Michael Ploenus. Jena, Quedlinburg 2008, S. 27–39.

75 Vgl. Günter Vogler, Müntzers Verhältnis zu den fürstlichen Obrigkeiten in seiner Allstedter Zeit, in: ders.: Thomas Müntzer und die Gesellschaft seiner Zeit. Mühlhausen 2003, S. 69–88, bes. 77–83.

76 Auszlegung des andern vnter||schyds Danielis desz pro=||pheten gepredigt aufff schlos zu || Alstet vor den tetigen thewren || Herzcogen vnd vorstehern zu || Sachssen durch Thomä || Muentzer diener des || wordt gottes.|| Alstedt [Stöckel], 1524, Bl. Aivv (VD16 M 6746). Vgl. die Edition in Thomas Müntzer, Schriften und Briefe. Kritische Gesamtausgabe, unter Mitarb. von Paul Kirn hrsg. von Günther Franz (Quellen und Forschungen zur Reformationsgeschichte 33). Gütersloh 1968, S. 241–263 und künftig in der Thomas-Müntzer-Ausgabe. Kritische Gesamtausgabe (ThMA), Bd. 1.

77 Auszlegung (wie Anm. 76), Bl. Diiir.

78 Vgl. ThMA 3 (wie Anm. 7), S. 158–160 (Nr. 102): Johann an Friedrich, Weimar, 6.8.1524. – Vgl. auch Becker, Kurfürst Johann (wie Anm. 4), S. 26–32.

79 Vgl. Neues Urkundenbuch (wie Anm. 7), S. 251 (Nr. 16): Lochau, 11.8.1524.

80 Vgl. Junghans, Johann von Sachsen (wie Anm. 4), S. 104.

81 Vgl. ThMA 3 (wie Anm. 7), S. 175–177 (Nr. 113): Schosser Hans Zeiß an Friedrich, S. 178–180 (Nr. 115): Zeiß an Johann, 25.8.1524; S. 180 f. (Nr. 116): Friedrich an Johann, Torgau, 27.8.1524.

82 Vgl. Manfred Schulze, Zwischen Furcht und Hoffnung. Berichte zur Reformation aus dem Reichsregiment, in: Die deutsche Reformation zwischen Spätmittelalter und Früher Neuzeit, hrsg. von Thomas A. Brady (Schriften des Historischen Kollegs. Kolloquien 50). München 2001, S. 89.

83 ThHStAW, EGA, Reg. N 17, 39r, eigenhändige Ausfertigung: Friedrich an Johann Friedrich, Nürnberg, 8.2.1524. Der Kurfürst beklagt sich in diesem Schreiben auch über die schlechten Sitten zur Fastnacht in Nürnberg mit Trinken, Spielen und Fastnachtsumzügen; lieber hätte er Fastnacht zu Hause verbracht.

84 Vgl. Schulze, Zwischen Furcht (wie Anm. 82), S. 87–90; vgl. auch Joestel, Ostthüringen (wie Anm. 74), S. 136–140.

85 Vgl. Kolde, Friedrich (wie Anm. 7), S. 51 (Nr. X): Weimar, 10.6.1523.

86 Vgl. Kolde, Friedrich (wie Anm. 7), S. 54–56 (Nr. XIV): Weimar, 20.11.1524.

87 RTA JR Bd. 4 (wie Anm. 7), S. 680–682, Zitat 681 (Nr. 190): Weimar, 15.2.1524; vgl. Kirn, Friedrich (wie Anm. 39), S. 148.

88 Vgl. Friedrich Mykonius 1490–1546. Lebensbild und neue Funde zum Brief

89 Die Visitation begann in den thüringischen Ämtern Wartburg, Hausbreitenbach, Salzungen, Creutzburg und Gerstungen, vgl. Schirmer, Quellen (wie Anm. 9), S. 80.

90 Vgl. Junghans, Johann von Sachsen (wie Anm. 4), S. 104.

91 Vgl. Enno Bünz, Martin Luthers Orden in Neustadt an der Orla. Das Kloster der Augustiner-Eremiten und seine Mönche (Beiträge zur Geschichte und Stadtkultur 13). Jena 2007.

92 Vgl. die Schreiben Johanns an Friedrich: Neues Urkundenbuch (wie Anm. 7), S. 269 f. (Nr. 35): Weimar, 26.4.1525; S. 275 f. (Nr. 42): Weimar, 30.4.1525.

93 Vgl. Neues Urkundenbuch (wie Anm. 7), S. 93 (Nr. 7): Colditz, 14.8.1524; S. 93 f. (Nr. 8): Johann an Friedrich, Weimar, 18.4.1525; S. 94 (Nr. 9): Torgau, 22.4.1524; S. 102 f. (Nr. 19): Johann an Friedrich, Weimar, 1.6.24; S. 109 (Nr. 25): Lochau, 10.9.1524; S. 110 (Nr. 27): Lochau, 14.12.1524. – Vgl. auch Becker, Kurfürst Johann (wie Anm. 4), S. 23–26.

94 Vgl. Neues Urkundenbuch (wie Anm. 7), S. 94 (Nr. 9): Torgau, 22.4.1524.

95 Vgl. Die Täuferbewegung in Thüringen von 1526–1584, hrsg. von der thüringischen historischen Kommission, bearb. von Paul Wappler (Beiträge zur neueren Geschichte Thüringens 2). Jena 1913.

96 Vgl. Neues Urkundenbuch (wie Anm. 7), S. 260 (Nr. 23): 16.4.1525, S. 265 (Nr. 30): 24.4.1525, S. 269 f. (Nr. 35): 26.4.1525, S. 270 f. (Nr. 36): 27.4.1525, S. 275 f. (Nr. 42): 30.4.1525, S. 277 (Nr. 43): 1.5.1525.

97 Vgl. Neues Urkundenbuch (wie Anm. 7), S. 259 (Nr. 22): Lochau, 14.4.1525.

98 Vgl. Neues Urkundenbuch (wie Anm. 7), S. 280 (Nr. 47): Lochau, 4.5.1525.

99 Wartenberg, Luthers Beziehungen (wie Anm. 2), S. 24 f.

100 Deutsche Messe und Ordnung Gottesdiensts, in: WA 19, S. (44) 72–113.

101 Vgl. Junghans, Johann von Sachsen (wie Anm. 4), S. 104.

102 Vgl. Schirmer, Kursächsische Staatsfinanzen (wie Anm. 1), S. 374–381; ders.: Reformation und Staatsfinanzen. Vergleichende Anmerkungen zu Sequestration und Säkularisation im ernestinischen und albertinischen Sachsen (1523–1544), in: Christlicher Glaube und weltliche Herrschaft. Zum Gedenken an Günther Wartenberg, hrsg. von Michael Beyer (Arbeiten zur Kirchen- und Theologiegeschichte 24). Leipzig 2008, S. 179–192.

103 Vgl. Junghans, Johann von Sachsen (wie Anm. 4), S. 104 f.; Heiko Jadatz, Wittenberger Reformation im Leipziger Land. Dorfgemeinden im Spiegel der evangelischen Kirchenvisitationen des 16. Jahrhunderts (Herbergen der Christenheit Sonderband 10). Leipzig 2007, S. 47–61.

104 Auf protestantischer Seite das Gotha-Torgauer Bündnis (1526) und der Schmalkaldische Bund (1531), auf altgläubiger Seite das Dessauer Bündnis (1525), die Hallesche Einung (1533) und das Nürnberger Bündnis (1538). Vgl. auch Christian Winter, Herzog Georg von Sachsen in seinen Beziehungen zu Kaiser und Reich, in: Zwischen Reform und Abgrenzung. Die Römische Kirche und die Reformation, hrsg. von Armin Kohnle und Christian Winter (im Druck).

105 Vgl. Akten und Briefe zur Kirchenpolitik Herzog Georgs von Sachsen Bd. 3, hrsg. von Heiko Jadatz und Christian Winter. Köln, Weimar, Wien 2010, S. 32–34, 43 f., 399–402 (Nr. 2010, Grimmaischer Machtspruch vom 17.7.1531), 653–657 (Nr. 2327, Grimmaischer Vertrag vom 18.11.1533).

106 Das Verhältnis der Ernestiner zum Haus Habsburg war insbesondere deshalb seit Anfang der 20er Jahre schwer belastet, weil ein eigentlich schon verabredetes Heiratsprojekt für Herzog Johann Friedrich mit Katharina, der Schwester Kaiser Karls V., dann in einer für die Wettiner ehrenrührigen Weise doch nicht zustande kam. Vgl. Schirmer, Johann der Beständige (wie Anm. 4), S. 35 f.; Schulze, Zwischen Furcht (wie Anm. 82), S. 86 f. – Zum Nürnberger Anstand vgl. Der Reichstag in Regensburg und die Verhandlungen über einen Friedstand mit den Protestanten in Schweinfurt und Nürnberg 1532, bearb. von Rosemarie Aulinger (RTA JR 10/I–III). 3 Teilbde. Göttingen 1992, bes. Bd. 1, S. 129–141, Bd. 3, S. 1164–1529, der Anstand vom 24.7.1532 Bd. 3, S. 1511–1517 (Nr. 549).

107 Vgl. Junghans, Johann von Sachsen (wie Anm. 4), S. 105.

108 Jagemann, Kurzgefaßte Lebensbeschreibung (wie Anm. 4), Frontispiz.

HEINER LÜCK

Wählen und gewählt werden.
Friedrich der Weise als Königskandidat auf
dem Wahltag zu Frankfurt am Main 1519

Vorbemerkung

Auf einem Kolloquium über Friedrich den Weisen (1486–1525)[1] darf natürlich eine Betrachtung zu dessen Rolle bei der Königswahl[2] 1519 nicht fehlen. Aufgrund der gewissenhaften Edition von August Kluckhohn[3] lässt sich diese auch relativ gut nachzeichnen. Eine kritische Sichtung und Interpretation sind die seit mehr als 100 Jahren publiziert vorliegenden Dokumente durchaus wert, zumal die rechts- und verfassungsgeschichtliche Forschung weitergegangen ist.

Im Folgenden soll in fünf Schritten vorgegangen werden. In einem ersten Schritt ist kurz auf die Rechtsgrundlagen und Ausgangspositionen der Königswahl von 1519 hinzuweisen. In einem zweiten Schritt sollen die Friedrich den Weisen betreffenden Unternehmungen verschiedener Akteure im Vorfeld der Wahl aufgezeigt werden. Ein dritter Schritt wird dann Friedrichs Agieren auf dem Frankfurter Wahltag zum Inhalt haben. In einem vierten Schritt ist kurz auf einige Rechtsprobleme, mit denen die Königswahl 1519 von Anfang an behaftet war, einzugehen. Schließlich soll im fünften und letzten Schritt eine kurze Würdigung der Ereignisse gewagt werden.

Rechtsgrundlagen und Ausgangspositionen 1519

Rechtsgrundlagen

Die wichtigste Rechtsgrundlage für die Wahl des römisch-deutschen Königs war seit 1356 die Goldene Bulle.[4] Die dort fixierten Regeln beruhten ganz überwiegend auf einem langen Herkommen, d. h. auf Gewohnheitsrecht. Seit dem Erlass dieses bedeutenden Reichsgesetzes waren bis 1519 aber schon über 150 Jahre vergangen und seine Anwendung stand schon lange nicht mehr mit den Buchstaben und dem Sinn der gesetzlich formulierten Normen im Einklang. So gingen die ehemals getrennten Elemente der Etablierung des römisch-deutschen Königs[5] und Kaisers[6] allmählich ineinander über. Die Trennung der Wahl in Frankfurt am Main,[7] Königskrönung[8] in Aachen[9] und Kaiserkrönung[10] durch den Papst in Rom wurde unter König / Kaiser Maximilian I. (1486/1508–1519) schon nicht mehr so praktiziert. Im Laufe des 16. Jahrhunderts verschmolzen diese Schritte zunehmend.[11] Hinzu kam mit der Wahl Karls V. (1519–1556)[12] die Wahlkapitulation, die in der Goldenen Bulle nicht vorgesehen war. Auch das Königswahldekret, das den Wahltag 1519 beschloss, gab es laut Goldener Bulle nicht.[13] Ferner schränkte die Präsentation des Kandidaten durch den Kaiser zu Lebzeiten desselben (*vivente imperatore*) die Wahl ein. Der Umstand, dass zu Lebzeiten des Königs / Kaisers dessen Nachfolger, der zudem aus des Kaisers Familie stammte,[14] gewählt wurde, widersprach ebenfalls der Goldenen Bulle. Letztere schreibt eindeutig als Voraussetzung für eine Wahl das Ledigwerden des Reiches fest (Goldene Bulle, Kap. 4 Art. 2). Da Friedrich III. (1440/1452–1493)[15] 1452 als letzter Kaiser in Rom gekrönt worden war und 1486 die Wahl seines Sohnes Maximilian durchsetzen konnte, stellte sich im Zusammenhang mit der Wahl 1519 zudem die Frage, ob vor Empfang der Kaiserkrone[16] gewählt werden könne. Jedenfalls kann man im Laufe der Jahre zwischen 1356 und 1519 eine wachsende Dominanz des Wahlaktes gegenüber der Krönung, was mit einem Erstarken des Kurfürstenkollegiums[17] einherging, konstatieren. Mit der Einführung der Wahlkapitulation 1519 als einem fortan obligatorischen Element der Königswahl scheinen die entscheidenden Willensbildungen und -äußerungen der Kurfürsten sogar vor den eigentlichen Wahlakt verlagert und (schriftlich) abgesichert worden zu sein. Derartige Erscheinungen machen deutlich, dass es sich bei der Goldenen Bulle eben noch nicht um allgemein verbindliches und erzwingbares Verfassungsrecht handelte.[18] Die damit verbundenen Dissonanzen sollten Dauerthemen der Wissenschaft vom *ius publicum* zwischen dem späten 16. Jahrhundert und dem Ende des Alten Reiches 1806 werden.[19]

Ausgangspositionen

Seit 1486 war Maximilian I. als römisch-deutscher König im Amt.[20] Seit dem Tod seines Vaters, Kaiser Friedrichs III., am 19. August 1493 regierte er allein. Maximilians einziger Sohn war 1506 gestorben, sodass sein Enkel Karl, Sohn Philipps des Schönen von Burgund und Johannas der Wahnsinnigen von Kastilien, in der Erbfolge auf Platz eins aufrückte. Im Jahr 1508 nahm Maximilian in Trient mit Zustimmung des Papstes den Titel »Erwählter römischer Kaiser«[21] an. Die Kaiserkrönung blieb bis zu seinem Tod 1519 aus.

Schon 1513 scheint Maximilian in Verhandlungen mit den Kurfürsten, zumindest mit den vier rheinischen Kurfürsten (Mainz, Köln, Trier, Pfalz), über die Wahl seines Enkels zum römisch-deutschen König und künftigen Kaiser eingetreten zu sein.[22] In Frankfurt am Main sprach sich Maximilian im Juni 1517, wohl schon während einer Unterredung mit den beiden Hohenzollern, Kardinal Albrecht, Kurfürst von Mainz (1514–1545), und Kurfürst Joachim I. von Brandenburg (1499–1535), für die Wahl seines Enkels Karl aus.[23] Dabei verwies Maximilian auf sein Alter (58 Jahre) und seine Gesundheit.[24] Karl war zu diesem Zeit-

punkt König von Spanien, Herr der Niederlande und Burgunds sowie König von Neapel.

Das kurzzeitige Ansinnen, König Heinrich VIII. von England (1509–1547) zum römisch-deutschen König wählen zu lassen, hatte Maximilian inzwischen aufgegeben.

Auf dem Reichstag in Augsburg (Juni–Oktober 1518) versuchte Maximilian, die Wahl Karls zum römisch-deutschen König durchzusetzen, was jedoch nicht gelang.[25] An der Wahl Karls konnte insbesondere Papst Leo X. (1513–1521) kein Interesse haben.[26] Karls weit ausgreifender Herrschaftsbereich bis nach Amerika und seine Beliebtheit bei großen Teilen der Bevölkerung konnten Rom machtpolitische Probleme bereiten. Der Papst unterstützte daher als seinen Wunschkandidaten Franz I., König von Frankreich (1515–1547).

Als Kurfürsten des Reiches waren im Jahr 1519 im Amt:

- *Mainz:* Albrecht IV., Markgraf von Brandenburg, Kardinal, Erzbischof von Mainz und Magdeburg, Administrator des Bistums Halberstadt (1514–1545) – 29 Jahre alt
- *Köln:* Hermann V., Graf von Wied (1515–1546) – 42 Jahre alt

- *Trier:* Richard von Greiffenklau zu Vollraths (1511–1531) – 52 Jahre alt
- *Pfalz:* Ludwig V. der Friedfertige (1508–1544) – 41 Jahre alt
- *Sachsen:* Friedrich III. der Weise (1486–1525) – 56 Jahre alt
- *Brandenburg:* Joachim I. (1499–1535) – 51 Jahre alt – bekanntlich der Bruder von Kardinal Albrecht
- *Böhmen:* Ludwig (1509–1526), – 13 Jahre alt – der aber noch minderjährig war und seine Interessen von König Sigismund von Polen (1507–1548) und von Maximilian wahrnehmen ließ.

Friedrich der Weise in den Vorverhandlungen 1516 bis Juni 1519

Zwischen Herbst 1516 und Frühjahr 1519 wurde Friedrich der Weise von zahlreichen Unterhändlern und Diplomaten der Wahlkandidaten, des Kaisers und seiner Kurfürstenkollegen aufgesucht bzw. angeschrieben.[27] Trotz mehrfachen massiven Drängens auf die Zusicherung seiner Stimme legte er sich nicht fest, sondern verwies stetig und beharrlich auf sein freies Wahlrecht nach der Goldenen Bulle. Dem Unterhändler des französischen Königs ließ er unter dem 6. März 1518 beispielsweise schreiben, dass er des Königs Begehren, ihm seine Stimme bei der Wahl des römisch-deutschen Königs zu geben, nicht erfüllen könne.[28] Alles spricht dafür, dass Friedrich sich auch deutlich gegen das Vorhaben, eine Königswahl zu Lebzeiten des Kaisers und dazu noch vor dem Empfang der Kaiserkrone durch den Papst durchzuführen, ausgesprochen hat.[29] Friedrich verwies – typisch für sein Verhalten im Zusammenhang mit der Königswahl – auf die »geburliche ordnung« (d.h. die Goldene Bulle).

Mit einem Schriftstück aus dem Umfeld des Kaisers wurden die Kurfürsten gleich zu Beginn des Reichstags zu Augsburg 1518 über systematische Bestechungsmaßnahmen Frankreichs gegenüber den deutschen Kurfürsten informiert. Einige Kurfürsten sollen tatsächlich versprochen haben, ihre Stimme dem französischen König zu geben.

An anderer Stelle appellierte Friedrich (vor dem 22. Juli 1518) an den Kaiser, das freie Wahlrecht der Kurfürsten zu gewährleisten. Das war nun etwas, was Maximilian als Drahtzieher für die Wahl seines Enkels nicht entgegenkam, zumal er selbst Friedrich, einem Kurfürsten, Vorteile im Fall der gewünschten Wahl seines Enkels in Aussicht gestellt hatte. Er ließ entgegnen, dass der König von Frankreich solche Bestechungspraktiken pflege. Und weil jene Kurfürsten, die zugunsten ihres freien Wahlrechts gegenüber diesen Verlockungen standhaft blieben, nicht leer

ausgehen sollten, könnten sie doch die Geschenke von ihm, dem Kaiser, »mit Gott und Ehren« annehmen.[30] Die Kaiserkrönung Maximilians müsse dem Herkommen entsprechend vor der Wahl des neuen Königs stattfinden und die Wahl überhaupt – so Friedrich weiter – könne erst nach Maximilians Ableben erfolgen. Aus alldem ergibt sich, dass mit dem Sachsen vor dem Tod Maximilians in Sachen Königswahl nichts zu machen war.

Zu den Vorgängen im Vorfeld der Frankfurter Wahlversammlung gehören auch Willensbekundungen, den sächsischen Kurfürsten Friedrich den Weisen zum König zu wählen. Eine solche ist in Gestalt eines Briefes des Fabian von Feilitzsch an Friedrich vom 21. April 1519 überliefert. Darin wird berichtet, dass die Eidgenossen Friedrich gern als König sehen wollten.[31] Es wird ausgeführt, dass weder der König von Frankreich noch der König von Spanien (also Karl) Deutsche seien und somit gar nicht gewählt werden könnten.

Friedrich der Weise auf dem Wahltag (11. Juni – 4. Juli 1519)

Am 12. Januar 1519 starb Kaiser Maximilian I. in Wels (Oberösterreich). Damit trat das Rechtsregime, welches die Goldene Bulle für den Fall des Ledigwerdens des Reiches vorsah, in Kraft. Der Erzbischof von Mainz hatte als Reichskanzler und ranghöchster Kurfürst den Kurfürsten den Tod des Kaisers schriftlich mitzuteilen und sie zu einem Zeitpunkt innerhalb der nächsten drei Monate nach Frankfurt zur Wahl zu laden (Goldene Bulle Kap. 1 Art. 15, 16; 4 Art. 2). Ferner wurde das Reichsvikariat in Gestalt der Kurfürsten von der Pfalz (für die Gebiete des fränkischen Rechts) und von Sachsen (für die Gebiete des sächsischen Rechts) aktiviert (Goldene Bulle Kap. 5 Art. 1).

Unter dem 9. Mai 1519 erließ Friedrich in Torgau ein Ausschreiben in seiner Eigenschaft als Reichsvikar in Erwartung der bevorstehenden Königswahl.[32] Darin ordnete er an, für die Wahl zu beten, damit Gott das Heilige Reich mit einem ihm gefälligen und allen tröstlichen Haupte versehen möge. Ferner forderte er dazu auf, Frieden zu wahren und einen solchen gegebenenfalls mit anderen Ständen herzustellen. Das gelte auch für eventuelle Behinderungen der ordentlichen Königswahl.

Kurze Zeit später verließ Friedrich Kursachsen in Richtung Frankfurt am Main, wo er am Samstag vor Pfingsten, den 11. Juni 1519, um 10 Uhr vormittags, eintraf.[33]

Am 3. Juni 1519 warb der spanische König Karl von Barcelona aus noch einmal selbst um Friedrichs Stimme und versicherte seine Dankbarkeit.[34] In diesem Schreiben

Abb. 2
Samuel Bottschild
(freie Kopie nach Lucas
Cranach d. Ä.), Friedrich
der Weise mit der
Reichskrone, vor 1698,
Öl auf Holz, 58,7 × 34,8 cm.
Staatliche Kunst-
sammlungen Dresden,
Rüstkammer, Inv.-Nr. H 9

fährt aus der entsprechenden Niederschrift, dass sich Kurfürst Friedrich von Sachsen wegen eines »bösen Fußes« (Gicht) vertreten ließ. Statt seiner saß der Hofmeister Friedrich von Thun auf der Kurfürstenbank. Friedrich war nicht in der Lage gewesen, die Treppe zum »Kaisersaal« hinaufzusteigen.[38] Danach ritten die Kurfürsten, darunter auch Friedrich, zur Kirche St. Bartholomäus (Dom).[39]

Ebenfalls am 17. Juni 1519 erfolgte die Vereidigung der Kurfürsten.[40] Am 27. Juni 1519 sollte nun endlich die Wahl selbst stattfinden (sie fand real jedoch am 28. Juni statt).[41] Am 21. Juni 1519 bedrängte der Erzbischof Orsini über Karl von Miltitz Friedrich noch einmal, den König von Frankreich zu wählen. Sollte das nicht gelingen, möge Friedrich selbst die Krone annehmen:[42] »so ist es des babestes, och der Franzosissen potschaft fruntlich biten, e. cf. g. wolt das selbest annemen [...]«.[43]

Auch England bemühte sich um Friedrich: entweder den englischen König oder Friedrich selbst.[44] Schon am 10. Juni 1519 schrieb der englische Gesandte Richard Pace an Thomas Wolsey, Kardinal-Erzbischof von York, dass Friedrich in Frankfurt noch nicht eingetroffen sei. Jener sei weder für den König von Frankreich, noch strebe er wegen seines Alters selbst nach der Krone.[45] Man höre viel Gutes über ihn.

So bemühten sich die verschiedenen politischen Gruppierungen im Juni 1519 aus unterschiedlichem Kalkül, Friedrich zur Annahme der Krone zu bewegen. Drei Stimmen hätte Friedrich sicher für sich (Trier, Pfalz, Brandenburg). Die seine wäre als vierte die ausreichend entscheidende gewesen.[46] Als Quellenbelege, denen aber leider nur sehr unsichere und mittelbare Glaubwürdigkeit zukommt, lassen sich drei Dokumente nennen:[47] So findet sich im Nachlass Georg Spalatins die Aussage »da er auch zum Romischen könig etlicher, ja fast dreier churfursten stimme erwählet, dennoch das heilig Römische reich mit mehrern ehren nicht angenommen, denn etliche darnach getrachtet hatten.«[48]

An anderer Stelle ist unter Rückgriff auf Spalatin überliefert: »in ea Rom. Regis electione paucis ante diebus Fridericus III., Saxonie dux elector, tria habuit suffragia nempe Treverensis Richardi, Palatini et electoris Brandenburgensis Joachimi I.«[49]

Ferner kann ein Brief des Erasmus von Rotterdam[50] an Bischof John Kardinal Fisher von Rochester (1504–1535) vom 27. Oktober 1519 (beruhend auf einem Zeugnis des Bischofs von Lüttich, Erard de La Marck [1506–1538]), angeführt werden, in dem es heißt: »Ab omnibus delatum imperium ingenti animo recusavit, idque pridie quam Carolus eligeretur.«[51]

stellte Karl klar, dass er »ain Teutscher von gebluet und gemuet, von gepurt und zungen« sei. Friedrichs Antwort (Frankfurt, 26. Juni 1519) ließ den Kandidaten aber im Ungewissen. Vielmehr verweist Friedrich wieder auf seine unerschütterliche Position der freien Wahl, die er sich durch nichts und niemanden schmälern lassen wollte.[35] Auch die päpstliche Seite blieb nicht untätig. Der päpstliche Nuntius Robert von Orsini, Erzbischof von Regium, schrieb Friedrich unter dem 7. Juni 1519 und empfahl die Wahl des französischen Königs.[36]

Der Wahltag selbst und die damit verbundenen Zeremonien sind in einer Aufzeichnung des Herolds Georg Rixner dokumentiert.[37] Darin wurden vor allem die von der Goldenen Bulle vorgesehenen Abläufe festgehalten: Am 17. Juni 1519, ab 6 Uhr morgens, wurden im Römer, dem Frankfurter Rathaus, Bürgermeister und Rat der Eid in Anwesenheit der Kurfürsten abgenommen. Man er-

Schließlich existiert noch ein Bericht des venezianischen Gesandten in England, Sebastian Giustiniani, und des venezianischen Gesandten in Frankreich, Antonio Giustiniani, an die Signorie vom 17. August 1519. Diese wohl auf Pace beruhende Mitteilung lautet: »Il duca de Saxonia stete 3 hore electo re di Romani, ma vi abdicò, dicendo era impotente a questo grado.«[52] Der Editor dieser Textstücke, August Kluckhohn, vermutet, dass es sich bei »3 hore« um einen Schreibfehler bei der Übernahme aus dem Original handeln könne, wo es geheißen haben könnte: »3 vote«. Das ist bis heute nicht überprüft worden und wohl auch nicht mehr möglich. Jedenfalls würde eine solche Interpretation die Aussage Spalatins hinsichtlich der drei Stimmen stützen. Forschungsgeschichtlich gesehen hat der Breslauer Reformationshistoriker Paul Kalkoff (1858–1928) offensiv die These von der vollzogenen Wahl und dem dreistündigen Kaisertum Friedrichs des Weisen vertreten.[53] Seine Sichtweise ist von den Historikern nicht goutiert worden.[54]

Jedenfalls erfolgte endlich am 28. Juni 1519 im Konklave der Frankfurter Kirche St. Bartholomäus die Wahl Karls zum römisch-deutschen König und künftigen Kaiser.[55] »Das hatt man allso offentlichen in der kirchen ausgerüffen…«,[56] schreibt Friedrich am gleichen Tag an seinen Bruder Johann (1525–1532). Friedrich belegt damit, dass die mittelalterliche Formel vom »küren« (wählen) und »kiesen« (ausrufen, benennen)[57] noch lebendig war. Beide Vorgänge konstituierten den römisch-deutschen König und künftigen Kaiser. Friedrich der Weise konnte, wenn überhaupt, nur den ersten Teil des Wahlvorgangs (»küren«) für sich verbuchen.

Am 3. Juli 1519 wurde die Ausfertigung der Wahlverschreibung Karls V. für die Kurfürsten vollzogen. Friedrich brach tags darauf mit dem Schiff in Richtung Heimat auf.[58]

Rechtliche Probleme um die Königswahl 1519

Die Königswahl 1519 war – wie aus den bisherigen Ausführungen schon ersichtlich – von Anfang an mit diversen rechtlichen Problemen behaftet.

Unter dem 18. April 1519 forderte Friedrich von Grimma aus seinen Sekretär Georg Spalatin auf, bei den Rechtsprofessoren der Wittenberger Universität Gutachten darüber einzuholen, »wie es in der wal eins Romischen konigs sol gehalten werden nach ordnung der recht«. Im Einzelnen sollte es um zwei zentrale Fragen gehen: 1) Kann jemand von einer anderen als von der deutschen Nation gewählt werden? 2) Was bewirken die »practiken« (= Bestechungen) im Hinblick auf die Kurstimmen?[59] Offenbar noch im

Abb. 3
Die Krönung Karls V. zum römisch-deutschen König in Aachen, in: Roemischer Künigklicher Maies. Kroenung zuo Ach geschehen, [1520], Bayerische Staatsbibliothek München, Sign. Res/4 Eur. 413,65, Titelblatt

April 1519 lagen mindestens sieben Gutachten über die Königswahl, insbesondere zu den zwei zentralen Fragen (Kann ein Nichtdeutscher gewählt werden? Was bewirken die Praktiken?) vor.[60] Deutsche Übersetzungen von sechs dieser Gutachten haben sich im Sächsischen Hauptstaatsarchiv Dresden erhalten.[61] Mindestens fünf davon sind höchstwahrscheinlich von Spalatin vom Lateinischen ins Deutsche übersetzt worden (die Übersetzung des vierten Gutachtens stammt von einer anderen Hand). Ein weiteres Gutachten bzw. dessen deutsche Übersetzung befindet sich im Haus-, Hof- und Staatsarchiv zu Wien.[62] Die Inhalte der sieben Gutachten (»Bedenken«) können hier nur kurz und ganz unvollkommen skizziert werden. Eine hinreichend präzise Auswertung steht leider noch aus.

Das erste Bedenken, das nur zwei Seiten lang ist, stellt klar, dass niemand anderes als ein Deutscher zum römisch-deutschen König gewählt werden könne. Als juristisches Argument bedient man eine Bulle Papst Gregors IX. (1227–1241),[63] die unter dem Titel »venerabilem de electione« in den Liber Extra des Corpus Iuris Canonici[64] eingegangen ist (X 1. 6. 34). Es handelt sich um ein Breve des Papstes Innozenz III. (1198–1216)[65] an Herzog Berthold V. von Zähringen (1186–1218) vom März 1202 mit entsprechenden Glossen.[66] Davon hat sich Friedrich der Weise eine Übersetzung, ebenfalls von Spalatin, anfertigen lassen. Diese Rechtsquelle wird flankiert von den Lehrmeinungen des Panormitanus[67] und des Baldus de Ubaldis.[68] Darin ist festgelegt, dass der Papst in die Königswahl dahingehend eingreifen könne, als dass er berechtigt sei, die Eignung des Kandidaten für die Kaiserwürde zu prüfen. Zur zweiten Frage sagt das Gutachten, dass Stimmen, die von den Fürsten nicht verantwortungsvoll abgegeben werden, nicht mitzählen können. Als Rechtsgrundlage wird die Goldene Bulle (das Kap. 2 Art. 2 über den Kurfürsteneid) herangezogen.

Das zweite Gutachten (acht Seiten) beginnt mit einer kanonistischen Interpretation der Lehre von der *translatio imperii*, d. h. vom Übergang des römischen Kaisertums auf Karl den Großen (768 / 800 – 814) und seine Nachfolger. Auch hier wird auf die Bulle »Venerabilem« verwiesen. Bemerkenswert ist, dass der Gutachter zugunsten Karls auf das Abstammungsprinzip zurückgreift, um dessen Deutschstämmigkeit hervorzuheben. Dazu wird unter Rückgriff auf eine Stelle in den justinianischen Institutionen[69] aus dem 6. Jahrhundert (Inst. 1.9.3.) festgestellt, dass Karl zu Lebzeiten seines Großvaters Maximilian geboren wurde, woraus man zuverlässig seine Zugehörigkeit zur deutschen Nation ableiten könne. In Bezug auf die zweite Frage meint der Verfasser, die Stimmen der Kurfürsten können rechtswirksam nur während ihrer Zusammenkunft im Konklave (»zu gewonlicher stat«) abgegeben werden. Vorher eingeholte und vertraglich zugesicherte Stimmen seien daher ungültig. Das Römische Reich sei eine Gabe Gottes und könne daher nicht gegen Geld verkauft werden. Dieses Gutachten kann eindeutig dem Wittenberger Kirchenrechtler Henning Goeden (ca. 1450 – 1521), Propst des Allerheiligenstifts und Professor an der Juristenfakultät, zugewiesen werden.[70]

Das dritte Gutachten zählt 28 Seiten. Zur ersten Frage antwortet der Gutachter, dass auch ein Nichtdeutscher zum König gewählt werden könne. Hinsichtlich der zweiten Frage kommt der Gutachter zu dem gleichen Ergebnis wie die bereits referierten (also keine vorherige Stimmenabgabe oder -bindung).

Das vierte Gutachten (16 Seiten) spricht sich bei der ersten Frage dafür aus, dass nur ein Deutscher gewählt werden könne. Die Antwort auf die zweite Frage fällt so aus wie in den bereits vorgestellten Gutachten (also Stimmen sind ungültig, wenn sie vorher versprochen werden).

Das fünfte Gutachten (10 Seiten) beginnt mit der Aufzählung von Argumenten, die für eine Wahl eines Nichtdeutschen sprechen könnten. In der zweiten Frage bezieht der Gutachter entschieden jene Position, die auch in den anderen Gutachten vertreten wird.

Das sechste Gutachten (34 Seiten) kommt nach ausführlicher Behandlung von Argumenten und Gegenargumenten ebenfalls zu dem Schluss, dass nur ein Deutscher zum römisch-deutschen König gewählt werden könne. Bei der zweiten Frage stellt der Gutachter darauf ab, ob vor oder während der Wahl bekannt wird, dass ein Kurfürst seine Stimme verkauft habe. Weiß man das schon vorher, darf er nicht zur Wahl zugelassen werden; weiß man es später, wäre seine Stimme ungültig. Dieses Gutachten kann ziemlich eindeutig dem Leipziger Rechtsprofessor und Rat Simon Pistoris (1489 – 1562) zugewiesen werden.[71]

Schließlich das 16 Seiten lange siebente Gutachten, welches in Struktur und Diktion von den anderen Gutachten erheblich abweicht: Dieses ist in unserem Kontext das interessanteste. Es beginnt zur ersten Frage mit der Aufzählung und Würdigung von Argumenten für und gegen die Wahl Karls von Spanien. Sodann wird die Tauglichkeit Karls, der freilich Deutscher sei, bejaht, aber auch die Möglichkeit der Wahl eines Nichtdeutschen durchaus in Betracht gezogen. Wer auf die Beantwortung der zweiten Gutachterfrage hofft, wird durch eine jähe strukturelle Wendung im Gutachten überrascht. Statt die zweite Gutachterfrage zu beantworten, entfacht der Gutachter ein glühendes Plädoyer für die Wahl Friedrichs des Weisen. Der vom Papst favorisierte König von Frankreich und der von Maximilian empfohlene Karl seien zu jung (25 bzw. 19 Jahre). Niemand habe Zweifel daran, dass nur ein »billicher [...] züchtiger, demühiger mann, und niemands weislicher denn ein weiser und gotsfurchthiger« regieren könne.[72] Der Gutachter bemüht sogar Platon, der meine, die Welt werde selig, wenn sie ein Weiser regiere oder die Könige weise würden. Und dann noch die vielen Sachsen in Deutschland: »Derhalben nicht allein die Sachsen jenseits der Elbe wonhaftig, sondern ganz Teutschland begierig ist und wünscht, das mein gnedigster herr herzog Friedrich zu Sachsen churfurst etc. Rom. konig gewehlet wirdt.« Der römische Kaiser müsse Karl dem Großen und Otto dem Großen (936 / 962 – 973) gleichen. Das könne nur Friedrich erfüllen, denn »dir, herzog Friedrich churfurst, begeben die Deutschen mit der siegkron.« Der Verfasser konnte bislang leider nicht ermittelt werden.

Wie aus einem Brief Herzog Georgs von Sachsen (1500 – 1539) an Friedrich vom 26. April 1519 hervorgeht, ließ auch Georg Gutachten einholen. Die beauftragten Gutachter sind leider nicht verifizierbar. Hierzu besteht enormer Forschungsbedarf.

Würdigung

Friedrich der Weise erscheint im Zusammenhang mit der Königswahl 1519 als überzeugter Anhänger der im Alten Reich geltenden Verfassungsordnung auf der Grundlage der Goldenen Bulle. Von niemandem, nicht einmal vom Kaiser, ließ er sich von der ihm reichsrechtlich verbrieften Freiheit seiner Stimmabgabe als Kurfürst des Reiches abbringen oder einschränken. Über die schriftlich fixierten Normen der Goldenen Bulle hinaus betonte er das Herkommen, etwa bei der Frage, ob eine Wahl des römisch-deutschen Königs und künftigen Kaisers vor der Kaiserkrönung des regierenden Amtsinhabers erfolgen könne. Damit lässt er eine unerschütterliche wie profilierte Bewusstheit in Bezug auf die Kraft und die Heiligkeit des Rechts erkennen. Diese stattete ihn mit einer irreversiblen Unbeirrbarkeit aus. Offenbar wusste er, dass er mit dieser klaren Haltung und der permanenten Vergegenwärtigung des geltenden Rechts, die ihm alles andere als schwer gefallen sind, eine Überlegenheit im Verhältnis zu anderen Beteiligten und Interessenten der Königswahl besaß.

Er war ein aussichtsreicher Königskandidat, der von den Eidgenossen, aber auch von England und einem nicht verifizierbaren weiteren Sympathisantenumkreis, umworben und ermutigt wurde, die Königskrone selbst anzunehmen. Ob die Wahlvorgänge zugunsten Friedrichs so weit gediehen waren, dass er die Wahl »ablehnen« konnte, kann aus den Quellen heraus nicht hinreichend klar beantwortet werden. Betrachtet man die Vorgänge um Friedrichs angebliche »Wahl« im Kontext einer Gesamtschau, so muss man zu dem Schluss kommen, dass die Voraussetzungen für eine rechtswirksame Königswahl zwar in Gestalt der Mehrheitsverhältnisse potentiell vorhanden waren, aber jedenfalls nicht in eine konstitutiv vollendete Herrschererhebung einmündeten. Mag das »Küren« im Zweifel absolviert worden sein, so fehlte es in jedem Fall am »Kiesen«, der essentiellen und damit konstitutiven Ausrufung und Bennennung des Herrschers.

Anmerkungen

1   Zur Biographie vgl. Ingetraut Ludolphy, Friedrich der Weise. Kurfürst von Sachsen 1463–1525. Göttingen 1984, Leipzig 2006, sowie die bei Heiner Lück, Friedrich III. der Weise (1463–1525), in: Handwörterbuch zur deutschen Rechtsgeschichte Bd. 1, hrsg. von Albrecht Cordes u. a. Berlin ²2008 (im Folgenden: HRG²), Sp. 1844 f., genannte Literatur.

2   Vgl. dazu Gerhard Theuerkauf, Königswahl, in: HRG², 17. Lieferung. Berlin 2013, Sp. 80–86.

3   Deutsche Reichstagsakten unter Kaiser Karl V. Bd. 1, bearb. von August Kluckhohn (Deutsche Reichstagsakten, Jüngere Reihe 1) (im Folgenden: RTA JR Bd. 1), Gotha 1893.

4   Wolfgang D. Fritz (Bearb.), Die Goldene Bulle Kaiser Karls IV. vom Jahre 1356 (Bulla aurea Karoli IV. imperatoris anno MCCCLVI promulgata), hg. von der Deutschen Akademie der Wissenschaften zu Berlin, Zentralinstitut für Geschichte (MGH. Fontes germanici antiqui in usum scholarum separatim editi 11). Weimar 1972. Vgl. auch Die Goldene Bulle. Das Reichsgesetz Kaiser Karls IV. vom Jahre 1356. Deutsche Übersetzung von Wolfgang D. Fritz. Geschichtliche Würdigung von Eckhard Müller-Mertens. Weimar 1978, sowie den aktuellen Überblick von Adolf Laufs, Goldene Bulle, in: HRG² Bd. 2. Berlin 2012, Sp. 448–457.

5   Vgl. auch Franz-Reiner Erkens, König, in: HRG², 17. Lieferung. Berlin 2013, Sp. 3–18.

6   Vgl. Bernd Schneidmüller, Kaiser, Kaisertum (Mittelalter), in: HRG² Bd. 2 (2012), Sp. 1496–1504; Barbara Stollberg-Rilinger, Kaiser, Kaisertum (Neuzeit), ebd., Sp. 1505–1514.

7   Vgl. auch Michael Maaser, Frankfurt am Main, in: HRG² Bd. 1 (2008), Sp. 1664–1670, hier Sp. 1664 f., sowie grundlegend und detailliert: Die Kaisermacher: Frankfurt am Main und die Goldene Bulle 1356–1806. Katalog, hrsg. von Evelyn Brockhoff u. a. Frankfurt am Main 2006; Die Kaisermacher. Frankfurt am Main und die Goldene Bulle 1356–2006. Aufsätze, hrsg. von Evelyn Brockhoff u. a. Frankfurt am Main 2006.

8   Vgl. Andreas Büttner, Königskrönung, in: HRG², 17. Lieferung. Berlin 2013, Sp. 52–58.

9   Ludwig Falkenstein, Aachen, in: HRG² Bd. 1 (2008), Sp. 1–6, hier Sp. 3.

10 Vgl. auch Hans-Jürgen Becker: Kaiserkrönung, ebd., 17. Lieferung. Berlin 2013, Sp. 1524–1530.

11 Barbara Stollberg-Rilinger, Des Kaisers alte Kleider. Verfassungsgeschichte und Symbolsprache des Alten Reiches. München 2008, S. 174 ff.

12 Zu ihm vgl. auch Heiner Lück, Karl V. (1500–1558), in: HRG² Bd. 2 (2012), Sp. 1625–1631.

13 Eberhard Holtz, Die Goldene Bulle Karls IV. im Politikverständnis von Kaiser und Kurfürsten während der Regierungszeit Friedrichs III. (1440–1493), in: Die Goldene Bulle. Politik – Wahrnehmung – Rezeption Bd. 2, hrsg. von Ulrike Hohensee u. a. (Berichte und Abhandlungen. Hg. von der Berlin-Brandenburgischen Akademie der Wissenschaften Sonderband 12). Berlin 2009, S. 1043–1069, hier S. 1048.

14 Vgl. Gerhard Theuerkauf, Geblütsrecht, in: HRG² Bd. 1 (2008), Sp. 1969.

15 Vgl. Heinrich Koller, Friedrich III. (1415–1493), in: HRG² Bd. 1 (2008), Sp. 1842–1844.

16 Vgl. auch Hermann Fillitz, Kaiserkrone, in: HRG² Bd. 2 (2012), Sp. 1520–1524.

17 Vgl. dazu Armin Wolf, Kurfürsten, in: HRG², 18. Lieferung. Berlin 2013, Sp. 328–342.

18 Stollberg-Rilinger, Des Kaisers alte Kleider (wie Anm. 11), S. 175.

19 Vgl. Michael Stolleis, Geschichte des öffentlichen Rechts in Deutschland Bd. 1. München 1988, S. 214 ff., S. 303.

20 Zu den Umständen seiner Wahl vgl. Holtz, Die Goldene Bulle (wie Anm. 13), S. 1064–1069.

21 Vgl. Ulrich Eisenhardt, Erwählter römischer Kaiser, in: HRG² Bd. 1 (2008), Sp. 1418–1420.

22 RTA JR Bd. 1, S. 4.

23 RTA JR Bd. 1, S. 11 f.

24 RTA JR Bd. 1, S. 12.

25 Günther Franz, Maximilian I., in: Biographisches Wörterbuch zur deutschen Geschichte, hrsg. von Karl Bosl u. a. Lizenzausgabe Augsburg 1995, Sp. 1829–1833, hier Sp. 1832.

26   RTA JR Bd. 1, S. 125.

27   RTA JR Bd. 1, S. 5.

28   RTA JR Bd. 1, S. 51 f., insbes. Fn. 3.

29   RTA JR Bd. 1, S. 52.

30   RTA JR Bd. 1, S. 94.

31   Ein entsprechendes Schreiben der Züricher befindet sich in: Sächsisches Hauptstaatsarchiv Dresden (im Folgenden: StA-D), Loc. 10670 / 2, Geheimer Rat (Geheimes Archiv), ACTA / Die Wahl eines Römischen Königs und unterschiedliche Bedencken warum / ein Teutscher und kein anderer zuerwehlem. / des Pabsts diesfalls gethane Erinnerungen / und Schrifften, die Wahl König Carls von / Hispanien zum Römischen Könige / betr. ao. 1516–1519, fol. 167r–169r.

32   RTA JR Bd. 1, S. 675.

33   RTA JR Bd. 1, S. 746 f., Fn. 4.

34   RTA JR Bd. 1, S. 747.

35   RTA JR Bd. 1, S. 747 f., Fn. 2.

36   RTA JR Bd. 1, S. 756–759.

37   RTA JR Bd. 1, S. 760–764.

38   RTA JR Bd. 1, S. 800–807, hier S. 802.

39   RTA JR Bd. 1, S. 804.

40   RTA JR Bd. 1, S. 808–810.

41   RTA JR Bd. 1, S. 845–853.

42   RTA JR Bd. 1, S. 822–824.

43   RTA JR Bd. 1, S. 824.

44   RTA JR Bd. 1, S. 835 f.

45   RTA JR Bd. 1, S. 776–778.

46   RTA JR Bd. 1, S. S. 828 f., Fn. 1.

47   Alles nach RTA JR Bd. 1, S. 828 f., Fn. 1.

48   Georg Spalatin's historischer Nachlaß und Briefe. Aus den Originalhandschriften hrsg. von Chr. Gotth. Neudecker und Ludw. Preller, 1. Bd.: Friedrichs des Weisen Leben und Zeitgeschehen. Jena 1851, S. 41, 162.

49   Georgii Spalatini Ephemerides, inchoatae anno MCCCCLXXX. Reg. O Nr. 155, hrsg. von Georg Berbig (Spalatiniana, Quellen und Darstellungen aus der Geschichte des Reformationsjahrhunderts 5). Leipzig 1908, S. 43–87, hier S. 56.

50   Über ihn vgl. Ulrich Muhlack, Erasmus von Rotterdam (1466–1536), in: HRG² Bd. 1 (2008), Sp. 1356 f.

51   P[ercy]. S[trafford]. Allen, Opus Epistolarum Des. Erasmi Roterdami IV. Oxford 1922, S. 94, 58 f. (Nr. 1030).

52   Auszug bei Marino Sanuto, Diarii, hrsg. von Rinaldo Fulin u. a., 56 Bde. Venedig 1879–1902, Bd. XXVII, S. 608 f.

53   Paul Kalkoff, Die Kaiserwahl Friedrichs IV. und Karls V. (am 27. und 28. Juni 1519). Weimar 1925.

54   Vor Kurzem hat sich Armin Kohnle der Sache im Rahmen seines Plenarvortrages in der Sächsischen Akademie der Wissenschaften zu Leipzig am 14. 6. 2013 angenommen und das Für und Wider der sog. Kalkoff-These kritisch gewürdigt – konsequenterweise ergebnisoffen mit leichter Tendenz einer gewissen Plausibilität.

55   Zur Terminologie: Gewählt wird der römische König und zukünftige Kaiser. Der lat. Text der Goldene Bulle lautet: »… ad eligendum Romanorum regem in cesaream promovendum« (Fritz: MGH, wie Anm. 4, S. 51 u. ö.).

56   RTA JR Bd. 1, S. 855. Dazu ist es in Bezug auf Friedrich den Weisen ganz definitiv nicht gekommen, sodass Friedrich auch nicht stundenweise Kaiser / König war.

57   Vgl. auch Ruth Schmidt-Wiegand, Kiesen, küren, in: HRG² Bd. 2 (2012), Sp. 1731 f.

58   RTA JR Bd. 1, S. 860.

59   RTA JR Bd. 1, S. 567.

60   RTA JR Bd. 1, S. 621–629.

61   StA-D (wie Anm. 31), fol. 101r–105v.

62   Vgl. RTA JR Bd. 1, S. 621.

63   Über ihn vgl. Andreas Thier, Gregor IX. (um 1170–1241), in: HRG² Bd. 2 (2012), Sp. 536 f.

64   Vgl. auch Andreas Thier, Corpus Iuris Canonici, in: HRG² Bd. 1 (2008), Sp. 894–901, hier Sp. 896–898.

65   Über ihn vgl. Andreas Thier, Innozenz III. (1160 / 61–1216), in: HRG² Bd. 2 (2012), Sp. 1228–1230.

66   Vgl. dazu auch Marie-Luise Heckmann, Zeitnahe Wahrnehmung und internationale Ausstrahlung. Die Goldene Bulle Karls IV. im ausgehenden Mittelalter mit einem Ausblick auf die frühe Neuzeit (mit einem Anhang: Nach Überlieferungszusammenhang geordnete Abschriften der Goldenen Bulle), in: Hohensee u. a., Die Goldene Bulle Bd. 2 (wie Anm. 13), S. 933–1042, hier S. 967 f.; Armin Wolf, Die Entstehung des Kurfürstenkollegs 1198–1298. Zur 700jährigen Wiederkehr der ersten Vereinigung der sieben Kurfürsten (Historisches Seminar NF 11). Idstein 1998, S. 121–123, 133–137.

67   Nicolaus de Tudeschis (1386–1445), Kirchenrechtslehrer in Bologna, Erzbischof von Palermo, Verfasser eines bedeutenden Kommentars zum Liber Extra (Herbert Kalb, Nicolaus de Tudeschis, in: Lexikon des Kirchenrechts, hrsg. von Stephan Haering und Heribert Schmitz. Freiburg i. Br., Basel, Wien 2004, Sp. 1122 f.).

68   Baldus de Ubaldis (1327–1400) verfasste u. a. ebenfalls einen bedeutenden Kommentar zum Liber Extra. Zu ihm vgl. auch Peter Weimar, Baldus de Ubaldis (1327–1400), in: HRG² Bd. 1 (2008), Sp. 410–412.

69   Vgl. dazu Ulrich Manthe, Corpus Iuris Civilis, in: HRG² Bd. 1 (2008), Sp. 901–907, hier Sp. 902.

70   Abgedruckt in: CONSILIA Celeberrimi, ac ingenio, eruditione & usu excellentissimi utriusq; juris Doctoris D. HENNINGI GODEN, ORDINARII IN IURE PROFESSORIS IN ACADEMIA VVITERBERGENSI, &c. Iam denuo commodiori distincta ordine edita, & ab innumetis mendis repurgata: additis Summarijs & vsitato Repertorio … VVITEBERGAE 1609, pp. 1–15 (De electione regis Romanorum). Vgl. dazu auch den Beitrag von Walter Pauly, »Die ersten Staatsrechtslehrer des Reiches.« Henning Goeden (ca. 1450–1521) und Simon Pistoris (1489–1562) in der Kontroverse um die Wahl des deutschen Königs 1519, in: Rolf Lieberwirth (Hrsg.): Rechtsgeschichte in Halle. Gedächtnisschrift für Gertrud Schubart-Fikentscher (1896–1985), hrsg. von Rolf Lieberwirth (Hallesche Schriften zum Recht 5). Köln u. a. 1998, S. 17–33, hier insbes. S. 21 ff.

71   Abgedruckt in: Nobilis & amplissimi I. C. D. MODESTINI, D. SIMONIS F. PISTORIS, COLLEGII IVRIDICI IN ACADEMIA LIPSIENSI QVONDAM PRAESIDIS ORDINARII, Consiliorum siue Responsorum VOLVMEN Ea continens, quae suo dedit nomine. ADDITA SVNT IN FINE RESPONSA QVAEDAM, CONSCRIPTA A PATRE EIVSDEM D. SIMONE PISTORIS in Seuselitz II. Ordinar. Lips. II. Cancell. & Consil. Ducum & Electorum Saxon. …, Lipsiae… M.D.LXXXVII, pp. 894–902. Vgl. dazu auch Pauly, Die ersten Staatsrechtslehrer (wie Anm. 70), S. 21 ff.

72   RTA JR Bd. 1, S. 628.

SINA WESTPHAL

Außenpolitische Korrespondenz.
Friedrich der Weise und die Reichsstadt Nürnberg[1]

I

Kann der Begriff ›Außenpolitik‹ die vielfältigen wechsel-seitigen ›Beziehungen‹ zwischen Herrschaftsträgern im Spätmittelalter und der frühen Neuzeit hinreichend beschreiben, insbesondere bezogen auf das Handeln von (Reichs-)Städten? Diese Frage wurde in der Forschung ausführlich diskutiert.[2] Dieter Berg etwa definiert außenpolitisches Handeln im Spätmittelalter als »[…] politische Aktion eines Herrschers, die über die Grenzen des eigenen Machtbereichs hinausweist und höchst unterschiedliche Ziele unter Verwendung eines geeigneten Instrumentariums politischer Kommunikation verfolgt […].«[3] Speziell zur städtischen Außenpolitik haben sich Christian Jörg und Michael Jucker geäußert, die darunter »[…] die Gesamtheit der über die Stadtmauern hinausgehenden auswärtigen Beziehungen der städtischen Führungsgremien […]« verstehen.[4] Allein als ›auswärtige Beziehungen‹, nicht aber als ›Außenpolitik‹ möchte Thomas Hill die auswärtige Politik von Städten, auch diejenige der Reichsstädte, insbesondere aufgrund ihrer Mannigfaltigkeit, bezeichnen.[5] Gerade die Vielfältigkeit ist jedoch ein wesentliches Charakteristikum städtischer, aber auch fürstlicher Außenpolitik im Spätmittelalter. In Anlehnung an die Definitionen von Berg, Jörg und Jucker sollen daher im Folgenden unter ›Außenpolitik‹ alle politischen Aktionen von Herrschaftsträgern gefasst werden, die über die Grenzen des eigenen Herrschaftsbereichs hinausweisen und der Stabilisierung oder Erweiterung des eigenen Einflussbereichs dienen.

Bereits 1930 hat sich der Münchner Privatdozent Eugen Franz in seiner Habilitationsschrift mit dem außenpolitischen Handeln der Reichsstadt Nürnberg zwischen 1410 und 1806 beschäftigt.[6] Die engen Beziehungen der politischen Führungsschicht der fränkischen Metropole zu Kurfürst Friedrich dem Weisen von Sachsen waren ihm aber anscheinend unbekannt. Sie lassen sich auf Grundlage der Korrespondenz zwischen Kurfürst Friedrich von Sachsen und seinen Räten Degenhardt Pfeffinger und Bernhardt von Hirschfeld auf der einen Seite und dem Rat der Reichsstadt Nürnberg sowie deren Vorderstem Losunger[7] Anton Tucher auf der anderen Seite erschließen. Die Korrespon-denz deckt beinahe den gesamten Zeitraum der Regierungszeit des Kurfürsten ab (1487 –1525) und ist in etwa 450 Briefen sowie zwei Briefausgangsbüchern Anton Tuchers überliefert.[8] Der vielschichtige Briefwechsel bewegt sich im Spannungsfeld von Außenpolitik, Geldpolitik sowie den wirtschaftlichen und soziokulturellen Beziehungen.

Der günstigen Überlieferungslage ist es zu verdanken, dass der Korrespondenz auch die Rahmenbedingungen entnommen werden können, welche die Beziehungen zwischen Kursachsen und Nürnberg bestimmten. Aufschlussreiche Textstellen belegen, dass den Beziehungen zwischen Kursachsen und Nürnberg vertragsähnliche Vereinbarungen zugrunde lagen: Während seines Aufenthalts in Nürnberg auf dem Weg zum Reichstag in Augsburg bot Kurfürst Friedrich den sieben Älteren Herren des Inneren Rates im Jahre 1500 an, »gnediger her und furderer« der Reichsstadt Nürnberg zu sein.[9] Im Frühjahr 1506 wiederum war es der kurfürstliche Kämmerer Pfeffinger, der Anton Tucher mitteilte, dass Kurfürst Friedrich der Stadt Nürnberg als Ganzes, aber besonders Tucher selbst in seiner Funktion[10] als Vorderster Losunger der Reichsstadt »mit furstlichem unnd gnedigem willenn« geneigt sei.[11] In Rücksprache mit den Älteren Herren konnte der Ratsherr dem Kurfürsten schriftlich versichern, in Zukunft »alczeit geflissen« zu sein und sich dem Willen des Kurfürsten gemäß »zu wolgefelliger dinstperkait zu halten«.[12] Tatsächlich lobte Friedrich von Sachsen 18 Jahre später, kurz nach dem Tod Tuchers, das Verhalten des Ratsherrn als stets »dinstlich und getreulig«.[13] Die Korrespondenz gibt keinen Anlass, am Wohlwollen des Kurfürsten Tucher gegenüber zu zweifeln, dennoch wird er sich wohl auch in dieser Weise geäußert haben, weil sein Adressat, der Zweite Losunger Kaspar Nützel, neuer Ansprechpartner Friedrichs von Sachsen im Nürnberger Rat werden sollte. Die Verhandlungen über die Fortsetzung bzw. Erneuerung der Allianz zwischen Kursachsen und Nürnberg wurden auf Wunsch Kurfürst Friedrichs von Balthasar Wolf von Wolfsthal vermittelt, der ebenso wie Nützel mit Tucher verschwägert war.[14] Nach der Zusage Nützels für sich und

Abb. 1
Ansicht der Reichsstadt
Nürnberg, in:
Hartmann Schedel,
Liber chronicarum,
Nürnberg: Anton Kober-
ger, 1493, Bayerische
Staatsbibliothek
München, Sign. Rar. 287,
fol. XCIXv-Cr

den Vordersten Losunger Hieronymus Ebner versicherte Friedrich ihm, Tucher habe empfohlen, sich nach seinem Tod zur Fortsetzung der Beziehungen an Nützel und Ebner zu wenden. Sowohl der Kurfürst als auch der Nürnberger Rat hatten offenbar ein Interesse an einer Erneuerung des Bündnisses. Es ist daraus zu schließen, dass beiden Parteien die bisherigen Beziehungen zum Vorteil gereicht hatten und sie sich daher von deren Fortführung weiteren Nutzen versprachen.

Wie dieser Nutzen und die unterschiedlichen Interessen der Korrespondenzpartner konkret aussahen und welche außenpolitischen Maßnahmen eine bestimmende Rolle in der Korrespondenz einnahmen, soll im Folgenden dargelegt werden.

II

Der Schlichtung von Konflikten zwischen kursächsischen Untertanen und Nürnberger Bürgern kam, bezogen auf den Umfang, innerhalb der Korrespondenz die größte Bedeutung zu. Etwa 15 Prozent der Briefe beziehen sich auf derartige Begebenheiten. Vor allem bei Streitigkeiten infolge geschäftlicher Beziehungen sowie wegen eines

Erbgangs wurden der kursächsische Landesherr und die städtische Obrigkeit um Vermittlung gebeten.[15] Darüber hinaus versuchte der Nürnberger Rat die Interessen der Nürnberger Gewerke in Sachsen zu wahren und intervenierte zugunsten Nürnberger Klöster und Geistlicher. So beklagte der Rat im Juni 1511 etwa gegenüber Kurfürst Friedrich die ausbleibenden Zinszahlungen der Stadt Erfurt an das Kloster St. Klara in Nürnberg.[16] Von ungleich größerer Bedeutung für den Nürnberger Rat war dagegen der Fall der aus Nürnberg stammenden Nonne Martha Spengler. Sowohl das Gremium der Älteren Herren des Nürnberger Rates (zu dem Tucher gehörte) als auch Anton Tucher persönlich wandten sich im Februar 1518 in dieser Angelegenheit an Kurfürst Friedrich und baten ihn, den Wechsel Spenglers vom kursächsischen Kloster Weida in das zu Nürnberg gehörige Kloster Engelthal zu unterstützen – und zwar gegen den Willen des päpstlichen Provinzials der Dominikaner in Sachsen, Hermann Rab.[17] Die Nonne gehörte zu einer Gruppe von Reformschwestern, die 1513 aus Bamberg nach Weida gesandt worden waren, dort aber auf starke Ablehnung stießen. Am Schicksal Martha Spenglers hatte Tucher persönlich ein besonderes Interesse, da sie zum Kreis seiner »freuntschafft« zählte: Die Tochter seines Vetters Sebald, Juliana Tucher, hatte 1516 den Bruder Martha Spenglers, Georg d. J., geheiratet.[18] Ihr anderer Bruder, der Ratsschreiber Lazarus Spengler, war dem Ratsherrn wiederum besonders zu Diensten, indem er regelmäßig die Reinschrift der Briefe Tuchers an den Kurfürsten anfertigte, wofür sich der Losunger in seinem Testament mit einem silbernen Becher im Wert von 20 Gulden revanchierte.[19] Wie stark sich der Kurfürst in den lange andauernden Konflikt zwischen Rab und dem Rat der Reichsstadt involvieren ließ, ist nicht bekannt. Der Wechsel kam jedoch nicht zustande.[20] Martha Spengler blieb bis zu ihrem Austritt aus dem Kloster im Jahr 1525 in Sachsen. Zusammenfassend lässt sich feststellen, dass mithilfe dieser Maßnahmen vor allem die wirtschaftlichen und finanziellen Interessen der eigenen Untertanen und Bürger unterstützt wurden. Der kursächsische Landesherr und der Nürnberger Rat wichen mit diesem Verhalten nicht von der Norm ab. Auch bei anderen Fürsten und Städten intervenierte der Nürnberger Rat in finanziellen, rechtlichen und religiösen Fragen zugunsten seiner Bürger; Kurfürst Friedrich wird sich ähnlich verhalten haben.

Die Durchsetzung von Sanktionen infolge eskalierter Konflikte war in deutlich geringerem Ausmaß Thema der Korrespondenz. In der Regel[21] war es der Nürnberger Rat, der Kurfürst Friedrich um unmittelbare Hilfe bei der Ahndung von häufig im Rahmen von Fehdehandlungen begangenen Gewalttaten (Raub, Entführung, Folter und Mord) bat.[22] Indessen suchte der Kurfürst die Unterstützung des Nürnberger Rates vor allem beim Ausbau der militärischen Ausrüstung seiner Landsknechte in Anspruch zu nehmen. Bei den Bemühungen um die Gewährleistung von Sicherheit und Ordnung in Kursachsen konnte sich Friedrich auf den ›Ewigen Landfrieden‹ von 1495 und die sächsische Landesordnung von 1482 berufen, die allerdings wohl nur bedingt befolgt wurde.[23] Ihm standen Landsknechte in den Ämtern zur Verfügung. Weitere bewaffnete Söldner wurden bei Bedarf verpflichtet, mussten allerdings auch ausgerüstet werden. So bestellte Kurfürst Friedrich bereits 1492 eine große Büchse von »etwa 120 Zentnern« bei Sebald Beheim in Nürnberg.[24] 1506 bat er den Nürnberger Rat erneut um die Dienste des Plattners Beheim, da er weitere Büchsen benötigte.[25] Der Nürnberger Rat lehnte dies jedoch mit Verweis auf die Arbeitsbelastung des Handwerkers ab. Stellvertretend sandten die Stadtoberen den Sohn Beheims, Hans d. J., zusammen mit seinem langjährigen Gesellen Kunz Helfer nach Kursachsen. Von der Leistung Helfers war Friedrich offenbar so beeindruckt, dass er ein Jahr später mit Unterstützung Tuchers versuchte, den Gesellen abzuwerben. Helfer lehnte das Angebot des Kurfürsten dem Ratsherrn gegenüber jedoch entschieden ab. Ihm hatte der Aufenthalt in

Kursachsen offenbar nicht zugesagt: Selbst mit Erlaubnis Beheims würde er Nürnberg nicht verlassen, da ihm neben der »lufft […] auch die speiß« in Kursachsen »ungewonlich unnd […] widerwertig« sei.[26]

Dieser Fall zeigt, dass der Nürnberger Rat in Fragen der Rüstung durchaus bereit war, die Pläne des Kurfürsten zu unterstützen. Man war sich offenbar bewusst, dass die fränkische Metropole auf diesem Gebiet über ein Alleinstellungsmerkmal verfügte. Schließlich war die Stadt um 1500 für die Kunstfertigkeit insbesondere ihrer metallverarbeitenden Handwerker überregional bekannt.[27] Es nimmt daher nicht wunder, dass Tucher in den folgenden Jahren diverse ›Rüstungsaufträge‹ für den Kurfürsten vermittelte: So wurde im Sommer 1510 erneut Sebald Beheim mit der Herstellung von Mörsern beauftragt.[28] Diese schweren Wurfgeschosse sollten bis zum Herbst in einem Fass verwahrt unbemerkt nach Coburg transportiert werden. Im selben Jahr hatte der Kurfürst bereits 500 Harnische bei Hans Unbehauen sowie 500 Büchsen bei dem Gold- und Waffenschmied Paul Müllner bestellt.[29] Die gewünschte Aufstockung um jeweils 200 Exemplare konnte aufgrund der Auslastung der Handwerker in diesem Jahr nicht erfolgen. Im Herbst 1511 bestellte der Kurfürst aber weitere 350 Harnische, 250 Helme und 200 Brustpanzer in Nürnberg.[30] Ein Teil der Ausrüstung sollte bis Ende 1512 nach Weimar geliefert und dort in der fürstlichen Hofkammer eingelagert werden. Auf dem Nürnberger Frühjahrsmarkt ließ Friedrich über Anton Tucher weitere 227 Gulden für Ausrüstung ausgeben. Aber auch in anderen Städten ließ der Kurfürst Waffen einkaufen: So lieferte der Kaufmann Hans d. Ä. Paumgartner im Herbst 1513 ein Fass mit 1 000 Speerspitzen an Anton Tucher in Nürnberg.[31] Auch für die Jahre 1522 / 23 sind weitere ›Rüstungsaufträge‹ Kurfürst Friedrichs in Nürnberg belegt.[32]

Aber die Korrespondenzpartner traten nicht nur als Vermittler zwischen streitenden Untertanen und Bürgern auf oder bemühten sich um die Ahndung von Straftaten respektive Verstößen gegen das Fehdeverbot: Der Kurfürst von Sachsen und der Rat der Reichsstadt Nürnberg unternahmen wiederholt Anstrengungen, um Konflikte des Korrespondenzpartners mit Dritten (anderen Fürsten, Bischöfen, Städtebünden) zu schlichten. Üblicherweise informierten sich Kurfürst Friedrich und der Nürnberger Rat gegenseitig detailliert über die jeweiligen Klagen und Konflikte, teilweise unaufgefordert, teilweise auf Anfrage. Häufig wurde versucht, den eigenen Standpunkt mit Briefkopien oder Klageschriften zu belegen. Der zweite Schritt war in der Regel die Organisation von Schlichtungsgesprächen zwischen den Kontrahenten, die jedoch nicht immer erfolgreich verliefen. Zumeist war es der Kurfürst von Sachsen, der die Reichsstadt in derartigen Situationen aktiv unterstützte, z. B. während der Konflikte zwischen dem Nürnberger Rat und dem Markgrafen von Brandenburg-Ansbach sowie dem Pfalzgrafen bei Rhein.

Das beiderseitige Bestreben nach Verdichtung bzw. Ausweitung der Herrschaft in Mittelfranken führte zu Beginn des 16. Jahrhunderts zu ständigen Konflikten zwischen dem Nürnberger Rat und den Markgrafen von Brandenburg-Ansbach, in die der Kurfürst von Sachsen regelmäßig schlichtend eingriff: Im Jahr 1500, also zu einem Zeitpunkt, als sich engere Beziehungen zwischen Kurfürst Friedrich von Sachsen und dem Nürnberger Rat anbahnten, wandte sich das städtische Gremium in einzelnen Schreiben an eine Reihe von Fürsten und bat um Unterstützung im Konflikt mit dem Markgrafen.[33] Es ist zu vermuten, dass dies der Ausgangspunkt für die Annäherung zwischen Kurfürst und Reichsstadt war. Zumindest hat Friedrich von Sachsen die Reichsstadt ab diesem Zeitpunkt stets durch Vermittlungsangebote vor einem Eskalieren des Konflikts – zumindest im Vergleich zum ersten (1449–1450) und zweiten (1552–1555) Markgrafenkrieg – mit dem Markgrafen geschützt. Politisch und militärisch in Bedrängnis geriet der Nürnberger Rat abermals 1502, als sich Anna von Brandenburg-Ansbach, die Witwe des Markgrafen Albrecht Achilles, bei ihrem Neffen Friedrich über das Verhalten des Nürnberger Rates beklagte.[34] Die ersten beiden Vorwürfe Annas, der Rat habe Söldner beauftragt, in brandenburg-ansbachisches Gebiet einzufallen und die Herren von Guttenberg gegen das Markgrafentum zu unterstützen, wiesen die Nürnberger auf Nachfrage Kurfürst Friedrichs mit Nachdruck zurück, ebenso wie die geforderte finanzielle Entschädigung. Einen Überfall nahe Dachsbach, nördlich von Ansbach, räumte der Nürnberger Rat zwar ein, begründete dieses gewaltsame Eingreifen in markgräfliches Territorium allerdings mit der Suche nach dem geächteten Fuhrmann Kunz Keltsch, der seit 1501 eine Fehde gegen die Reichsstadt führte.[35] Pikant war die Angelegenheit insofern, als Keltsch die Reichsstadt mit Unterstützung des Markgrafen befehdet haben soll.[36] Inzwischen waren daher auch die Beziehungen Nürnbergs zum Markgrafen selbst an einem Tiefpunkt angelangt. Im Nürnberger Umland kam es wiederholt zu Scharmützeln. Kurfürst Friedrich und eine Reihe anderer Fürsten sahen sich veranlasst zu handeln und vermittelten Schlichtungsgespräche in Erfurt, die tatsächlich in einer vertraglichen Vereinbarung zwischen Brandenburg-Ansbach und Nürnberg mündeten.[37]

Aufgrund des Landshuter Erbfolgekrieges, an dem sich Nürnberg ebenso wie der Markgraf von Brandenburg-Ansbach auf Seiten Herzog Albrechts von Bayern beteiligte, brachen erst 1508 erneut Feindseligkeiten zwischen den Parteien aus. In der Zwischenzeit hatten sich allerdings die Rahmenbedingungen gewandelt.[38] Der Nürnberger Rat hatte in weit stärkerem Maße vom Erbfolgekrieg profitiert als der Markgraf und konnte das reichsstädtische Herrschaftsgebiet zwischen 1503 und 1505 fast verdoppeln.[39] So genügte eine unrechtmäßige Zollerhebung Nürnbergs, um 1507/08 einen bewaffneten Konflikt zu provozieren, der aber erneut mit Unterstützung Kurfürst Friedrichs beigelegt werden konnte.[40]

In den darauffolgenden Jahren waren die Beziehungen zwischen den beiden Kontrahenten sicher nicht freundschaftlich, aber zumindest sah sich Kurfürst Friedrich nicht zu Vermittlungsversuchen veranlasst. Erst 1519 kam es erneut zu starken Spannungen zwischen den Parteien. Diesmal waren es unrechtmäßige Zollerhebungen des seit 1515 regierenden Markgrafen Kasimir und dessen gleichzeitige Agitationen gegen den Nürnberger Rat, die den Rat veranlassten, sich an Friedrich zu wenden.[41] Als der Kurfürst von dem mit ihm verschwägerten Markgrafen von Brandenburg-Ansbach wenig später ohne Angabe von Gründen um Truppen gebeten wurde, verweigerte er deren Bereitstellung aufgrund des andauernden Konflikts.[42] Trotz der verwandtschaftlichen Beziehungen und einer bestehenden Erbeinung unterstützte Kurfürst Friedrich den Status quo zugunsten Nürnbergs.[43]

Der Nürnberger Rat konnte sich offenbar nur ein einziges Mal auf vergleichbare Weise revanchieren, und zwar als Anlass zur Sorge bestand, der Kurfürst könnte im Rahmen einer Versammlung des Schwäbischen Bundes angeklagt werden: Nach dem Beitritt Friedrichs zum »Kontrabund« Herzog Ulrichs von Württemberg verbreiteten sich offenbar Gerüchte über eine Anklage des Kurfürsten vor dem Schwäbischen Bund.[44] Friedrich war augenscheinlich beunruhigt und ersuchte den Nürnberger Rat über Anton Tucher um weitere Informationen; immerhin war Nürnberg seit 1500 Mitglied des Bundes. Indirekt bat er die Nürnberger um Vermittlung, als er die Hoffnung äußerte, der Schwäbische Bund werde ohne vorherige Anhörung Kursachsens keine militärische Hilfe gegen ihn beschließen.[45] Zu einer entsprechenden Anklage kam es nicht. Friedrich verließ den Kontrabund vermutlich spätestens 1516 wieder, nachdem die Reichsacht über Ulrich von Württemberg verhängt worden war.[46]

Kurfürst Friedrich hat die Nürnberger vermutlich unter anderem aus ›sicherheitspolitischen‹ Erwägungen unterstützt. An einem ausgreifenden Konflikt zwischen Nürnberg und dem Markgrafen von Brandenburg-Ansbach konnte er kein Interesse haben. Der Verlauf des Ersten Markgrafenkrieges, der sich in der Mitte des 15. Jahrhunderts während der Regierungszeit seines Großvaters Kurfürst Friedrichs II. zu einem Konflikt entwickelte, in den mehr als 30 Reichsstädte verwickelt waren und der auch Sachsen tangierte, dürfte Friedrich dem Weisen bekannt gewesen sein. Darüber hinaus konnte der Kurfürst als Gegenleistung Zugeständnisse in anderen Bereichen erwarten. Neben der bereits erwähnten Unterstützung der ›militärischen Aufrüstung‹ des Kurfürsten und der Hilfestellung im Rahmen der kursächsischen Münzpolitik[47] kam ihm der Nürnberger Rat vor allem in finanzpolitischen Fragen in einer Weise entgegen, die auch die Außenpolitik berührte.

Einen vergleichbar großen Umfang wie die Schlichtung von Konflikten der Korrespondenzpartner mit Dritten nehmen innerhalb der Korrespondenz folgerichtig auch die finanzpolitischen Aspekte der Beziehungen zwischen Kursachsen und Nürnberg ein. In diesem Zusammenhang war das zentrale Thema des Briefwechsels die Übertragung der Nürnberger Stadtsteuer an den Kurfürsten von Sachsen. Daneben bemühte sich Nürnberg um die Minderung von Handelshemmnissen zugunsten Nürnberger Bürger.[48]

König Maximilian I. schuldete Kurfürst Friedrich zu Beginn des 16. Jahrhunderts beträchtliche Summen, die er 1505 – wie auch in anderen Fällen belegt – mit der Verleihung der Stadtsteuern der Reichsstädte Nürnberg und Lübeck sowie der Verpfändung der Reichsstädte Goslar, Mühlhausen und Nordhausen mit allen ihren Herrschaftsrechten für den Zeitraum von 1507 bis 1516 zu begleichen suchte.[49] Nachdem der Nürnberger Rat eine vergleichbare Verpfändung 1503 offenbar noch ignoriert hatte,[50] war er nun bereit, die zeitlich begrenzte Auszahlung der Steuer an Kursachsen zu akzeptieren. Bereits 1508 lieh sich der Kurfürst erstmals ein größere Summe (6 000 Gulden) beim Nürnberger Rat und ließ die Schulden auf die Stadtsteuer anrechnen.[51] Bis zum Frühjahr 1517 ging der Rat offenbar davon aus, die Übertragung der Stadtsteuer an Friedrich von Sachsen habe nun, wie vereinbart, ein Ende gefunden. Maximilian I. hatte dem Nürnberger Rat 1505 schließlich in einer unterschriebenen und besiegelten Beglaubigung zugesichert, die Stadtsteuer nicht ein weiteres Mal an Dritte zu verleihen.[52] Auch der Kurfürst hatte zugesagt, sich nicht erneut um eine Verleihung zu bemühen. Ungeachtet dessen einigten sich Maximilian I. und Friedrich von Sachsen 1516 auf die abermalige Verpfändung der Nürnberger Stadtsteuer. Der Nürnberger Rat protestierte scharf,[53] zumal Maximilian I. die Stadtsteuer für das Jahr 1517 offenbar schon vergeben hatte, fügte sich aber schließlich unwillig den Wünschen von Kaiser und Kurfürst. Durch den Tod Maximilians I. im Sommer 1518 fiel die Stadtsteuer zurück an den zukünftigen König. Trotz anderslautender Beteuerungen setzte Kurfürst Friedrich abermals die Verleihung der Stadtsteuer für die Jahre 1519 bis 1525 durch. Die Zustimmung wurde zunächst vom Nürnberger Rat

verweigert. Erst Monate nach der Verleihung fügte sich der Rat widerwillig. In finanziellen Fragen vermochte Kurfürst Friedrich seine Ziele auch gegen den Willen und vitale Interessen des Nürnberger Rates durchzusetzen.

III

Die im weitesten Sinne auf ›außenpolitische‹ Maßnahmen bezogenen Briefe machten rund ein Drittel der Korrespondenz zwischen Kursachsen und Nürnberg aus. Etwa ein weiteres Drittel war ›Neuigkeiten‹ *(zeytungen)* aus dem Reich vorbehalten, während das letzte Drittel sich auf ›Dienstleistungen‹ bezog, die Anton Tucher in Vertretung des Nürnberger Rates für Kurfürst Friedrich von Sachsen vermittelte. In diesem Zusammenhang profitierte der Kurfürst vor allem von der Nürnberger Expertise im metallverarbeitenden Gewerbe (v. a. Waffenbau), das sich in Nürnberg auf kongeniale Weise mit dem Kunsthandwerk (Münzprägung und Medaillenherstellung) verband. Bei der Unterstützung Friedrichs im Bereich der militärischen Ausrüstung mag der Nürnberger Rat auch fundamentale Eigeninteressen im Blick gehabt haben, welche die reichsstädtische Sicherheits- und Außenpolitik berührten.

Die finanziellen Interessen Kurfürst Friedrichs nahmen eine dominante Rolle in den außenpolitischen Beziehungen zur Reichsstadt Nürnberg ein. Sie bedingten die außen- und sicherheitspolitische Unterstützung der Reichsstadt. Während Friedrich auf finanziellem und militärischem Gebiet von den engen Beziehungen zum Rat der Reichsstadt profitierte und sein Prestige durch die Beauftragung Nürnberger Künstler (v. a. im Bereich der Münz- und Medaillenprägung) erhöhen konnte,[54] gelang es dem Nürnberger Rat während des Vierteljahrhunderts, das durch die engen Beziehungen zu Kursachsen geprägt wurde, seine im Landshuter Erbfolgekrieg errungenen territorialen Gewinne zu bewahren und vor allem einen verlustreichen (und wirtschaftlich nachträglichen) Krieg gegen den Markgrafen von Brandenburg-Ansbach zu vermeiden.

Aber waren die Beziehungen zwischen Kurfürst Friedrich und dem Nürnberger Rat wirklich so exzeptionell, wie sie sich in den Quellen darstellen? Oder ist die Wahrnehmung aufgrund der sehr guten Überlieferungslage verzerrt? Ein Vergleich mit Augsburg bietet sich an. Die freie Reichsstadt Augsburg war wie Nürnberg als Wirtschaftsmetropole zu Wohlstand gelangt. Im späten 15. und frühen 16. Jahrhundert wurde die Stadt »vor allem durch zwei Faktoren bestimmt: das Verhältnis zum Kaiser und die Beziehungen zu den großen Territorien, besonders zu Bayern, von dessen Expansionsbestrebungen die Stadt betroffen war.«[55] Der Augsburger Rat hatte also ebenso wie der Nürnberger Rat gute Motive, eine Allianz mit mächtigen Partnern einzugehen.

Anders als der Nürnberger Rat verließ sich Augsburg offenbar vor allem auf die Unterstützung der Habsburger. Sonderlich viele Aufenthalte Kurfürst Friedrichs in Augsburg sind nicht belegt,[56] ebenso wenig wie ein vergleichbarer Briefwechsel des Augsburger Rates oder einzelner Ratsherren mit dem kursächsischen Fürsten. Freilich sind einige Schreiben des Kurfürsten in der Literaliensammlung des Stadtarchivs Augsburg überliefert. Indizien innerhalb der Korrespondenz Friedrichs mit dem Nürnberger Rat sprechen allerdings gegen eine enge Beziehung des Kurfürsten zur städtischen Führungsschicht Augsburgs: Zwar sind Kontakte Friedrichs zu einer Reihe von Vertretern der Augsburger Bürgerschaft belegt, darunter finden sich allerdings keine ranghohen Vertreter des Augsburger Rates.[57] Am häufigsten kommunizierte Friedrich anscheinend mit Hans d. Ä. Paumgartner, der den Kurfürsten gelegentlich mit Informationen versorgte oder Briefe für ihn nach Nürnberg weiterleitete.[58] Viele der Briefe kamen offenbar vom königlichen Hof in Innsbruck oder waren an kaiserliche Räte gerichtet.[59] Für seine Dienste wurde Paumgartner im August 1513 großzügig belohnt: Er erhielt – über Anton Tucher – ein Fass Wildbret.[60] Dennoch dürften die Beziehungen Kursachsens mit Nürnberg quantitativ wie qualitativ diejenigen mit Augsburg weit übertroffen haben, sodass man zweifelsohne einen exzeptionellen Grad an politischer Verflechtung erkennen kann.

Anmerkungen

1   Schriftfassung eines Vortrags, gehalten im Rahmen der 65. Jahrestagung der Arbeitsgemeinschaft für Sächsische Kirchengeschichte »Kurfürst Friedrich der Weise von Sachsen (1463–1525) Europäische Politik – Kulturtransfer – Humanismus und frühe Reformation« auf Schloss Hartenfels vom 4. bis zum 6. Juli 2013.

2   Vgl. mit weiteren Literaturangaben Heinz Thomas, Frankreich, Karl IV. und das große Schisma, in: Bündnissysteme und Außenpolitik im späteren Mittelalter, hrsg. von Peter Moraw (Zeitschrift für historische Forschung Beiheft 5). Berlin 1988, S. 69–109, hier S. 69.

3   Dieter Berg, Deutschland und seine Nachbarn 1200–1500 (Enzyklopädie deutscher Geschichte 40). München 1997, S. 1.

4   Christian Jörg und Michael Jucker, Städtische Gesandte – Städtische Außenpolitik. Zur Einführung, in: Spezialisierung und Professionalisierung. Träger und Foren städtischer Außenpolitik während des späten Mittelalters und der frühen Neuzeit, hrsg. von Christian Jörg und Michael Jucker. Wiesbaden 2010, S. 11–30, hier S. 15.

5   Vgl. Thomas Hill, Die Stadt und ihr Markt. Bremens Umlands- und Außenbeziehungen im Mittelalter (12.–15. Jahrhundert) (Vierteljahrschrift für Sozial- und Wirtschaftsgeschichte Beiheft 172). Stuttgart 2004, hier S. 28: »Zu den städtischen Außenbeziehungen gehörten schon die Schutzherrschaft über ein Kloster vor den Toren der Stadt oder die Fehde mit einem Kleinadligen in der Nachbarschaft, aber auch Auseinandersetzungen bzw. Bündnisse mit Fürsten in nicht allzu großer Entfernung, die weiträumige

Zusammenarbeit mit anderen Städten sowie die Gesandtschaften zum deutschen König oder gar zu fremden Monarchen.« Den Begriff ›Außenpolitik‹ behält Hill Beziehungen zwischen souveränen und gleichberechtigten Staaten vor.

6   Eugen Franz, Nürnberg, Kaiser und Reich. Studien zur reichsstädtischen Aussenpolitik. München 1930.

7   Vgl. Peter Fleischmann, Rat und Patriziat in Nürnberg. Die Herrschaft der Ratsgeschlechter vom 13. bis zum 18. Jahrhundert Bd. 1 (Nürnberger Forschungen 31,1). Nürnberg 2008, S. 49. Der Vorderste Losunger war zusammen mit zwei Kollegen für die Steuern (Losung) der Reichsstadt verantwortlich und stieg im 15. Jahrhundert zum ranghöchsten Vertreter der Reichsstadt auf.

8   Vgl. Sina Westphal, Die Korrespondenz zwischen Kurfürst Friedrich dem Weisen von Sachsen und der Reichsstadt Nürnberg. Analyse und Edition (Kieler Werkstücke, Reihe E 10). Frankfurt a. M. u. a. 2011.

9   Westphal, Korrespondenz (wie Anm. 8), Nr. 36, S. 253.

10 Ernst Mummenhoff hat Anton Tucher als »Vertrauten« und »bürgerlichen Freund« des Kurfürsten bezeichnet. Dieser Interpretation schloss sich unter anderem Harold J. Grimm an. Ludwig Grote räumte dem Ratsherrn dagegen die Rolle eines »kurfürstlich-sächsischen Geschäftsträgers und Konsuls« ein. Vgl. Ernst Mummenhoff, Tucher, in: Allgemeine Deutsche Biographie 38 (1894), S. 756–764, hier S. 758–760; Harold John Grimm, Lazarus Spengler. A Lay Leader of the Reformation. Columbus 1978, S. 27; Ludwig Grote, Die Tucher. Bildnis einer Patrizierfamilie (Bibliothek des Germanischen Nationalmuseums zur deutschen Kunst- und Kulturgeschichte 15/16). München 1961, S. 78. Keine der beiden Interpretationen ist wirklich zutreffend. In der Korrespondenz spiegelt sich ein Verhältnis wider, das von gegenseitigem Respekt und Wohlwollen gekennzeichnet war. Zuallererst war Anton Tucher als wichtigster Politiker der Reichsstadt (ab 1507) allerdings dem Nürnberger Rat verpflichtet, in dessen Auftrag er die Beziehungspflege übernommen hatte. Vgl. auch Westphal, Korrespondenz (wie Anm. 8), S. 40.

11 Westphal, Korrespondenz (wie Anm. 8), Nr. 60, S. 271.

12 Westphal, Korrespondenz (wie Anm. 8), Nr. 60, S. 271.

13 Westphal, Korrespondenz (wie Anm. 8), Nr. 437, S. 602.

14 Die Schwester Wolfsthals, Cordula, hatte 1497 den ältesten Sohn Tuchers, Anton d. J. geheiratet, der jedoch 1514 verstarb, während die Tochter Nützels 1519 den einzig überlebenden Sohn Tuchers, Lienhart, ehelichte. Vgl. Peter Fleischmann, Rat und Patriziat in Nürnberg. Die Herrschaft der Ratsgeschlechter vom 13. bis zum 18. Jahrhundert, Stammtafeln (Nürnberger Forschungen 31,3). Nürnberg 2008, Stammtafel Tucher.

15 Vgl. z. B. Westphal, Korrespondenz (wie Anm. 8), Nr. 54, S. 267, Nr. 58, S. 269.

16 Westphal, Korrespondenz (wie Anm. 8), Nr. 186, S. 401–402.

17 Westphal, Korrespondenz (wie Anm. 8), Nr. 303, S. 483–484, Nr. 304, S. 484–485; vgl. Grimm, Lazarus Spengler (wie Anm. 10), S. 36.

18 Anton Tuchers Haushaltsbuch (1507–17), hrsg. von Wilhelm Loose (Bibliothek des Literarischen Vereins in Stuttgart 34). Tübingen 1877, S. 42–43, Anm. 2.

19 Westphal, Korrespondenz (wie Anm. 8), Nr. 450, S. 651. Vgl. auch Manfred J. Schmied, Die Ratsschreiber der Reichsstadt Nürnberg (Nürnberger Werkstücke zur Stadt- und Landesgeschichte 28). Nürnberg 1979, S. 41, S. 47, S. 62, S. 70, S. 93–94, S. 121, S. 130, S. 151, S. 158, S. 183, S. 224.

20 Hier und im Folgenden vgl. Hans von Schubert, Lazarus Spengler und die Reformation in Nürnberg (Quellen und Forschungen zur Reformationsgeschichte 17). Leipzig 1934, London, New York 1971, S. 184–189.

21 Die Einzige in der Korrespondenz überlieferte Begebenheit, bei der sich der Kurfürst veranlasst sah, den Nürnberger Rat um eine vergleichbare Unterstützung zu bitten, war der Raub eines Maulesels aus dem Besitz des Kurfürsten im Markgrafentum Brandenburg-Ansbach im Jahr 1502. Westphal, Korrespondenz (wie Anm. 8), Nr. 47, Nr. 48, S. 263–264.

22 Unter anderem wurde um Unterstützung bei der Verfolgung fehdeführender Personen (teilweise in Kursachsen) gebeten, um Hilfe bei der Wiedererlangung geraubter Güter und Hilfe bei der Durchsetzung von Rück-

erstattungsansprüchen gegen Fehde führende Adelige (z. B. Christoph von Krumensee, Wilhelm von Henneberg und Hans von Selbitz). Außerdem bat der Rat regelmäßig um die Erstattung entwendeter Habe, wenn die Beschädigten im Geleit des Kurfürsten ausgeraubt worden waren. Westphal, Korrespondenz (wie Anm. 8), Nr. 27, S. 246, Nr. 28, S. 247, Nr. 29, S. 248, Nr. 42, S. 256, Nr. 69, S. 279, Nr. 79, S. 287, Nr. 82, S. 291, Nr. 220, S. 423.

23   Vgl. Matthias G. Fischer, Reichsreform und Ewiger Landfrieden. Über die Entwicklung des Fehderechts im 15. Jahrhundert bis zum absoluten Fehdeverbot von 1495 (Untersuchungen zur deutschen Staats- und Rechts-Geschichte NF 23). Aalen 2007. passim.; vgl. Ingetraut Ludolphy, Friedrich der Weise, Kurfürst von Sachsen 1463–1525. Göttingen 1984, Leipzig 2006, S. 300–302.

24   Vgl. Ludolphy, Friedrich der Weise (wie Anm. 23), S. 306.

25   Vgl. hier und im Folgenden Westphal, Korrespondenz (wie Anm. 8), S. 50–51 sowie Nr. 64, S. 274–275, Nr. 80, S. 288–289.

26   Westphal, Korrespondenz (wie Anm. 8), Nr. 80, S. 289.

27   »Nürnberg verdankt seinen wirtschaftlichen Aufstieg im Spätmittelalter unter anderem dem Handwerk, das eine hohe Innovationskraft entwickelte. Bis um 1500 erwarben sich Nürnberger Handwerker vor allem in der Metallverarbeitung und Textilproduktion einen europäischen Rang.« Michael Diefenbacher, Nürnberg, Reichsstadt, Handwerk, in: Historisches Lexikon Bayerns (Zugriff am 14.12.2013 über http://www.historisches-lexikon-bayerns.de/artikel/artikel_45868.)

28   Vgl. Westphal, Korrespondenz (wie Anm. 8), Nr. 169, S. 387–388.

29   Vgl. hier und im Folgenden Westphal, Korrespondenz (wie Anm. 8), Nr. 172, S. 389–390.

30   Vgl. hier und im Folgenden Uwe Schirmer, Kursächsische Staatsfinanzen (1456–1656), Strukturen – Verfassung – Funktionseliten (Quellen und Forschungen zur sächsischen Geschichte 28). Stuttgart 2006, S. 361. Westphal, Korrespondenz (wie Anm. 8), Nr. 197, S. 409.

31   Vgl. Westphal, Korrespondenz (wie Anm. 8), Nr. 248, S. 449.

32   Vgl. Ludolphy, Friedrich der Weise (wie Anm. 23), S. 306.

33   »Nachdem wir nu e.f.g. als ainen fromen, loblichen churfursten […] erkennen […] so pitten wir unnderthaniglich, e.f.g. geruchen, gnedigclich rettung, hilfflich und furderlich zu sein, domit wir nit also one alle erkandtnus von unnser gerechtikait gedrungen […] werden.« Westphal, Korrespondenz (wie Anm. 8), Nr. 36, S. 253.

34   Vgl. hier und im Folgenden Westphal, Korrespondenz (wie Anm. 8), Nr. 43, S. 257, Nr. 44, S. 258–259.

35   Vgl. Reinhard Seyboth, Die Markgraftümer Ansbach und Kulmbach unter der Regierung Markgraf Friedrich des Älteren (1486–1515) (Schriftenreihe der Historischen Kommission bei der Bayerischen Akademie der Wissenschaften 24). Göttingen 1985, S. 260.

36   Vgl. Schubert, Lazarus Spengler (wie Anm. 20), S. 93.

37   Vgl. Westphal, Korrespondenz (wie Anm. 8), S. 260–261, Anm. 1363.

38   Vgl. Seyboth, Markgraftümer (wie Anm. 35), S. 273–274.

39   Vgl. Seyboth, Markgraftümer (wie Anm. 35), S. 283.

40   Vgl. Westphal, Korrespondenz (wie Anm. 8), Nr. 90, S. 298.

41   Vgl. Westphal, Korrespondenz (wie Anm. 8), Nr. 313, S. 493–494.

42   Vgl. Westphal, Korrespondenz (wie Anm. 8), Nr. 313, S. 493–494, Nr. 337, S. 515–516.

43   Vgl. Seyboth, Markgraftümer (wie Anm. 35), S. 262.

44   Vgl. Ludolphy, Friedrich der Weise (wie Anm. 23), S. 203.

45   Vgl. Westphal, Korrespondenz (wie Anm. 8), Nr. 269, S. 460.

46   Vgl. Ludolphy, Friedrich der Weise (wie Anm. 23), S. 203.

47   Vgl. Sina Westphal, Die Münzprägung Kurfürst Friedrichs des Weisen von Sachsen in Nürnberg, in: Neues Archiv für sächsische Geschichte 79 (2008), S. 27–60. Sina Westphal, Fürstliche Politik und Selbstdarstellung im Spiegel der Münzen Friedrichs des Weisen, in: Fürsten an der Zeitenwende zwischen Gruppenbild und Individualität. Formen fürstlicher Selbstdarstellung und ihre Rezeption (1450–1550). Wissenschaftliche Tagung Landeskulturzentrum Schloß Salzau, 27.–29. März 2008, hrsg. von Oliver Auge u. a. (Residenzenforschung 22). Ostfildern 2009, S. 207–220, S. 496–497. Sina Westphal,

48   Themen waren vor allem die Befreiung der Nürnberger Kauf- und Fuhrleute von Abgaben und Zöllen, der Verzicht auf eine Erhöhung der Zölle in Kursachsen, die Begnadigung von Nürnberger Kaufleuten, denen Zollflucht vorgeworfen wurde und der Verzicht auf Abgaben zugunsten Nürnberger Bürger (z. B. in Einzelfällen bei Erbschaften): »Unnser burgerin Margerieth Stainprucknerin, wittib, hat unns […] angesucht […]bitten wir unnderthaniglich, e.f.g. geruchen gnedigclich mit den von Torgau zufuegen, der armen wittiben ir anerstorben, naturlich erbtail und gut […] volgen zulassen […].« Westphal, Korrespondenz (wie Anm. 8), Nr. 25, S. 244.

49   ThHStAW, EGA, Reg. Aa Nr. 716, fol. 1r–4v.

50   Regesta Imperii, Maximilian I. 14,4, Nr. 17493.

51   Vgl. Westphal, Korrespondenz (wie Anm. 8), Nr. 90, Nr. 100, Nr. 276, Nr. 385.

52   Vgl. Westphal, Korrespondenz (wie Anm. 8), Nr. 298, S. 479–480.

53   Westphal, Korrespondenz (wie Anm. 8), Nr. 298, S. 479–480. »Wiewol wir nun gedachtem […] camerer […] anezaigt, das unns solchem ansuchen zugeleben auß redlichen […] ursachen gantz beschwerlich und unfuglich sey, […] hat doch Pfeffinger von solchem seinem anhallten nit stehen wollen. Des wir unns doch nit versehen hetten, dann e.f.g. ist unverporgen, wie hoch und beschwerlich wir anfengklich bewegen, e.f.g. mit raichung jerlicher statsteuer etliche verschine jar zuwillfarn […]. Zudem das unns auch von e.f.g. der zeyt solcher ersten zustellung dise zusag[ung] gethan, das e.f.g. nach außganngen der bewilligten einen jar hinfuro nach solcher statsteuer nit mer steen, werben oder bey unns ansuchen woll, welchs unns auch dazumal hat bewegt, e.f.g. gesynnen sovil dester mit mynder beschwerd zuwilligen.«

54   Vgl. Westphal, Politik (wie Anm. 47), S. 207–220, S. 496–497.

55   Jörg Rogge, Für den gemeinen Nutzen: Politisches Handeln und Politikverständnis von Rat und Bürgerschaft in Augsburg im Spätmittelalter (Studia Augustana 6). Tübingen 1996, S. 99.

56   Vgl. Westphal, Korrespondenz (wie Anm. 8), Nr. 157 und Nr. 306. Carl Hegel (Hrsg.), Heinrich Deichsler's Chronik, in: Chroniken der Fränkischen Städte, Nürnberg Bd. 5 (Die Chroniken der deutschen Städte vom 14. bis ins 16. Jahrhundert 11). Leipzig 1874, Göttingen 1961, S. 533–706, hier S. 622, S. 624, S. 629–630; vgl. Bernd Stephan, Beiträge zu einer Biographie Kurfürst Friedrich III. von Sachsen, des Weisen (1463–1525). Diss. masch. Leipzig 1979, S. 51, S. 380, Anm. 495.

57   Kurfürst Friedrich hatte vereinzelt Kontakt zu den Fuggern, Paumgartnern von Augsburg und Welsern, darüber hinaus auch zu den Kaufleuten Philipp Adler und Stefan Gabler (Faktor der Höchstetter in Nürnberg). Vgl. Götz von Pölnitz, Jakob Fugger Bd. 2. Tübingen 1951, S. 15, S. 86, S. 87, S. 136, S. 148, S. 195, S. 241, S. 588. Siehe Adolf Laube, Studien über den erzgebirgischen Silberbergbau von 1470 bis 1546 (Forschungen zur mittelalterlichen Geschichte 22). Berlin 1976, S. 152–153. Vgl. Westphal, Korrespondenz (wie Anm. 8), Nr. 89, Nr. 133, Nr. 156, Nr. 414.

58   Vgl. Westphal, Korrespondenz (wie Anm. 8), S. 170; Götz von Pölnitz, Jakob Fuggers Zeitungen und Briefe an die Fürsten des Hauses Wettin in der Frühzeit Karls V. 1519–1525, in: Nachrichten von der Akademie der Wissenschaften in Göttingen, Phil.-hist. Kl., 2/18 (1941), S. 89–160.

59   Vgl. Westphal, Korrespondenz (wie Anm. 8), Nr. 357, Nr. 447.7, Nr. 447.12, Nr. 447.41, Nr. 447.59.

60   Vgl. Westphal, Korrespondenz (wie Anm. 8), Nr. 242. Anton Tucher wurde in diesem Zusammenhang ebenfalls mit Wildbret bedacht. Bemerkenswert ist, dass Tucher auch involviert wurde, wenn Paumgartner Dienstleistungen für den Kurfürsten erledigte, etwa als der Augsburger 1000 Lanzenspitzen nicht nach Kursachsen sandte, sondern an Tucher in Nürnberg auslieferte. Vgl. Westphal, Korrespondenz (wie Anm. 8), Nr. 242. Seine Münzen ließ der Kurfürst ab 1507 in Nürnberg und nicht in Augsburg prägen, wenngleich er 1508/1510 und 1513 Unterstützung in Augsburg und Innsbruck bei der Herstellung von Prägestempeln suchte. Vgl. Westphal, Korrespondenz (wie Anm. 8), S. 129, Nr. 113, Nr. 166.

Protestantische Devisen auf Münzen, in: »Reformatio in Nummis« – Luther und die Reformation auf Münzen und Medaillen, Ausstellungsband zur Sonderausstellung auf der Wartburg, 4. Mai 2014–31. Oktober 2014 (im Druck).

MICHAEL SCHOLZ

Familiäre Bindung und dynastische Konkurrenz.
Friedrich der Weise und die Erzbischöfe von Magdeburg

»Hochgeborner furste, lieber herre unnd vatter. Euwer liebe, als mir nicht zwiffelt, ist wol wissiglick, das ich zu dem nehesten, als ich zü Dressen bie e. l. was, gar vlissiglich batt, das die hochgebornen fursten, herzog Friderich, herzog Hanns unnd herzog Heynerich von Lyenenburg, meyn lieben brüder und swager, einmal zu mir komen mochten und besehen mein wonung und haushalten. Solichs nün bißher vorzogen und nicht gescheen. Hirumb, hochgeborner furßt, lieber herre und vater, bitt ich abermals vlissig, e. l. wolle den hochgebornen fursten etc., mein lieben brüdern und swager etc., izund uff die wyhennacht erlouben und zu mir gen Gebichenstein schicken, ein clein zeit aldo zu bliben und frolich mit mir sein. Alßdann wollen wir die lernüng dennecht nicht ganz underwegen laßen, ouch darnach, ob mir etwaß versaumen wurden, mit großenn vliß wider eynbringen etc.«[1]

Der Brief, den der 15-jährige Ernst, »von gots gnaden administrator der kirchen zü Magdeburg«, im Dezember 1479 seinem Vater, dem gleichnamigen Kurfürsten von Sachsen, von der Burg Giebichenstein aus zukommen ließ, malt ein geradezu anrührendes Bild familiärer Bindung im ernestinischen Fürstenhaus. Ob der 16-jährige spätere Kurfürst, der elfjährige Johann und der gleichaltrige Heinrich von Lüneburg, der offenbar bereits mit der damals zehnjährigen Schwester Margarete verlobt war, wirklich zu Weihnachten auf die Burg oberhalb der Saale kamen, ist nicht bekannt, doch lässt der Ton des Schreibens auf ein vertrautes Verhältnis der jungen Fürsten schließen.

Seit Ernst im Januar 1476 mit damals elf Jahren vom Domkapitel zum Administrator des Erzstifts Magdeburg gewählt worden war, gestalteten sich die Bindungen zwischen beiden Territorien naturgemäß eng. Zwar war bereits der Vorgänger Ernsts, Erzbischof Johann von Pfalz-Simmern, fürstlicher Herkunft gewesen und hatte gute Beziehungen zu den Wettinern gepflegt,[2] doch bedeutete die Wahl eines – dazu noch minderjährigen – Prinzen aus dem mächtigen benachbarten Haus einen Einschnitt in der spätmittelalterlichen Geschichte des Erzstifts. Der Magdeburger Erzstuhl war ins Blickfeld der angrenzenden Kurhäuser geraten, zumal offenbar auch die Brandenburger versucht hatten, ihren Einfluss auf das Domkapitel geltend zu machen. Die Domherren hatten – wollten sie die Stabilität der Herrschaft bewahren – nur noch die Möglichkeit, sich einer der Parteien anzuschließen: 1476 lagen die Vorteile auf Seiten der Wettiner.[3]

Weniger gut waren die Aussichten des Hauses Sachsen dagegen fast 38 Jahre später, als es nach dem Tod Ernsts im August 1513 um dessen Nachfolge ging. Die Linien des Hauses waren zerstritten: Aus der ernestinischen stand kein Kandidat zur Verfügung, aus der albertinischen lediglich ein neunjähriger Sohn Herzog Georgs, der aber nur halbherzig unterstützt wurde.[4] Die Wahl fiel somit schnell auf Albrecht, den Bruder des Kurfürsten Joachim von Brandenburg, und somit auf einen Vertreter der um die Vorherrschaft im ostfälischen Raum konkurrierenden Dynastie der Hohenzollern.

vorbereitet. Ein Appartement im zweiten Obergeschoss des Südflügels des Wittenberger Schlosses wird in den Amtsrechnungen ab 1505 als »bisschofs gmach« oder »magdeburgisch gemach« bezeichnet.[6] Bereits zuvor hatte Ernst mehrfach seinen Baumeister Konrad Pflüger in die Residenz seines Bruders gesandt, während umgekehrt der Wittenberger Bildhauer Claus Heffner für Aufgaben an der magdeburgischen Residenz in Halle herangezogen wurde.[7] Als Friedrich 1519 gemeinsam mit Erzbischof Albrecht von Brandenburg in der Lochauer Heide gejagt hatte, zog er mit seinem Gast auf das Schloss Torgau und brachte ihn dort im »Magdeburgischen Gemach über der alten Kanzlei« unter, das deshalb so genannt wurde, weil – so berichtet der Zeitgenosse Georg Spalatin – »der alte Erzbischof zu Magdeburg Herzog Ernst […] drinnen gelegen war«.[8] Von brüderlicher Verbundenheit zeugt es auch, dass Kurfürst Friedrich, als er im März 1493 von Torgau aus zu seiner Pilgerfahrt ins Heilige Land aufbrach, in der Kirche Unser Lieben Frauen von Ernst und Herzog Johann ausgesegnet und anschließend von beiden Brüdern bis Eilenburg begleitet wurde.[9] Eine Frucht der Pilgerfahrt war es offenbar, dass Friedrich den Kult der hl. Anna, der Großmutter Jesu, in den wettinischen Landen besonders zu fördern trachtete. Im Juli 1494 ließ er sich von Papst Alexander VI. in einer Urkunde bestätigen, dass das Fest der genannten Heiligen in allen seinen Territorien und Herrschaften und in denen seines Onkels Albrecht feierlich begangen werden sollte. Als Exekutor wurde Erzbischof Ernst von Magdeburg eingesetzt, der im Dezember 1495 hierzu einen Ablass von 40 Tagen gewährte.[10]

Finden sich also zahlreiche Berührungspunkte der Brüder im privaten und religiösen Bereich, so sind gemeinsame politische Initiativen seltener bezeugt. Im Streit mit der Stadt Magdeburg um deren Reichsunmittelbarkeit oder Landsässigkeit war es 1486 neben dem alten Kurfürsten Ernst besonders Herzog Albrecht gewesen, der seinen Neffen vor dem Kaiser unterstützt hatte.[11] Nach dem Tod des Vaters scheint es zu einer regelrechten Emanzipation des Erzbischofs vom kursächsischen Hof gekommen zu sein.[12] Dies schloss aber gemeinsame Unternehmungen keineswegs aus, insbesondere wenn sie im gesamtwettinischen Interesse lagen. Im August 1491 gaben Kurfürst Friedrich und Herzog Johann von Sachsen ihren Ständen von Torgau aus bekannt, dass sie sich mit Erzbischof Ernst und Herzog Albrecht zu Leipzig vereinigt hätten, Plackerei und Mord zu bekämpfen. Die Stände wurden aufgefordert, ihrerseits dazu beizutragen, insbesondere die vier Artikel zur Bekämpfung der Unsicherheit im Lande zu beachten und auszuführen.[13] Der gemeinsamen Solidarität aller Wettiner war es zweifellos zu verdanken, dass die Altstadt

Das Verhältnis des sächsischen Kurfürsten Friedrich zu den Erzbischöfen von Magdeburg ist somit kaum zu trennen von den dynastischen Machverhältnissen in der Region, doch ist es damit auch ausreichend umschrieben? Oder spielten auch individuelle Faktoren eine Rolle, die mit dynastischem Denken konkurrierten und andere Konstellationen hervorriefen? Das hiermit nur angedeutete Spannungsfeld soll im Folgenden anhand einiger Beispiele schlaglichtartig beleuchtet werden, wobei verschiedene Möglichkeiten verwandtschaftlicher und nachbarschaftlicher Beziehungen regierender Fürsten aufgezeigt werden sollen.

Brüderliche Eintracht

Die Bindung der ernestinischen Brüder aneinander zeigte sich auch nach dem Tod des Vaters und der Regierungsübernahme Friedrichs 1486 durch zahlreiche Besuche.[5] Mehrere Schlösser Friedrichs waren durch besondere Zimmer auf solche Visiten des Magdeburgers ständig

Magdeburg nach ihrer Niederlage im Jahr 1486 keinen weiteren Versuch unternahm, sich aus dem erzbischöflichen Herrschaftsbereich vollständig zu lösen, und dass im Vertrag von 1497 der Status quo weitgehend festgeschrieben wurde.[14]

Gemeinsame Aktivitäten der Brüder ergaben sich auch in der Reichspolitik: Am 31. Oktober 1500 zogen beide Fürsten zusammen in Nürnberg ein, um ihre Tätigkeit im kurz zuvor beschlossenen Reichsregiment aufzunehmen, nachdem sie schon zuvor gemeinsam auf dem Augsburger Reichstag geweilt hatten. Friedrich war am 31. August zum königlichen Statthalter beim Reichsregiment bestellt worden, und Ernst vertrat im Regiment die (nicht kurfürstlichen) geistlichen Fürsten, nachdem er sich gegen den Erzbischof von Salzburg durchgesetzt hatte. Allerdings konnte das Regiment die Funktion einer ständischen Regierung des Reiches, die ihm zugedacht worden war, nie erfüllen und fand schließlich im März 1502 ein unspektakuläres Ende.[15]

Brüderliche Zwietracht:
Die Beschwerdeschrift von 1505

Eine gewisse Entfremdung der Brüder Friedrich und Ernst trotz zahlreicher persönlicher Zusammentreffen wurde bereits kurz nach dem Regierungsantritt des Kurfürsten während der Auseinandersetzung um das Schloss Weferlingen sichtbar. Dieses war als halberstädtisches Lehen in der Hand der Familie von Honlage gewesen. Als Reaktion auf verschiedene Überfälle, die Lorenz von Honlage vorgeworfen worden waren, hatte ein bischöfliches Landgericht 1481 diesen seiner Lehen für verlustig erklärt. Honlage verweigerte jedoch die Rückgabe, indem er sich als Vasall des Herzogs von Braunschweig bezeichnete. Nach erneuten Überfällen suchte Ernst schließlich 1487 die Entscheidung und zog vor Weferlingen.[16] Die Hoffnung, hierbei durch den kurfürstlichen Bruder unterstützt zu werden, wurde (wie die Räte Ernsts noch etwa 20 Jahre später bitter anmerkten) enttäuscht. Zwar schickte Friedrich einige seiner Räte als Vermittler, doch enthielt er sich jedes persönlichen Engagements, was nach Auffassung des Erzbischofs diesem »czu mercklicher verkleynung, nachtheyll unnd schaden gedigen, dan es durch m. h. den kurfurstenn ungeczeivelt auß unnbruderlichen und unfreunttlichen willen verbliben«. Der von den Sachsen gemeinsam mit Gesandten des Bischofs von Hildesheim und Graf Heinrich von Stolberg vermittelte Kompromiss kostete Ernst schließlich 6 000 Gulden. Andere Fürsten, »dy s. g. bruder nicht seyn«, nämlich Kurfürst Johann von Brandenburg, hätten dagegen damals den Erzbischof nicht verlassen.[17]

Das Motiv, von seinem mächtigeren Bruder in politischen Auseinandersetzungen im Stich gelassen worden zu sein, zieht sich auch durch andere Punkte der soeben zitierten Klageschrift, die aus dem Winter 1505 / 06 stammt und im Landeshauptarchiv Magdeburg überliefert ist.[18] Als der Erzbischof in diesem Jahr eine Wallfahrt nach St. Wolfgang im Gebirge, »ymm lantt czu Beyrnn gelegen«, unternahm, suchte er den Kurfürsten auf dem Weg in dessen Residenz Weimar auf und bat ihn, in seiner Abwesenheit seinen heimgelassenen Räten auf deren Ersuchen Rat, Hilfe und Beistand zu gewähren. Friedrich sagte in seiner Antwort zu, den Räten gern zu raten, soviel es in seinem Verständnis stehe, jedoch »auff dy hulff und beystand ist keynn antwurtt gefallen, wy bruderlich abczunemenn«.[19] Gleichermaßen enttäuschend erschien Ernst die Antwort, als er seinen Bruder anlässlich eines Seuchenzuges in den Stiften Magdeburg und Halberstadt bat, ihm notfalls eine Behausung in seinem Fürstentum zur Verfügung zu stellen. Nach Altenburg, das der erzbischöfliche Gesandte auf Nachfrage als Quartier vorschlug, sei – so antworteten die kurfürstlichen Räte – bereits das Hofgesinde Friedrichs verordnet worden. Ein anderes Schloss wurde nicht vorgeschlagen. Als Ernst noch einmal schriftlich nachfragte, wurde er bis zur Rückkehr Herzog Johanns vertröstet. »Ob sullichs angeborner freunntschaff und bruderlicher trewe gemeß, angeseen das der liebe das haupt gutt ist, stett woll czu ermessen«, kommentierte die Beschwerdeschrift das kurfürstliche Verhalten.[20]

Gravierender als diese eher atmosphärischen Störungen des brüderlichen Verhältnisses waren die Streitigkeiten um konkrete Rechte. Der Kurfürst maße sich auch, so heißt es weiter, in der erzbischöflichen Stadt Halle Rechte an, die ihm nie eingeräumt worden seien und auch in der Zukunft nicht eingeräumt würden, es sei denn erzwungen durch Gewalt. So hätten auch die Gesandten des Kurfürsten nichts erreicht, obwohl sie an Fleiß nicht gespart hätten. Hinter diesen dunklen Andeutungen standen die Differenzen um die burggräflichen Rechte in Halle. Anlässlich der Amtseinführung des neu erwählten Schultheißen in der Stadt hatten ihm die kurfürstlichen Gesandten 1505 nicht nur den Bann verliehen – ein Recht, das dem Kurfürsten unbestritten zustand –, sondern ihren Herrn dabei auch als Burggrafen von Magdeburg tituliert, was weitere Rechtsansprüche nach sich ziehen konnte und deshalb sofort den Widerspruch der erzbischöflichen Räte hervorrief.[21] Da der Erzbischof gleichzeitig vom Kurfürsten Joachim von Brandenburg und seinen eigenen Untertanen, nämlich der Altstadt Magdeburg, viel Widerwärtiges erfahre, gehe das Gerücht um, der Kurfürst habe sich mit diesen beiden Parteien heimlich zum Schaden und Nachteil seines Bruders verabredet.[22]

Um das Haus Sachsen: Vermittlungsversuche des Erzbischofs zwischen den wettinischen Linien

Angesichts dieser Streitpunkte mit seinem kurfürstlichen Bruder verwundert es weniger, dass sich Ernst zu Beginn des 16. Jahrhunderts der albertinischen Linie des Hauses Sachsen annäherte. Als einem »aus [dem] haus von Sachssen unnd blutsvorwanthenn« habe er dem Erzbischof alle seine Gebrechen anvertraut, schrieb Herzog Georg im Juni 1506 seinem Vetter[23] und deutete damit die Rolle an, die der Magdeburger in den Auseinandersetzungen der beiden wettinischen Linien im ersten Jahrzehnt des 16. Jahrhunderts spielte. Seit dem Tod Herzog Albrechts im Jahr 1500 hatten sich die Beziehungen zwischen den ernestinischen Brüdern Friedrich und Johann auf der einen sowie Georg auf der anderen Seite zunehmend unerfreulich gestaltet. Anlass des Konflikts waren vor allem die ineinander verwobenen Rechte beider Linien in den erzgebirgischen Bergbaugebieten sowie die Trassenführung der Handelsstraßen aus Schlesien nach Mitteldeutschland.[24]

In die Streitigkeiten schaltete sich der Erzbischof im März 1503 mit dem Vorschlag ein, die Sache durch eine ständische Schiedskommission schlichten zu lassen. Gegenüber den ernestinischen Räten sprach er gleichzeitig die Befürchtung aus, dass der Zwist zu einem Krieg führen könnte.[25] Nachdem dies folgenlos geblieben war, unternahm er sowohl zu Beginn des Jahres 1504[26] als auch im Frühjahr 1505[27] erneute Vorstöße, indem er sich seinen Brüdern Friedrich und Johann selbst als Vermittler anbot. Mehrere Versuche, den Parteien eine vorbehaltlose Vermittlung abzuringen, scheiterten an den verhärteten Fronten und brachten Ernst letztlich nur das Misstrauen seiner Brüder ein. Der Erzbischof möge sich nicht gegen sie einnehmen lassen, schrieben die Räte der Ernestiner im August 1505, sondern ihnen vielmehr, wenn es notwendig sei, Rat und Hilfe leisten.[28]

Und so war es im folgenden Jahr Herzog Georg, der den Magdeburger als Schiedsrichter verlangte. Alle strittigen Fragen, so schlugen die albertinischen Räte während eines Tages in Wurzen im Juni vor, sollten von einer Kommission aus je fünf Räten jeder Partei mit dem Erzbischof als Obmann entschieden werden. Trotz des Drängens ihrer Räte weigerten sich Friedrich und Johann, dem Vorschlag ohne Vorbedingungen zuzustimmen.[29] Offenbar wurde der Bruder nicht als unparteiisch angesehen, sondern als der Seite Georgs zugeneigt. Weitere Vorstöße Ernsts um eine friedliche Lösung in der darauf folgenden Zeit blieben damit ebenfalls ohne Erfolg.[30] Der Misserfolg in der Aussöhnung beider Linien fand auch Eingang in die bereits mehrfach zitierte Beschwerdeschrift Erzbischof Ernsts gegen Friedrich: Sein Vorschlag, eine Anzahl von Stände-vertretern die Vermittlung vornehmen zu lassen, wurde vom Bruder verworfen, »auß ettlichen ersachen, der doch keyne genantt wartt«. Georg habe die Vorschläge dagegen ohne alle Weigerung angenommen.[31]

Auch in anderer Hinsicht zeigt sich eine Nähe zur albertinischen Linie: Im Frühjahr 1505 vermittelte der Erzbischof zwischen Herzog Georg und seinem Bruder Heinrich, der seine Herrschaftsrechte in Friesland abtreten wollte.[32] Enttäuscht vom Verhältnis zu seinen Brüdern Friedrich und Johann, suchte Ernst nun andere Optionen innerhalb des Gesamthauses Sachsen, dessen Bedeutung für den Erzbischof auch an anderer Stelle aufscheint.[33]

Dies lag umso näher, als nur aus der albertinischen Linie des Hauses ein Kandidat für die Nachfolge Ernsts in seinen Bistümern zur Verfügung stand: 1504 wurde mit dem Deutsch-Ordens-Hochmeister Friedrich ein Bruder Herzog Georgs zum Koadjutor des Erzbischofs gewählt.[34]

Gute Nachbarschaft und Distanz: Kurfürst Friedrich und Albrecht von Brandenburg

Der Koadjutor Friedrich starb allerdings bereits 1510. Magdeburg und Halberstadt konnten nicht für das Haus Sachsen gehalten werden, und von Kurfürst Friedrich sind keine Versuche bekannt, einen Vertreter der ungeliebten albertinischen Linie zu protegieren. Vielmehr kolportierte Luther in späteren Jahren gar die Behauptung, Friedrich habe »mit allem vleis dazu geholffen, das der itzige Bisschoff zu Magdeburg Bisschoff wurde«.[35] Somit fiel das Erzbistum an das Haus Brandenburg.

Es spricht einiges dafür, dass sich das persönliche Verhältnis zwischen dem alten Kurfürsten und dem neuen Erzbischof in dessen ersten Regierungsjahren durchaus erfreulich gestaltete. Eine gewisse Nähe zeigt schon der gesellschaftliche Umgang der benachbarten Fürsten miteinander. Im Januar 1519 weilte Albrecht zusammen mit Friedrich zur Jagd im sächsischen Lochau, von wo aus sie nach Torgau zogen, »daselbst auch fröhlich und guter Ding mit einander waren«, wie Friedrichs Biograph Georg Spalatin vermerkt.[36] Auch zur Geburtstagsfeier des Sachsen am 17. Januar war der Brandenburger noch in Torgau anwesend.[37] Noch 1521 lieh Albrecht dem kranken Kurfürsten für den Weg von Worms nach Heidelberg seine Sänfte.[38] Dass Friedrich der Weise Albrecht von Brandenburg zunächst gelobt habe, bezeugt Luther 1541, allerdings lediglich vom Hörensagen. Nachdem er gemeinsam mit Albrecht Verhandlungen zur Beilegung der Hildesheimer Stiftsfehde geführt habe, »hatte er solchen gefallen und hoffnung zu dem Bisschove, das er die frölche wort hat gesagt: Lasst mir den man mausen, Er wirds thun«.[39]

mit der Zeigung der Reliquien in Zusammenhang standen. Der Propagierung von Reliquienzeigung und Ablass diente das 1509 gedruckte, von Lukas Cranach illustrierte Wittenberger Heiltumsbuch, das 5 005 Partikel verzeichnete.[40] 1520 waren es schließlich 18 885 Partikel, für die jeweils 100 Jahre und ebenso viele Quadragenen Ablass pro Zeigung erworben werden konnte.[41]

Die Reliquiensammlung der Magdeburger Erzbischöfe in Halle geht im Kern auf eine Sammlung auf dem Giebichenstein zurück, die erstmals 1505 erwähnt wird. Ebenso wie in Wittenberg vorhanden, plante auch bereits Erzbischof Ernst ein Stift an der Schlosskapelle der Moritzburg, in das die Reliquien überführt werden sollten. Zur Ausführung kamen diese Pläne jedoch erst unter seinem Nachfolger Albrecht, der die Sammlung um ein Vielfaches erweiterte und im Wettstreit mit Friedrich mit Ablässen ausstatten ließ, die das Wittenberger Vorbild noch übertrafen. 1519 kam es endlich zur Gründung eines Stifts um die Sammlung herum, die allerdings nicht an der Schlosskapelle, sondern an der bisherigen Dominikanerkirche vorgenommen wurde.[42] 1520 erschien in Halle ebenfalls ein gedrucktes Heiltumsbuch, das 8 133 Reliquienteile und 42 ganze Körper aufwies, für die jeweils 4 000 Jahre, 800 Tage und ebenso viele Quadragenen Ablass pro Zeigung gewährt wurden.[43]

Dass Friedrich der Weise und Albrecht von Brandenburg über die Ausstattung der geistlichen Mittelpunkte ihrer Residenzen trotz einer gewissen Konkurrenz in freundschaftlicher Verbindung standen, zeigt ein Brief aus dem Januar 1519: »es ist mein gar freuntlich bit«, schrieb Albrecht eigenhändig seinem Nachbarn, »E. l. wollen ye nit vergessen, mir die ceremonien der styfft kirchen zu Wittenbergk mit sampt der fundacion und muster des graffs, so man an dem karfreitag gebraucht, zuzuschicken, dessgleichen auch Toltzicht erlauben, das er mir die bilden, so ich im hie angeczaygt, zu Wittenbergk bei E. l. goldtschmidt machen zu lassen.«[44]

Dennoch blieben auch Konflikte bestehen. Offen geblieben war seit der Zeit Ernsts die Auseinandersetzung um den Titel eines Burggrafen von Magdeburg, die bei jeder neuen Bannleihe wieder aktuell wurde. Schon 1514 kam es anlässlich der Einführung eines neuen Salzgrafen in Halle wiederum zu Protesten der Magdeburger Räte gegen die kursächsische Formel. Die Belehnung konnte nicht vorgenommen werden. Gleiches wiederholte sich 1518 und 1520. Eigentlich hätte dies zu einem Stillstand der Gerichtsbarkeit auf der Saline führen müssen, doch scheint der Salzgraf auch ohne Bannbeleihung Gericht gehalten zu haben – jedenfalls warfen ihm das die kurfürstlichen Beauftragten 1520 vor. Trotz verschiedener Verhandlungen der Räte beider Seiten kam es bis zum Tod Friedrichs zu

Zum guten Verhältnis beider Fürsten trug auch eine gemeinsame Leidenschaft bei, die das öffentliche Bild beider bei den Zeitgenossen in nicht geringem Maße beeinflusste: das Sammeln von Reliquien. Seit 1502 / 03 tritt uns die Reliquiensammlung Friedrichs in der Wittenberger Schloss- und Stiftskirche entgegen, für die der Kurfürst 1507 ein päpstliches Privileg einholte. Gleichzeitig suchte Friedrich zahlreiche verschiedene Ablässe zu erwerben, die keiner Einigung, allerdings auch zu keiner Eskalation des Konflikts, wie es in den 1530er Jahren unter Friedrichs Neffen Johann Friedrich geschehen sollte.[45]

Ein weiterer territorialer Konflikt, der allerdings Albrechts Rolle als Erzbischof von Mainz betraf, bestand hinsichtlich der Rechte in der nominell erzbischöflichen Stadt Erfurt, die jedoch bereits 1483 einen Schutzvertrag mit Kursachsen geschlossen hatte. 1516, also bereits in der Amtszeit Albrechts, war die Schutzherrschaft im Vertrag von Naumburg erneuert und vertieft worden.[46] Dass der Konflikt von außen als tiefgreifend angesehen wurde, zeigen die Äußerungen des Nuntius Hieronymus Aleander im Vorfeld des Wormser Reichstages von 1521, der – sicherlich überzogen – geradezu von einem Hass Friedrichs gegen den Mainzer aus diesem Grunde schrieb. Gleichzeitig äußerte er aber auch seine Verwunderung über den freundschaftlichen Umgang der beiden Fürsten miteinander »wie zärtliche Brüder«.[47]

Allerdings brachten die Verhandlungen über die »lutherische Sache« eine deutliche Eintrübung des »brüderlichen« Verhältnisses. »Maynz held sych gancz wnfruntlichen gegen mir, ich wais, das ichs vmb Inen nicht verdynet habe«, schrieb Friedrich am 30. Januar 1521 an seinen Bruder Johann.[48] Dass er diese Klage in den nächsten Tagen noch mehrfach wiederholte, zeugt von der persönlichen Betroffenheit über die Entwicklung.[49]

Konkret wurden die Differenzen im August 1521: Anfang des Monats ließ Albrecht seinen Kanzler Laurentius Zoch bei Friedrich vorstellig werden und sich über »Aufruhr und Empörung« beklagen, die sich an vielen Orten seines Bistums gegen Priester und Klerus durch Schmäh-, Schand- und Drohbriefe, aber auch mit Gewalttaten erhöben. Der Erzbischof bitte daher um Auskunft, wie der Kurfürst in seinem Gebiet gegen den Aufruhr vorzugehen und den Klerus zu schützen gedenke. Die Antwort, die Friedrich kurz darauf schriftlich gab, fiel zurückhaltend aus: Er habe von den Unruhen gehört, doch seien ihm deren Ursachen nicht genau bekannt. Verstöße gegen Gebote und Ordnung Gottes seien ihm nicht lieb; allerdings habe er solches von seinen Geistlichen noch nicht gehört. Sollten ihm Frevel und Gewalt berichtet werden, werde er wie ein christlicher Fürst handeln. Auch hinsichtlich des Propstes von Kemberg, der sich »hab ein weyb verelichen lassen« und dessen Auslieferung Albrecht forderte, gab sich Friedrich ausweichend. Da er eigentlich nicht wüsste, wie es sich damit verhielte, habe er dem Propst das Ersuchen des Erzbischofs mitgeteilt und um Auskunft gebeten.[50] Albrechts Erwiderung zeigt die Enttäuschung über die Haltung des Kurfürsten: Er zweifele nicht, »das doraus ein ganze zustorung aller christlichen ordenung, friedes und einickeit volgen wurde«, und daher sei es ganz unnütz,

sich mit dem Propst »in einige disputation zu begeben«. Wenn Friedrich »gedachts pfarrers entschuldigung und erbiten als gnugsam ansehen« sollte, würde er dies alles in sein Ermessen, Gewissen, seinen Verstand und seine Verantwortung stellen. Damit hätte er das Seinige getan.[51]

Anlässlich einer Audienz des kursächsischen Rates Hans von der Planitz beim Erzbischof in Halle am 12. September prallten die Gegensätze noch einmal aufeinander. Allerdings wollte Albrecht offenbar das Tischtuch nicht vollständig zerschneiden: Im Anschluss nahm er Planitz mit den Worten zur Seite, er habe unter seinen Freunden niemanden, »zu dem sich sein G. ßo vill guts vorsehe als zu E. cfl. G.« Es gäbe auch keinen, dem er so viel Ehre und Gutes gönne. Daher wolle er nicht, dass dem Kurfürsten aus dem Fall des Pfarrers von Kemberg ein Nachteil erwachse.[52]

Noch im Frühjahr 1522 bat Erzbischof Albrecht, als er zum Reichstag nach Nürnberg aufbrechen wollte, den sächsischen Kurfürsten, dass dieser sich die Stifte Magdeburg und Halberstadt samt Räten, Land und Leuten anbefohlen lassen sein möchte mit Rat, Trost, Schutz und gnädigem Willen. Im Normalfall war dies kaum mehr als eine Formalität unter Nachbarn. Angesichts der aufgetretenen Gegensätze ist die Bitte allerdings auch als Werben Albrechts um gute Beziehungen zu sehen, das von kursächsischer Seite freilich verhalten aufgenommen wurde. Nachdem Kurfürst Friedrich zunächst seinen Bruder Johann konsultiert hatte, folgte die kurze Antwort: Wenn sich die Räte an die Sachsen wendeten, würden sie eine gebührliche Antwort erhalten, wie sie sie auch vom Erzbischof bekommen würden. Vom Schutz war in der Antwort – wie schon gegenüber Ernst im Jahr 1505 – keine Rede.[53]

Das Verhältnis der Fürsten zueinander blieb beschädigt. Und so verwundert es auch nicht, dass ein bereits ausgehandelter Kompromiss um die Burggrafschaft in Halle bis zum Tod Friedrichs nicht mehr unterzeichnet wurde.[54] Ob jedoch der in späteren Jahren von Luther kolportierte derbe Ausspruch Friedrichs über Albrecht – »Nu hat mich mein lebenlang kein mensch also beschissen, als der Pfaff«[55] – wirklich historisch ist, kann dennoch bezweifelt werden.

Familiäre Bindung und dynastische Konkurrenz?

Angesichts der geschilderten Spannungen zwischen Friedrich dem Weisen und seinem Bruder Ernst und dem ambivalenten Verhältnis Friedrichs zu Albrecht von Brandenburg greift es zweifellos zu kurz, das Verhältnis des Kurfürsten zu den Erzbischöfen von Magdeburg allein aus dem dynastischen Blickwinkel heraus zu betrachten.

Dynastische Bindungen spielten zweifellos eine Rolle — man denke an die Betonung des »Hauses Sachsen« durch Erzbischof Ernst und Herzog Georg, und auch im Haus Brandenburg ist bis zu einem gewissen Grad eine Solidarität zu beobachten, nicht nur zwischen den Brüdern Albrecht und Joachim I.[56]

Allerdings macht das Verhältnis Friedrichs zu den Magdeburger Erzbischöfen seiner Zeit gleichzeitig auch deutlich, dass das persönliche Element im Umgang der Fürsten miteinander nicht gering geschätzt werden darf. Tiefe Konflikte zeigen sich immer wieder innerhalb der Familien, die nicht nur politisch erklärt werden können. Die Enttäuschung Ernsts, der sich trotz ursprünglich enger familiärer Bindungen schließlich von seinem älteren Bruder im Stich gelassen und hintergangen fühlte, ist letztlich nicht nur rational zu erklären. Auf der anderen Seite zeigen sich aber auch Sympathien zwischen Fürsten, die angesichts der politischen Konstellationen nicht zu erwarten waren und schon die Zeitgenossen irritiert haben, wie die Äußerung Aleanders über Friedrich und Albrecht von Brandenburg belegt.

Gerade an ihr wird allerdings deutlich, dass persönliche Beziehungen quer zu territorialen und politischen Konflikten liegen konnten. Oder andersherum formuliert: Gewisse politische Konflikte — wie der Streit um die Burggrafschaft zu Halle — blieben virulent, egal ob die in sie verwickelten Fürsten gute oder schlechte persönliche Beziehungen pflegten, ob sie aus einem Hause oder aus konkurrierenden Dynastien stammten. Unterschiedlich ist nur, bis zu welchem Grad sie zugespitzt wurden.

Die Verschlechterung des Verhältnisses zwischen Friedrich und Albrecht deutet aber auch an, in welchem Maße die religiösen Auseinandersetzungen der Reformationszeit begannen, die stets vorhandene fürstliche Solidarität zu strapazieren. Auch sich nahe stehende Fürsten konnten sich den Auseinandersetzungen nicht entziehen.

Weder unter Ernst noch unter Albrecht war das Erzstift Magdeburg ein bloßes Nebenland des kurfürstlichen Hauses, aus dem der jeweilige Erzbischof entstammte, auch wenn die Machtressourcen aus dem Land heraus beschränkt waren. Das Machtgefälle zum Kurfürsten von Sachsen war also begrenzt; man verkehrte auf Augenhöhe. Aufgrund ihrer Herkunft aus kurfürstlichen Häusern konnten die Erzbischöfe eben auch auf anderen politischen Feldern spielen — Ernst eher regional als Vermittler zwischen den wettinischen Linien, Albrecht durch seine Rolle in der Reichspolitik. Und so waren es letztlich doch *auch* familiäre Bindung und dynastische Konkurrenz, die im Verhältnis Friedrichs zu seinen magdeburgischen Nachbarn eine Rolle spielten — wenn auch differenzierter, als man auf den ersten Blick vermuten könnte.

Anmerkungen

1   Deutsche Privatbriefe des Mittelalters Bd. 1, hrsg. von Georg Steinhausen. (Denkmäler der deutschen Kulturgeschichte. Erste Abteilung: Briefe 1). Berlin 1899, S. 209, Nr. 308. Vgl. auch Jörg Rogge, *muterliche liebe mit ganzen truwen allcit*. Wettinische Familienkorrespondenz in der zweiten Hälfte des 15. Jahrhunderts, in: Adelige Welt und familiäre Beziehung. Aspekte der »privaten Welt« des Adels in böhmischen, polnischen und deutschen Beispielen vom 14. bis zum 16. Jahrhundert, hrsg. von Heinz-Dieter Heimann (Quellen und Studien zur Geschichte und Kultur Brandenburg-Preußens und des Alten Reiches). Potsdam 2000, S. 203–239, hier S. 224 f.; Gerrit Deutschländer, Dienen lernen, um zu herrschen. Höfische Erziehung im ausgehenden Mittelalter (1450–1550) (Hallische Beiträge zur Geschichte des Mittelalters und der Frühen Neuzeit 6). Berlin 2012, S. 225.

2   Vgl. die Äußerung des Herzogs Wilhelm III. von Thüringen, des Großonkels Ernsts: Jörg Rogge, Ernst von Sachsen, Erzbischof von Magdeburg und Administrator von Halberstadt (1475–1513), in: Mitteldeutsche Lebensbilder. Menschen im späten Mittelalter, hrsg. von Werner Freitag. Köln, Weimar, Wien 2002, S. 27–68, hier S. 30.

3   Zur Vorgeschichte der Wahl siehe Rogge, Ernst (wie Anm. 2), S. 30 f. Zu den sich anschließenden innerwettinischen Auseinandersetzungen vgl. Jörg Rogge, Herrschaftsweitergabe, Konfliktregelung und Familienorganisation im fürstlichen Hochadel. Das Beispiel der Wettiner von der Mitte des 13. bis zum Beginn des 16. Jahrhunderts (Monographien zur Geschichte des Mittelalters 49). Stuttgart 2002, S. 229–236.

4   Vgl. Kurt Runge, Die Wahlen des Markgrafen Albrecht von Brandenburg (†1545) zum Erzbischof von Magdeburg und Mainz und zum Administrator von Halberstadt. Diss. masch. Halle (Saale) 1921, S. 11 f.

5   Zu den insgesamt 37 Besuchen des Erzbischofs in Wittenberg zwischen 1486 und 1510 siehe Thomas Lang, Der Kurfürst zu Besuch in seiner Residenz. Nutzung und Ausbau der Wittenberger Residenz in der Zeit von 1485–1510, in: Das ernestinische Wittenberg: Universität und Stadt (1486–1547), hrsg. von Heiner Lück u. a. (Wittenberg-Forschungen 1). Petersberg 2011, S. 93–116, hier S. 103 f.

6   Anke Neugebauer, Wohnen im Wittenberger Schloss — Zur Nutzung und Ausstattung der fürstlichen Gemächer, Stuben und Kammern, in: Das ernestinische Wittenberg: Stadt und Bewohner, hrsg. von Heiner Lück u. a. (Wittenberg-Forschungen 2). Petersberg 2013, Textband S. 315–333, hier S. 321 f.

7   Neugebauer, Wohnen (wie Anm. 6), S. 321. Zu Heffner vgl. Anke Neugebauer, Am Anfang war die Residenz, in: Das ernestinische Wittenberg (wie Anm. 5), S. 82–92, hier S. 87. Vgl. auch Lang, Kurfürst (wie Anm. 5), S. 115 f.

8   Georg Spalatin, Friedrichs des Weisen Leben und Zeitgeschichte, hrsg. von Chr. Gotth. Neudecker und Ludw. Preller (Georg Spalatin's historischer Nachlaß und Briefe 1). Jena 1851, S. 57 f.

9   Spalatin (wie Anm. 8), S. 27. Vgl. Ingetraut Ludolphy, Friedrich der Weise. Kurfürst von Sachsen 1463–1525. Göttingen 1984, ND Leipzig 2006, S. 352.

10 Valentin Ernst Löscher, Vollständige Reformations-Acta und Documenta oder umständliche Vorstellung des Evangelischen Reformations-Wercks [...] Bd. 1. Leipzig 1720, S. 76 (mit Druck der Papsturkunde). Vgl. Ludolphy, Friedrich der Weise (wie Anm. 9), S. 359; Brigitte Streich, Wettinische Kirchenfürsten im Spannungsfeld zwischen Amt und Familienräson: Bischof Sigmund von Würzburg und Erzbischof Ernst von Magdeburg, Administrator zu Halberstadt, in: Höfe und Residenzen geistlicher Fürsten. Strukturen, Regionen und Salzburgs Beispiel in Mittelalter und Neuzeit, hrsg. von Gerhard Ammerer u. a. (Residenzen-Forschung 24). Ostfildern 2010, S. 135–153, hier S. 150.

11 Vgl. hierzu Gudrun Wittek, Die Verteidigung der Magdeburger Stadtfreiheit gegen Erzbischof, König und Reich — fixiert in Stadtfriedensvertrag vom 21. Januar 1497, in: dies. (Hrsg.): *concordia magna*. Der Magdeburger Stadtfrieden vom 21. Januar 1497 (Beihefte zur Mediaevistik 5). Frankfurt am Main u. a. 2006, S. 17–48 , hier S. 26.

12 Vgl. Streich, Kirchenfürsten (wie Anm. 10), S. 147.

13 Ernestinische Landtagsakten Bd. 1, bearb. von C. H. A. Burkhardt (Thüringische Geschichtsquellen 8). Jena 1902, S. 8, Nr. 25.

14　Vgl. Wittek, Verteidigung (wie Anm. 11), S. 28–45.

15　Ludolphy, Friedrich der Weise (wie Anm. 9), S. 179–186; Thomas Willich, Der Rangstreit zwischen den Erzbischöfen von Magdeburg und Salzburg sowie den Erzherzogen von Österreich, in: Mitteilungen der Gesellschaft für Salzburger Landeskunde 134 (1994), S. 7–166, hier S. 51–53. Zum Reichsregiment vgl. auch Viktor von Kraus, Das Nürnberger Reichsregiment. Gründung und Verfall 1500–1502. Ein Stück deutscher Verfassungsgeschichte aus dem Zeitalter Maximilians I., nach archivalischen Quellen dargestellt. Innsbruck 1883.

16　Heinrich Nebelsieck, Aus der Geschichte des ehemaligen Amtes Weferlingen. Weferlingen o. J., S. 38–41; Urkundenbuch des Hochstifts Halberstadt und seiner Bischöfe, Teil 5 (1426–1513), hrsg. von Ralf Lusiardi und Andreas Ranft (Quellen und Forschungen zur Geschichte Sachsen-Anhalts 7). Köln, Weimar, Wien 2014, Nr. 4062.

17　Landeshauptarchiv Sachsen-Anhalt, Abt. Magdeburg (im Folgenden LHASA, MD), A 1 Nr. 425, Bl. 1r–v.

18　Zu dieser Schrift vgl. Rogge, Ernst (wie Anm. 2), S. 55. Ein Protokoll über die Verhandlung zu den Beschwerdepunkten, das hier nicht herangezogen wurde, befindet sich im Hauptstaatsarchiv Weimar (ebd., S. 67, Anm. 142). – Vgl. zu diesem auch Streich, Kirchenfürsten (wie Anm. 10), S. 148.

19　LHASA, MD, A 1 Nr. 425, Bl. 5r. Vgl. Rogge, Ernst (wie Anm. 2), S. 55.

20　LHASA, MD, A 1 Nr. 425, Bl. 5r–v.

21　Vgl. Friedrich Hülsse, Der Streit Kardinals Albrecht, Erzbischofs von Magdeburg, mit dem Kurfürsten Johann Friedrich von Sachsen um die magdeburgische Burggrafschaft, in: Geschichts-Blätter für Stadt und Land Magdeburg 22 (1887), S. 113–152, 261–288, 360–392, hier S. 127 f.

22　LHASA, MD, A 1 Nr. 425, Bl. 5v–6r.

23　Herzog Georg an Erzbischof Ernst am 16. Juni 1506: LHASA, MD, A 1 Nr. 422, Bl. 50. Zur Bedeutung des »Hauses Sachsen« für Herzog Georg vgl. auch Rogge, Herrschaftsweitergabe (wie Anm. 3), S. 265–289, bes. S. 272, 280, 289.

24　Vgl. zum gesamten Komplex: Hans Virck, Die Ernestiner und Herzog Georg von 1500 bis 1508, in: Neues Archiv für Sächsische Geschichte und Altertumskunde 30 (1909), S. 1–75; Rogge, Herrschaftsweitergabe (wie Anm. 3), S. 265–289.

25　Virck, Ernestiner (wie Anm. 24), S. 27.

26　Schreiben Kurfürst Friedrichs und Herzog Johanns an Ernst vom 15. Januar 1504: LHASA, MD, A 1 Nr. 422, Bl. 17r.

27　Virck, Ernestiner (wie Anm. 24), S. 32.

28　Virck, Ernestiner (wie Anm. 24), S. 32–34.

29　Virck, Ernestiner (wie Anm. 24), S. 46 f., 49 f.

30　Virck, Ernestiner (wie Anm. 24), S. 51 f. Vgl. Rogge, Ernst (wie Anm. 2), S. 54; Rogge, Herrschaftsweitergabe (wie Anm. 3), S. 272 f.

31　LHASA, MD, A 1 Nr. 425, Bl. 6v.

32　Rogge, Ernst (wie Anm. 2), S. 53 f.; Schreiben Georgs an Ernst vom 23. April 1505: LHASA, MD, A 1 Nr. 422, Bl. 48r. Zur Sache vgl. Rogge, Herrschaftsweitergabe (wie Anm. 3), S. 260–262; Reiner Gross, Die albertinischen Wettiner, Herzog Heinrich von Sachsen und das friesländische Erbe, in: Herzog Heinrich der Fromme (1473–1541), hrsg. von Yves Hoffmann und Uwe Richter. Beucha 2007, S. 95–105.

33　So erklärte sich Ernst nach Angaben der Beschwerdeschrift auf Drängen Friedrichs hin bereit, »dem hauß von Sachssen czu ere und nutz« die Nachfolge Bertholds von Henneberg als Erzbischof von Mainz anzustreben: LHASA, MD, A 1 Nr. 425, Bl. 4r–v. Vgl. Rogge, Ernst (wie Anm. 2), S. 55.

34　Vgl. Friedrich Wilhelm Hoffmann, Geschichte der Stadt Magdeburg Bd. 1, neu bearbeitet von Gustav Hertel und Friedrich Hülße. Magdeburg 1885, S. 280.

35　Martin Luther, Wider Hans Worst (1541), in: WA 51, S. 469–572, hier S. 537.

36　Spalatin, Leben (wie Anm. 8), S. 58.

37　Ludolphy. Friedrich der Weise (wie Anm. 9), S. 343.

38　Carl Eduard Förstemann, Neues Urkundenbuch zur Geschichte der evangelischen Kirchen-Reformation Bd. 1. Hamburg 1842, S. 17 f., Nr. 27. Vgl. Ludolphy. Friedrich der Weise (wie Anm. 9), S. 59. – Zu den genannten Episoden vgl. auch Herbert Immenkötter, Albrecht von Brandenburg und Friedrich der

Weise. Ein Weg zu zwei Zielen, in: Cranach. Meisterwerke auf Vorrat. Die Erlanger Handzeichnungen der Universitätsbibliothek, hrsg. von Andreas Tacke (Schriften der Universitätsbibliothek Erlangen-Nürnberg 25). München 1994, S. 11–20.

39　Luther, Hans Worst (wie Anm. 35), S. 537 f. Vgl. Ludolphy. Friedrich der Weise (wie Anm. 9), S. 385.

40　Dye zaigung des hochlobwirdigen hailigthums der Stifft kirchen aller hailigen zu wittenburg. Wittenberg 1509. Nachdruck unter dem Titel: Lucas Cranach, Wittenberger Heiltumsbuch. Faksimile-Neudruck der Ausgabe Wittenberg 1509. Unterschneidheim 1969.

41　Zur Reliquiensammlung Friedrich vgl. in neuerer Zeit Michael Scholz, Residenz, Hof und Verwaltung der Erzbischöfe von Magdeburg in Halle in der ersten Hälfte des 16. Jahrhunderts (Residenzenforschung 7). Sigmaringen 1998, S. 217 f. (zu den Zahlen S. 218); Hartmut Kühne, Ostensio reliquiarum. Untersuchungen über Entstehung, Ausbreitung, Gestalt und Funktion der Heiltumsweisungen im römisch-deutschen Regnum (Arbeiten zur Kirchengeschichte 75). Berlin, New York 2000, S. 400–423; Stefan Laube, Zwischen Hybris und Hybridität. Kurfürst Friedrich der Weise und seine Reliquiensammlung, in: »Ich armer sundiger mensch«. Heiligen- und Reliquienkult am Übergang zum konfessionellen Zeitalter, hrsg. von Andreas Tacke (Schriftenreihe der Stiftung Moritzburg, Kunstmuseum des Landes Sachsen-Anhalt 1). Göttingen 2006, S. 170–207.

42　Zu Stiftsgründung und Reliquiensammlung vgl. noch immer Paul Redlich, Cardinal Albrecht von Brandenburg und das Neue Stift zu Halle 1520–1541. Eine kirchen- und kunstgeschichtliche Studie. Mainz 1900. Von den zahlreichen Arbeiten aus neuerer Zeit vgl. z. B. die Beiträge des Bandes: Cranach. Meisterwerke auf Vorrat (wie Anm. 38); Scholz, Residenz (wie Anm. 41), bes. S. 179–233; Kühne, Ostensio (wie Anm. 41), S. 424–444; Ursula Timann, Bemerkungen zum Halleschen Heiltum, in: Der Kardinal. Albrecht von Brandenburg. Renaissancefürst und Mäzen Bd. 2, hrsg. von Andreas Tacke. Regensburg 2006, S. 255–283.

43　Vorzeichnus und zceigung des hochlobwirdigen heiligthumbs der Stifftkirchen der heiligen Sanct Moritz und Marien Magdalenen zu Halle, Halle 1520. Nachdruck: Das Hallesche Heiltumsbuch von 1520. Nachdruck zum 450. Gründungsjubiläum der Marienbibliothek zu Halle, hrsg. von Heinrich L. Nickel. Halle 2001. Vgl. Livia Cárdenas, Albrecht von Brandenburg – Herrschaft und Heilige. Fürstliche Repräsentation im Medium des Heiltumsbuches, in: »Ich armer sundiger mensch« (wie Anm. 41), S. 239–270.

44　Redlich, Cardinal Albrecht (wie Anm. 42), S. 8, Anm. 1. Vgl. Scholz, Residenz (wie Anm. 41), S. 182.

45　Vgl. Hülsse, Streit (wie Anm. 21), S. 128–132.

46　Vgl. Ludolphy, Friedrich der Weise (wie Anm. 9), S. 252–256.

47　Paul Kalkoff, Die Depeschen des Nuntius Aleander vom Wormser Reichstage 1521 (Schriften des Vereins für Reformationsgeschichte 4,3). Halle 1886, Nr. 2, S. 20.

48　Förstemann, Urkundenbuch (wie Anm. 38), S. 8, Nr. 12.

49　Ebd., S. 9 f., Nr. 15 (5. Februar 1521); S. 10, Nr. 17 (7. Februar).

50　Schreiben Friedrichs an Albrecht vom 9. August 1521: LHASA, MD, A 1 Nr. 492, Bl. 4r–7r. Zu Bartholomäus Bernhardi, Propst von Kemberg, vgl. Julius August Wagenmann, Bernhardi, Bartholomäus, in: ADB 2 (1875), S. 459 f.

51　Schreiben Albrechts an Friedrich vom 23. August 1521: Des kursächsischen Rathes Hans von der Planitz Berichte aus dem Reichsregiment in Nürnberg 1521–1523, gesammelt von Ernst Wülcker, bearb. von Hans Virck. Leipzig 1899, S. 595–598, Nr. 2*. Vgl. ebd., S. LXXIX; Ludolphy, Friedrich der Weise (wie Anm. 9), S. 442 f.

52　Schreiben des Planitz an Friedrich vom 15. September 1521: Planitz: Berichte (wie Anm. 51), S. 600–606, Nr. 4* (Zitat S. 602). Vgl. ebd., S. LXXX.

53　LHASA, MD, A 1 Nr. 426.

54　Hülsse, Streit (wie Anm. 21), S. 131 f.

55　Luther, Hans Worst (wie Anm. 35), S. 538.

56　Vgl. Gerd Heinrich, Kardinal Albrecht von Brandenburg und das Haus Hohenzollern, in: Erzbischof Albrecht von Brandenburg (1490–1545). Ein Kirchen- und Reichsfürst der Frühen Neuzeit, hrsg. von Friedhelm Jürgensmeier (Beiträge zur Mainzer Kirchengeschichte 3). Frankfurt am Main 1991, S. 17–36, hier S. 25 f.

STEPHAN FLEMMIG

Friedrich der Weise und der Deutsche Orden in Preußen (1486–1525)

Einführung und Forschungsstand

Die Beziehungen Friedrichs des Weisen zum Deutschen Orden in Preußen fanden bisher keine gesonderte Bearbeitung.[1] Dies verwundert aufgrund der relativ günstigen Quellenlage; denn die ernestinische, zum Teil die albertinische und vor allem die Überlieferung des Deutschen Ordens erlaubten eine gute Rekonstruktion der Beziehungen. Berücksichtigung fanden die Beziehungen des sächsischen Kurfürsten zum Orden lediglich im Kontext des preußisch-polnischen Konflikts der letzten drei Jahrzehnte vor der Säkularisierung des Deutschen Ordens – also im Zeitraum von etwa 1498 bis 1526. Für drei Jahrzehnte standen mit Friedrich von Sachsen und Albrecht von Brandenburg zwei Fürsten aus bedeutenden Reichsdynastien an der Spitze des preußischen Ordenszweiges, was Folgen für die Gestaltung des Verhältnisses zum sächsischen Kurfürsten hatte. Die Wettiner – und hier Herzog Georg in weitaus größerem Maße als Kurfürst Friedrich – traten im polnisch-preußischen Konflikt gleichzeitig als Partei, als Vertreter des Reiches und als Vermittler auf. Entsprechend fand Friedrich der Weise in den älteren Arbeiten von Oberländer[2] und Matison zu Hochmeister Friedrich,[3] von Joachim zu Hochmeister Albrecht[4] und in der großen polnischen Synthese von Biskup[5] zu den polnisch-preußischen Beziehungen jener Zeit wiederholt Beachtung.

Der politische Aspekt in den genannten Beziehungen kann außerdem um einen weiteren Aspekt ergänzt werden. Die Ordensüberlieferung erlaubt die Rekonstruktion der »dynastischen Korrespondenz« zwischen Friedrich und den Hochmeistern Friedrich und Albrecht – eine Korrespondenz, in der persönliche Momente sowie der Einsatz Friedrichs für Bittsteller an den Orden eine zentrale Rolle spielen. Beide Aspekte – ausführlicher der politische sowie eher holzschnittartig der »dynastische« – sollen im Folgenden anhand der Überlieferung und anhand der genannten Literatur charakterisiert werden. Eine vollständige Erfassung der Quellen und der Forschung auf deutscher und polnischer Seite ist dabei nicht zu leisten.[6]

Friedrich der Weise und Hochmeister Friedrich von Sachsen

Vor der Jahrhundertwende ist ein Interesse des Kurfürsten am preußischen Konflikt, der sich in den 90er Jahren des 15. Jahrhunderts erneut zuspitzte, nicht zu erkennen. Auch in die Verhandlungen zwischen der Spitze des preußischen Ordenszweiges und den Albertinern über die Wahl Friedrichs zum Hochmeister wurde Friedrich der Weise nicht einbezogen.[7]

Die ersten Regierungsjahre des wettinischen Hochmeisters wurden von Diskussionen dominiert, die eine mögliche Rückgewinnung von an Polen abgetretenen Territorien und die Leistung des hochmeisterlichen Treueides der polnischen Krone gegenüber betrafen. Mit dem Zweiten Thorner Frieden von 1466 war Preußen in zwei Territorien zerfallen; das westliche, stärker urbanisierte königliche Preußen mit Pommerellen, Danzig, Marienburg, Elbing und Christburg sowie das östlich gelegene Deutschordenspreußen mit dem neuen hochmeisterlichen Sitz in Königsberg. Inwieweit Deutschordenspreußen an die polnische Krone angegliedert wurde, war 1466 nur vage formuliert worden. Der Hochmeister hatte für sein Territorium als polnischer Reichsfürst dem polnischen König innerhalb von sechs Monaten nach Amtsantritt den Treueid zu schwören und ihm Heerfolge zu leisten. Im Treueid sah die polnische Seite eine Art Lehnseid, obwohl sich das Wort *feudum* im Vertragstext nicht findet. Die Ordensseite lehnte einen Lehncharakter mit dem Verweis ab, dass der Orden, vertreten durch den Hochmeister als Schutzbefohlener des Papstes, keinen derartigen Eid schwören dürfe. Verkompliziert wurde die Situation dadurch, dass der Papst den Vertrag von 1466 nicht anerkannte.[8]

Friedrichs Vorgänger an der Spitze des Ordens, Johann von Tiefen, hatte den Eid geleistet und damit den Vertrag von 1466 anerkannt. Auch zur Heerfolge fand sich Tiefen bereit, auf der er im August 1497 verstarb. Der neue Hochmeister lehnte eine Eidesleistung ab, in der er das Symbol der Unterwerfung des Ordens unter die polnische Krone sah. Vielmehr wollte Friedrich mit Hilfe aller drei Ordenszweige (des preußischen, des livländischen und des deutschmeisterlichen) auf eine Rückgewinnung des 1466 abgetretenen »Königlich Preußen« hinarbeiten. Über sein Vorhaben, die Leistung des Treueides zu »verzögern«, de facto zu verweigern und das verloren gegangene Ordensgebiet zurückzugewinnen, informierte Friedrich nach seiner Wahl zum Hochmeister im September 1498 seinen Vater Albrecht und bat diesen, um Unterstützung in Dänemark zu werben. Weiterhin sollten König Maximilian, die Kurie, weitere Reichsfürsten und sogar der Fürst der Moldau gewonnen werden. In den folgenden Jahren wurde zwischen Hochmeister Friedrich und dem polnischen König Jan Olbracht (Johann Albrecht) intensiv über die Regelung des gegenseitigen Verhältnisses, und damit auch über die Eidesleistung verhandelt. Dabei trat Herzog Georg von Sachsen als Berater seines hochmeisterlichen Bruders und als Vermittler auf.[9]

Ein Einbezug Friedrichs des Weisen ist bis zum Tod Jan Olbrachts am 17. Juni 1501 erst im Februar 1501 zu belegen;[10] vermutlich auf Anregung der Gesandten des Deutschmeisters traf der hochmeisterliche Gesandte Dr. Dietrich von Werthern am 23. Februar in Nürnberg die Erzbischöfe von Mainz und Magdeburg und Kurfürst Friedrich von Sachsen. Thematisiert wurden die Eidesleistung und ein Kreuzzugsablass, den Papst Alexander VI. zugunsten der polnischen Krone in ihrem Kampf gegen die Türken ausgerufen hatte. Dieser Ablass sollte in allen polnischen Ländern, auch im königlichen und im deutschmeisterlichen Preußen, eingezogen werden. Im Oktober 1500 forderten der päpstliche Legat Bischof Kaspar von Cagli und der Krakauer Weihbischof Marian in Königsberg den Hochmeister auf, diesen Ablass für die Krone in seinen Ländern einzuziehen. Hochmeister Friedrich, der fürchtete, dass er auf diese Weise die polnische Hoheit anerkennt, konnte den Bischof von Samland als Ablasskommissar durchsetzen und wandte sich mit einer von Ludwig von Saunsheim und Dietrich von Werthern ausgeführten Gesandtschaft in der Ablassfrage an das Reich.[11]

Der hochmeisterliche Gesandte hatte insofern Erfolg, als am 11. März 1501 ein Schreiben an den Papst aufgesetzt wurde, in dem das Reichsregiment gegen die päpstliche Absicht protestierte, in Preußen einen Ablass zugunsten Polens zu erheben. In einem weiteren, vorläufig geheim zu haltenden Mandat vom 16. März wurde der Hochmeister aufgefordert, die Eidesleistung dem polnischen König gegenüber nicht zu vollziehen; der polnische König wurde ermahnt, den Hochmeister nicht zu bedrängen.[12] Friedrich der Weise scheint bei den Beratungen des Reichsregiments in dieser Angelegenheit keine aktive Rolle gespielt zu haben. Erhalten ist vom 25. April nur die Aufforderung

Abb. 1
Friedrich von Sachsen, Hochmeister des Deutschen Ordens, in: Sächsisches Stammbuch, 1500–1546, Sächsische Landesbibliothek – Staats- und Universitätsbibliothek Dresden, Sign. Mscr. Dresd. R. 3, fol. 89r

König Maximilians an den Kurfürsten, die polnische Gesandtschaft zur Abreise aus Nürnberg zu bewegen und sie bis nach Neumarkt geleiten zu lassen.[13]

In den folgenden zwei Jahren wurde Friedrich der Weise nicht erneut im polnisch-preußischen Konflikt aktiv. Weiterhin verhandelte der Hochmeister mit der polnischen Seite dilatorisch über die Eidesleistung; nach dem Tod Jan Olbrachts zunächst mit dessen Bruder, dem polnischen Primas Fryderyk, ab Dezember 1501 mit dem neuen polnischen König Aleksander. Herzog Georg von Sachsen war auch in diese Verhandlungen eingebunden und stand brieflich und durch Gesandtschaften sowohl mit dem Hochmeister als auch mit König Aleksander in Kontakt.[14]

Ein wiederholtes Angebot Herzog Georgs, zwischen den Parteien zu verhandeln, lehnte Aleksander im März 1503 unter Verweis auf seine andauernden Verhandlungen mit Moskau ab;[15] dieses königliche Schreiben sandte Herzog Georg an seinen Bruder, den Hochmeister, sowie an seine ernestinischen Vettern Friedrich den Weisen und Johann.[16]

Die ergebnislosen Verhandlungen wurden Ende 1503 intensiviert. Nachdem König Aleksander mit Moskau einen Friedensschluss erzielt hatte, war er bestrebt, die preußische Frage endgültig zu regeln. Dafür lud er den Hochmeister nach Petrikau und erbat im Dezember 1503 von Herzog Georg von Sachsen die Sendung einer Gesandtschaft.[17] Anfang April 1504 trafen die herzoglich sächsischen Gesandten (Adam von Beichlingen, Dietrich von Schleinitz und Dr. Johann Mogenhofer) in Thorn ein und wurden am 12. April vom König empfangen. Die hochmeisterlichen Gesandten hatten zuvor erklärt, den herzoglich sächsischen Gesandten die Verhandlungsführung zu überlassen. Erzielen sollten sie nach dem Willen des Hochmeisters und seines Bruders Georg die Änderung von »beschwerlichen« Artikeln des Thorner Friedens von 1466; die Befreiung Friedrichs von der Eidesleistung auf Lebenszeit und die Rückgabe der dem Orden verloren gegangenen Landesteile ganz oder zu Lehen. Dafür war der Orden bereit, die polnische Krone im Kampf gegen die Ungläubigen zu unterstützen. Um die sächsische Vermittlungsposition zu stärken, erbat sich Herzog Georg von Friedrich dem Weisen und Herzog Johann Gesandte, die seine eigene Gesandtschaft stärken sollten.[18] Tatsächlich fertigten Friedrich und Johann den Heinrich von Bünau ab; er sollte jedoch nur passiver Beobachter der Verhandlungen sein und wurde auf polnischen Druck von den Verhandlungen ausgeschlossen.[19] Die Verhandlungen scheiterten letztlich aufgrund der verhärteten Haltung der polnischen und der Ordensseite; am 20. April entließ Aleksander die sächsischen Gesandten.[20]

Im Dezember 1504 reiste eine polnische Gesandtschaft nach Rom, um Papst Julius II. zu einer Stellungnahme im polnisch-preußischen Konflikt zu gewinnen. Die Gesandten konnten eine an den Hochmeister gerichtete päpstliche Breve erwirken (11. Mai 1505), in der Friedrich aufgefordert wurde, dem polnischen König den Treueid zu leisten. Der Ordensprokurator Georg von Eltz erhielt Kenntnis von der Breve, reiste nach Köln und konnte an Papst und Kurie gerichtete Schreiben des Königs Maximilian, der Kurfürsten, Erzherzog Philipps und weiterer deutscher Adeliger zugunsten des Ordens erwirken. Sicher ist, dass sich Herzog Georg für die Ausfertigung der Schreiben eingesetzt hat; nach Matison kann auch Friedrich der Weise in diese Richtung gewirkt haben. Letztlich blieben die Schreiben erfolglos; Julius II. widerrief seine Breve nicht.[21]

Nach dem Tod König Aleksanders setzte dessen Bruder Zygmunt I Stary (Sigismund I. der Alte) die Politik gegen den Deutschen Orden im Sinne seiner Vorgänger fort. Hochmeister Friedrich wurde erneut zum König geladen, um den Treueid zu leisten. Dieser Eidesleistung entzog sich Friedrich durch seine Reise in das Reich. Im Juni 1507 erreichte der Hochmeister Dresden, zog anschließend nach Schellenberg, dann nach Weißensee um und ließ sich schließlich in Rochlitz nieder. Nach Preußen kehrte er bis zu seinem Tod nicht zurück.[22] Nach seiner Umsiedlung von Preußen in das Herzogtum Sachsen hatte Friedrich versucht, den sächsischen Kurfürsten zu kontaktieren, doch verweigerten Friedrich und sein Bruder Johann dem Hochmeister zunächst einen Empfang.[23] Dieser reiste im Oktober 1507 dennoch nach Weimar; es gelang ihm, Friedrich den Weisen für sich und den Orden zu gewinnen.[24] Im Zwist des Kurfürsten mit Herzog Georg bot der Hochmeister seine Vermittlung an.[25]

König Zygmunt bat seinen Bruder, den böhmisch-ungarischen König Vladislav (Ladislaus), bei König Maximilian in der Ordensfrage für Polen zu werben. Hierzu wurde der Franziskaner Johann, Bischof von Wardein, entsandt.[26] Auch an den sächsischen Kurfürsten und an dessen Bruder fertigte der polnische König im Frühjahr 1508 einen Gesandten ab; was dieser mitteilen sollte, ist jedoch unbekannt.[27] Hochmeister Friedrich und sein Bruder Herzog Georg reagierten auf die polnischen Initiativen mit einem Schreiben an König Maximilian, in dem sie vorschlugen, Vladislav als Vermittler im Streit zu gewinnen, für den Notfall aber Ernestiner, Brandenburger und Pommern um Unterstützung für den Orden aufzufordern. Maximilian nahm diese Vorschläge an, die auch der ungarische Gesandte akzeptierte.[28]

König Zygmunt regte Anfang 1508 einen Tag an, auf dem der preußisch-polnische Konflikt erneut verhandelt werden sollte. Als Ort der Verhandlungen wurde Breslau, als Termin Mittfasten 1508 bestimmt. Hochmeister Friedrich, die preußischen Stände, der Deutschmeister und Herzog Georg bestimmten Vertreter für den Breslauer Tag. Der Hochmeister versuchte mit einem Schreiben auch Kurfürst Friedrich den Weisen dazu zu bewegen, sich durch Gesandte auf dem Tag für den Orden einzusetzen.[29] Im März 1508 erklärte der polnische König jedoch, dass er den Tag doch nicht beschicken werde, da er nicht bereit sei, eine innere Angelegenheit Polens auf einem internationalen Tag zu diskutieren.[30]

Nach dem gescheiterten Tag zu Breslau korrespondierten Hochmeister Friedrich und Herzog Georg im Juni 1508 über die Möglichkeit, den ehemaligen Kanzler des Kurfürsten, Johannes von Kitzscher, in der Frage nach Rom zu schicken.[31] Kitzscher hatte sich 1495 als Höfling im Umkreis des späteren Hochmeisters aufgehalten. Im Sommer 1508 muss er zum neuen Prokurator des Deutschen Ordens in Rom ernannt worden sein. In dieser Eigenschaft bestand seine erste Aufgabe in Rom darin, einen neuen Kardinalprotektor für den Orden zu suchen und zu bestätigen. Seine Wahl fiel auf Kardinal Raffaele Sansoni Riario, einen Verwandten des Papstes. Kitzscher gelang es überdies, in drei für den Orden entscheidenden Fragen auf den Papst einzuwirken und dessen Gunst zu erlangen: erstens bezüglich der Verhinderung der Pläne von Bischof Watzenrode, sein Bistum Ermland zum Erzbistum zu erheben, zweitens bezüglich der Auflösung oder zumindest Aussetzung des Thorner Friedens von 1466 und drittens bezüglich der Versuche des polnischen Königs Zygmunt, den Papst für seine Position zu gewinnen. Offen bleibt, ob und inwieweit Friedrich der Weise über das Wirken Kitzschers in Rom informiert war und wie er darüber dachte.[32]

Im April 1509 informierte Hochmeister Friedrich den sächsischen Kurfürsten über sein Vorhaben, auf dem Reichstag zu Worms das Reich um Hilfe für den Orden zu bitten.[33] Die Rede des Hochmeisters, in der er die Zugehörigkeit des Ordens zum Reich betonte, auf die große Bedeutung des Ordens für den deutschen Adel verwies und deshalb um Rat und Hilfe gegen die polnische Krone bat, bewirkte positive, aber keine entscheidenden Reaktionen zugunsten des Ordens. Kaiser Maximilian und das Reich wandten sich an König Zygmunt und forderten ihn zu Verhandlungen auf, in die der Papst und der böhmisch-ungarische König Vladislav einbezogen werden sollten. Der polnische König stimmte dem zu; für Johannis 1510 wurde ein internationaler Tag in Posen angesetzt. Dieser kam im Gegensatz zum Tag von Breslau zustande und wurde mit Vertretern des Kaisers, der Reichsstände, des preußischen und deutschmeisterlichen Ordenszweiges, der preußischen Stände, der polnischen Krone und des Papstes beschickt. In die Vorbereitung des Tages wurden albertinische und ernestinische Räte einbezogen.[34] Friedrich der Weise und Herzog Johann waren bereit, ihren Kanzler Dr. Johannes Mogenhofer[35] nach Posen zu schicken; der Hochmeister bat am 3. Juni darum, lieber den Dr. Hennig[36] zu schicken, der sich am 14. Juni in Leipzig einfinden solle.[37] Die fast vierwöchigen Verhandlungen verliefen teilweise polemisch und scheiterten im Juli 1510 erneut an den verhärteten Positionen der Parteien. Ein knappes halbes Jahr später verstarb Hochmeister Friedrich am 14. Dezember 1510 nach schneller, nicht näher bekannter Krankheit 36-jährig in Rochlitz.[38]

Friedrich der Weise und Hochmeister Albrecht von Brandenburg

In die Verhandlungen über die Nachfolge Albrechts von Brandenburg in das Amt des Hochmeisters scheinen die Ernestiner – im Gegensatz zu Herzog Georg von Sachsen – nicht eingebunden gewesen zu sein.[39] Albrecht setzte nach seiner Einkleidung mit dem Ordensgewand, die am 13. Februar 1511 in Zschillen im Beisein Herzog Georgs von Sachsen stattfand, und der verbindlichen Zusage von Ordensvertretern zu seiner Wahl zum Hochmeister die Politik seines wettinischen Vorgängers der polnischen Krone gegenüber fort; auch er verweigerte die Leistung des Treueides. Dazu reiste Albrecht zunächst nicht nach Preußen, sondern verhandelte im Reich mit dem Kaiser und Reichsvertretern. Sehr früh beabsichtigte der Hochmeister, auch den sächsischen Kurfürsten zu gewinnen. Am Ansbacher Hof wurde noch im Februar 1511 ein Tag des polnischen und des böhmisch-ungarischen Königs mit dem neuen Hochmeister, dessen Bruder Kasimir und mit Räten deutscher Fürsten in Breslau geplant. Friedrich der Weise wurde über dieses Vorhaben in mehreren Schreiben unterrichtet. Letztlich scheiterte der Tag an der ablehnenden Haltung von König Zygmunt, der Albrecht empfehlen ließ, das Hochmeisteramt gar nicht erst anzutreten, wenn er beabsichtige, wie sein Vorgänger den Treueid zu verweigern. Dabei verwies der polnische König auf das Schicksal Friedrichs, der außerhalb der Ordenslande gestorben sei. Auch die Gesandten von König Vladislav, die eine Fürbitte des Kaisers überbrachten, konnten Zygmunt nicht umstimmen. Anfang April 1511 trafen sich in Breslau nur der Gesandte des polnischen Königs Piotr Tomicki, der böhmisch-ungarische König Vladislav und Markgraf Georg von Brandenburg-Kulmbach. Zygmunt konnte nun dazu bewegt werden, Albrecht die Reise ins Ordensland und seine Wahl zum Hochmeister zu gestatten und im Weiteren die Verhandlungen Vladislavs und Markgraf Georgs abzuwarten.[40]

Im Februar 1512 traf Hochmeister Albrecht in Nürnberg mit Kaiser Maximilian, kaiserlichen Räten und mit Kurfürst Friedrich zusammen, um über die Haltung des Deutschen Ordens der polnischen Krone gegenüber zu sprechen. Maximilian versuchte die Gelegenheit zu nutzen, um die Zugehörigkeit des Ordens und Preußens zum Reich zu betonen. Friedrich der Weise schlug Albrecht vor, die Ordensfrage dem nächsten Reichstag vorzulegen und, falls sich die Einberufung desselben verzögern sollte, das Reich um militärische Unterstützung zu ersuchen.[41] Am 23. Februar schrieb Maximilian an die Kurfürsten Friedrich von Sachsen und Joachim von Brandenburg und forderte sie auf, den Orden zu unterstützen.[42]

Für November 1512 wurde ein Tag zu Petrikau angesetzt, auf dem König Zygmunt und Vertreter der polnischen Krone, des Hochmeisters, des Reiches und Preußens erneut über die Ordensfrage verhandeln sollten. Während der Vorbereitungen zu diesem Tag bat Hochmeister Albrecht unter anderem Kurfürst Friedrich von Sachsen, Kurfürst Joachim von Brandenburg und Herzog Georg von Sachsen um die Entsendung von Räten nach Petrikau.[43] Die wettinische Seite sandte Dr. Dietrich Werthern und Johannes Kitzscher. Besonders letztgenannter beriet Markgraf Kasimir, den Bruder und Vertreter des Hochmeisters. Aktiv in die Verhandlungen griffen die wettinischen Gesandten aber nicht ein.[44] Am 4. Dezember 1512 entwarf die polnische Seite in Petrikau einen Rezess, der das Verhältnis des Deutschen Ordens zu Polen auf eine neue Grundlage stellen sollte. Einige Punkte des Thorner Friedens von 1466 wurden zugunsten des Ordens konkretisiert oder abgeändert, andere festigten eher die polnische Position. Die zentralen Punkte wie die Frage des Verhältnisses von polnischem König und Hochmeister oder die Frage, wem Preußen letztlich gehöre, wurden auf ein zukünftiges Treffen der beiden vertagt. Der Petrikauer Rezess stellte gleichzeitig die Verpflichtung des Deutschen Ordens zum Heidenkampf heraus, die der Orden nun im Schwarzmeerraum zu erfüllen habe. Damit war langfristig eine Umsiedlung des Ordens aus Preußen heraus intendiert. Hochmeister Albrecht lehnte diese Vorschläge ab und wandte sich mit der Bitte um Hilfe erneut an das Reich.[45]

König Zygmunt forderte den Hochmeister Anfang 1513 zum wiederholten Male auf, die polnische Krone militärisch gegen Moskau zu unterstützen. Albrecht bat daraufhin ausgewählte Kur- und Reichsfürsten in Bezug auf diese Forderung des polnischen Königs um Rat. Friedrich der Weise antwortete am 19. März aus Wittenberg und erklärte, dass es für den Orden zwar nicht gut sei, dieser Forderung nachzukommen, empfahl aber, dem polnischen König die grundsätzliche Bereitschaft zur Hilfe zu versichern, sich jedoch das Votum der preußischen Stände und Livlands vorzubehalten.[46]

Im Frühjahr 1513 näherte sich Zygmunt der ungarischen Partei um Jan Zapolya an, dessen Schwester Barbara er ein Jahr zuvor geheiratet hatte. Maximilian sah durch diese Annäherung seine Interessen in Ungarn bedroht und griff die Idee eines von Markgraf Kasimir von Brandenburg-Ansbach angeregten antijagiellonischen Bündnisses auf. Der Schutz des Deutschen Ordens sollte ein Ziel dieses Bündnisses sein. Eine zentrale Rolle in dem Bündnis sollte nach Maximilian, der selbst in Frankreich gebunden war, Moskau spielen. Dem kam entgegen, dass Großfürst Vasilij III. seit 1512 militärisch gegen Litauen aktiv war. Des

Weiteren sollten der dänische König Christian II., der livländische Ordensmeister Plettenberg und verschiedene Reichsfürsten – darunter Friedrich der Weise – für die Koalition gewonnen werden.[47] Der kaiserliche Gesandte Georg Schnitzenpaumer wurde im Sommer 1513 mit dem Auftrag abgefertigt, bei den ansbachischen Hohenzollern, bei Friedrich dem Weisen, Kurfürst Joachim von Brandenburg, dem Deutschen Orden in Preußen und in Livland und schließlich in Moskau für das Bündnis zu werben.[48] In die gleiche Richtung zielte die Instruktion für den Ordenskanzler Georg von Eltz, der etwa zeitgleich, im Juni 1513, zu Maximilian, den Kurfürsten von Brandenburg und Sachsen, zu Herzog Georg von Sachsen und zum Markgrafen Kasimir entsandt wurde.[49] Friedrich der Weise empfing Schnitzenpaumer im September oder Oktober 1513, reagierte auf die kaiserlichen Bündnispläne aber sehr reserviert. Eine Zusage machte er von Beratungen mit den kursächsischen Ständen und seinem Bruder Herzog Johann abhängig.[50] Vasilij III. hingegen nahm die Pläne Maximilians positiv auf, sodass die Verhandlungen über eine antijagiellonische Koalition im Verlauf des Jahres 1514 fortgeführt wurden.[51]

Für Spätherbst 1514 wurde in Lübeck ein Treffen des kaiserlichen Gesandten Melchior von Masmünster, der Gesandten Kurbrandenburgs, Kursachsens und der Kulmbacher Markgrafen sowie der Gesandten des Hochmeisters verabredet.[52] Friedrich der Weise war schon im Vorfeld nur bereit, seinen Rat Hans von der Planitz[53] an Friedensverhandlungen zwischen dem Deutschen Orden und der polnischen Krone teilnehmen zu lassen. Bei Verhandlungen zu einem antipolnischen Bündnis sollte sich Planitz neutral verhalten und den Kurfürsten lediglich informieren. Planitz wurde außerdem aufgetragen, sich bei den Verhandlungen eng mit Brandenburg abzustimmen. Anfang Oktober traf Planitz in Jüterbog mit Kurfürst Joachim zusammen, der seine Befürchtung äußerte, im Falle eines Beitritts zum Bündnis einen polnischen Angriff auf Brandenburg zu provozieren und ein persönliches Treffen mit Friedrich dem Weisen vereinbarte. In Wittenberg einigten sich der sächsische und der brandenburgische Kurfürst noch im Oktober darauf, dem antipolnischen Bündnis nicht beizutreten.[54]

Bei den Verhandlungen in Lübeck Anfang November 1514 äußerten vor allem die brandenburgischen Vertreter ihre Bedenken dem Bündnisprojekt gegenüber. Dennoch trafen die kaiserlichen, kurbrandenburgischen, kursächsischen, ansbachischen und Ordensgesandten in Tönning (dän. Tønning) den dänischen König Christian II. Dieser machte seinen Beitritt zu dem antipolnischen Bündnis von der Teilnahme Kurbrandenburgs und Kursachsens abhängig und vertagte die Verhandlungen auf Februar 1515 nach Lübeck. Kaiser Maximilian versuchte im Folgenden, Kurbrandenburg und Kursachsen von dem Bündnis zu überzeugen, hatte damit aber keinen Erfolg.[55] Der Tag zu Lübeck fand Anfang Februar zwar statt, doch waren zunächst nur der kaiserliche Gesandte Melchior von Masmünster, die hochmeisterlichen Gesandten und – in der Nähe von Lübeck – der dänische König anwesend. Die kurbrandenburgischen und kursächsischen Gesandten trafen verspätet ein und erklärten, nur als Beobachter teilnehmen zu können. Melchior von Masmünster erklärte die Bündnisverhandlungen daraufhin für gescheitert.[56]

Parallel zu den ja ursprünglich von Maximilian angeregten Verhandlungen über das antijagiellonische Bündnis suchte der Kaiser einen Ausgleich mit den Jagiellonen in Bezug auf den Donauraum. Hierzu trafen sich im Juli 1515 Maximilian, Zygmunt von Polen und der böhmisch-ungarische König Vladislav in Wien. Insgesamt wurden fünf Verträge geschlossen, die Heiratsvereinbarungen zwischen den Jagiellonen und Habsburgern verabredeten und die Adoption Ludwigs, des Sohnes von Vladislav, durch Maximilian vorsahen. Der Kaiser verpflichtete sich weiterhin, dahingehend auf das Reichsgericht einzuwirken, dass dieses die preußischen Städte nicht vorlädt und den Bann über Danzig und Elbing aufhebt. Weiterhin verpflichtete

sich der Kaiser, den Thorner Frieden anzuerkennen und den Hochmeister des Deutschen Ordens nicht an der Eidesleistung dem polnischen König gegenüber zu hindern. Der Kaiser versprach, den Orden weder mit Rat noch Tat zu unterstützen. Weiterhin wurde festgelegt, dass innerhalb von fünf Jahren Polen und der Orden einen Ausgleich erzielen sollten, gegebenenfalls unter Vermittlung von Ungarn und Maximilian.[57]

Trotz der gescheiterten Verhandlungen bezüglich des antijagiellonischen Bündnisses setzte Albrecht, der vom Kaiser über die Wiener Vereinbarungen lange im Unklaren belassen wurde, die Werbungen bei Moskau[58] und der Kurie sowie im Reich fort. Kaiser Maximilian, durch seine Italienpolitik und die Wiener Beschlüsse gebunden, reagierte ausweichend. Hochmeister Albrecht versuchte deshalb, die Reichsfürsten für den Orden zu gewinnen, hatte damit aber nur wenig Erfolg. Georg von Sachsen riet zum friedlichen Ausgleich mit König Zygmunt;[59] Kurfürst Friedrich von Sachsen,[60] Kurfürst Joachim von Brandenburg, der Erzbischof von Mainz und Magdeburg verwiesen den Hochmeister an Kaiser und Reich.[61] Eine Gesandtschaft unter Heinrich von Miltitz an die sächsischen Fürsten und an Landgräfin Anna von Hessen warb im Herbst 1516 um Fürschriften der Fürsten zugunsten des Ordens an den Kaiser. Damit hatte Heinrich von Miltitz Erfolg, Kurfürst Friedrich, Herzog Georg und Herzog Johann sowie Landgräfin Anna setzten im September Fürschriften für den Orden an den Kaiser auf.[62]

Das Jahr 1517 war von zahlreichen parallel stattfindenden, teilweise gegeneinander agierenden Gesandtschaften der verschiedenen Akteure geprägt. Kaiser Maximilian schickte seinen Gesandten Herberstein in das Königreich Polen sowie in das Großfürstentum Moskau. Parallel zu Herberstein verhandelte der hochmeisterliche Vertraute Dietrich von Schönberg in Moskau mit dem Großfürsten. Bei einer Audienz vor Vasilij III. im März 1517 erklärte Dietrich, dass der Hochmeister mit dem livländischen Meister, mit dem »Fürst von Sachsen« und mit anderen Fürsten Verabredungen getroffen habe, die darauf zielten, die dem Orden 1466 verloren gegangenen Gebiete zurückzuerobern. Dafür wurde der Großfürst um finanzielle Unterstützung ersucht. Vasilij III. erklärte sich zu einem Bündnis gegen Polen bereit, das im Verlauf des Jahres aber scheiterte.[63] Auch mit Dänemark nahm der Hochmeister – ebenfalls vergeblich – Verhandlungen auf. König Zygmunt sandte im späten Frühjahr 1517 seinen Gesandten Rafał Leszczynski zu Kaiser Maximilian, um unter anderem über die Spannungen mit dem Deutschen Orden zu verhandeln. Der Kaiser wurde aufgefordert, auf den Orden dahin gehend einzuwirken, dass dieser die Provokationen einstelle, die zum Krieg führen müssten. Im Juni erklärte Maximilian zur Unzufriedenheit des polnischen Gesandten, dass er die Rückkehr seines Gesandten Herberstein aus Moskau abwarten wolle, bevor er in der Angelegenheit aktiv werde.[64]

Im Oktober 1517 brach Hochmeister Albrecht zu einer bereits länger geplanten Reise in das Reich auf. Offiziell reiste er in dynastischen Angelegenheiten nach Brandenburg; tatsächlich ging es um Verhandlungen mit den deutschen Fürsten über eine Hilfe gegen Polen. Ende November erreichte Albrecht Berlin und nahm, unterstützt von weiteren Ordensvertretern, Verhandlungen mit Kurfürst Joachim und Markgraf Kasimir auf. Mehr als eher allgemeine Hilfszusagen für den Orden konnte der Hochmeister aber nicht erwirken. Im Anschluss reiste Hochmeister Albrecht am 8. Dezember 1517 zu Kurfürst Friedrich von Sachsen nach Lochau. Albrecht bat Friedrich den Weisen um Hilfe gegen die Polen und um Fürsprache bei Friedrichs Bruder Johann, damit auch dieser dem Orden Hilfe zukommen lasse.[65] Kurz darauf wiederholte der hochmeisterliche Gesandte Georg von Eltz vor Kurfürst Friedrich und seinem Bruder Johann das Anliegen Albrechts. Die doppelte Werbung hatte keinen Erfolg; die Ernestiner lehnten jede Hilfszusage ab. Dem Hochmeister wurde eine Konferenz mit den deutschen Fürsten vorgeschlagen, auf der sie sich dann für sein Anliegen verwenden würden.[66]

Im folgenden Jahr begann Albrecht, nachdem es ihm und seinen Vertrauten in Königsberg gelungen war, die Ordensleitung und die Stände davon zu überzeugen, mit der Vorbereitung eines militärischen Vorgehens gegen Polen. In diesem Zusammenhang reiste der hochmeisterliche Gesandte Sigmund von Sichau im Frühjahr 1518 in das Reich, um Hilfe einzuwerben. Friedrich der Weise wurde gebeten, Kriegshilfe zu stellen oder zumindest den Durchzug von Söldnern durch sein Gebiet zu gestatten.[67] Anschließend kam es zu weiteren Verhandlungen des Hochmeisters mit Dänemark und Moskau, die aber keine konkreten Ergebnisse zeitigten. Um Moskau zu gewinnen, behauptete Albrecht im Juni 1518 in Labiau dem russischen Gesandten Elizar Sergeev Sukov gegenüber, er habe bereits gegen Polen gerichtete Verträge mit dem dänischen König, den Kurfürsten von Mainz, Köln, Brandenburg, Sachsen und der Pfalz sowie mit den Herzögen von Sachsen, Bayern, Braunschweig-Wolfenbüttel, Jülich-Kleve-Berg und dem Markgrafen Kasimir geschlossen; mit weiteren Dynasten verhandele er noch. Auch diese viel zu optimistische und offensichtlich falsche Darstellung – wie bereits 1517 – konnte die Verhandlungen aber nicht voranbringen. Kaiser Maximilian war aufgrund seiner Pläne zu einem Türkenzug und aufgrund der bevorstehenden Wahl seines

Enkels Karl zum König, für die er die von Polen abhängige böhmische Kurstimme gewinnen wollte, nicht an einem Krieg zwischen dem Deutschen Orden und Polen interessiert. Kaiserliche Gesandte konnten Albrecht von seinen Kriegsvorbereitungen aber nicht abbringen. Auch von der Kurie ausgehende Pläne, den Frieden zu erhalten, scheiterten.[68]

Nach dem Tod Kaiser Maximilians hoffte Hochmeister Albrecht, aus den Wahlverhandlungen Gewinn ziehen zu können. Diesbezüglich wandte er sich am 17. Februar 1519 an Kurfürst Friedrich mit der Bitte, sein Anliegen zu unterstützen.[69] Zugleich wurden die Kriegsvorbereitungen fortgesetzt, mit Dänemark, Moskau, dem livländischen und dem deutschmeisterlichen Ordenszweig und Reichsfürsten – ergebnislos – über Hilfen verhandelt. Der kurmainzische Hofmarschall Moritz Knebel wurde Anfang Juni 1519 zu den Kurfürsten von Mainz, Sachsen und Brandenburg entsandt; Rüdiger Schenk zu Herzog Georg von Sachsen.[70] Kurfürst Friedrich verwies in seiner Antwort[71] auf seine bereits in Lochau dem Hochmeister persönlich geäußerte Position und begründete die Verweigerung von Unterstützung mit Reichshändeln. Herzog Georg lehnte ebenfalls jegliche Unterstützung zu einem Krieg ab und bot nur an, bei Verhandlungen mit Polen zu vermitteln.[72]

Wenige Wochen später wurde Anton von Schönberg, instruiert wahrscheinlich von seinem Bruder Dietrich, zu Kurfürst Friedrich von Sachsen entsandt.[73] Er sollte vier Fragen anbringen. Erstens sollte Anton fragen, was der Kurfürst bei der Wahl von Karl für den Hochmeister getan habe. Zweitens, ob es der Kurfürst ratsam finde, Gesandte zum König nach Spanien zu senden. Drittens, ob der Kurfürst dem Hochmeister vier Geschütze, 400 Kugeln, einen Büchsenmeister und einen Wundarzt senden könne. Und viertens, ob der Kurfürst als Reichsvikar dem Fürstentum Masowien, das ja vom Reich zu Lehen rühre, im Falle eines Krieges zwischen Polen und dem Orden Neutralität gebieten könne. Kurfürst Friedrich antwortete, er wisse nichts von einer Lehnshoheit des Reiches über Masowien. Geschütze könne er nicht entbehren. Auf dem Wahltag sei er nur fünf Tage gewesen und von einer Beschickung des Königs in Spanien rate er ab. Der Hochmeister solle seine Anliegen lieber vor die kaiserlichen Kommissare zu Augsburg bringen.[74]

Im Oktober 1519 versuchten die Kurfürsten von Mainz, Brandenburg und Sachsen, den unmittelbar drohenden Krieg zu verhindern. Bei einem Treffen mit Herzog Georg von Sachsen in Zerbst am 16. und 17. November beschlossen sie, einen Gesandten zum Hochmeister abzufertigen. Am 23. November reiste der brandenburgische Sekretär Johann von Knobelsdorf nach Königsberg ab; der Hochmeister beantwortete das Vermittlungsangebot der vier Fürsten jedoch – ebenso wie ein ähnliches Angebot des Pfälzer Kurfürsten – ausweichend.[75]

Auch der polnischen Seite waren die Rüstungen der gegnerischen Seite und das Werben Albrechts um Bündnispartner nicht verborgen geblieben. Im Dezember 1519 beschlossen der polnische Kronrat in Thorn, kurz darauf auch der Ständetag von Königlich-Preußen, den Krieg gegen den Deutschen Orden zu eröffnen; die konkreten Kampfhandlungen begann jedoch Hochmeister Albrecht mit dem Überfall auf das ermländische Braunsberg zum Neujahrstag 1520.[76]

Der militärische Verlauf des sogenannten Reiterkrieges von 1519 bis 1521 ist im Folgenden nicht zu skizzieren.[77] Diplomatisch bedeutsam wurde nach einer ersten Phase, die von Dezember 1519 bis Februar 1520 dauerte, ein internationaler Vermittlungsversuch in Thorn, an dessen Vorbereitung Friedrich der Weise größeren Anteil hatte. Da der Tag von Thorn zumindest in der polnischen Forschung von Biskup ausführlich behandelt wurde, sollen im Folgenden nur die zentralen, für die Fragestellung des Beitrags relevanten Aspekte skizziert werden.

In der zweiten Januarhälfte 1520 hatten sich die Kurfürsten von Mainz, Sachsen und Brandenburg in Zeitz getroffen. Eigentlich sollte über die Hildesheimer Stiftsfehde beraten werden. Der ebenfalls anwesende Dietrich von Schönberg erwirkte aber eine Diskussion der preußischen Frage; er bat die Kurfürsten um bewaffnete Hilfe für den Hochmeister und um Gestattung des Durchzuges von Söldnern für den Orden durch die Kurfürstentümer. Friedrich der Weise verweigerte eine Stellungnahme; vorher wollte er sich mit seinem Bruder Johann und mit seinem Vetter Georg unterreden. Die Kurfürsten beschlossen, ihre Beratungen am 8. Februar fortzusetzen. Zunächst berieten die Kurfürsten über ein angemessenes Antwortschreiben an den polnischen König, der die Kurfürsten und Herzog Georg in einem Schreiben vom 19. Januar über seine Gründe, den Krieg gegen Albrecht zu führen, unterrichtet hatte.[78] Darüber hinaus beschlossen die Kurfürsten, ihre Vermittlung in dem Konflikt anzubieten; dieses Vermittlungsangebot teilten sie in ihrer mit Herzog Georg von Sachsen abgestimmten Antwort Ende Februar 1520 sowohl dem polnischen König als auch dem Hochmeister mit. Die Fürsten kündigten an, ihre Gesandten zu schicken; diese sollten sich am 18. März in Frankfurt / Oder versammeln, für sie wurde Geleit erbeten.[79] Nach Biskup sollte das rasche Handeln dem Hochmeister und dem Orden in seiner bedrängten Lage helfen.[80]

König Zygmunt nahm das Vermittlungsangebot zwar an, verzögerte im Folgenden aber die Reise der fürstlichen Gesandten nach Thorn und verbot ihnen, sich unterwegs direkt mit dem Hochmeister in Verbindung zu setzen. Die Gesandten – für Kurfürst Albrecht der Dompropst Levin von Veltheim und Dr. Sebastian von Rotenhan; für Kurfürst Friedrich Heinrich Reuß von Plauen und Philipp von Feilitzsch; für Kurfürst Joachim der Adelige Christian Borke und Dr. Sebastian Stüblinger; für Herzog Georg Dr. Dietrich von Werthern und Heinrich von Schleinitz – erreichten deshalb erst am 9. April Thorn.[81]

Die am 10. April beginnenden und mit Unterbrechung bis Ende Mai andauernden Verhandlungen des polnischen Königs mit den kurfürstlichen Gesandten lassen sich aufgrund zahlreicher Schreiben und der Instruktionen gut rekonstruieren. Den Gesandten wurde von polnischer Seite mit großem Misstrauen begegnet – sie galten nicht als neutrale Vermittler. Somit gelang es weder ihnen noch den ebenfalls in Thorn anwesenden päpstlichen und ungarischen Gesandten, einen Ausgleich zwischen dem Hochmeister und dem polnischen König zu vermitteln. Eine Änderung des Petrikauer Rezesses lehnte Zygmunt, der dem Hochmeister Ungehorsam und Provokationen vorwarf, entschieden ab.[82]

Auf ihrer Reise nach Thorn korrespondierten die fürstlichen Gesandten mehrfach mit Friedrich dem Weisen, der in der Angelegenheit mit Herzog Georg von Sachsen und dem Hochmeister in Verbindung stand;[83] für die Dauer der Verhandlungen selbst dagegen sind nur vom 13. und 16. April kurfürstlich-sächsische Korrespondenzen belegt.[84]

Kursachsen und das Herzogtum Sachsen spielten für Hochmeister Albrecht eher in strategischer Hinsicht eine zentrale Rolle. Bereits vor Kriegsausbruch, besonders dann in der ersten Jahreshälfte 1520 versuchten zahlreiche hochmeisterliche Gesandte (Dietrich von Schönberg, der Ordensmarschall Georg von Eltz, Wolf von Schönburg, Wilhelm von Isenburg, Michael von Wirsberg, Klaus von Bach) im Reich ein Söldnerheer zur Entlastung des Ordens in Preußen anzuwerben. Finanziert werden sollte es mit den wiederholt von Moskau angekündigten Geldern; zunächst warben die Gesandten die Söldner mit kleineren, bei den deutschen Fürsten gewonnenen Mitteln und mit der Aussicht auf Beute an.[85] Aus Sachsen waren keine Kontingente dabei. Dennoch führten hochmeisterliche Gesandte Gespräche mit Kurfürst Friedrich und Herzog Georg; dabei ging es – neben der wiederholten Bitte um Hilfe – um die Frage des Durchzuges der angeworbenen Söldner durch die wettinischen Territorien. Dietrich von Schönberg verhandelte Mitte Januar 1520 in Zerbst mit den Kurfürsten von Mainz, Brandenburg und Sachsen über den Durchzug des Heeres nach Preußen. Erneut behielt sich Friedrich der Weise vor jeglichen Entscheidungen Beratungen mit seinem Bruder Johann und seinem Vetter Georg vor.[86]

Am 4. März teilte Anton von Schönberg dem Hochmeister abermals mit, dass die sächsischen Fürsten einen Durchzug des Heeres durch ihre Gebiete äußerst kritisch bewerteten.[87] Am 12. März 1520 bat der Hochmeister die Wettiner dennoch erneut um Beistand;[88] in der zweiten Aprilhälfte versuchten Dietrich von Schönberg und Wolf von Schönburg erneut, neben dem brandenburgischen und mainzischen Kurfürsten auch Friedrich dem Weisen und seinem Bruder Johann die Zusage abzuringen, Truppen für den Orden durch ihr Gebiet ziehen zu lassen.[89] Erneut lehnten die Ernestiner ab. Sicher spielte die Angst vor Übergriffen durch die Söldner eine Rolle; ausschlaggebend wird aber die Furcht vor einer Provokation des böhmisch-ungarischen Königs gewesen sein.[90] König Ludwig hatte sich im März oder April an Herzog Georg von Sachsen gewandt und ihm geschrieben, er möge den Durchzug von Truppen für den Orden nicht gestatten; die polnische Seite sei im Konflikt im Recht.[91] Kurfürst Friedrich wird davon Kenntnis gehabt haben. Nur kleinere Truppeneinheiten konnten durch Thüringen Richtung Berlin geschickt werden, um von dort nach Preußen zu ziehen.[92]

Albrecht wurde aufgrund der erfolglosen Verhandlungen in Thorn, dem Druck der Stände von Deutschordenspreußen und der Kriegsentwicklung gezwungen, sich mit einer ständischen Delegation nach Thorn zu begeben und ab dem 18. Juni persönlich mit dem polnischen König zu verhandeln. Dabei stand erneut die Frage nach der Ableistung des Treueides im Mittelpunkt. Albrecht versuchte, in Hoffnung auf Hilfe durch Christian II. von Dänemark, die Verhandlungen in die Länge zu ziehen; als er von der Ankunft dänischer Söldner bei Königsberg erfuhr, brach er am 29. Juni 1520 die Verhandlungen ab und verließ Thorn.[93] Die die weiteren Kämpfe begleitenden Versuche Albrechts, den livländischen Ordenszweig, Kaiser und Papst zu gewinnen, führten am 26. Juni 1520 zu einem kaiserlichen Schreiben an den polnischen König, in dem Karl V. erklärte, dass der Deutsche Orden als Bestandteil des Deutschen Reiches und als Versorgung für den deutschen Adel nicht vom Reichskörper getrennt werden dürfe. Der Kaiser erklärte, den Orden und den Hochmeister schützen zu wollen; er beabsichtige, eine Friedensgesandtschaft zu entsenden. Bis zu deren Eintreffen solle Frieden herrschen.[94] Dieses Schreiben blieb ebenso wie die Verhandlungen zwischen dem Hochmeister und dem polnischen König ergebnislos.[95] Im August 1520 wandte sich Kurfürst Friedrich an Kaiser Karl V., erkundigte sich nach der preußischen Angelegenheit und dem Stand der Friedensverhandlungen.[96]

Interessant wurde ein von Markgraf Kasimir und Kurfürst Joachim von Brandenburg mit angeregter Vermittlungsversuch des Herzogs Friedrich von Liegnitz. Herzog

Friedrich schlug mit Billigung Zygmunts im Oktober 1520 dem Hochmeister vor, den Konflikt vor ein Schiedsgericht zu bringen. Dieses sollte aus dem König Ludwig von Ungarn-Böhmen, dem Kurfürsten Friedrich den Weisen, dem Herzog Georg von Sachsen und dem Kardinalerzbischof von Gran bestehen. Zunächst sollten vor dem Schiedsgericht die Frage der Eidesleistung, dann weitere territoriale und finanzielle Aspekte diskutiert werden. Albrecht nahm das Angebot reserviert auf und verweigerte die Annahme des Schiedsgerichtes mit Verweis auf die noch einzuholende Meinung von Kurfürst Joachim und mit Verweis auf das heranziehende Söldnerheer.[97]

Tatsächlich war es den hochmeisterlichen Werbern gelungen, im Reich mehrere Tausend Söldner zu mobilisieren.[98] Der Großteil von ihnen zog über Magdeburg und Brandenburg nach Preußen; ein Teil sollte aber über Thüringen herangeführt werden. Wolf von Schönburg-Glauchau-Waldenburg, der den Oberbefehl innehatte, wandte sich deshalb erneut an Kurfürst Friedrich mit der Bitte, den Söldnern Lagerplätze oder Unterkünfte zu gewähren. Diese Bitte leitete Friedrich an seinen Vetter Georg weiter und kritisierte, dass dies gegen die vorherige Absage der beiden sei. Der Kurfürst äußerte Georg gegenüber seine Bedenken, den polnischen König über einen eventuellen Durchmarsch der Söldner zu informieren. Georg wandte sich vermutlich dennoch an König Zygmunt und betonte, dass nur kleinere Einheiten Thüringen durchquerten, was ohne Wissen und Zustimmung der Ernestiner geschehe.[99]

Im Sommer- und Herbstfeldzug 1520 konnte der Orden seine Position zunächst militärisch festigen. Zum Jahresende geriet die Offensive des Söldnerheeres und der Ordenstruppen ins Stocken; das Söldnerheer löste sich auf; den polnischen Truppen gelang es, strategisch wichtige Punkte zu erobern. Der harte Winter erschöpfte beide Seiten, sodass seit Januar 1521 kaiserliche und ungarische Unterhändler über einen Frieden verhandelten. Dabei reisten sie zwischen Thorn, wo sich der polnische König aufhielt, und Riesenburg, dem Aufenthaltsort des Hochmeisters, hin und her. Ihre vorgeschlagenen Vertragsbedingungen waren ein Waffenstillstand für vier Jahre vom 10. April 1521 an, vorläufige Wahrung des Besitzstandes, wie er aus dem Krieg resultierte, der Abzug von Truppen aus gegnerischem Gebiet, die Freilassung von Kriegsgefangenen. Die Frage des vom Hochmeister zu leistenden Eides sollte vom Kaiser oder, bei dessen Verhinderung, von einem Schiedsgericht unter König Ludwig von Ungarn-Böhmen, Erzherzog Ferdinand, dem Kardinal von Salzburg, Herzog Georg von Sachsen, dem Kardinal von Gran und dem Bischof von Fünfkirchen entschieden werden. Der Schiedsspruch war dann vom Papst anzuerkennen. Hochmeister Albrecht nahm die Vertragsbedingungen an; die Vereinbarung und Ratifizierung des Thorner Kompromisses erfolgte am 5. bzw. am 7. April 1521.[100]

Nach dem Thorner Kompromiss verschlechterte sich die Situation Hochmeister Albrechts. Die polnische Krone beharrte auf der Eidesleistung und forderte Albrecht auf, am Kampf gegen die Türken teilzunehmen.[101] In Preußen und innerhalb des Ordens erstarkte die Opposition gegen den Hochmeister. Albrechts Vertrauter, Dietrich von Schönberg, wurde von den preußischen Ständen scharf attackiert.[102] Dennoch traf sich Albrecht mit Dietrich; bei diesen Beratungen scheinen beide erstmals über Martin Luther gesprochen zu haben.[103] Um sich dem Druck zu entziehen, um Hilfe für den Orden zu werben, aber auch aufgrund seiner persönlichen materiellen Notlage entschied sich Albrecht, ins Reich zu reisen. Über das Reisevorhaben informierte Albrecht den Kaiser, Kur- und Reichsfürsten, unter anderem am 6. Mai 1521 Kurfürst Friedrich, Herzog Johann und Herzog Georg von Sachsen.[104]

Vor seiner Reise, in der zweiten Hälfte des Jahres 1521, hatte Albrecht, sicher auf Anregung Dietrichs von Schönberg, Klingenbeck und Anton von Schönberg zum Kurfürsten von Sachsen entsandt.[105] Sie sollten dem Kurfürsten unter anderem vorschlagen, die Ordensregel Martin Luther vorzulegen. Friedrich reagierte reserviert auf diese Vorschläge und erklärte, sich zunächst mit seinem Bruder Johann beraten zu wollen. Als kurz darauf Unruhen in Wittenberg ausbrachen, nahm selbst Dietrich von seiner Idee Abstand und riet dem Hochmeister ab.[106]

Nach weiteren erfolglosen Verhandlungen unter anderem mit Polen, der Kurie, Moskau, Kurfürst Friedrich[107] und Herzog Georg von Sachsen[108] reiste Hochmeister Albrecht im April 1522 ab.[109] Zunächst besuchte Albrecht König Ludwig von Böhmen-Ungarn in Prag (Mai 1522), da er auf eine Vermittlung Ludwigs mit dem polnischen König hoffte,[110] die letzterer ablehnte. Über Dresden und Wien reiste der Hochmeister nach Nürnberg weiter.[111] Hier hoffte er, Reichsregiment und Reichsstatthalter zur Eröffnung der Verhandlungen mit Polen zu bewegen.[112] Auch Papst Hadrian VI. hatte versucht, König Zygmunt zu Verhandlungen zu bewegen. Die Spannungen zwischen Deutschordenspreußen und Polen hatten sich jedoch weiter verschärft, sodass König Zygmunt 1522 und 1523 die Aufnahme von Verhandlungen erfolgreich verschleppte. Eine Rede Hochmeister Albrechts vor den Reichsständen im Februar 1523 konnte nur Absichtserklärungen, kein entschiedeneres Vorgehen des Reiches bewirken. Der Rangstreit zwischen Hoch- und Deutschmeister, die außerdem um finanzielle Mittel stritten, wirkte sich hier negativ aus.

Hochmeister Albrecht versuchte von Nürnberg aus vergeblich, finanzielle Unterstützung für sich und sein Gefolge zu erlangen; gleichzeitig fiel es ihm immer schwerer, auf die Ereignisse im baltischen Raum Einfluss zu nehmen.[113]

Der unter persönlicher materieller Not leidende Hochmeister ließ sich von Kurfürst Joachim von Brandenburg Anfang 1523 überzeugen, den abgesetzten dänischen König Christian II., einen Schwager des Kaisers und des brandenburgischen Kurfürsten sowie Neffen Friedrichs des Weisen, gegen dessen Thronrivalen Gustav I. Wasa und Friedrich von Holstein zu unterstützen. Wie andere Fürsten ließ sich Albrecht von Gerüchten über den Reichtum Christians täuschen; er reiste nach Köln, um Christian zu treffen und sicherte diesem vertraglich Kriegshilfe zu. Als der Hochmeister nach seiner Rückkehr nach Nürnberg und bereits erfolgter Anwerbung von Söldnern erkannte, dass Christian kein Geld hatte, reiste Albrecht im Oktober 1523 über Jena und Halle nach Berlin, um den ehemaligen dänischen König zu treffen.[114] Zuvor war es ihm gelungen, die angeworbenen Söldner aus dem Fränkischen nach Erfurt zu beordern.[115] Christian bot Albrecht an, gemeinsam von Berlin nach Lochau zum sächsischen Kurfürsten zu reiten, vordergründig um ihn dort zu bezahlen, tatsächlich aber, um die Vermittlung des sächsischen Kurfürsten zu erzwingen. Dieser hatte von vornherein den Plan, mit Kräften des Reiches Christian II. gegen Gustav I. Wasa zu unterstützen, missbilligt, konnte und wollte bei dem Treffen daher weder Christian noch Albrecht unterstützen.[116] Der in Erfurt unversorgte Söldnerhaufen löste sich auf; die Söldnerführer forderten von Hochmeister Albrecht Entschädigung.[117] Auch die Städte Coburg und Erfurt, der Graf von Schwarzburg und die sächsischen Fürsten forderten Schadensersatz.[118] Wieder in Nürnberg, erkannte Albrecht Friedrich von Holstein im Dezember 1523 als König von Dänemark an.[119]

Bereits seit 1517 waren durch preußische Scholaren, Kaufleute und Söldner Nachrichten über die lutherische Lehre nach Preußen gelangt.[120] In Königsberg fiel die neue Lehre auf fruchtbaren Boden und verband sich mit der Auseinandersetzung zwischen dem von Kaufleuten dominierten Rat und den Handwerkern. Der preußische Regent Georg von Polenz stand der neuen Lehre sehr aufgeschlossen gegenüber. Hochmeister Albrecht lernte auf seiner Reise in das Reich die Lehre Luthers in der Form kennen, wie Andreas Osiander sie gepredigt hatte.[121] Ende März 1523 verfasste Martin Luther einen offenen Brief an die Mitglieder des Deutschen Ordens und forderte sie auf, die Ordensregel und das Zölibat abzulegen.[122] Mitte 1523 schrieb Albrecht im Geheimen an Luther und bat ihn, die

Ordensstatuten durchzusehen und ihn bei der Reform derselben zu beraten. Ende November, am ersten Advent 1523 trafen sich der Hochmeister und der Reformator dann persönlich in Wittenberg. Luther riet Albrecht, den Orden aufzulösen, zu heiraten und Preußen in ein weltliches Herzogtum umzuwandeln.[123] In die gleiche Richtung zielte Luthers Schrift »An die Herren des Deutschen Ordens« vom Dezember 1523.[124]

Im Sommer oder Herbst 1523 wurden erste Verhandlungen zwischen dem polnischen Kanzler Szydłowiecki und dem Hochmeister aufgenommen, die darauf abzielten, dass Albrecht seine Würde dem König übertrage und dafür Land und Leute Preußens als Versorgung erhalte.[125] Nachdem Karl V. Anfang 1524 Verhandlungen mit dem Moskauer Großfürsten aufnahm, verlor die prohabsburgische Partei am Krakauer Hof unter Kanzler Szydłowiecki jedoch an Einfluss. Entsprechend wurden Verhandlungen mit Frankreich, dem Rivalen des Kaisers aufgenommen. Ein Bündnisvertrag wurde geschlossen, von polnischer Seite aber nicht ratifiziert. Im März 1524 gelang es dem polnischen Primas Łaski, in Danzig eine Allianz Polens mit dem neuen dänischen Herrscher, Friedrich von Holstein, mit Herzog Heinrich von Mecklenburg sowie den pommerschen Herzögen Barnim und Georg zu bilden. Ludwig von Böhmen-Ungarn schied aus polnischer Sicht ebenfalls als neutraler Vermittler aus, weil er die Politik der Hohenzollern in Schlesien unterstützte. In dieser Situation konnte sich in Polen die Partei um Primas Jan Łaski durchsetzen, die einen erneuten Kampf gegen den Orden befürwortete. Der polnische Sejm, der in Petrikau tagte, beschloss die vollständige Entfernung des Deutschen Ordens aus Preußen und bewilligte Steuern für einen eventuellen Krieg.[126]

Die letzten Monate vor der Krakauer Lehnsnahme waren von intensiven diplomatischen Initiativen Hochmeister Albrechts geprägt. Gemeinsam mit Kurfürst Friedrich von Sachsen verteidigte Albrecht das lutherfreundlich eingestellte Reichsregiment. Dem kursächsischen Gesandten Hans von der Planitz gegenüber deutete der Hochmeister Ende März an, dass gegen Kurfürst Friedrich intrigiert werde, er sich aber für den Kurfürsten entschieden einsetzen wolle. Gegen den Ständebeschluss, vom Wormser Edikt so viel wie möglich zu vollziehen, legte Hochmeister Albrecht, der zugleich als offiziell bestellter Vertreter des brandenburgischen Kurfürsten auftrat, ebenso Protest ein wie Friedrich der Weise.[127]

Am 23. April 1524 brach Albrecht gemeinsam mit von der Planitz in Nürnberg auf, um in Reichs- und eigenen Angelegenheiten nach Mitteldeutschland zu reisen. In Halle / Saale traf Albrecht mit Kardinal Albrecht von Mainz zusammen; der Hochmeister wollte seine Ernennung als Koadjutor erreichen, was jedoch scheiterte. Anfang Mai traf der Hochmeister in Spandau Kurfürst Joachim, der Albrecht zur Begleichung seiner Schulden drängte. Am 10. Mai 1524 reiste der Hochmeister erneut nach Lochau in der Hoffnung, dort Christian II. zu treffen und von ihm ausstehende Zahlungen einzufordern.[128] Christian war jedoch bereits abgereist; unter Vermittlung Kurfürst Friedrichs wurde ein Treffen in Jüterbog vereinbart. Das Treffen fand, nochmals verlegt, am 3. Juni in Torgau statt. Neben Christian und Albrecht nahm Hans von der Planitz als Vertreter Kurfürst Friedrichs teil. Verhandlungen über die von Christian an Albrecht zu zahlende Summe blieben ergebnislos; Christian verließ am 6. Juni fluchtartig die Verhandlungen. Albrecht ließ daraufhin Christians Besitz in Torgau und Wittenberg beschlagnahmen; dagegen protestierte Christians Frau Isabella, eine Schwester Kaiser Karls V. Aufgrund des Schutzbriefes, den Karl V. für Christian II. ausgestellt hatte, eventuell aber auch, weil Christian sein Neffe war, verweigerte Friedrich der Weise Albrecht seine Unterstützung. Nur Luther, den der Hochmeister bereits am 12. Mai getroffen hatte, nahm sich der hochmeisterlichen Schuldforderungen an.[129]

Anfang Mai 1524 fanden Überlegungen zu einer auf den 19. Mai 1524 terminierten Tagfahrt zu Naumburg statt. Auf dieser sollten Kursachsen und Kurbrandenburg betreffs des Reichsabschiedes beraten. Möglicherweise ging die Initiative zur Tagfahrt von Hochmeister Albrecht aus, der sich zunächst an Kardinal Albrecht wandte. Dieser lud anschließend Herzog Georg von Sachsen ein. Kurfürst Friedrich lehnte seine Teilnahme wegen des Mainzers ab; Kurfürst Joachim wiederum machte seine Teilnahme von der des Mainzer und der sächsischen Kurfürsten abhängig. Somit scheiterte der Plan spätestens, als Kardinal Albrecht den Tag unter einem Vorwand nicht besuchte.[130]

Der Hochmeister reiste anschließend nach Süddeutschland; um den 20. Juni traf er in Ingolstadt Erzherzog Ferdinand. Dieser warb zwar beim böhmischen König darum, sich für den Hochmeister einzusetzen, doch scheiterten Verhandlungen weiterhin an der unnachgiebigen Haltung des polnischen Königs.[131]

Hochmeister Albrecht dementierte bis Sommer 1524 offiziell seine Sympathie für die lutherische Lehre, blieb mit dem Reformator aber in stetem Kontakt.[132] Albrechts Gesandter, der Ordensangehörige Friedrich von Heydeck, begann, bei den preußischen Ständen für die Pläne Albrechts, Preußen in ein weltliches Herzogtum umzuwandeln, zu werben. Teile des Adels unterstützten auf einem Landtag im Juli diese Pläne; besonders die Städte blieben bei ihrer Opposition zu Albrecht, verweigerten seine Steuerforderungen, forderten die Rückkehr des Hochmeisters nach Preußen und einen Friedensschluss mit Polen. Die hochmeisterlichen Pläne zur Schaffung eines weltlichen Herzogtums lehnten sie ab und schlugen vor, die Macht in Preußen dem livländischen Landmeister Wolter von Plettenberg zu übergeben, der einen Vertrag mit Polen schließen sollte. Die preußischen Regenten sandten schließlich Bischof Erhard von Queiß zu Albrecht, der die Situation in Preußen falsch darstellte. Er gab im August 1524 vor, dass die Mehrheit der Untertanen vom Hochmeister das Ablegen der Ordensregel sowie die Umwandlung Preußens in ein weltliches Herzogtum und polnisches Erblehen wünsche.[133]

Hochmeister Albrecht reiste daraufhin über Dresden (Ende September 1524 und Breslau (Oktober) nach Ofen zu König Ludwig.[134] Unter Teilnahme brandenburgischer, kaiserlicher und polnischer Gesandter sowie ungarischer Würdenträger verhandelte Albrecht mit dem König über einen neuen Richttag mit Polen, den Ludwig für den 6. Januar 1525 zu Preßburg anberaumte. Zu diesem Tag lud der Hochmeister preußische Ständevertreter und Ordensgesandte, bat Kurfürst Friedrich um die Entsendung von Räten[135] und Herzog Johann von Sachsen um Überlassung des Kanzlers Dr. Brück für den Preßburger Tag.[136] Die Herzöge Georg von Sachsen und Ludwig von Bayern und Vertreter des Reichsregiments wurden ersucht, persönlich nach Preßburg zu reisen.[137] Weitere Reichsfürsten, unter anderem Herzog Johann von Sachsen, wurden gebeten, den Tag zu beschicken, was diese, bis auf den Passauer Administrator Ernst von Bayern, ablehnten.[138] Schließlich lehnte auch König Zygmunt von Polen die Durchführung des Tages ab und erklärte im Dezember 1524, eine so wichtige Frage müsse zunächst mit den polnischen und preußischen Ständen beraten werden; außerdem sei der Termin zu kurzfristig und die Angelegenheit nicht von Delegierten zu regeln.[139]

Damit war der letzte Versuch gescheitert, mittels eines Richttages den Konflikt zu lösen. Gleichzeitig konnten Vertraute des Hochmeisters im November 1524 führende Vertreter des preußischen Adels bei einer geheimen Zusammenkunft in Bartenstein für den Plan einer Säkularisierung Preußens in ein erbliches, evangelisches Fürstentum unter Albrecht gewinnen.[140] Auf dem Königsberger Landtag vom 7. Dezember 1524 wurden die Vertreter des Ordens und der preußischen Stände bestimmt, die zum Preßburger Tag reisen sollten. Es scheint, dass bis auf einige Ordensvertreter die meisten Beteiligten des Ständetages um die Pläne des Hochmeisters wussten und diese billigten.[141]

Hochmeister Albrecht traf im Februar 1525 in Schlesien seinen Schwager Friedrich von Liegnitz und anschließend seinen Bruder, Markgraf Georg; gemeinsam empfingen sie

die Gesandten des Ordens und der preußischen Stände. Daraufhin beschlossen sie – letztlich erfolgreiche – Verhandlungen mit dem polnischen König über eine Säkularisation Preußens aufzunehmen.[142]

Die »dynastische Korrespondenz« Friedrichs des Weisen

Parallel zur – und offensichtlich unabhängig von der – »politischen Korrespondenz« stand Friedrich der Weise im gesamten betrachteten Zeitraum in brieflichem Kontakt mit den Hochmeistern Friedrich von Sachsen und Albrecht von Brandenburg. Die im Folgenden eher holzschnittartig zu nennenden, als »dynastische Korrespondenz« im engeren Sinne zu verstehenden Schreiben umfassten drei große Themenfelder: erstens persönliche Angelegenheiten; zweitens Empfehlungsschreiben der sächsischen Kurfürsten für Dritte sowie drittens Gruß- und Dankschreiben, die mit dem Austausch von Geschenken verbunden waren. Selbstverständlich trennten die Verfasser der Schreiben »politische« und »dynastische« Angelegenheiten nicht streng voneinander, persönliches und politisches fand Eingang in das gleiche Schreiben; dennoch fällt in mehreren Schreiben die Konzentration auf »persönliche« Angelegenheiten auf.

Typisch für die unter Punkt eins genannten Schreiben sind der Briefwechsel zwischen Friedrich dem Weisen und Hochmeister Albrecht einen »Beinschaden« des letzteren betreffend. Mitte November 1517 informierte Albrecht den Kurfürsten über seine Beinverletzung; daraufhin sandte Friedrich seinen Barbier zu Albrecht und empfahl ihm ein »Wasser« zur Heilung.[143] Auch die bereits genannten Schreiben von Hochmeister Albrecht, in denen dieser dem Kurfürsten seine finanzielle Notlage und die mangelnde Zahlungsmoral des vertriebenen dänischen Königs klagt, können in diesem Zusammenhang genannt werden.[144]

Die unter Punkt zwei zusammenzufassenden Empfehlungsschreiben lassen sich für den gesamten hier betrachteten Zeitraum fassen – von 1487 bis 1525. Aufgrund der Konzentration auf das Ordensbriefarchiv sind die Empfehlungsschreiben der sächsischen Fürsten – Kurfürst Friedrich, Herzog Johann und Herzog Georg – an die Hochmeister bzw. an andere Ordensvertreter ungleich häufiger vertreten als hochmeisterliche Empfehlungs- oder Werbungsschreiben an die Wettiner.[145] Dennoch scheint die Überlieferung auch dem Trend zu entsprechen – das »Spital des deutschen Adels« besaß auch im ausgehenden 15. und im frühen 16. Jahrhundert noch genug Anziehungskraft für mitteldeutsche Adelige, während preußische Adelige eher selten nach Mitteldeutschland gingen.

Die im Folgenden aufzuzählenden Empfehlungsschreiben deuten oft nur an, wer in welcher Angelegenheit von Friedrich den Weisen dem Hochmeister empfohlen wurde. Weitere Quellenrecherchen in Dresden und Weimar könnten in zahlreichen Fällen die Hintergründe der Schreiben beleuchten – eine Aufgabe, die im Rahmen dieses Beitrages nicht zu leisten ist. In mehreren Schreiben empfiehlt der sächsische Kurfürst, oft gemeinsam mit Herzog Johann, Personen für den Dienst beim Hochmeister[146] und / oder die Aufnahme in den Orden[147]. Zahlreiche weitere kurfürstliche Empfehlungsschreiben verfolgen das Ziel, bestimmten, namentlich genannten Personen zu ihrem Recht zu verhelfen[148] oder sie dem Hochmeister gegenüber zu entschuldigen.[149]

Schließlich sind die Gruß- und Dankschreiben zu nennen. Wie zahlreiche andere Reichsfürsten erhielten auch Friedrich der Weise und Herzog Johann regelmäßig, stets Anfang Dezember, Falken aus Preußen, für die jeweils Dankschreiben ausgefertigt wurden.[150] 1499 bat der Kurfürst den Hochmeister außerdem um einen Wallach.[151]

Fazit

Unter Berücksichtigung der großen Bedeutung, die Friedrich der Weise im Reich innehatte, ist für sein Engagement im Konflikt zwischen der polnischen Krone und dem deutschen Orden eine große Zurückhaltung zu konstatieren. Diese Beobachtung wird umso deutlicher, wenn die Rolle von Friedrich im preußischen Konflikt mit der seines Vetters, Herzog Georg von Sachsen, verglichen wird. Der sächsische Kurfürst wurde im genannten Konflikt nur nach Aufforderung – etwa von Seiten Herzog Georgs, des Kaisers oder anderer Kurfürsten – aktiv. Wiederholt mussten die Hochmeister den Kurfürsten drängen, sich für den Orden einzusetzen. Die Unterstützung des Ordens von Seiten Friedrichs des Weisen beschränkte sich aber auch dann lediglich auf Empfehlungsschreiben für Orden und Hochmeister oder die Entsendung von Gesandten. Eine finanzielle oder militärische Unterstützung des Deutschen Ordens oder auch nur der Person des Hochmeisters lehnte Friedrich ab.

Dass der sächsische Kurfürst dennoch über Jahrzehnte vom Orden umworben wurde, zeigt das große Ansehen auf, das er beim Deutschen Orden besaß. Wäre dem nicht so gewesen, hätten Ordensvertreter bei Bündnisverhandlungen mit Moskau nicht wiederholt Kursachsen als Verbündeten genannt – auch wenn sich Friedrich dem entzog. Ebenso wenig hätten Habsburger und Jagiellonen in der preußischen Frage wiederholt Friedrich den Weisen kon-

taktiert oder um ihn geworben. Für Friedrich den Weisen scheint die preußische Frage nicht zentral gewesen zu sein. Eine »Konzeption« für den Orden, wie sie die albertinische Seite über Jahrzehnte entwickelt und verfolgt hatte, ist für die ernestinische Seite nicht zu fassen. Es scheint, dass Friedrich der Weise im Deutschen Orden primär die »Versorgungsanstalt« sah, die die Korporation gerade vor der Reformation ja tatsächlich für den deutschen Adel war. Entsprechend setzte sich Friedrich in zahlreichen Bittschreiben für Interessenten ein, die dem Orden beitreten wollten oder in diesem in Streitigkeiten verwickelt waren.

Anmerkungen

1   Ludolphy widmet dem Thema in ihrer Monographie keine besondere Beachtung. Ingetraut Ludolphy, Friedrich der Weise. Kurfürst von Sachsen 1463–1525. Göttingen 1984, Leipzig 2006.

2   Paul Oberländer, Hochmeister Friedrich von Sachsen (1498–1510). Teil 1. Wahl und Politik bis zum Tode König Johann Albrechts von Polen. Diss. Berlin 1914 [und Magdeburg: Wohlfeld 1914]. Die teilweise sehr nationale Studie widmet sich erstmals detailliert den ersten Jahren (1498–1501) des Hochmeisteramts Friedrichs von Sachsen, basierend im Wesentlichen auf der Ordensüberlieferung (damals Königsberg, heute Berlin) und den Darstellungen von Jacob Caro zur polnischen bzw. von Johannes Voigt zur preußischen Geschichte. Hochmeister Friedrich wird als schwach, unentschlossen und ängstlich dargestellt.

3   Ingrid Matison, Die Politik des Hochmeisters Herzog Friedrich von Sachsen (1498–1510). Diss. masch. München 1957. Matison folgt in der Argumentation im Wesentlichen Oberländer, zeichnet die hochmeisterliche Politik aber wesentlich positiver. Matison erweiterte die Quellen- und Literaturbasis Oberländers; gerade auch um polnische Quellen.

4   Erich Joachim, Die Politik des letzten Hochmeisters in Preußen Albrecht von Brandenburg. 1. Theil 1510–1517 (Publikationen aus den k. Preußischen Staatsarchiven 50). Leipzig 1892; 2. Theil 1518–1521 (Publikationen aus den k. Preußischen Staatsarchiven 58). Leipzig 1894; 3. Theil 1521–1525 (Publikationen aus den k. Preußischen Staatsarchiven 61). Leipzig 1895. Albrecht in einem sehr positiven Licht darstellend außerdem: Walther Hubatsch, Albrecht von Brandenburg-Ansbach. Deutschordens-Hochmeister und Herzog in Preußen 1490–1568. Heidelberg 1960. Sach, die sich mit den Beziehungen des Hochmeisters Albrecht zum Moskauer Großfürsten beschäftigt, greift wiederholt Joachims Darstellung auf. Darüber hinaus findet sie, auch in den russischen Quellen, keine weiteren wesentlichen Hinweise auf Beziehungen Friedrichs des Weisen zu Preußen oder auch Moskau. Maike Sach, Hochmeister und Großfürst. Die Beziehungen zwischen dem Deutschen Orden in Preußen und dem Moskauer Staat um die Wende zur Neuzeit (Quellen und Studien zur Geschichte des östlichen Europa 62). Stuttgart 2002. In der großen Arbeit von Wiesflecker zu Maximilian I. wird der Konflikt des Deutschen Ordens mit der polnischen Krone eher am Rande behandelt und, stets der maximilianischen Politik in Westeuropa und im Donauraum untergeordnet. Der nicht allzu hohe Stellenwert der preußischen Frage für Maximilian wird somit deutlich. Hermann Wiesflecker, Kaiser Maximilian I. Das Reich, Österreich und Europa an der Wende zur Neuzeit Bd. 1–5. Wien 1971–1985.

5   Marian Biskup, Polska a Zakon Krzyżacki w Prusach w początkach XVI wieku. U źródeł sekularyzacji Prus Krzyżackich. Olsztyn 1983; Marian Biskup, »Wojna Pruska« czyli walka Polski z zakonem krzyżackim z lat 1519–1521 u źródeł sekularyzacji Prus Krzyżackich. Olsztyn 1991. Die Darstellung des polnisch-preußischen Verhältnisses im späten 15. und frühen 16. Jahrhundert von Biskup ist, trotz gelegentlicher »polnisch-patriotischer« Anklänge, unüber-

troffen. Gleichzeitig ist anzumerken, dass Biskup nicht die gesamte Überlieferung – besonders in Blick auf das Ernestinische Gesamtarchiv – berücksichtigt hat.

6   Hier ist auf die im Entstehen begriffene Habilitation des Autors zu verweisen.

7   Herzog Georg, der in dieser Frage die Verhandlungen dominierte, korrespondierte intensiv mit Herzog Albrecht von Sachsen, mit dem Mainzer Erzbischof
Berthold von Henneberg, dem deutschmeisterlichen Ordenszweig und mit
dem polnischen König Jan Olbracht. Die Ernestiner wurden durch seinen Gesandten Dietrich von Harras eher der Form halber über das Vorhaben informiert. Vgl. Regesta Imperii XIV. Ausgewählte Regesten des Kaiserreiches unter
Maximilian I. 1493–1519 (Vol. 1–3), bearb. von Johann Friedrich Böhmer u. a.
Köln u. a. 1990–1998 (im Folgenden RI XIV), Nr. 8453. Die Instruktion für Dietrich von Harras vom 23. Januar 1498: Sächsisches Hauptstaatsarchiv Dresden
(im Folgenden StA-D), Loc. 9944/11, fol. 13–15 (Original). Zu den Wahlverhandlungen, der Reise des designierten Hochmeisters Friedrich mit seinem Bruder
Herzog Georg nach Preußen, der Wahl und Einsetzung: Biskup, Polska a Zakon
(wie Anm. 5), S. 62–74; Matison, Hochmeister Friedrich (wie Anm. 3), S. 67–91
sowie Oberländer, Hochmeister Friedrich (wie Anm. 2), S. 19–38.

8   Zusammenfassend Christoph Schmidt, Auf Felsen gesät. Die Reformation
in Polen und Livland. Göttingen 2000, S. 141.

9   Biskup, Polska a Zakon (wie Anm. 5), S. 75–103; Matison, Hochmeister Friedrich (wie Anm. 3), S. 92–110 und Oberländer, Hochmeister Friedrich (wie
Anm. 2), S. 39–87.

10   Eine Gesandtschaft des polnischen Königs (in Person des Dr. decr. Johannes
Turzo) reiste Anfang Dezember 1498 zu Friedrich dem Weisen; sie proble-
matisierte aber nicht den Orden, sondern die Frage der Tataren- und Tür-
kenabwehr. Müller, Reichstagstheatrum unter Maximilian: Des Heiligen
Römischen Reichs Teutscher Nation Reichs Tags Theatrum, wie selbiges
unter Keyser Maximilians I. allerhöchsten Regierung gestanden, von Johann
Joachim Müller. Jena 1718–1719. (Teil 1 und 2), Teil 2, S. 220; Biskup, Polska a
Zakon (wie Anm. 5), S. 77; RI XIV, Nr. 12819 (nach: Thüringer Hauptstaatsarchiv Weimar, Ernestinisches Gesamtarchiv (im Folgenden ThHStAW, EGA),
Reg. C 919, fol. 1–5).

11   Ausführlich Biskup, Polska a Zakon (wie Anm. 5), S. 95–100.

12   Abschrift in StA-D, Loc. 9943/22, fol. 65.

13   RI XIV, Nr. 11892 und Nr. 15031; Biskup, Polska a Zakon (wie Anm. 5), S. 109–113;
Matison, Hochmeister Friedrich (wie Anm. 3), S. 154–169; Oberländer, Hochmeister Friedrich (wie Anm. 2), S. 100–103 nennt Friedrich den Weisen nicht.

14   Biskup, Polska a Zakon (wie Anm. 5), S. 130–152; mit zahlreichen Exkursen
zu Livland. Weiterhin Matison, Hochmeister Friedrich (wie Anm. 3),
S. 170–264.

15   Liv- est- und kurländisches Urkundenbuch, Zweite Abteilung Bd. 2, hrsg. von
Leonid Arbusow. Riga 1905 (im Folgenden LUB II,2), Nr. 479, S. 376 f. (nach
Geheimes Staatsarchiv Preußischer Kulturbesitz Berlin (GStAPK), XX. Haupt-
abteilung, Ordensbriefarchiv (im Folgenden OBA) 18764). Matison, Hochmeister Friedrich (wie Anm. 3), S. 259–264.

16   Vgl. ThHStAW, EGA, Reg. C 920, fol. 5 sowie StA-D, Geh. Archiv, 9943/22,
fol. 158. Biskup, Polska a Zakon (wie Anm. 5), S. 152.

17   ThHStAW, EGA, Reg. C 920, fol. 4.

18   Vgl. StA-D, Loc. 9943/22, fol. 159; Matison, Hochmeister Friedrich (wie
Anm. 3), S. 328, Fußnote 2.

19   Biskup, Polska a Zakon (wie Anm. 5), S. 163–165. Das Gesandtschaftsproto-
koll in: StA-D, Geh. Archiv, 9943/22, fol. 170–182.

20   Biskup, Polska a Zakon (wie Anm. 5), S. 164–168; Matison, Hochmeister
Friedrich (wie Anm. 3), S. 314–329.

21   Biskup, Polska a Zakon (wie Anm. 5), S. 175–189; Matison, Hochmeister Friedrich (wie Anm. 3), S. 333–350.

22   Biskup, Polska a Zakon (wie Anm. 5), S. 197–214; Matison, Hochmeister Friedrich (wie Anm. 3), S. 351–392.

23   Vgl. die Instruktion des Hochmeisters für Jakob von Dobeneck für dessen
Reise zu den preußischen Regenten in GStAPK, Ordensfoliant (im Folgenden
OF) 24a, 401–406, bes. S. 403. Außerdem OF 26, S. 31 f.; Matison, Hochmei-
ster Friedrich (wie Anm. 3), S. 392, Fußnote 7 und S. 398, Fußnote 3.

24   Zum Besuch des Hochmeisters bei Kurfürst Friedrich und Herzog Johann
vgl. Ernestinische Landtagsakten Bd. 1, bearb. von C.A.H. Burkhardt (Thürin-
gische Geschichtsquellen N.F. 5). Jena 1902, S. 56, Anm. 1 zu Nr. 91. Siehe auch
Hans Virck, Die Ernestiner und Herzog Georg von 1500 bis 1508, in: Neues
Archiv für Sächsische Geschichte und Altertumskunde 30 (1909), S. 1–75,
S. 61.

25   Matison, Hochmeister Friedrich (wie Anm. 3), S. 398.

26   Vgl. GSTAPK, OF 24a, S. 203 f.

27   ThHStAW, EGA, Reg. C 923, fol. 1: ein Kredenzschreiben des polnischen Königs
für Johann von Köckritz.

28   Biskup, Polska a Zakon (wie Anm. 5), S. 213 f.; Matison, Hochmeister Friedrich
(wie Anm. 3), S. 393–395. Über die Zusage des polnischen Königs, am Breslauer Tag teilzunehmen, informierte der Hochmeister auch Friedrich den
Weisen. Vgl. ThHStAW, EGA, Reg. C 924, fol. 1.

29   Hochmeister Friedrich an Kurfürst Friedrich von Sachsen (19. Februar 1508;
GSTAPK, OF 26, S. 81–83). Biskup, Polska a Zakon (wie Anm. 5), S. 220.

30   Zum Breslauer Tag: Biskup, Polska a Zakon (wie Anm. 5), S. 215–226; Matison,
Hochmeister Friedrich (wie Anm. 3), S. 393–404.

31   Biskup, Polska a Zakon (wie Anm. 5), S. 233. Vgl. StA-D, Geh. Archiv, 9943/22,
fol. 128 und 130.

32   Biskup, Polska a Zakon (wie Anm. 5), S. 239.

33   GSTAPK, OF 26, S. 185.

34   Sehr ausführlich zum Posener Tag: Biskup, Polska a Zakon (wie Anm. 5),
S. 256–310; Matison, Hochmeister Friedrich (wie Anm. 3), S. 447–474. Wiesflecker, Kaiser Maximilian (wie Anm. 4), Bd. 4. München 1981, S. 165 f. In
GStAPK, OBA 19279 (dat. Augsburg 1510, 21. Mai) die Kredenzen für den Koadjutor Hartmann zu Fulda, den Grafen Boto von Stolberg, die Grafen Ernst
von Mansfeld und den Ritter Dr. Dietrich von Witzleben.

35   Zu ihm vgl. Uwe Schirmer, Untersuchungen zur Herrschaftspraxis der Kurfürsten und Herzöge von Sachsen. Institutionen und Funktionseliten
(1485–1513), in: Hochadelige Herrschaft im mitteldeutschen Raum (1200
bis 1600). Formen-Legitimation-Repräsentation, hrsg. Von Jörg Rogge und
Uwe Schirmer (Quellen und Forschungen zur sächsischen Geschichte 23).
Stuttgart 2003, S. 305–378, S. 365.

36   Vermutlich Dr. Matthäus Hennig, Theologe und 1506 Rektor der Universität
Leipzig. Vgl. Enno Bünz, Gründung und Entfaltung. Die spätmittelalterliche
Universität Leipzig 1409–1539, in: Geschichte der Universität Leipzig Bd. 1,
hrsg. von Enno Bünz u. a. Leipzig 2009, S. 17–325, S. 221.

37   Biskup, Polska a Zakon (wie Anm. 5), S. 269 (nach GSTAPK, OF 26, S. 318).
Unsicher bleibt, ob Dr. Hennig tatsächlich nach Leipzig und Posen reiste.

38   Matison, Hochmeister Friedrich (wie Anm. 3), S. 489–497.

39   Zumindest gratulierte Friedrich der Weise dem neuen Hochmeister am
29. März 1511 zu seiner Wahl. GSTAPK, OBA 19410; Joachim, Die Politik Bd. 1
(wie Anm. 4), S. 3–10; Hubatsch, Albrecht von Brandenburg (wie Anm. 4),
S. 26–29.

40   Vgl. ThHStAW, EGA, Reg.C 926 der Schriftwechsel zwischen Hochmeister
Albrecht und Kurfürst Friedrich zum Breslauer Tag. Joachim, Die Politik Bd. 1
(wie Anm. 4), S. 9, 11–15 zum Breslauer Tag, ohne die Weimarer Überlieferung zu berücksichtigen.

41   Joachim, Die Politik Bd. 1 (wie Anm. 4), Nr. 46, S. 200 f. und Nr. 47, S. 201–203.
Biskup, Polska a Zakon (wie Anm. 5), S. 340 f.; Wiesflecker, Kaiser Maximilian
Bd. 4 (wie Anm. 34), S. 169 f.

42   Joachim, Die Politik Bd. 1 (wie Anm. 4), Nr. 48, S. 203–205. Eine kurfürstliche
Antwort, dat. auf den 20. Oktober 1512, überbrachten die Ritter Günter von
Bünau zu Brandenstein und der herzogliche Rat Degenhard Pfeffinger. Sie
sollten dem Hochmeister die Meinung Friedrichs und Johanns (wozu ist
nicht geschrieben) mitteilen. Ihnen sollte der Hochmeister Glauben schenken. GSTAPK, OBA 19596.

43   StA-D, Geh. Archiv, 9943/22, fol. 2; Biskup, Polska a Zakon (wie Anm. 5), S. 349.

44   Acta Tomicana, epistolae, legationes, responsa, actiones, res gestae serenis-
simi principis Sigismundi, per Stanislaum Gorski (im Folgenden Acta Tomiciana). Tomus II: 1512–1513. Posnaniae 1852, Nr. CXLII, S. 136 f. Biskup, Polska
a Zakon (wie Anm. 5), S. 354.

45   Biskup, Polska a Zakon (wie Anm. 5), S. 352–364.

46   GSTAPK, OBA 19725; Vgl. die Schreiben zwischen dem Hochmeister und dem sächsischen Kurfürsten in ThHStAW, EGA, Reg.C 928; Biskup, Polska a Zakon (wie Anm. 5), S. 371 f.

47   Biskup, Polska a Zakon (wie Anm. 5), S. 423–436; Sach, Hochmeister und Großfürst (wie Anm. 4), S. 190–219.

48   GSTAPK, OBA 19852. Vgl. ThHStAW, EGA, Reg.C 929, fol. 3, 11. Biskup, Polska a Zakon (wie Anm. 5), S. 424 f.

49   GSTAPK, OBA 19795; Sach, Hochmeister und Großfürst (wie Anm. 4), S. 215 f.

50   Heinrich Ulmann, Maximilian I. in dem Conflicte zwischen dem deutschen Orden in Preußen und Polen besonders in den J. 1513 bis 1515, in: Forschungen zur Deutschen Geschichte 18 (1878), S. 89–109, S. 96.

51   Sehr ausführlich hierzu Biskup, Polska a Zakon (wie Anm. 5), S. 436–448.

52   Die kaiserliche Instruktion für Masmünster betreffs seiner Sendung zu den Kurfürsten von Brandenburg und Sachsen sowie zum dänischen König in GSTAPK, OBA 20198. Vgl. auch den Hinweis auf Masmünster bei Sach, Hochmeister und Großfürst (wie Anm. 4), S. 215 f.

53   Vgl. Schirmer, Herrschaftspraxis (wie Anm. 35), S. 368 f.

54   Vgl. ThHStAW, EGA, Reg.C 929; Joachim, Die Politik Bd. 1 (wie Anm. 4), Nr. 76, S. 232 (nach GSTAPK, OBA 20227); Biskup, Polska a Zakon (wie Anm. 5), S. 448 f.; Hubatsch, Albrecht von Brandenburg (wie Anm. 4), S. 46–51; Ulmann, Maximilian I in dem Conflicte (wie Anm. 44), S. 101–106.

55   GSTAPK, OBA 20349, 20354; Joachim, Die Politik Bd. 1 (wie Anm. 4), Nr.76, S. 232; Biskup, Polska a Zakon (wie Anm. 5), S. 450; Krzysztof Baczkowski, Zjazd wiedeński 1515. Geneza, przebieg i znaczenie. Warszawa 1975, S. 143–145.

56   Sach, Hochmeister und Großfürst (wie Anm. 4), S. 223; Joachim, Die Politik Bd. 1 (wie Anm. 4), S. 80; sehr kurz dazu Ludolphy, Friedrich der Weise (wie Anm. 1), S. 202 f. Wiesflecker, Kaiser Maximilian IV (wie Anm. 34), S. 178 f. behandelt die Verhandlungen ausführlicher, aufgrund seiner Konzentration auf die kaiserliche Politik aber wenig detailliert bezüglich Friedrichs des Weisen.

57   Ausführlich hierzu Wiesflecker, Kaiser Maximilian Bd. 4 (wie Anm. 34), S. 181–204. Weiterhin Sach, Hochmeister und Großfürst (wie Anm. 4), S. 219–225; Mariusz Markiewicz, Historia Polski 1492–1795. Kraków 2009, S. 332 f.; Karl Richter, Die böhmischen Länder von 1471–1470, in: Handbuch der Geschichte der Böhmischen Länder Bd. 2, hrsg. von Karl Bosl. Stuttgart 1974, S. 97–412, S. 108 f.; Marian Biskup, Gerard Labuda, Die Geschichte des Deutschen Ordens in Preußen (DHI Warschau Klio in Polen 6). Osnabrück 2000, S. 502 f.

58   Hierzu ausführlich Sach, Hochmeister und Großfürst (wie Anm. 4), S. 226–259.

59   Joachim, Die Politik Bd. 1 (wie Anm. 4), Nr. 90, S. 246 f. nach GSTAPK, OBA 20610.

60   Am 12. Oktober 1515 schrieb Kurfürst Friedrich von Sachsen aus Torgau an den Hochmeister: er hat den vom Hochmeister gesandten Johann von Gabelentz gehört und ihn mit einer (mündlichen) Antwort zurückgesandt. (GSTAPK, OBA 20612). Vgl. nach den Aufzeichnungen des Gabelentz: Joachim, Die Politik Bd. 1 (wie Anm. 4), Nr. 91, S. 247, nach GSTAPK, OBA 20610.

61   Joachim, Die Politik Bd. 1 (wie Anm. 4), Nr. 92, S. 248; Biskup, Polska a Zakon (wie Anm. 5), S. 475; Sach, Hochmeister und Großfürst (wie Anm. 4), S. 232.

62   GSTAPK, OBA 21017, 21021, 21024, 21043, 21084, 20976. Das Empfehlungsschreiben des Hochmeisters Albrecht für Heinrich von Miltitz, gerichtet an Kurfürst Friedrich und Herzog Johann von Sachsen in: GSTAPK, OF 38, S. 16v (neue Zählung= S. 82 alte Zählung). Instruktion für Heinrich von Miltitz (GSTAPK, OF 38, S. 358v–360v (neue Zählung, alte nicht mehr lesbar)). Joachim, Die Politik Bd. 1 (wie Anm. 4), S. 119; Biskup, Polska a Zakon (wie Anm. 5), S. 480.

63   Ausführlich hierzu Sach, Hochmeister und Großfürst (wie Anm. 4), S. 260–325.

64   Detailliert Joachim, Die Politik Bd. 1 (wie Anm. 4), S. 128 f., 136–143, 144–146.

65   Joachim verweist in Bezug auf das Treffen in Lochau auf das Schreiben Friedrichs an Albrecht vom 25. November bezüglich des Beinschadens des Hochmeisters (GSTAPK, OBA 21603). In einem von Joachim (S. 153) genannten undatierten Konzept einer Antwort kündigt Albrecht dann seinen Besuch mit geringem Gefolge an. Dieses Konzept ist nicht auffindbar. In einem Schreiben vom 28. Dezember (GSTAPK, OBA 21651) an den Hochmeister nehmen Friedrich und Johann Bezug auf das bereits erfolgte Treffen; Biskup, Polska a Zakon (wie Anm. 5), S. 518; Joachim, Die Politik Bd. 1 (wie Anm. 4), S. 148–153. Die Fortsetzung der Danziger Chroniken; Christoph Beyers des ältern Danziger Chronik, in: Scriptores rerum Prussicarum. Die Geschichtsquellen der Preußischen Vorzeit bis zum Untergange der Ordensherrschaft Bd. 5. Leipzig 1874, S. 440–491, S. 486 berichtet fälschlicherweise, dass Friedrich in Berlin an den Verhandlungen teilgenommen habe.

66   GSTAPK, OBA 21624 (die auf den 8. Dezember datierte Instruktion für die hochmeisterlichen Gesandten); Biskup, Polska a Zakon (wie Anm. 5), S. 518; Hubatsch, Albrecht von Brandenburg (wie Anm. 4), S. 63 f.; Joachim, Die Politik Bd. 1 (wie Anm. 4), S. 153; Sach, Hochmeister und Großfürst (wie Anm. 4), S. 310, 312.

67   GSTAPK, OF 40, S. 1083 f: 1518 [April]: Instruktion des Hochmeisters Albrecht für Sigmund von Sichau zu seiner Reise zu Friedrich von Sachsen; Biskup, Polska a Zakon (wie Anm. 5), S. 532; Joachim, Die Politik Bd. 2 (wie Anm. 4), S. 6.

68   Vgl. ThHStAW, EGA, Reg. C 930 zu den kaiserlichen Bemühungen, die auch Friedrich dem Weisen bekannt waren. Sach, Hochmeister und Großfürst (wie Anm. 4), S. 318 f.; Joachim, Die Politik Bd. 2 (wie Anm. 4), S. 13–25.

69   GSTAPK, OBA 22311, 22343 zur Sendung des Sigmund von Sichau zu Kurfürst Friedrich; Joachim, Die Politik Bd. 2 (wie Anm. 4), S. 40–44.

70   Zur Sendung des Moritz Knebel vgl. GSTAPK, OBA 22486 und GSTAPK, OBA 22500. Vgl. Handlingar till Nordens Historia 1515–1523. II. 2, utg. av. Lars Sjödin (Historiska Handlingar 40:2). Stockholm 1979, Nr. 920; Sach, Hochmeister und Großfürst (wie Anm. 4), S. 387.

71   GSTAPK, OBA 22533.

72   GSTAPK, OBA 22548.

73   Eine hochmeisterliche Kredenz an verschiedene Empfänger, u. a. an den sächsischen Kurfürsten, allerdings nicht auf Anton, sondern auf Dietrich von Schönberg vom 24. Juli 1519 in: GSTAPK, OBA 22564 (Abschriften in 2 Heften in duplo). Die am gleichen Tag ausgestellte Vollmacht und Instruktion in GSTAPK, OBA 22562.

74   GSTAPK, OBA 22726; Biskup, Polska a Zakon (wie Anm. 5), S. 582; Joachim, Die Politik Bd. 2 (wie Anm. 4), S. 74.

75   GSTAPK, OBA 22848. Außerdem StA-D, Loc. 9943/23, fol. 45–48; Biskup, Polska a Zakon (wie Anm. 5), S. 589 f.; Joachim, Die Politik Bd. 2 (wie Anm. 4), S. 85 f.

76   Biskup, Polska a Zakon (wie Anm. 5), S. 590–599; Schmidt, Auf Felsen gesät (wie Anm. 8), S. 142.

77   Zusammenfassend dazu: Hubatsch, Albrecht von Brandenburg (wie Anm. 4), S. 76–98.

78   Das Schreiben an Herzog Georg: StA-D, Loc. 9943/23, fol. 256 (Original).

79   Zentral die Akten StA-D, Loc. 9943/23 (intensiv von Biskup verwendet) und ThHStAW, EGA, Reg.C 931, 932. Weiterhin GSTAPK, OBA 23239. Am 19. Februar und am 19. März berichtete Friedrich der Weise Anton Tucher über den polnisch-preußischen Konflikt. Vgl. Sina Westphal, Die Korrespondenz zwischen Kurfürst Friedrich dem Weisen von Sachsen und der Reichsstadt Nürnberg. Analyse und Edition (Kieler Werkstücke Reihe E 10). Frankfurt a. M. u. a. 2011, Nr. 347, S. 525 f., S. 526; Nr. 351, S. 528 f. S. 528 und Nr. 353, S. 529–531, S. 530.

80   StA-D, Loc. 9943/23, fol. 49. Biskup, Wojna Pruska (wie Anm. 5), S. 194, 196; Ludolphy, Friedrich der Weise (wie Anm. 1), S. 203.

81   Biskup, Wojna Pruska (wie Anm. 5), S. 195–197.

82   Sehr detailliert zu den Thorner Verhandlungen Biskup, Wojna Pruska (wie Anm. 5), S. 197–225. Vgl. weiterhin zum Thorner Tag: Marian Biskup, Media-

cja saska w sporze polsko-krzyżackim w Toruniu w 1501 roku: do genezy umiędzynarodowienia konfliktu Polski z Zakonem Krzyżackim w początkach XVI wieku, in: Ars historica: prace z dziejów powszechnych Polski. Red. Wojciech Wolarski (Uniwersytet im. Adama Mickiewicza w Poznaniu, Seria Historia 71). Poznań 1976, S. 521–537.

83 Vgl. StA-D, Loc. 9943/23, fol. 214–218 (1520 Februar 18, Torgau: Kurfürst Friedrich von Sachsen an Herzog Georg von Sachsen); StA-D, Loc. 9943/23, fol. 193–194 (1520 März 22, Frankfurt/Oder: Die sächsischen Gesandten an Kurfürst Friedrich von Sachsen); StA-D, Loc. 9943/23, fol. 194–195 (1520 März 24, Lochau: Kurfürst Friedrich von Sachsen an die fürstlichen Gesandten in Frankfurt/Oder).

84 StA-D, Loc. 9943/23, fol. 171 (1520 April 13, Thorn: Die fürstlichen Gesandten an Kurfürst Friedrich, Herzog Johann und Herzog Georg von Sachsen); StA-D, Loc. 9943/23, fol. 162 (1520 April 16: Kurfürst Friedrich und Herzog Johann von Sachsen an König Ludwig von Böhmen-Ungarn (Abschrift oder Entwurf). Weiterhin ein Bericht Friedrichs des Weisen (dat. 13. April) an Anton Tucher über die Verhandlungen: Korrespondenz zwischen Friedrich dem Weisen und Nürnberg, Nr. 356, S. 532 f.

85 Zu den Werbungen der Genannten vgl. Joachim, Die Politik Bd. 2 (wie Anm. 4), S. 107–118.

86 Biskup, Wojna Pruska (wie Anm. 5), S. 226 f. Vgl. StA-D, Loc. 9943/23, fol. 258–259v, 260–261, 269–270v.

87 GSTAPK, OBA 23310.

88 GSTAPK, OBA 23370.

89 GSTAPK, OBA 23584.

90 Parallel zu Wolf von Schönberg war im März 1520 Sigismund von Sichau als Gesandter des dänischen Königs Christian II. zu Werbungen in Sachsen unterwegs. Sichau konnte von Friedrich dem Weisen die Zusage erlangen, 500–600 Knechte für den dänischen König anzuwerben. Sie sollten in Schweden eingesetzt werden, um die dortige Opposition zu brechen. Davon, sie in Preußen einzusetzen, war in den Schreiben des dänischen Königs und des sächsischen Kurfürsten nicht die Rede. Anfang April wurden tatsächlich etwa 500 Knechte, vor allem aus dem Meißnischen, angeworben, die unter der Führung Sigismunds über Mecklenburg nach Dänemark zogen. Biskup, Wojna Pruska (wie Anm. 5), S. 231, 233 f. nach: Handlingar (wie Anm. 70) III, utg. av. Lars Sjödin (Historiska Handlingar 41). Stockholm 1979, Nr. 1302 (vgl. GSTAPK, OBA 23446), 1309, 1316, 1324, 1388, 1408. Außerdem StA-D, Loc. 9943/23, fol. 262–263 (1520 März 19, Erfurt: die Räte des Kurfürsten Friedrich und des Herzogs von Sachsen an Kardinal Albrecht, Erzbischof von Mainz).

91 Joachim, Die Politik Bd. 2 (wie Anm. 4), S. 114. Die Botschaft wird auch in GSTAPK, OBA 23553 erwähnt.

92 Joachim, Die Politik Bd. 2 (wie Anm. 4), S. 117.

93 Joachim, Die Politik Bd. 2 (wie Anm. 4), S. 102–106.

94 Acta Tomiciana (wie Anm. 38) V, Posnaniae 1855, Nr. 287, S. 274 f.; Hubatsch, Albrecht von Brandenburg (wie Anm. 4), S. 87.

95 oachim, Die Politik Bd. 2 (wie Anm. 4), S. 126–140, 144, 150 f.

96 Biskup, Wojna Pruska (wie Anm. 5), S. 310.

97 Joachim, Die Politik Bd. 2 (wie Anm. 4), S. 141–142.

98 Die genauen Zahlenangaben variieren zwischen mindestens 6500 und knapp 10000. Vgl. Biskup, Wojna Pruska (wie Anm. 5), S. 313; Hubatsch, Albrecht von Brandenburg (wie Anm. 4), S. 91 f.

99 Biskup, Wojna Pruska (wie Anm. 5), S. 313, nach: StA-D, Loc. 9943/23, fol. 238 (1520 September 6, Tonna: Wolf von Schönburg an Kurfürst Friedrich von Sachsen); StA-D, Loc. 9943/23, fol. 236 (1520 September 7, Gotha: Kurfürst Friedrich an Herzog Georg von Sachsen); StA-D, Loc. 9943/23, fol. 220 (1520 September 12, Dresden: [Herzog Georg von Sachsen] an [König Sigismund von Polen] (Konzept)).

100 Joachim, Die Politik Bd. 2 (wie Anm. 4), S. 155–159; Biskup/Labuda, Geschichte des Deutschen Ordens (wie Anm. 50), S. 508; Hubatsch, Albrecht von Brandenburg (wie Anm. 4), S. 95–98.

101 Joachim, Die Politik Bd. 3 (wie Anm. 4), S. 2 f.

102 Biskup/Labuda, Geschichte des Deutschen Ordens (wie Anm. 57), S. 517; Joachim, Die Politik Bd. 3 (wie Anm. 4), S. 1–19.

103 GSTAPK, OBA 25056 (um den 8. September 1521).

104 Joachim, Die Politik Bd. 3 (wie Anm. 4), S. 8 f. Vgl. GSTAPK, OBA 24984.

105 GSTAPK, OBA 25292; Joachim, Die Politik Bd. 3 (wie Anm. 4), S. 23, Fußnote (mit Datierung von Joachim); Schmidt, Auf Felsen gesät (wie Anm. 8), S. 144.

106 Ludolphy, Friedrich der Weise (wie Anm. 1), S. 464; Hubatsch, Albrecht von Brandenburg (wie Anm. 4), S. 117; Joachim, Die Politik Bd. 3 (wie Anm. 4), S. 22 nach GSTAPK, OBA 25292.

107 Vermutlich in Person des Heinrich von Miltitz: GSTAPK, OBA 25177 (Entwurf). Vgl. auch GSTAPK, OBA 24984: 1521 Juli 22, Lochau: Kurfürst Friedrich von Sachsen an den Hochmeister: er erhielt das hochmeisterliche Schreiben, datiert Königsberg am Donnerstag nach Philippi et Jacobi. Darin berichtet der Hochmeister von der Vermittlung des Römischen sowie des Ungarisch-Böhmischen Königs zwischen ihm und der polnischen Krone. Friedrich dankt für diesen Bericht.

108 Joachim, Die Politik Bd. 3 (wie Anm. 4), S. 22–28; Hubatsch, Albrecht von Brandenburg (wie Anm. 4), S. 100–102.

109 Zu den Reisevorbereitungen: Biskup/Labuda, Geschichte des Deutschen Ordens (wie Anm. 57), S. 517 f.; Joachim, Die Politik Bd. 3 (wie Anm. 4), S. 24 f., 28 f.

110 Vgl. das Schreiben Friedrichs des Weisen an den Hochmeister vom 22. April 1522 (GSTAPK, OBA 25432). Joachim, Die Politik Bd. 3 (wie Anm. 4), S. 30–35.

111 Zu Albrechts Aufenthalt in Dresden zu Pfingsten vgl. Joachim, Die Politik Bd. 3 (wie Anm. 4), Nr. 59, S. 204 f.; Joachim, Die Politik Bd. 3 (wie Anm. 4), S. 36.

112 In Nürnberg spielte weiterhin die Frage eine Rolle, welchen Rang der Hochmeister unter den Reichsfürsten einnahm. Joachim, Die Politik Bd. 3 (wie Anm. 4), S. 47 f.; Hubatsch, Albrecht von Brandenburg (wie Anm. 4), S. 103 f.

113 Joachim, Die Politik Bd. 3 (wie Anm. 4), S. 40–42, 48–69; Hubatsch, Albrecht von Brandenburg (wie Anm. 4), S. 104 f.

114 Ludolphy, Friedrich der Weise (wie Anm. 1), S. 276 f.; Joachim, Die Politik Bd. 3 (wie Anm. 4), S. 69–77; Hubatsch, Albrecht von Brandenburg (wie Anm. 4), S. 107–110.

115 GSTAPK, OBA 26319, 26454.

116 GSTAPK, OBA 26407; Fortsetzung der Danziger Chroniken; Die Ferber-Chronik von 1511–1525, in: Scriptores rerum Prussicarum (wie Anm. 65), S. 529–543, S. 536 f.

117 Vgl. dessen Entwurf zu einer Antwort: GSTAPK, OBA 26454.

118 GSTAPK, OBA 26472. Vgl. auch GSTAPK, OBA 27013, 27451. Joachim, Die Politik III (wie Anm. 4), S. 77 f.

119 Joachim, Die Politik Bd. 3 (wie Anm. 4), S. 78 f.; Hubatsch, Albrecht von Brandenburg (wie Anm. 4), S. 110 f.

120 Zur Reformation in Preußen einführend: Urkundenbuch zur Reformationsgeschichte des Herzogthums Preußen, hrsg. von Paul Tschackert, 1. Band. Leipzig 1890; 2. Band. Leipzig 1890 (Publikationen aus den k. Preußischen Staatsarchiven 43, 44, 45). Außerdem Schmidt, auf Felsen gesät (wie Anm. 8), S. 126–148; Marian Biskup, Über die Anfänge der lutherischen Reformation im Königlichen Preußen, in: Das Preußenland als Forschungsaufgabe: eine europäische Region in ihren geschichtlichen Bezügen. Festschrift für Udo Arnold zum 60. Geburtstag, hrsg. von Bernhart Jähnig. Lüneburg 2000, S. 275–286.

121 Schmidt, Auf Felsen gesät (wie Anm. 8), S. 143.

122 Biskup/Labuda, Geschichte des Deutschen Ordens (wie Anm. 50), S. 518–520; Joachim, Die Politik Bd. 3 (wie Anm. 4), S. 53 f.; Hubatsch, Albrecht von Brandenburg (wie Anm. 4), S. 114–118.

123 Biskup/Labuda, Geschichte des Deutschen Ordens (wie Anm. 50), S. 519 f.; Hubatsch, Albrecht von Brandenburg (wie Anm. 4), S. 118–124. Zur hier nur am Rande interessierenden Reformation in Königlich-Preußen vgl. Schmidt, Auf Felsen gesät (wie Anm. 8), S. 128–139.

124   Schmidt, Auf Felsen gesät (wie Anm. 8), S. 144.

125   Joachim, Die Politik Bd. 3 (wie Anm. 4), Nr. 154, S. 282−284; Biskup / Labuda, Geschichte des Deutschen Ordens (wie Anm. 50), S. 524; Joachim, Die Politik Bd. 3 (wie Anm. 4), S. 103−106; Hubatsch, Albrecht von Brandenburg (wie Anm. 4), S. 126 f.

126   Biskup / Labuda, Geschichte des Deutschen Ordens (wie Anm. 50), S. 522 f.; Markiewicz, Historia Polski (wie Anm. 50), S. 337; Hubatsch, Albrecht von Brandenburg (wie Anm. 4), S. 130 f.

127   Joachim, Die Politik Bd. 3 (wie Anm. 4), S. 106 f.; Hubatsch, Albrecht von Brandenburg (wie Anm. 4), S. 104.

128   Bereits am 28. April hatte der Hochmeister in dieser Angelegenheit Friedrich dem Weisen geschrieben. Joachim, Die Politik Bd. 3 (wie Anm. 4), Nr. 168, S. 306 f. (nach: GSTAPK, OBA 26872 (Konzept)).

129   Vgl. zu den Verhandlungen zwischen Albrecht und Christian II. unter Einbezug Friedrichs des Weisen die vor allem im Ordensbriefarchiv überlieferte Korrespondenz: GSTAPK, OBA 26873, 26894, 26930, 26932, 26943, 26947, 26948, 26980, 26991, 27016, 27036, 27044, 27045, 27047, 27061, 27068, 27094, 27095. Joachim, Die Politik Bd. 3 (wie Anm. 4), Nr. 172, S. 314 f.; Ludolphy, Friedrich der Weise (wie Anm. 1), S. 202, 237, 275; Joachim, Die Politik Bd. 3 (wie Anm. 4), S. 81 f.; Hubatsch, Albrecht von Brandenburg (wie Anm. 4), S. 124 f.; Schmidt, Auf Felsen gesät (wie Anm. 8), S. 144.

130   GSTAPK, OBA 26881, 26886, 26888, 26900, 26901; Joachim, Die Politik Bd. 3 (wie Anm. 4), S. 109 sowie Nr. 173, S. 315 (nach: GSTAPK, OBA 26906) und Nr. 174, S. 315 (nach: GSTAPK, OBA 26907); Hubatsch, Albrecht von Brandenburg (wie Anm. 4), S. 107.

131   Joachim, Die Politik Bd. 3 (wie Anm. 4), S. 119 f.; Hubatsch, Albrecht von Brandenburg (wie Anm. 4), S. 127 f.

132   Der überwiegende Teil des preußischen Ordenszweiges stand der neuen Lehre positiv gegenüber; auch, als Luther öffentlich zur Säkularisation des Ordens in Preußen aufrief. Biskup / Labuda, Geschichte des Deutschen Ordens (wie Anm. 50), S. 521.

133   Joachim wertet diese falsche Darstellung des Queiß als tatsächliche Meinung der Stände. Joachim, Die Politik Bd. 3 (wie Anm. 4), S. 99 f.; Biskup / Labuda, Geschichte des Deutschen Ordens (wie Anm. 50), S. 521.

134   Joachim, Die Politik Bd. 3 (wie Anm. 4), S. 120; Hubatsch, Albrecht von Brandenburg (wie Anm. 4), S. 129 f.

135   GSTAPK, OBA 27316 (Entwurf).

136   GSTAPK, OBA 27314 (Entwurf).

137   GSTAPK, OBA 27315 (Schreiben an Georg von Sachsen, Entwurf); GSTAPK, OBA 27334 (Antwort von Georg)

138   Vgl. GSTAPK, OBA 27314, 27357, 27400.

139   Joachim, Die Politik Bd. 3 (wie Anm. 4), S. 120−124, 127; Hubatsch, Albrecht von Brandenburg (wie Anm. 4), S. 130.

140   Biskup / Labuda, Geschichte des Deutschen Ordens (wie Anm. 50), S. 521 f.; Joachim, Die Politik Bd. 3 (wie Anm. 4), S. 125 f.

141   Joachim, Die Politik Bd. 3 (wie Anm. 4), S. 126 f.

142   Joachim, Die Politik Bd. 3 (wie Anm. 4), S. 128−131; Biskup / Labuda, Geschichte des Deutschen Ordens (wie Anm. 57), S. 522−532; Hubatsch, Albrecht von Brandenburg (wie Anm. 4), S. 131−137; Schmidt, Auf Felsen gesät (wie Anm. 8), S. 127, 139−148.

143   GSTAPK, OBA 21603.

144   Vgl. die Schreiben des Hochmeisters an den Kurfürsten in dieser Angelegenheit: GSTAPK, OBA 26886, 26930, 26943, 26980, 26991, 27044, 27061 und die kurfürstlichen Antwortschreiben in der Sache GSTAPK, OBA 26873, 26894, 26932, 26947, 27016, 27068, 27094.

145   Bspw. die hochmeisterliche Werbung von Anfang 1488 bei Kurfürst Friedrich und Herzog Johann von Sachsen betreffs der Ansprüche von Söldnern aus dem Dreizehnjährigen Krieg in GSTAPK, OBA 17380.

146   1515 September 15, Torgau: Kurfürst Friedrich von Sachsen an den Hochmeister: empfiehlt die Aufnahme des Nickel Mitzsch in des Hochmeisters Dienst (GSTAPK, OBA 20591); 1517 März 17, Altenburg: Kurfürst Friedrich von Sachsen an den Hochmeister: befürwortet den ihm vorgetragenen Wunsch des Melchior Monch und des Leonhard v. Milckau, in den Dienst des Hochmeisters zu treten. (GSTAPK, OBA 21280).

147   1501 Februar 6, Nürnberg: Kurfürst Friedrich von Sachsen an den Hochmeister: Aufnahme des jungen Hans von Rechberg, Sohn des Wilhelm von Rechberg, in den Deutschen Orden. Nürnberg 1501 Sonnabend Dorothee. (GSTAPK, OBA 18422); 1505 April 23, Weimar: Kurfürst Friedrich und Herzog Johann von Sachsen an den Hochmeister: empfehlen die Aufnahme des Günther von Bünau von Brandis in den Deutschen Orden. Weimar 1505 Mittwoch nach Cantate. (GSTAPK, OBA 18990).

148   1492 Februar 9, Torgau: Kurfürst Friedrich von Sachsen an Hochmeister: betreffs den Wend von Ilburg. Dieser entwendete in Preußen einen Brief, der seiner (Wends) Schwester wieder ausgehändigt werden möge. (GSTAPK, OBA 17677); 1492 November 5, Weimar: Kurfürst Friedrich und Herzog Johann von Sachsen an den Hochmeister: betreffs die von Bartholomaeus v. Feilitzsch (Feyltzsch) herrührenden Forderungen des Hans von Feilitzsch an den Orden. Bitte, der Forderung des Hans zu entsprechen. (GSTAPK, OBA 17738); 1493 Juni 6, Giebichenstein: Herzog Johann von Sachsen an Hochmeister: betreffs Forderungen des Hans Roder an den Orden. Dieselbe rührt her von dessen Vaterbruder Volcker Roder. Bitte, die Schuld dem Hans Roder zu entrichten. (GSTAPK, OBA 17770); 1502 Oktober 18, Weimar: Friedrich Kurfürst und Johann Herzog von Sachsen an den Hochmeister: Streitsache des Dr. Erasmus Studler und Balthasar Kutzler. (GSTAPK, OBA 18707); 1513 April 16, Torgau: Kurfürst Friedrich und Herzog Johann von Sachsen an den Hochmeister: bitten, das Anliegen des Melchior v. Creutzen, ihres Landsassen, wohlwollend zu behandeln. (GSTAPK, OBA 19741); 1515 April 27, Grimma: Kurfürst Friedrich von Sachsen an den Hochmeister: bittet den Hochmeister, die Sache des Donat Lehmann zu unterstützen. (GSTAPK, OBA 20447); 1515 Dezember 12, Torgau: Kurfürst Friedrich von Sachsen an den Hochmeister: Ansprüche des Försters Hans Mitzsch auf den Nachlass des Rentmeisters Franz Bosse. (GSTAPK, OBA 20664 und 20789); 1521 Dezember 10, Lochau: Kurfürst Friedrich von Sachsen an den Hochmeister: Forderungen der Gebr. Georg Caspar und Wolf v. Kitzscher von wegen ihres verstorbenen Bruders Dr. Johann v. Kitzscher. (GSTAPK, OBA 25188); 1523 Februar 19 und März 24: Kurfürst Friedrich von Sachsen an den Hochmeister: Sache der gefangenen Brüder Wolf und Albrecht von Leipzig (GSTAPK, OBA 25959 und 26010).

149   1487 Juni 21, Nürnberg: Kurfürst Friedrich und Herzog Johann von Sachsen an den Hochmeister: entschuldigen den Ungehorsam des Anstat von Westerstetten dem Orden gegenüber in Sachen einer Erbangelegenheit. (GSTAPK, OBA 17332).

150   Zu belegen sind Falkenlieferungen und Dankschreiben 1502 (GSTAPK, OBA 18723); 1504 (GSTAPK, OBA 18951); 1513 (GSTAPK, OBA 19935); 1515 (GSTAPK, OBA 20646); 1516 (GSTAPK, OBA 21114); 1518 (GSTAPK, OBA 22227).

151   GSTAPK, OBA 18126.

II · INNENPOLITIK

yl doc Almechtig Got die awff eudem recht dem hochwirdigstenn
rament kayn edlenn schatz geordert hat. dann das hochwirdig hailt
er lieben hailigenn vnd auserweltenn · ist billich zuglawben das
lanndt zu Sachssenn. funderlich vor vil andern geliebt · vnnd

THOMAS LANG

Zwischen Reisen und Residieren: Beobachtungen zum Residenzwechsel des Kurfürsten Friedrich III. von Sachsen

Zwei Wochen mit Friedrich – Einführung

Vor knapp 500 Jahren machte sich Friedrich III. von Sachsen (1453–1525), genannt der Weise, bereit, sein Hoflager zu wechseln. Es befand sich wenige Kilometer nördlich von Torgau im Jagdschloss Lochau in der gleichnamigen Heide, dem heutigen Annaburg.[1] Zielort der Reise war Wittenberg, wo bereits einige Räte weilten und die vorausgeeilten Köche Kunz und Fulhans die Ankunft des Fürsten geschäftig vorbereiteten. Am Donnerstagabend, dem 7. April 1513, trafen der Kurfürst und sein Bruder Herzog Johann (1468–1532) mit 81 Reitern im Wittenberger Schloss ein.[2] In der Kurstadt verschenkten sie in Lochau geschossenes Wild an hochadelige Gäste, Gelehrte und den Maler Lucas Cranach d. Ä., erhielten Briefe aus Rom, Stendal, Dresden sowie anderen Orten und empfingen lüneburgische, mecklenburgische und albertinische Gesandtschaften. Am folgenden Montag nahmen die sächsischen Landesherren gemeinsam mit Herzog Magnus von Anhalt (Linie Köthen / Zerbst, 1455–1524), der in einer Herberge am Markt bei der Witwe Kritzin wohnte, an der Reliquienweisung in der Schlosskirche teil. Zwischen den einzelnen Gängen der Weisung, wenn die Stiftsherren neue Reliquiare auf den Heiltumsstuhl trugen, bliesen eigens aus Weimar heranbestellte Trompeter.[3] Kurz danach, am Mittwoch, dem 13. April, reisten die sächsischen Fürsten in Richtung Torgau ab. Dort hielten sie bis zum folgenden Sonntag das Hoflager. Am Montag, dem 18. April, brachen sie von dort nach Eilenburg auf, wo sie von Montag auf Dienstag übernachteten. Am Dienstag zogen die Fürsten und ihre weit über hundertköpfige Begleitung nach Borna. Sie nahmen an einer gesungenen Messe teil und zahlten dem Herbergswirt eine Entschädigung dafür, dass er seine Zimmer nicht an Kaufleute vermieten konnte, die zur Leipziger Ostermesse zogen.[4] Auch ein Bote, der Briefe von Wittenberg nach Hannover gebracht hatte, holte in der Bornaer Herberge den Fürsten ein. Er war dem Hof von Wittenberg aus gefolgt und die elf sächsischen Meilen von dort »hynem [nach Borna] gelauffen«.[5] Am Mittwoch reiste der Hof nach Zeitz. Die Fürsten aßen auf dem Schloss, während der Hofstaat in Herbergen in der Stadt übernachtete. Am Donnerstag, dem 21. April, erreichten die Fürsten mit 98 Pferden Naumburg. Ein großer Teil des Hofes blieb dort zurück, während die Fürsten zu einem Treffen mit Herzog Georg von Sachsen (1471–1539) nach Weißenfels weiterreisten.[6]

Die eben geschilderte Reise mit dem Hoflager Friedrich des Weisen führte über 16 Tage und 250 Kilometer und bietet einen kleinen Einblick in eine Zeit zwischen Reisen und Residieren! Sie sollte zeigen, dass auch wenn der sächsische Kurfürst nicht im Reich weilte – und das tat er oft,[7] er nicht dauerhaft an einem Ort wohnte und residierte, sondern durch sein Land zog: von Schloss zu Schloss, von Herberge zu Herberge. Friedrich der Weise verweilte maximal einige Wochen, meist aber nur einige Tage an einem Ort.

Nichtsdestotrotz gilt als eine der bedeutenden Entwicklungen vom Mittelalter hin zur Neuzeit mithin zur modernen Gesellschaft die Entstehung von stabilen Herrschaftszentren: den Residenzen. Hier kann keine ausführliche Diskussion über die Prägung und Art des Residenzbegriffes geführt werden; zu sehr ist der Begriff in seiner sozialhistorischen Tradition vom französisch-barocken Idealbild geprägt, das sich schwerlich auf die Territorien des deutschen Spätmittelalters übertragen lässt.[8] Hier kann nur die Bandbreite angedeutet werden.[9] Ein Minimalkriterium für einen Residenzort wäre, dass er sich von der bloßen Reisestation durch häufigere Herrscher- und Hofaufenthalte abhebt und eine unterschiedlich geartete herrschaftliche Funktion besitzt, zumindest aber End- und Ausgangspunkt von Reisen als Etappe ist (Karl-Heinz Ahrens). Ein Maximum wäre erreicht, wenn ein ständiges Hoflager an einem Ort liegt, an dem zugleich das Verwaltungszentrum der Herrschaft mit Archiv sitzt, der Herrscher häufig vor Ort ist und diesen durch repräsentative Bauten und Akte zum Zentrum seiner Herrschaft macht (Klaus Neitmann).

Viele Hoflager, aber nur eine Residenz ? – Forschungslage

Nun lässt sich anhand der geschilderten Beobachtungen die Frage stellen: Wo lag die Residenz Friedrichs des Weisen, sein Herrschafts-, Verwaltungs- und Repräsentationszentrum? Auf diese Frage hat es bereits viele Antworten gegeben, und interessanterweise weichen sie voneinander ab!

Das Handbuch der Residenzenkommission führt zumindest in seinem topographischen Teil Wittenberg als Residenz Kurfürst Friedrichs des Weisen, zudem Torgau und Weimar als Nebenresidenz an.[10] Lediglich der Bearbeiter des Artikels Coburg wollte in der Veste Coburg – mit Blick auf deren Bedeutung für die Reformation – eine Residenz Friedrich des Weisen sehen.[11] Die sächsische Landesgeschichte und die Theologie haben eindeutig für den Residenzort Wittenberg plädiert. So fasste der Landeshistoriker Karlheinz Blaschke für das Handbuch der Historischen Stätten mit Blick auf die engagierte Bautätigkeit an Schloss, Schlosskirche und Elbbrücke zusammen: »Die Blütezeit W[ittenberg]s begann, als der 1486 an die Regierung gekommene K[ur]f[ürst] Friedrich der Weise seine Residenz hierher verlegte…«.[12] Der Theologe Helmar Junghans ging davon aus, dass Wittenberg zumindest zu einem »kursächsischen Zentrum« und einer »kurfürstlichen Stadt« ausgebaut wurde, die es mit Meißen aufnehmen konnte.[13] Tatsächlich war die ernestinische Linie der Wettiner nach der Leipziger Teilung von 1485 auf der Suche nach neuen Residenz- und Zentralorten. Immerhin waren den Ernestinern mit Meißen das kirchliche, mit Leipzig das wissenschaftliche und wirtschaftliche Zentrum und mit Dresden einer der bedeutendsten Hoflagerorte abhanden gekommen. Sie lagen nun im Herrschaftsbereich der albertinischen Wettiner. Wittenberg, das alte Herrschaftszentrum der askanisch-sächsischen Herzöge und Kurfürsten, bot sich an, den Anspruch der Ernestiner als deren rechtmäßige Nachfolger zu bestärken.[14]

Vertreter der Kunst- und Baugeschichte versuchten hingegen, die Bedeutung Wittenbergs mit Blick auf die Quellen vorsichtig zu negieren. So meinte Hans Joachim Mrusek zu erkennen: »Auch Friedrich der Weise hat selten in Wittenberg Hof gehalten.«[15] Die sächsische Verwaltungsgeschichte und vornehmlich Hans-Stephan Brather meinte in den ›gewöhnlichen‹ oder ›wesentlichen‹ Hoflagern »feste Residenzen« zu erkennen, an denen sich die behördliche Verwaltung ansiedelte. Die 1456 festgesetzten Haupthoflager Leipzig und Meißen hätten sich dabei nicht auf Dauer durchsetzen können, sodass neben Torgau,

Abb. 1
Fürstlicher Reisetross, in: Georg Spalatin, Chronik der Sachsen und Thüringer, Bd. 1, 1515–1517, Papier, 46 × 31 cm, Landesbibliothek Coburg, Ms. Cas. 9, fol. 93v

Dresden in den 1470ern, Weimar nach 1482 und seit Anfang des 16. Jahrhunderts »vielleicht auch Wittenberg« zu den Hoflagern zählten.[16]

Brigitte Streich führt in diese Diskussion die wettinische Reiseherrschaftspraxis und die dezentralen Verwaltungsstrukturen ein. Für die Zeit von 1440 bis 1484 schildert sie: »Die für die Bedeutung eines Ortes als Residenz ausschlaggebende Häufung von Funktionen wie Behördenstandort, Grablege und herausragende Stellung im Itinerar« suche man in Kursachsen vergebens.[17] Vielmehr belegt Streich für das 15. Jahrhundert mit einer Analyse von Küchen- und Lagerbüchern neben dem meist drei mal im Jahr wechselnden Haupthoflager zahlreiche Nebenhoflager des Fürsten, seiner Frau und der jungen Herrschaft.[18] In der Folge ließen sich eine Reihe von Residenzen mit unterschiedlicher Prägung nachweisen: Hauptsitze des wesentlichen oder Haupthoflagers, die von persönlichen und politischen Interessen bestimmt waren (Meißen, Leipzig, Altenburg, später Weimar und Dresden), die kirchlichen Zentren (vornehmlich Meißen), die Jagdresidenzen (Torgau, Lochau, Schellenberg), Schlösser für große Festlichkeiten (Dresden, Leipzig), Verwaltungszentren (Leipzig, Altenburg, Freiberg), häufig aufgesuchte Nebensitze (Grimma, Rochlitz, Gotha).[19]

Diese Ergebnisse sind nicht ohne Weiteres auf die Herrschaftszeit Friedrich des Weisen zu übertragen, verdeutlichen jedoch das Problem der Residenzbildung in einem Land, dessen Herrschaftsmittelpunkte eng mit dem dynastischen Zufall, politischen Umständen und persönlichen Vorlieben verknüpft waren.

In diesem Zusammenhang muss auch die Mutschierung von 1513, also die Verwaltungsteilung des ernestinischen Landes zwischen den beiden Brüdern Kurfürst Friedrich und Herzog Johann, genannt werden. Ernst Müller konstatierte, dass nicht nur das Land in einen Nord- und Südteil zerfiel, sondern auch zwei relativ unabhängige Herrschaftszentren Kurfürst Friedrichs und Herzog Johanns entstanden.[20] Diesen Ausführungen folgt der dynastische Teil des Residenzenhandbuchs, ohne aber den Zeitrahmen genauer einzugrenzen und auch der äußerst quellenkundige Musikhistoriker Willibald Gurlitt formulierte: »Während Friedrich der Weise meist in Altenburg, Torgau oder seinem Jagdsitz Lochau, seltener in Wittenberg Hof hält, residiert Johann der Beständige vornehmlich in Thüringen, besonders in Weimar.«[21] Ingetraut Ludolphy, die die bedeutendste Biographie Friedrichs des Weisen verfasst hat, hebt Lochau als »Lieblingssitz« des Kurfürsten gegenüber den Kanzleiorten Torgau für Friedrich und Weimar für Johann hervor.[22] Sie verweist zugleich auf die Reisetätigkeit des Fürsten und sieht die Jagdleidenschaft des Fürsten als ausschlaggebenden Faktor an.[23]

So haben sich nicht nur mit der Leipziger Teilung von 1485 und der Mutschierung von 1513 die Residenzschwerpunkte verschoben, vielmehr waren noch zu Beginn der Amtszeit Kurfürst Friedrichs des Weisen ein regelmäßiger Wechsel der Hoflager, eine rege Reiseherrschaft des Fürsten und regional verteilte Verwaltungszentren gelebter Brauch. So waren sich selbst Zeitgenossen nicht immer sicher, wo sie ihren Herrn antreffen würden. Selbst »Doctor Bot«, ein jahrzehntelang am sächsischen Hof nachzuweisender Bote, suchte am 6. Juni 1513 Friedrich den Weisen, als er mit Briefen des Kaisers an den Hof zurückkam. Eine Zahlung von ›Nachbotenlohn‹ wird wie folgt begründet: »ist er von Weymar uf Leipczig, [und] Dieben geritten in maynung ir f[urstlich] g[naden] zu Wittenberg zu betreffen, als ist ime zu Dieben [= Düben] kundt wurden, das sein f[urstlich] g[naden] zu Torgau sein sollten, daselbst hyn er sich gewendt.«[24] Und tatsächlich belegen Rechnungen immer wieder Boten, die den Kurfürsten an verschiedenen Orten suchten, ihm oft von Ort zu Ort, Schloss zu Schloss nachreisten.

Briefe aus Lochau und Colditz: Herrschaftsmittelpunkte von 1520 bis 1525

Will man nun nicht wie der Bote »Doctor Bot« auf der Suche nach der Residenz durch das Land irren, gilt es neben den Verwaltungszentren die Aufenthaltsorte des Fürsten, die Formen seiner Herrschaftsausübung und das Verhältnis von Haupt- und Nebenhoflager zu untersuchen. Dieses Thema kann in diesem Rahmen nur gestreift werden. Es bietet sich daher an, die Betrachtung auf die Zeit zwischen 1500 und 1525 zu beschränken, in der Kurfürst Friedrich der Weise häufiger in seinem eigenen Land verweilte.

Der gangbarste Weg, die häufigsten Aufenthaltsorte des Kurfürsten zu ermitteln, ist, den Ausstellungsorten der edierten Briefe und Urkunden zu folgen. Effizient zeigt sich diese Methode insbesondere für die Zeit zwischen 1520 und 1525, da die Dichte der Editionen in dieser Zeit größer ist.[25]

Als Ergebnis kann man feststellen, dass in der Zeit nach 1520 der Kurfürst, wenn er nicht auf den Reichstagen in Worms und Nürnberg weilte, vornehmlich in den Jagdschlössern Lochau (Annaburg) und in Colditz zu finden war. Hingegen treten andere Residenzen, namentlich Torgau und vor allem Wittenberg, vollends zurück. Außer für Reisen zu den Reichstagen unterbrach der Kurfürst die andauernden Aufenthalte in den Jagdschlössern lediglich für Kurzbesuche anderer Residenzen.

Die Schlösser Lochau und Colditz liegen bis heute an ausgedehnten Waldgebieten, besaßen zudem Tier- und Lustgärten. Sie deswegen als Rückzugsorte vom Residenzleben und kleine Jagdschlösser anzusehen, wäre verfehlt. Vielmehr wanderte das Haupthoflager in der Zeit zwischen 1522 und 1524 regelmäßig zwischen Colditz und Lochau, wie Fritz Stoy belegen konnte.[26] Das macht diese Schlösser zu mehr als reinen Nebenresidenzen. Schon vor 1520 weist auch die Ausstattung des Schlosses Lochau auf die Nutzung durch eine größere Besucherzahl hin. Bis unter das Dach und unter die Spitze des Turmes waren 124 Schlafstätten verteilt; das waren nur 20 weniger als z. B. das Wittenberger Schloss zu bieten hatte.[27] Das Lochauer Inventar zeigt außerdem, dass der Kurfürst 1509 neben sechs Armbrüsten natürlich auch ein »1 ewangely büch« in seiner Lochauer Schlafkammer aufbewahrte.[28]

Eine Repräsentationsfunktion nahmen diese Schlösser beispielsweise wahr, wenn hochrangige Gäste empfangen wurden. Zu Schweinejagden in der Lochauer Heide und dem Jagdgebiet bei Schweinitz trafen König Christian II. von Dänemark, Norwegen und Schweden (1481–1559) mit seiner Schwester Elisabeth (1485–1555), der Gemahlin Kurfürst Joachims I. von Brandenburg (1484–1535), und ihrem Gemahl, dem brandenburgischen Markgrafen, ein.[29] An-

Abb. 2
Lucas Cranach d. Ä.,
Das Goldene Zeitalter
(mit Schloss Colditz im
linken Hintergrund),
um 1530, Öl auf Holz,
75 × 103,5 cm, Nasjonal-
museet for kunst,
arkitektur og design Oslo,
Inv. Nr. NG-M-00519

lässlich des Besuchs seiner Schwester, der Herzogin Mar-garethe von Lüneburg (1469–1528), ließ Friedrich der Weise in Lochau gar ein Turnier abhalten.[30] Auch den Hoch-meister des Deutschen Ordens, Albrecht von Brandenburg-Ansbach (1490–1568), traf der Kurfürst in Lochau, wäh-rend er den englischen Gesandten, den Herold Raphael York, 1523 im Jagdschloss Colditz empfing.[31]

Auch das nach einem Brand von 1506 erst ab 1519 neu erbaute Schloss Colditz machte dank zahlreicher Erweite-rungsbauten inklusive eines Tiergartens nicht den Ein-druck einer Nebenresidenz.[32] Das Schloss dominierte und dominiert bis heute vielmehr die kleine Stadt zu seinen Füßen. In einem Brief vom 9. April 1522 lud der Kurfürst seinen Bruder ein, die Baufortschritte zu bewundern: »Ich hoffe, so e. l. Kolditz sehen werden, es sal e. l. ab Got will, vor ein wuste haus, so in korzen iaren gewest, wol gefa-len.«[33] Der Herzog könne dort sein eigenes Haus beziehen, solle aber nicht zu viele Begleiter mitbringen, da noch nicht genügend Betten im Schloss seien und die Bürger des »stetleins« neben dem kurfürstlichen Gefolge kaum noch jemanden unterbringen könnten.[34]

Wie Heiko Lass unlängst konstatierte, konnte der wettini-sche Kurfürst – immerhin der Erzjägermeister – in solchen Schlössern hervorragend repräsentieren.[35] Allerdings muss hier gesagt werden, dass Friedrich der Weise, der in seiner Jugend die Turniere mochte – immerhin schlug er im Frey-dal mehrfach Kaiser Maximilian –, bis ins Alter von der Jagd und der Natur gefangen war.[36] Er berichtet in Briefen an seinen Bruder von den ersten Nachtigallen in Grimma und Colditz oder vermeldet aus Worms, dass die pracht-volle Baumblüte durch den plötzlichen Frost Schaden nahm.[37] Er ließ nicht nur unzählige Pirsch- und Windhunde von Hoflager zu Hoflager ziehen, sondern auch lebende Biber, Hirsche, Wölfe und Bären für seine Tiergärten fan-gen.[38] Er besaß Volieren mit Singvögeln in seinen Stuben, Schwäne ließ er für seine Schlossgräben fangen, Reiher in eigens errichteten Häusern halten, seine Schlösser mit Hirschgeweihen geradezu spicken.[39] Abseits der Repräsen-tationsabsichten muss man dem Fürsten daher eine Be-geisterung für die Natur attestieren und somit eine per-sönliche Vorliebe als Ursache für die häufigen Besuche in Lochau und Colditz nach 1520 annehmen.

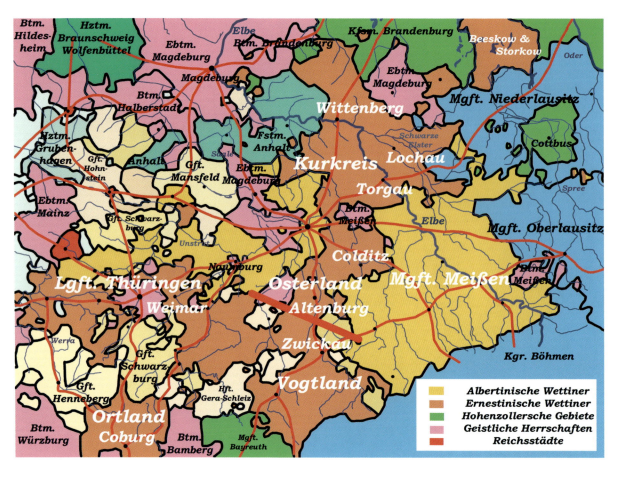

Abb. 3
Residenzorte im Ernesti-
nischen Territorium und
Grenze der Mutschierung
von 1513 zwischen
Kurfürst Friedrich III.
von Sachsen und seinem
Bruder Herzog Johann,
Kartengrundlage: Sieg-
fried Hoyer, Das Herzog-
tum Sachsen in der Zeit
des Frühkapitalismus und
der frühbürgerlichen
Revolution (1485–1547),
in: Karl Czok (Hg.),
Geschichte Sachsens,
Weimar 1989, S. 174–207,
hier S. 178–179
(Sächsisch-thüringische
Territorien um 1500),
Überarbeitung durch den
Verfasser

Fülle und Dunkelheit: Quellenlage und Aussagemöglichkeiten

Um zu prüfen, welche Bedeutung Jagdschlössern wie Lochau und Colditz noch vor 1520 zukam, muss die Quellenbasis erweitert werden. Denn die Belegdichte an edierten Quellen ist für die Jahre vor 1520 erheblich geringer als für die Zeit danach. Für das Jahr 1515 würde man in den oben verwendeten Editionen genau zwölf Tage mit Aufenthaltsbelegen finden.[40]

Sicher ist, dass sich mit fortschreitendem Alter das Reiseverhalten des sächsischen Kurfürsten geändert hat. Wie er am 28. Mai 1521 in einem Brief seinem Bruder eingestand, hatte er sich »gancz müde gerayßet« und musste sich in einer Sänfte tragen lassen.[41] Im Winter machte der Kurfürst seine Reisen gar vom Wetter abhängig, was zuvor für ihn eher unüblich war.[42] Zudem hatten in der erwähnten Mutschierung von 1513 der Kurfürst und sein Bruder Herzog Johann nicht nur geteilte Einkünfte aus bestimmten Ämtern und – damit verbunden – eine geteilte Finanzverwaltung vereinbart, sondern sie legten auch getrennte Hofhaltungen fest (vgl. Abb. 4). Dabei residierte Friedrich meist in den nördlichen Schlössern des Territoriums um das Verwaltungszentrum Torgau, während Johann mit seiner neuen Frau in den südöstlichen Hoflagerorten um Weimar Hof hielt.[43] Tatsächlich kann man diese Teilung des Landes in der Regel auch im Itinerar des Fürsten belegen. Dazu ist es jedoch notwendig, die Quellenbasis zu erweitern und zu erläutern.

Aussagen zu den Aufenthaltsorten Kurfürst Friedrichs und seines Hofes sind mit der von Brigitte Streich für die Wettiner etablierten Methode der Küchen- und Reisebuchanalyse möglich.[44] In den Küchenbüchern wurde über den Verbrauch des Haupthoflagers, genauer von Küche, Kammer, Backstube, Stallungen sowie Fuhr- und Botenlohn Buch geführt. In den Reisebüchern rechneten die Schreiber hingegen die Aufenthalte des Fürsten abseits vom Hoflager insbesondere bei Reisen ins Ausland ab. Zusätzliche Lagerbücher fertigten die Verwalter (Schösser, Vögte, Amts- und Hauptleute) der häufiger aufgesuchten Amtsorte über die Aufenthalte des Hofes (Neben- und Haupthoflager), des Kurfürsten, seiner Familie und ebenfalls versorgter hochadeliger Gäste an. Diese lokalen Lagerbücher wie auch die Reisebücher dienten dazu, die Kosten für die Versorgung des Hofes bei der Rentkammer bzw. der Landrentkammer anrechnen und im besten Fall aus der landesherrlichen Kasse zurückerstatten zu lassen. In den Rentamtsrechnungen findet man Rückerstattungslisten mit weit über 50 Positionen im Jahr, die Amtsleute für ihre Auslagen bei Hoflagern eingereicht haben.[45] Als Vorlage dienten Zusammenstellungen von Lagerbüchern, wie jene aus 16 Hoflagern von hochadeligen Gästen und den Fürsten, die sich für 1513 erhalten haben und die zum Teil originale Abrechnungszettel der Quartiere enthalten.[46]

Diese gute Überlieferungslage ist allerdings eine Ausnahme. Man scheitert allein schon daran, für den Januar und Februar 1513 aus diesen Quellengattungen zu erfahren, wo sich das Hoflager befand. Im Ernestinischen Gesamtarchiv fehlen die Küchen-, Reise- und Lagerbücher dieser Zeit. Ganz ähnlich verhält sich dies für die Zeit ab 1519. Die in Weimar liegenden Küchen- und Reisebücher dieser Zeit stammen zum allergrößten Teil vom Küchenschreiber Sebastian Schade, der darin von den wechselnden Hoflagern Herzog Johanns in Thüringen berichtet. Nur vier sehr kurze Reisebücher und fünf Lagerbücher geben Auskunft über die Haupthoflager und die Reisen Friedrichs 1519–1523.[47] Hinzuzufügen wäre ein sehr knappes, aber äußert aussagekräftiges Buch mit den Zahlungen an den fürstlichen Küchenmeister.[48] Die häufig zitierten Lochauer Lagerbücher der Jahre 1522 und 1524 befinden sich nicht unter diesen Quellen.[49] Weitere Reisebücher sind zum Teil falsch zugeordnet oder doppeldeutig betitelt; nicht zuletzt verursacht durch Quellentitel wie »Reisebuch meiner gnädigen Herren« für die Reisen Herzog Johanns und seines Sohnes[50] oder die »Fürstliche Ausgabe auf Reisen« für die Reisen Herzog Johanns 1519 nach Jena, Gotha, Eisenach, Arnstadt, Hummelshain etc.[51]

Auch die gesondert im Ernestinischen Gesamtarchiv angeführten 45 Lagerbücher Kurfürst Friedrichs, Herzog Johanns, seiner Gemahlin Herzogin Sophias und ihres Sohnes schließen nicht wirklich diese Lücke. Während von 1500 bis 1513 meist nur Einzelabrechnungen über kurze Hoflager dort angeführt sind,[52] werden ab 1513 fast jahrweise Abrechnungen der Hoflager einzelner Ämter geboten.

Insbesondere werden zehn Amtshoflager für Torgau[53] genannt, sechs für Altenburg,[54] drei für Eilenburg[55] und eines für Wittenberg.[56] Zum Teil handelt es sich, insbesondere bei den längeren Berichtszeiträumen aus Torgau, Altenburg und Eilenburg, um Gegenrechnungen der Amtsleute über Haupthoflager, quasi um Gegenstücke zu den Küchenbüchern. Dabei ist zu beachten, dass die meisten

dieser Lagerbücher mit dem Zusatz versehen sind: »sein Lager, die zceit mein gnedigster herr nicht wesentlich im lager gewest« bzw. »seint den mehr tayl die zceit sein churf[ürs]t[lich] g[naden] nicht im lager gewest.«[57]

So führt das Lagerregister des Antonius von Oberndorf vom 10. März bis 10. April 1516 Buch über die Ausgaben des Hoflagers in Torgau, während der Großteil des Hofes inklusive des Kurfürsten das Osterfest in Wittenberg beging und die dortige Heiltumsweisung besuchte.[58] Tatsächlich finden sich selbst unter den Lagerbüchern, die diesen Hinweis im Titel nicht besitzen, Zeiträume, in denen der Kurfürst auf Reichstagen und andernorts unterwegs ist. Deutlichstes Beispiel ist wohl das kurfürstliche Lagerbuch zu Eilenburg vom 13. Dezember 1520 und 17. Februar 1521, also einer Zeit, in der Friedrich der Weise in Allstedt und später auf dem Reichstag in Worms weilte.[59] Sicherlich blieb ein großer Teil der Verwaltungsaufgaben am jeweiligen Hoflager. Damit kam der Kurfürst der seit 1456 aufgekommenen Forderung nach einem regulären Haupthoflager nach. Er konnte sich von Teilen seines Gefolges, die er nicht brauchte, trennen und in sein Land oder ins Reich reisen. Das Repräsentations- und das außenpolitische Zentrum Kursachsens wäre in diesen Fällen – wie noch deutlicher werden wird – beim Fürsten zu suchen und nicht beim Hoflager.

Weitere Überlieferungslücken bringt die Amtsführung von Degenhart Pfeffinger als Schatullenwart von 1496 bis 1512 mit sich.[60] Unter seiner Ägide haben sich von 1500 bis 1512 insgesamt nur zwei Reisebücher (davon ein hessisches) und vier Lagerbücher für den Kurfürsten sowie zwei weitere Lagerbücher für Herzog Johann und seine erste Gemahlin erhalten.[61] Es handelt sich um kurze Hoflager, zusammen decken sie 28 Tage ab. Die Küchenbücher für diesen Zeitraum sind glücklicherweise besser überliefert. Es haben sich immerhin elf aus der Zeit von 1500 bis 1506 erhalten.[62] Diese Bücher sind meist mit »Fürstliches Küchenbuch zu Torgau und Weimar« überschrieben und haben nur kleinere Lücken im Jahr 1500 und 1501. Zwischen 1506 und 1513 fehlen dann jedoch auch die Abrechnungen der Küche. Eine falsche Schlussfolgerung wäre allerdings, von dieser Überlieferungslage auf die Reisetätigkeit des Kurfürsten zu schließen und damit anzunehmen, das Fehlen von Reisebüchern würde bedeuten, dass der Kurfürst nicht auf seiner Residenz – Torgau oder Weimar – weilte. Es handelt sich tatsächlich um massive Überlieferungslücken zumindest in Rechnungsbeständen des Hofes im Hauptstaatsarchiv Weimar. Diese Lücken kann man jedoch mit verschiedenen Quellengattungen teilweise schließen und zugleich nachweisen, dass der Kurfürst mitnichten an nur ein oder zwei Orten im Jahr war.

**Schatulle und Küche: Mobilität des Kurfürsten
zwischen Haupt- und Nebenhoflagern**

Für die Zeit von 1500 bis 1506 existieren also nur kurze Reise- und Lager-, dafür umso umfangreichere Küchenbücher des Hofes. Eines dieser Bücher umfasst die Abrechnungen des Haupthoflagers in Torgau der Jahre 1501–1503. Es berichtet auf mehr als 900 Blatt ohne Lücken über die üblichen Ausgaben für Küche, Bäcker, Licht, Futter etc.[63] Dabei fällt auf, dass der gemeinsame Hof von Herzog Johann, seiner Gemahlin Sophia und Kurfürst Friedrich sowie einiger Gäste selbst nach der verschwenderischen Hochzeit vom März 1500 eine recht beachtliche Größe hatte.[64] Etwa 170 Pferde, zu Fastnacht sogar über 250 Pferde, werden mit einer entsprechend höheren Anzahl von Personen in Torgau versorgt.[65] Dabei kommt es in den Abrechnungen zu auffälligen Schwankungen, ohne dass wir immer über den Grund informiert wären. So stehen am 5. Oktober 1501 noch 170 Pferde in Torgau.[66] An den folgenden beiden Tagen sind es nur 120 bzw. 116 Pferde, also immerhin 50 Pferde weniger; am 8. Oktober sind es wieder 179 Pferde.[67] Hier kann man aus anderen Quellen ergänzen.

Zwar haben sich von der Hand des Schatullenwartes Degenhart Pfeffingers nur wenige Abrechnungen erhalten, jedoch griff Pfeffinger offensichtlich gern auf die Bestände anderer Kassen zu. Drei Bücher, die offensichtlich vom Kammerschreiber Steffan Strähl stammen, führen die Ausgaben für den Kurfürsten in chronologischer Reihenfolge für 1501/02, 1505 und 1506 an.[68] Dabei ist der Großteil der Einträge mit »auf Befehl Pfeffingers« überschrieben. Der Inhalt – Spielausgaben, Geschenke, Einkäufe – ähnelt den Schatullenrechnungen Hans Hundts.

Diese ›Pseudoschatulle‹ listet nun auch für die hier auffälligen Tage (6. und 7. Oktober 1501) Ausgaben auf und belegt damit, dass Friedrich der Weise seiner Leidenschaft für Spiel und Jagd in Lochau gefrönt hat: »4 fl Pfeffinger zcalt, hat er meym g[nädigs]t[en] hern zum spil geben zur Loch am mittwoch und dornstag nach Francisci.«[69] Nun kann mit Recht eingewandt werden, dass es unbedeutend für die Residenzfunktion von Torgau sei, dass der Kurfürst mit einigen Reitern zwei Tage in der Lochauer Heide unterwegs war. Tatsächlich blieb das Haupthoflager und mit ihm der Repräsentations-, Verwaltungs- und Herrschaftsmittelpunkt in Torgau. Allerdings gibt es auch Abwesenheiten des Fürsten, die eine solche Funktion in Frage stellen. So verließen der Kurfürst, Herzog Johann und ein Bruder der Fürstin (Herzog Albrecht VII. von Mecklenburg) am 13. Oktober 1501 mit insgesamt 130 Pferden und Gefolge Torgau in Richtung Thüringen. Lediglich die junge Gemahlin Sophia verblieb in Torgau.[70] Das Küchenbuch

des ›Haupthoflagers‹ wird für ihr Gefolge mit etwa 50 Pferden weiter geführt, bis mehr als einen halben Monat später, am 4. November, die Herren wieder eintreffen.[71] Über ihre Aufenthalte erfahren wir aus dem Küchenbuch nichts! Man kann allerdings davon ausgehen, dass während dieser Zeit zumindest die repräsentativ-diplomatische Funktion des Hofes wohl eher in Thüringen erfüllt wurde. Für Torgau wäre in dieser Zeit nur eine minimale Residenzfunktion im Sinne von Ahrens als Ausgangs- und Endpunkt fürstlicher Reisen gegeben.

Dies ist ähnlich auch für Haupthoflager in späteren Jahren zu beobachten. So führt das fürstliche Küchenbuch des Jahres 1517 für das Haupthoflager zu Altenburg über längere Zeit nur neun bis elf Pferde im Stall an.[72] Nur aus Randbemerkungen, Briefeditionen und einem überlieferten Reisebuch erfährt man, dass sich der Kurfürst Tage, Wochen und im September und Oktober zwei Monate andernorts aufhielt, nämlich in Wittenberg, Torgau, Lochau, Grimma, Borna, Zeitz und Eilenburg weilte.[73]

Auch für das Jahr 1501 kann man die Lücke zwischen dem 13. Oktober und 4. November füllen. Hier ersetzt eine der oben angeführten Rechnungen von Kammerschreiber Strähls Pseudoschatulle die fehlenden Reisebücher. Sie nennt die Aufenthaltsorte und die privaten Ausgaben des Fürsten bis ins Detail.[74] Am 14. Oktober 1501 forderte der Fürst Geld für Spielausgaben in Leipzig. Am 17. Oktober war er in Weimar eingetroffen und veranstaltete ein Schießen im Garten. Wenige Tage später, am 24. Oktober, befand sich Friedrich der Weise in Erfurt, ließ sich Opfergeld im Mariendom auslegen und verehrte seinem Barbier Franz zwölf Gulden zur Hochzeit. Kurz vor Allerheiligen (28. Oktober) traf der Fürst wieder in Weimar ein. Er bezahlte seinen Bolzendreher und den Erfurter Schützenmeister für Armbrüste, kaufte ein Pferd für den Torgauer Vogt, gab Opfergeld an Arme und veranstaltete mit dem Grafen Sigismund von Gleichen ein Zielschießen im Graben. Einen Tag nach Allerheiligen (2. November) erstattete er in Naumburg dem mitreisenden Herzog Albrecht von Mecklenburg seine Spielschulden. Am 3. November verlor der Fürst in Leipzig selbst zwei Gulden im Spiel. Am folgenden Tag ließ er einen Gulden in den Opferstock der Kapelle zum Heiligen Kreuz bei Torgau einlegen.[75] Anhand einer systematischen Auswertung solcher Belege kann man sehr genau zeigen, wo und wie lange sich Friedrich der Weise aufgehalten und welche Schlösser er bevorzugt hat.

Von September 1501 bis September 1502 legte der Kurfürst demnach 3300 bis 3500 Kilometer zurück, wenn man den Ortsangaben der genannten Rechnung folgen will. Über 70 Mal hatte der Kurfürst auf seinen Wegen zwischen Stendal und Gelnhausen in einem knappen Jahr

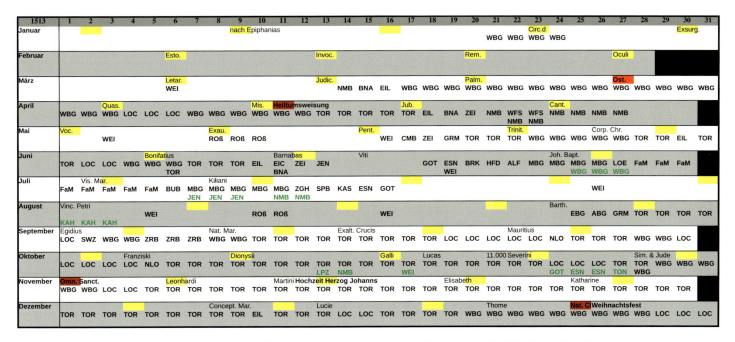

ALF = Alsfeld, BNA = Borna, BRK = Berka (Bad), CMB = Camburg, EIC = Eicha (bei Grimma), EIL = Eilenburg, ESN = Eisenach, FaM = Frankfurt am Main, GRM = Grimma, GOT = Gotha, HFD = Hersfeld, JEN = Jena, KAS = Kassel, KAH = Kahla, LOC = Lochau (ht. Annaburg), LOE = Loech, LPZ = Leipzig, MBG = Marburg, NLO = Neue Lochau, NMB = Naumburg, Roß = Roßla, SPG = Spangenberg, SWZ = Schweinitz, TON = Tonna, TOR = Torgau, WBG = Wittenberg, WEI = Weimar, WFS = Weißenfels, ZEI = Zeitz, ZGH = Ziegenhain, ZRB = Zerbst

den Aufenthaltsort gewechselt.[76] Im Schnitt verweilte der Fürst nicht viel länger als vier Tage an einem Ort. Die am häufigsten aufgesuchte Residenz war Torgau mit zwölf Aufenthalten an zusammen etwa 109 Tagen, gefolgt von Lochau mit acht Aufenthalten an 55 Tagen und Weimar mit sieben Aufenthalten an 41 Tagen. Dieses Reiseleben kann man nicht mehr mit der Notwendigkeit zum Residenzwechsel begründen, die aus verwaltungs- und nicht zuletzt ökonomischen Zwängen gegeben war. Denn noch 1531 vermerkte der Ausschuss des Landtages, dass der ernestinische Hof zwischen Torgau, Weimar und Coburg alle Jahre wechseln solle, damit dieser – um es lapidar zu sagen – das Land nicht leer fraß.[77] Zugleich gestand der Ausschuss dem Fürsten zu, wie es bisher üblich war, mit einem Teil seines Gefolges abseits des Haupthoflagers durch sein Land zu reisen – und das tat er!

Auch die Verwaltung des Landes selbst war darauf eingestellt, dass der Fürst nicht in jeder Kleinigkeit behelligt wurde. Seit 1499 konnten die kurfürstlichen Hofräte im Haupthoflager in Routineangelegenheiten allein entscheiden und hatten das Recht zu siegeln.[78] Sie hatten sich nur an einem ›gelegenen Ort‹ aufzuhalten und schrieben den Fürsten in dringenden Fällen an. So verwundert es nicht, wenn Friedrich dem Weisen nach Aussage Spalatins selbst auf der Jagd Briefe und Akten nachgetragen wurden.[79] Tatsächlich gibt es Hinweise, dass der Fürst bisweilen auf

dem Pferderücken sitzend las.[80] Selbst Registerkästen und Abrechnungsbücher des Rentmeisters transportierten Fuhrleute an die Nebenhoflager.[81] Auch der Kanzler und Teile der Kanzlei begleiteten den Fürsten und verließen das Haupthoflager.[82] Dort – im Haupt- bzw. wesentlichen Hoflager – verblieben während der Reisen des Fürsten meist nur einige Räte und Kanzleischreiber. Weitgehend selbstständig arbeitete die Finanzverwaltung, das sogenannte Rentamt, erst in Leipzig und nach 1513 die beiden Landrentämter in Torgau und Weimar.[83] Die Zehntner, die die fürstlichen Zehnteinnahmen aus dem Bergbau verwalteten, saßen in Freiberg und auf dem Schneeberg. Die Abhörung der Rechnung des Oberzehntners und folgende Verteilungsverhandlungen fanden gemeinsam mit den Albertinern auf dem Schneeberg statt, wobei man auch die Beteiligung von Hofnarren nachweisen kann.[84] Die oberste Gerichtsinstanz, das Oberhofgericht, saß in Leipzig und Altenburg.[85]

Alle kleineren Verwaltungs- und Wirtschaftsdinge, die lokale Exekutive und Judikative sowie die Vorbereitung der Nebenhoflager besorgten die lokalen Stellvertreter des Fürsten. Der Kurfürst wies seine Vertreter zurecht, wenn sie ihre Aufgaben nicht selbstständig genug erfüllten und ihn mit Nachfragen behelligten, so beispielsweise 1518 den Wittenberger Amtsschosser.[86] Es verwundert also nicht, dass Brigitte Streich die Verwaltung als Komponente für

Abb. 4
Aufenthaltskalender für Wittenberg 1513; Sonntage in Gelb; Hochfeste in Dunkelrot; Aufenthalte des Kurfürsten und seines Bruders darunter in Grün; weitere Angaben zu den Aufenthalten an anderen Orten aus Editionen und Reisebüchern

die Residenzausbildung bei den Wettinern ausschließen will.[87] Tatsächlich sollte man sich von der Vorstellung verabschieden, dass eine quasi-evolutionäre Entwicklung von der Reiseherrschaft zum festen, zentralen Residenzsitz führt. Vielmehr ermöglichten die leistungsfähige Verwaltung und das beachtliche Botenwesen an Hof und Ämtern, dass der sächsische Landesherr seinen Pflichten, aber auch Interessen folgend durch die Lande reisen und seinen Aufenthaltsort frei wählen konnte.[88]

Wenn der Kurfürst am 6. Juni 1502 vom Hoflager in Weimar nach Quedlinburg aufbrach, dann tat er dies nicht nur um seine Tante, die Äbtissin des dortigen Klosters, zu besuchen, sondern auch, um ihr den Daumen der hl. Corona für seine wachsende Reliquiensammlung abzugewinnen.[89] Auch als er zwei größere Reisen später, am 15. Juli, von seinem Hoflager in Weimar erneut aufbrach, tat er dies, um in Jena mit seiner Schwägerin Sophia zu jagen und die dortigen geistlichen Einrichtungen zu besuchen.[90] Direkt danach zog der Kurfürst über sein Hoflager in Weimar sowie über Naumburg und Calbe nach Magdeburg, wo er am 26. Juli bei seinem Bruder Erzbischof Ernst einkehrte.[91] Von dort ging es erneut über Weimar und Torgau nach Schweinitz zur Jagd.[92] Sicherlich verzerrt die Quellengattung die Sicht auf die auch politischen Gründe für derartige Reiseunternehmungen, jedoch lässt sich das persönliche Interesse des Fürsten nicht abstreiten.

Ähnliche Itinerare lassen sich auf gleicher Quellenbasis für die Jahre 1505[93] und 1506[94] erheben. Wittenberg spielt auf diesen Reisewegen im Gegensatz zu Torgau, Weimar und Coburg, ja selbst im Vergleich zu Lochau in den genannten Jahren nur eine relativ untergeordnete Rolle. Das hat mehrere Gründe: Am Wittenberger Schloss wurde noch gebaut und 1506 vertrieb die Pest in Mitteldeutschland den Kurfürsten auf die Feste Coburg.[95] In Coburg scheinen große Teile des Hofes mit 160 Pferden in der Stadt zur Herberge gelegen zu haben, während der im Schloss wohnende Kurfürst den Winter über im Saal kegelte, mit den Sängerknaben Wettschießen veranstaltete und zudem kleinere Ausritte zum Schloss Heldburg oder nach Sonneberg unternahm.[96] Kurzum: Man vertrieb sich die Zeit mit Vergnügungen, wenn man schon an einem Ort verweilen musste.

Schlösser ohne Zahl: Friedrich der Weise zwischen Reisen und Residieren

Unter der Zuhilfenahme anderer lokaler Amtslagerbücher kann man auch die Rolle Wittenbergs und anderer Residenzen bestimmen.[97] So war Wittenberg von 1508 bis 1521 das geistlich-geistige Zentrum der ernestinischen Herrschaft, das vornehmlich zu den Hochfesten Weihnachten, Ostern, an der Heiltumsweisung Misericordias Domini und zum Ablass an Allerheiligen besucht wurde. Damit fügte es sich in die verschiedenen Hoflagerorte ein, die bestimmte Funktionen im Herrschaftsgefüge der Wettiner versahen: Das eigentlich exterritoriale Leipzig war Verwaltungssitz und Ort für den Jahreseinkauf. Torgau und Weimar waren die Residenzen für große Festlichkeiten und häufig genutzte Kanzleisitze. Diese Orte waren zugleich gemeinsam mit Coburg, Eilenburg und Altenburg jene Städte, die häufiger das Haupthoflager beherbergten, wobei ab 1513 Weimar und Coburg Herzog Johann, Torgau, Altenburg und Eilenburg Kurfürst Friedrich als Lager dienten, von denen aus sie durch ihre Lande reisten. Die Jagdschlösser Colditz und Lochau waren zwar Orte des Rückzugs, der Ruhe und der Natur, sie beherbergten aber auch von 1520 an regelmäßig die Haupthoflager und dienten Treffen mit Fürsten als repräsentative Inszenierungsorte.[98] Zwischen diesen und anderen Orten reiste und residierte der Kurfürst zuerst gemeinsam mit und später getrennt von seinem Bruder.

Eine weitergehende Analyse der verschiedenen Quellen zu den Hoflagern Friedrichs des Weisen kann durchaus auch für die Reformationsgeschichte interessante Fakten zutage fördern. So hielt sich der Kurfürst am Vorabend zu Allerheiligen im Jahr 1517, dem überlieferten Termin des Thesenanschlags Martin Luthers, nicht in Wittenberg auf. Er war am 30. Oktober mit 68 Pferden aus Grimma kommend in Altenburg eingetroffen und hielt in seinem Haupthoflagerort tatsächlich Hof.[99] Der fürstliche Mundkoch Jörgen erwarb für den Kurfürsten am 30. wie auch am 31. Oktober je 30 Krebse, dicke Milch und andere Nahrungsmittel, sodass man von der persönlichen Anwesenheit des Fürsten ausgehen muss.[100] Die ältere Forschung ging bisher von Lochau als Aufenthalts- und Ereignisort des fiktiven Schweinitzer Traumes am Vorabend des Thesenanschlags aus.[101] Lediglich die Musikgeschichte wies ungehört auf das Altenburger Hoflager des Kurfürsten hin.[102] Aus den ›Extra‹-Abrechnungen des Küchen- und auch des parallel überlieferten Lagerbuches[103] erfährt man, dass der Beichtvater des Kurfürsten, der Franziskaner Jacob Vogt, am 31. Oktober in Altenburg eintraf. Er war von einem Fuhrmann von Torgau über Wittenberg zum Hoflager des Fürsten gebracht worden.[104] Vielleicht brachte er Nachrichten oder gar Briefe aus der Universitätsstadt zu seinem Herrn?[105]

Anmerkungen

1 Diese und die folgenden Ausführungen basieren auf dem unter den Reisebüchern liegenden Kammerregister von Letare 1513 bis Trinitatis 1513: ThHStAW, EGA, Reg. Bb 5529, Bl. 60r – 112r. Vgl. zur Methode der Küchen- / Reisebuchanalyse: Brigitte Streich, Zwischen Reiseherrschaft und Residenzbildung. Der wettinische Hof im späten Mittelalter (Mitteldeutsche Forschungen 101). Köln, Wien 1989, S. 122 f.

2 Vgl. die Angaben im Kammerregister des Hofes und der Küchenrechnung des Amtes Wittenberg: ThHStAW, EGA, Reg. Bb 5529, Bl. 61r – 62r; ThHStAW, EGA, Reg. Bb 2762, Bl. 50r – 51r.

3 Vgl. die Einträge im genannten Kammerregister vom Dienstag nach Misericordias Domini (14. April 1513): »12 gr Matthis Pfeyffer tzerung hiedanne gein Weymar, dan nachfolgende trometer seint uff erfordern meiner g[nädigs] t[en] und g[nädigen] hern anher zcu hayligthum komen, und zu tzaigung zwuschn den gengen des hochwirdigen hayligthumbs gepfiffen uff b[evehl] marschalcks«; ThHStAW, EGA, Reg. Bb 5529, Bl. 75v – 76r; vgl. leicht abweichend Georg Buchwald, Allerlei Wittenbergisches aus der Reformationszeit. Aus Rechnungsbüchern des Thüringischen Staatsarchives in Weimar Teil 3, in: Luther 11 (1929), S. 54 – 62, hier S. 59.

4 Vgl. ThHStAW, EGA, Reg. Bb 5529, Bl. 103r.

5 ThHStAW, EGA, Reg. Bb 5529, Bl. 103r.

6 Am Sonnabend nach Jubilate (23. April) 1513 verblieb ein Teil des Gesindes mit 38 Pferden in Naumburg, während »baide mein g[nedigs]t[en] und g[nedigen] hern zw Weyssenfels gewest [bei Herzog] Jörgen«; ThHStAW, EGA, Reg. Bb 5529, Bl. 111v, 113r.

7 Vgl. für das genannte Jahr u. a. das durch den Küchenschreiber geführte Reisebuch des Kurfürsten vom Sonntag Viti bis Sonnabend nach der Apostel Teilung (18. Juni – 16. Juli) 1513 mit einer Reisestrecke von Hersfeld über Marburg, Loech nach Frankfurt am Main und von dort nach Butzbach, Marburg, Spangenberg und Kassel; ThHStAW, EGA, Reg. Bb 5532, Bl. 14r – 60v.

8 Vgl. die ausführliche Literatur- und Forschungspositionierung des Verfassers Thomas Lang, Der Kurfürst zu Besuch in seiner Residenz: Nutzung und Ausbau der Wittenberger Residenz in der Zeit von 1485 – 1510, in: Das ernestinische Wittenberg: Universität und Stadt (1486 – 1547), hrsg. von Heiner Lück u. a. (Wittenberg-Forschungen 1). Petersberg 2011, 95 – 112, hier S. 96 – 98.

9 Vgl. zur ausführlichen Forschungszusammenfassung und weiterer Literatur: Volker Hirsch, Nochmals: Was war eine Residenz im späten Mittelalter?, in: Mitteilungen der Residenzen-Kommission 13 (2003), S. 16 – 22.

10 Reinhardt Butz, Wittenberg [C.2.], in: Höfe und Residenzen im spätmittelalterlichen Reich I. Ein dynastisch-topographisches Handbuch Bd. 2, hrsg. von Werner Paravicini (Residenzen-Forschung 15.I.2). Ostfildern 2003, S. 634 – 637, S. 634; vgl. ders., Torgau [C.2.], in: Ebd., S. 582 – 584, hier S. 582; vgl. Dagmar Blaha, Weimar [C.2.], in: Ebd., S. 616 f, hier S. 116.

11 Stefan Nöth, Coburg [C.2.], in: Höfe und Residenzen (wie Anm. 10), S. 115 – 117, hier S. 116.

12 Karlheinz Blaschke, Wittenberg, in: Handbuch der historischen Stätten Deutschlands 11, Provinz Sachsen-Anhalt, hrsg. von Berent Schwineköper (Kröners Taschenbuchausgabe 314). Stuttgart 1987, S. 504 – 511, hier S. 506.

13 Helmar Junghans, Wittenberg als Lutherstadt. Berlin 1979, S. 44.

14 Vgl. zum Zusammenhang der askanischen Residenz mit der ernestinischen Residenz Wittenberg Heiner Lück, Das ernestinische Wittenberg: Universität und Stadt (1486 – 1547), in: Universität und Stadt (wie Anm. 8), S. 9 – 19, hier S. 11 f mit weiterer Literatur. Vgl. auch die Überlegungen bei Livia Cárdenas, Friedrich der Weise und das Wittenberger Heiltumsbuch. Mediale Repräsentation zwischen Mittelalter und Neuzeit. Berlin 2002, S. 16 f; vgl. auch die Einleitung zum Wittenberger Heiltumsbuch: Wittenberger Heiltumsbuch. Dye Zaigung des hochlobwirdigen Hailigthumbs der Stifft-Kirchen aller Hailigen zu Wittenburg. Faksimile-ND der Ausgabe Wittenberg 1509. Unterschneidheim 1969, Bl. 2v.

15 Hans Joachim Mrusek, Das Stadtbild von Wittenberg zur Zeit der Universität und der Reformation (Schriftenreihe des Stadtgeschichtlichen Museums Wittenberg 1). Wittenberg 1977, S. 20.

16 Hans-Stephan Brather, Kursächsische Verwaltungsreformen im ausgehenden 15. Jahrhundert, in: Archivar und Historiker. Studien zur Archiv- und Geschichtswissenschaft. Zum 65. Geburtstag von Heinrich Otto Meisner,

in der Redaktion Helmut Lötzke und Hans-Stephan Brather, hrsg. von der Staatlichen Archivverwaltung im Staatssekretariat für Innere Angelegenheiten (Schriftenreihe der Staatlichen Archivverwaltung 7). Berlin 1956, S. 254 – 287, S. 256 f, Anm. 10.

17 Streich, Reiseherrschaft (wie Anm. 1), S. 527.

18 Streich, Reiseherrschaft (wie Anm. 1), S. 523 f.

19 Vgl. Streich, Reiseherrschaft (wie Anm. 1), S. 524 – 530, vgl. auch die Tabellen Ebd., S. 549 – 588.

20 Vgl. dazu Ernst Müller, Die Mutschierung von 1513 im ernestinischen Sachsen, in: Jahrbuch für Regionalgeschichte 14 (1987), S. 173 – 183.

21 Wilibald Gurlitt, Johannes Walter und die Musik der Reformationszeit, in: Luther-Jahrbuch 15 (1933), S. 1 – 112, hier S. 5; vgl. die entsprechenden Artikel im Handbuch der Residenzenkommission Reinhardt Butz, Lars-Arne Dannenberg, Brigitte Streich, Sachsen, Kfsm., Kfs.en von [B.2.], in: Höfe und Residenzen im spätmittelalterlichen Reich I. Ein dynastisch-topographisches Handbuch, Teilbd. 1: Dynastien und Höfe, hrsg. von Werner Paravicini (Residenzen-Forschung 15.I.1). Ostfildern 2003, S. 446 – 454.

22 Ingetraut Ludolphy, Friedrich der Weise. Kurfürst von Sachsen 1463 – 1525. Göttingen 1984, Leipzig 2006, S. 84, 121, 128, 186. Vgl. auch Bernd Stephan, Beiträge zu einer Biographie Kurfürst Friedrichs III. von Sachsen, des Weisen (1463 bis 1525), 3 Teile. Diss. masch. Leipzig 1980, S. 22, der lediglich auf den mobilen Landesherrn und die Haupthoflager in Torgau und Weimar verweist.

23 Ludolphy, Friedrich (wie Anm. 22), S. 86, 121.

24 ThHStAW, EGA, Reg. Bb 5146, Bl. 55r.

25 Für eine ausführliche Darstellung dieser Untersuchung mit den dafür notwendigen wissenschaftlichen Belegen bietet der Zuschnitt dieses Bandes keine Möglichkeit. Die Ergebnisse werden in einem weiteren Beitrag des Verfassers geboten.

26 Vgl. zu den Lochauer Hoflagern 1522 und 1524: Fritz Stoy, Friedrichs des Weisen Hoflager in Lochau in seinen letzten Lebensjahren, in: Forschung und Leben. Heimatblätter des Schönburgbundes. Arbeitsgemeinschaft für Heimatpflege im Regierungsbezirk Merseburg 2 (1928), S. 276 – 290.

27 Vgl. »Inventarium Jurgen Heßßenn der das ampt Lochaw am sontag nach Fabian unnd Sebastiann im 1500 nono […] in der einroßer cammer unther dam taghe: 8 bette […] under der spiczenn: 9 bette […]« und das »Inventarum des ampts Wittembergk anno 1500 octavo«; ThHStAW, EGA, Reg. Aa 1134, Bl. 23 r – 37v, hier Bl. 29r und ebd., Reg. Bb 2715, Bl. 203v – 213r.

28 ThHStAW, EGA, Reg. Aa 1134, Bl. 26r.

29 Vgl. Stoy, Hoflager (wie Anm. 26), S. 285; zudem Georg Spalatin, Friedrichs des Weisen Leben und Zeitgeschichte, hrsg. von Chr. Gotth. Neudecker und Ludw. Preller (Georg Spalatin's historischer Nachlaß und Briefe 1). Jena 1851, S. 221 – 234, hier S. 171.

30 Stoy, Hoflager (wie Anm. 26), S. 286.

31 Stoy, Hoflager (wie Anm. 26), S. 285; Felician Gess: Akten und Briefe zur Kirchenpolitik Herzog Georgs von Sachsen Bd. 1. Leipzig 1905; und Bd. 2. Leipzig, Berlin 1917, hier Bd. 1, S. 499 – 500, Nr. 500.

32 Die zahlreichen Funde des Restaurators Thomas Schmidt, die er z. T. in seiner Diplomarbeit verarbeitet hat, weisen Colditz als jene prachtvolle Anlage aus, die in Lucas Cranachs »Goldenen Zeitalter« zu sehen ist; freundliche Mitteilung von Regina Thiede (Colditz); vgl. Regina Thiede, Renate Lippmann: Schloß Colditz. Leipzig 2007.

33 Carl Eduard Förstemann, Neues Urkundenbuch zu Geschichte der evangelischen Kirchen-Reformation, Bd. 1. Hamburg 1842, S. 20 f, Nr. 31; hier zitiert nach Karl Pallas, Briefe und Akten zur Visitationsreise Bischof Johannes VII. von Meißen im Kurfürstentum Sachsen 1522, in: Archiv für Reformationsgeschichte 5 (1907 / 08), S. 217-312, S. 297, Nr. 30.

34 Pallas, Akten (wie Anm. 33), S. 297, Nr. 30.

35 Vgl. Heiko Laß, Die Selbstdarstellung des Erzjägermeisters im 16. Jahrhundert, in: Vorbild – Austausch – Konkurrenz. Höfe und Residenzen in der gegenseitigen Wahrnehmung, hrsg. von Werner Paravicini und Jörg Wettlaufer (Residenzenforschung 23, Symposium der Residenzen-Kommission der Akademie der Wissenschaften zu Göttingen 11). Ostfildern 2010, S. 193 – 220 – Eine erneute Prüfung bedarf der Hinweis auf die Hirschgalerie um 1505 / 1509 in Lochau; es handelt sich um ein nicht belegtes, auf Fritz

Stoy zurückgehendes Zitat, das in der Literatur Verbreitung gefunden hat. Vgl. auch Beate Böckem, Kunst aus Italien – Kunst für Wittenberg, in: Stadt und Einwohner (wie Anm. 35), S. 345 – 353, hier S. 351 f mit einem Beispiel.

36   Vgl. die Bilder und Listen im Turnierbuch Kaiser Maximilians dem Freydal; Qurin von Leitner, Freydal. Des Kaiser Maximilian I. Turniere und Mummereien 2 Bde. Wien 1880 – 1882; Bd. 2, Fig. 135, 157, 204, 208 und die Listen L, N, Q, U.

37   Vgl. Förstemann, Urkundenbuch (wie Anm. 33), S. 12, Teil 1, Nr. 20; S. 13, Teil 1, Nr. 21; S. 21, Teil 1, Nr. 31. Im Gegensatz zu Ludolphy, Friedrich (wie Anm. 22), S. 37 gehe ich hier von einem Anzeichen von Naturliebe aus. Immerhin machte sich der Fürst auch Sorgen um Singvögel, denen das Herumtragen von Schloss zu Schloss schlecht bekommen würde, wodurch sie womöglich eingehen würden!

38   Vgl. u. a. diverse Einträge im Küchenbuch von 1505. Im Juli schenkt ein Diener des Grafen Sigismund (II. von Gleichen und Tonna?) dem Kurfürsten »eynen berh«, für den man später ein »halßbandt« mit Ring und eine Kette anschaffte und ihn damit von Schloss zu Schloss zog: »auff den perhn, wolff und 3 knecht, die sie gefurth haben von Weymar bis her« (= Altenburg); ThHStAW, EGA, Reg. Bb 5140, Bl. 248v, 292r, 325v, 438v. Einen »lebendichen biber« brachte ein Bauer dem Kurfürsten im November 1505 nach Lochau; ebd., Reg. Bb 4187, Bl. 42v. Im Jahr 1517 zogen Hundezieher neben 45 »kleynen hundeleyn«, 41 »jagthunde« und weitere »pirshunde« sowie »windhunde« von Hoflager zu Hoflager, wo sie mit ›Hundebrot‹ versorgt wurden; ebd., Reg. Bb 5548, Bl. 90r – v, 109v.

39   Für das Wittenberger Schloss finden sich zahlreiche Hinweise auf Volieren, für den Bau eines Reiherhauses, die Entlohnung von Falknern und die Haltung von Schwänen auf dem Schlossgraben. Vgl. u. a. für 1515 / 16: »3 viertel 1 metzenn Hanfkorner denn singenden fogellen in m[eines] g[nedig]st[en] h[errn] stuben gekawft Cristinen geantwurt«; ThHStAW, EGA, Reg. Bb 2767, Bl. 118v. Für das Schloss Wittenberg gibt es zahlreiche Belege für das Fangen und Halten von Schwänen und Reihern; vgl. ebd., Reg. Bb 2750, Bl. 85r – v; ebd., Reg. Bb 2754, Bl. 66r, 118r; ebd., Reg. Bb 2756, Bl. 126v, 133v; ebd., Reg. Bb 2760, Bl. 109r; ebd., Reg. Bb 2764, Bl. 152r. Im ausführlichen Inventar des Wittenberger Schlosses von 1682 werden über 350 Geweihe in den verschiedenen Räumen des Schlosses angeführt. Allein in der Kirchenstube hingen 15 Hirschgeweihe, in der dazugehörigen Kammer 18 und im kleinen Kirchsaal 14 etc.; vgl. StA-D, Loc. 10036 Finanzarchiv Rep. A 25 a I, 2395, Bl. 14r – 15r. In den früheren Inventaren werden die Hirschgeweihe kaum erwähnt, obwohl Rechnungen u. a. die Anbringung der Geweihleuchter im Saal belegen. Es handelt sich dabei um eine zeitspezifische Inventarführung, die erst im 17. Jh. nichtmobile Inventarstücke beachtete (Decken- und Wandgemälde, angeschraubte Geweihe), und nicht um einen veränderten Bestand.

40   Eine Ausnahme bilden die Regesta Imperii (RI) und die mittlere Reihe der Reichstagsakten, die insbesondere für die Zeit am Hof Kaiser Maximilians Neues bieten und bis in das Jahr 1504 bzw. 1505 reichen. Dabei liegt der Fokus freilich auf den Kontakten des sächsischen Kurfürsten zum Reich; vgl. www.regesta-imperii.de / regesten / baende.html (12.12.2013); und aktuell Dietmar Heil, Reichstagsakten. Mittlere Reihe. Deutsche Reichstagsakten unter Maximilian I. Band. 8. München 2008.

41   Förstemann, Urkundenbuch (wie Anm. 33), S. 18, Teil I, Nr. 28.

42   Vgl. u. a. einen Brief des Kurfürsten vom 4. November 1523 an seinen Bruder: »So ist doch itzt ain solich frostig und hart wetter furgefalln, das wir heut alhie mussen still ligen und uns ist ganz beschwerlich, diser zeit zu wandern«; Des kursächsischen Rathes Hans von der Planitz Berichte aus dem Reichsregiment in Nürnberg 1521 – 1523, gesammelt von Ernst Wülcker, nebst ergänzenden Aktenstücken bearbeitet von Hans Virck. Leipzig 1899, S. 580, Nr. 256.

43   Müller, Mutschierung (wie Anm. 20), S. 181.

44   Vgl. dazu Brigitte Streich, Vom Liber computacionum zum Küchenbuch. Das Residenzproblem im Spiegel der wettinischen Rechnungen, in: Vorträge und Forschungen zur Residenzenfrage, hrsg. von Peter Johanek (Residenzenforschung 1). Sigmaringen 1990, S. 121 – 146, hier S. 122 f; sowie dies., Reiseherrschaft (wie Anm. 1), S. 305 – 317.

45   Vgl. u. a. die »Zerung meyner gn[edig]st[en] und gnedigen herren unnd frembder fursten in ampten« mit 16 Einträgen in den Abrechnungen Hans Leimbachs vom Zehnt- und Rentamt 15. Apr. 1502 – 10. Jun. 1502; ThHStAW, EGA, Reg. Bb 4175, Bl. 107v – 108r. Vgl. zudem die 38 Einträge für die Zeit vom 25. Januar bis 15. Mai 1496; ThHStAW, EGA, Reg. Bb 4147, Bl. 369r – 372v.

46   ThHStAW, EGA, Reg. Bb 5677.

47   Vgl. die Reisebücher für neun Tage um Ostern 1519: ThHStAW, EGA, Reg. Bb 5551 zu Grimma; sowie drei Reisebücher über zwei Tage in Coburg und Neustadt bei Coburg nach der Rückkehr vom Reichstag; ebd., Reg. Bb 5554 – 5556. Vgl. zudem die Lagerbücher von 1519 – 1522; ebd., Reg. Bb 5170 – 5174. Lediglich das Lagerbuch ebd., Reg. Bb 5712 bietet ein Hoflager in Wittenberg, bei dem der Kurfürst tatsächlich anwesend war.

48   ThHStAW, EGA, Reg. Bb 5559 ist zwar mit Reisebuch über die Reisen zur Königswahl 1520 und zum Reichstag in Worms beschrieben, enthält aber vom September 1520 bis zum November 1525 die Zahlungen an den kurfürstlichen Küchenschreiber (eine sonst vor Küchenbücher gebundene Zusammenstellung). Damit ist es möglich, zumindest alle fünf Tage den Aufenthaltsort der kurfürstlichen Küche festzustellen.

49   Vgl. Stoy, Hoflager (wie Anm. 26), daraus zitiert u. a. Ludolphy, Friedrich (wie Anm. 22), S. 34, 76, 94, 96, 111; dieses ist unter den Amtsrechnungen zu finden: ThHStAW, EGA, Reg. Bb 1796.

50   Vgl. ThHStAW, EGA, Reg. Bb 5563. Vgl. auch das Reiseregister meines gnädigsten Herrn in Zeitz; ebd., Reg. Bb 5552: Es berichtet von einem Hoflager Herzog Georgs in Zeitz.

51   Vgl. ThHStAW, EGA, Reg. Bb 5557 und ebd., Reg. Bb 5558.

52   Vgl. z. B. kürfürstliches und fürstliches Lagerbuch zu Grimma, Altenburg, Eisenberg von Dienstag bis Freitag nach Voc. Joc. (26. – 29. Mai 1500) 1500; ThHStAW, EGA, Reg. Bb 5673.

53   ThHStAW, EGA, Reg. Bb 5678; ebd., Reg. Bb 5680; ebd., Reg. Bb 5681; ebd., Reg. Bb 5681; ebd., Reg. Bb 5682; ebd., Reg. Bb 5683; ebd., Reg. Bb 5683; ebd., Reg. Bb 5685; ebd., Reg. Bb 5686; ebd., Reg. Bb 5687 – ebd., Bb 5688; ebd., Reg. Bb 5689; ebd., Reg. Bb 5691 – Bb 5694.

54   ThHStAW, EGA, Reg. Bb 5695; ebd., Reg. Bb 5698; ebd., Reg. Bb 5699; ebd., Reg. Bb 5701; ebd., Reg. Bb 5702; Reg. Bb 5704 – ebd., Reg. Bb 5710.

55   ThHStAW, EGA, Reg. Bb 5711; ebd., Reg. Bb 5713; ebd., Reg. Bb 5714.

56   ThHStAW, EGA, Reg. Bb 5712.

57   Vgl. die Akten: ThHStAW, EGA, Reg. Bb 5678; ebd., Bb 5681; ebd., Bb 5682; ebd., Bb 5685; ebd., Bb 5691 bis ebd., Bb 5696; ebd. Bb 5701 bis Bb 5703 etc.; Zitate nach ebd., Bb 5692, Bb 5710.

58   Vgl. die Wittenberger Amtsküchenrechnung dieser Zeit; ThHStAW, EGA, Reg. Bb 2765, Bl. 103r – 104v. Die Anwesenheit der Kanzlei und des Fürsten in Wittenberg ist auch durch mehrere Briefkonzepte belegt; vgl. ebd., Reg. E, Reichstag zu Augsburg 1516, Bl. 7r – 11r, 13r.

59   Vgl. ThHStAW, EGA, Reg. Bb 5712; sowie diverse edierte Briefe bei Förstemann, Urkundenbuch (wie Anm. 3), T. I, Nr. 4 – 22, S. 3 – 15.

60   Vgl. zu Pfeffinger Uwe Schirmer, Kursächsische Staatsfinanzen (1456 – 1656). Strukturen – Verfassung – Funktionseliten (Quellen und Forschungen zur sächsischen Geschichte 28). Stuttgart 2006, S. 280; Enno Bünz, Wittenberg 1519: Was ein Reisender von der Stadt wahrgenommen hat, und was nicht, in: Stadt und Einwohner (wie Anm. 35), S. 10 – 12.

61   ThHStAW, EGA, Reg. Bb 5527 und 5528; Bb 5670 – 5673 sowie ebd., Reg. Bb 5474 – 5675. Tatsächlich handelt es sich beim Küchenbuch ebd., Reg. Bb 5528 um ein landgräflich-hessisches Küchenbuch, das nur an einigen Stellen die Besuche der Herzöge von Sachsen anführt. Wie es in das Ernestinische Gesamtarchiv gelangt ist, bleibt unklar.

62   ThHStAW, EGA, Reg. Bb 5132 und Bb 5133: Fürstlichen Küchenbuch zu Torgau vom 29. Juli 1499 bis zum 19. bzw. 30. April 1500; Ebd., Reg. Bb 5134 und Bb 5135: Fürstliches Küchenbuch zu Torgau 5. Januar bis 14. August o. 17. Juli 1501 und 29. August bis 14. Dezember 1503; Ebd., Reg. Bb 5136: Fürstliches Küchenbuch für Torgau und Weimar vom 5. Januar bis 26. Oktober 1502 oder 1503; Ebd., Reg. Bb 5137: Fürstliches Küchenbuch zu Weimar und Torgau 14. Dezember 1503 bis 9. August 1504 und 18. Dezember 1504; Ebd., Reg. Bb 5138 und Bb 5139: Fürstliches Küchenbuch des jungen Herzogs (Frauenzimmer) zu Torgau 9. August 1504 bis 28. Dezember 1505; Ebd., Reg. Bb 5140 und Bb 5141: Fürstliches Küchenbuch 19. Dezember 1504 bis 17. Dezember 1506 mit Aufenthalten in Weimar, Eisenberg, Altenburg, Weida, Neustadt, Saalfeld, Gräfenthal, Neustadt (bei Coburg), Coburg und Heldburg.

63   ThHStAW, EGA, Reg. Bb 5135.

64   Vgl. zur Hochzeit Herzog Johanns: Carl August Hugo Burkhardt, Die Vermählung des Herzogs Johann von Sachsen 1. bis 5. März 1500, in: Neues Archiv für sächsische Geschichte und Altertumskunde 15 (1894), S. 283 – 298.

65   ThHStAW, EGA, Reg. Bb 5135, Bl. 212v, 244r, 276r.

66   ThHStAW, EGA, Reg. Bb 5135 , Bl. 44v.

67   ThHStAW, EGA, Reg. Bb 5135 , Bl. 45v, 47r, 48v.

68   ThHStAW, EGA, Reg. Bb 4177; Ebd., Reg. Bb 4187; Ebd., Reg. 4193.

69   ThHStAW, EGA, Reg. Bb 4177, Bl. 6r.

70   Vgl. den Eintrag im Küchenbuch vom Donnerstag nach Dionisy (13. Okt. 1501): »sein bayde m[eine] g[nedige] hern und herzcog Albrecht von Thorgaw ins land zcu Doring gezcogen und m[eine] g[nedige] fraw alhye gebliebenn«; es verbleiben 51 Pferde in Torgau; ThHStAW, EGA, Reg. Bb 5135, Bl. 56v, 58r.

71   Vgl. den Eintrag im Küchenbuch vom Donnerstag nach Allerheiligen (4. Nov. 1501): »seyn bayde m[eine] g[nedigen] h[errn] uß dem lande zcu Doring kumen«; es werden 176 Pferde in Torgau versorgt; ThHStAW, EGA, Reg. Bb 5135, Bl. 80v.

72   Vom 7. bis 19. Mai 1517 waren es etwa 25 Pferde; vom 5. bis 7. Juni: 31 Pferde, vom 15. Juni bis 17. Juli 11–23 Pferde, vom 3. bis 7. August 28 Pferde, vom 31. August bis 29. Oktober etwa 9 Pferde etc.; vgl. ThHStAW, EGA, Reg. Bb 5135, Bl. 15r, 68v, 91v, 143r, 194r, 259v.

73   Vgl. die Anmerkungen im Küchenbuch: ThHStAW, EGA, Reg. Bb 5135, Bl. 15r: Grimma, Bl. 32v: Lochau, Bl. 77r: Zeitz, Bl. 202v: Zeitz; vgl. auch die Belege zu Aufenthalten in Lochau, Torgau, Grimma, Borna, Eilenburg und Wittenberg im Reisebuch von Ebd. Reg. Bb 5548.

74   Diese und die vorhergehenden Angaben sind der genannten Pseudoschatulle entnommen und paraphrasiert; ThHStAW, EGA, Reg. Bb 4177, Bl. 7v–9r.

75   Hier als Beispiel ausgeführt: »1 fl zum heyligen Crewtz von wegen meins g[nedigs]t[en] h[e]rrn Freitag nach omn[ium] s[an]ctorum zu Torgaw«; ThHStAW, EGA, Reg. Bb 4177, Bl. 9r.

76   Der Kurfürst befand sich vom 10. bis 12. April 1502 in Stendal zur Stendaler Doppelhochzeit zwischen den Hohenzollern und dem dänischen Königshaus. Vom 1. bis 5. Juli 1502 weilte der Fürst beim Kurfürstentag in Gelnhausen; ThHStAW, EGA, Reg. 4177, Bl. 26r–27v, 36v–37r.

77   Siehe dazu den Beschluss des Ausschusstages zu Torgau 1531; vgl. Carl August Hugo Burkhardt, Ernestinische Landtagsakten I. Die Landtage von 1487–1532 (Thüringische Geschichtsquellen 8, NF 5). Jena 1902, S. 202. Vgl. dazu auch die ausführliche Abhandlung von Dieter Stievermann, Lucas Cranach und der kursächsische Hof, in: Lucas Cranach. Ein Maler-Unternehmer aus Franken: Katalog zur Landesausstellung in der Festung Rosenberg, Kronach, 17. Mai – 21. August 1994, hrsg. von Claus Grimm u. a. (Veröffentlichungen zur Bayerischen Geschichte und Kultur 26). Regensburg 1994, S. 66–77, hier S. 68 f.

78   Vgl. Gustav Emminghaus, Die Hofraths-Ordnung des Kurfürsten Friedrich des Weisen und Herzogs Johanns von Sachsen von 1499, in: Zeitschrift des Vereins für Thüringische Geschichte und Alterthumskunde 2 (1855/57), S. 97–106, hier S. 100.

79   Vgl. Spalatin, Leben und Zeitgeschichte (wie Anm. 26), S. 46.

80   Um Ostern 1504 war dem Kurfürsten ein Zettel aus einem »brief ins wasser geflogen«, den der Rentmeister erneut verfassen und dem Fürsten nachschicken musste. Offensichtlich war der Kurfürst mit Briefen an der Elbe unterwegs; vgl. ThHStAW, EGA, Reg. Bb 4183, Bl. 54v.

81   Am 26. Mai 1513 brachte ein Fuhrmann »kasten mit den registern« von Eilenburg ins Nebenhoflager nach Wittenberg; am folgenden Tag reisten der Hof und die Register weiter nach Torgau; vgl. ThHStAW, EGA, Reg. Bb 5146, Bl. 17v. Als man 29. Oktober 1517 der Kurfürst mit seinem Gefolge im fast leeren Altenburger Haupthoflager eintraf, führten Wagenknechte auch den Kasten des Rentschreibers und andere Unterlagen mit; vgl. Ebd., Reg. Bb 5698, Bl. 3r.

82   Hinweise darauf finden sich im Hofküchenbuch; vgl. ThHStAW, EGA, Reg. Bb 5140, Bl. 101v, 249r, 311v; siehe auch die Botenrechnungen Ebd., 66r, 113r, 124r, 230r. Am 31. März erwirbt man rotes Siegelwachs beim Weimarer Apotheker für die Kanzlei in Torgau; vgl. ebd., Bl. 136v. Diese und weitere Hinweise darauf, dass sich Kanzler und Teile der Kanzlei andernorts befanden, während meist einige Schreiber auch am Hauptlagerort blieben, lassen sich in allen Küchenbüchern finden.

83   Vgl. Schirmer, Staatsfinanzen (wie Anm. 60), S. 281–283, 332–334.

84   Vgl. Schirmer, Staatsfinanzen (wie Anm. 60), S. 55 f, 281; Ludolphy, Friedrich (wie Anm. 22), S. 290. Vgl. für den 23. November 1501: »2 gr 1 boten, der dy narn tasschen auf den Schneberg getragen hat«; ThHStAW, EGA, Reg. Bb 5527, Bl. 13r–v.

85   Heiner Lück, Wittenberg als Zentrum kursächsischer Rechtspflege: Hofgericht – Juristenfakultät – Schöffenstuhl – Konsistorium, in: 700 Jahre Wit-

tenberg. Stadt – Universität – Reformation, hrsg. im Auftrag der Lutherstadt Wittenberg von Stefan Oehmig. Weimar 1995, S. 231–248.

86   Vgl. Anweisungen Friedrich des Weisen an den Wittenberger Amtsschosser: »Wo ir nu das jhenige bey disen dingen getan hettet, wie wir euch zu mer maln habb bevelhn und schreiben lassen, so wurd es des hin und widerschreibens nit bedorfft haben, /Bl. 7v/ das es aber durch eurn unfleis verbliben, tragen wir kain gefallen«; ThHStAW, EGA, Reg. S fol.25b Nr. 1 (1518), Bl. 7r–v.

87   S. o. und vgl. Streich, Liber computationem (wie Anm. 44), S. 122.

88   Vgl. zum Botenwesen neben Streich, Reiseherrschaft (wie Anm. 1), S. 380-394; dies., Das Amt Altenburg im 15. Jahrhundert. Zur Praxis der kursächsischen Lokalverwaltung im Mittelalter (Veröffentlichungen aus Thüringischen Staatsarchiven 7). Weimar 2000, S. 168-177; Jens Kunze, Das Amt Leisnig als Teil des wettinischen Kommunikationssystems. Botendienste in der ersten Hälfte des 15. Jahrhunderts, in: Neues Archiv für sächsische Geschichte 73 (2002), S. 19–42.

89   ThHStAW, EGA, Reg. Bb 4177, Bl. 33v–34r; vgl. die Abschrift der Übertragungsurkunde der Reliquie vom gleichen Jahr: Ebd., Kopialbuch F 6, Bl. 54r.

90   2 ½ Gulden verlor der Kurfürst im Spiel »uf der jagt zu Jhenn«; einen Gulden ließ der Kurfürst bei »prediger munchen« einlegen; 6 Groschen gab er den Bauleuten im gleichen Kloster; »2 fl eynem tromenslaher fur ein pecken, die meyn gnedige frowe zerschossen hat zu Jhen uf be[fehl] Pfe[ffingers]«; ThHStAW, EGA, Reg. Bb 4177, Bl. 38r.

91   Vgl. ThHStAW, EGA, Reg. Bb 4177, Bl. 38v–39v.

92   Vgl. ThHStAW, EGA, Reg. Bb 4177, Bl. 40r.

93   Vgl. ThHStAW, EGA, Reg. Bb 4187.

94   Vgl. ThHStAW, EGA, Reg. Bb 4193.

95   Vgl. zur Pest und Verlegung der Universität Wittenberg nach Herzberg Walter Friedensburg, Geschichte der Universität Wittenberg. Halle 1917, S. 43 f; vgl. zu den noch bis 1505 laufenden Bauarbeiten die Zusammenstellung von Belegen aus Amtsrechnungen bei Thomas Lang, »1 gulden 3 groschen aufs Heyltum geopfert« – Fürstliche Rechnungen als Quellen zur Frömmigkeitsgeschichte, in: Alltag und Frömmigkeit am Vorabend der Reformation in Mitteldeutschland, hrsg. von Enno Bünz und Hartmut Kühne (Tagung des Instituts für Sächsische Geschichte und Volkskunde sowie dem Lehrstuhl für Sächsische Landesgeschichte der Universität Leipzig, Leipzig 19.–21. April 2012) (in Vorbereitung).

96   Vgl. ThHStAW, EGA, Reg. Bb 4193, Bl. 13r, 14v, 18v. Vgl. auch diverse Einträge im Fürstlichen Küchenbuch zu Altenburg (bis 7. Juli), Weida (8. Juli bis 4. August), Coburg (ab 8. August) und Heldburg (23. November bis 16. Dezember) 1506; ebd., Reg. Bb 5141, Bl. 1r, 199r, 207r, 310v, 316v, 334v.

97   Für die umfangreichen Ausführungen und Belege zu dieser Quellengattung und zum Residenzort Wittenberg bietet die Anlage dieses Bandes keinen Raum, sie werden andernorts veröffentlicht.

98   Für Herzog Johann erfüllten die Schlösser Heldburg bei Coburg und Hummelshain bei Kahla wohl eine ähnliche Funktion.

99   Vgl. das Fürstliche Küchenbuch vom Freitag nach Misericordias Domini (1. Mai) bis zum Sonnabend nach Simonis et Jude (31. Oktober) 1517: »Dornstag nach Sancti Simon und Jude ist m[ein] g[nediger] h[err] [angekommen]«; ThHStAW, EGA, Reg. Bb 5173, Bl. 340r; vgl. zudem das Lagerregister von Crucis Exaltatio (13. September) bis Lucie (13. Dezember) 1517: »Dornerstags nach S. Simo[n] und Juda ist m[ein] g[nedigs]t[er] h[err] zum abentmahl von Grym anher kommen«; ebd., Reg. Bb 5698, Bl. 1r.

100 Vgl. u. a. die Küchenausgabe vom Sonnabend dem Vorabend Allerheiligen (31. Oktober 1517): »11 gr fur 11 ß krebs, dorvon ½ ß fur m[einen] g[nedigen] h[errn], die andern furn R[itter]koch«; ThHStAW, EGA, Reg. Bb 5698, Bl. 6r.

101 Freundliche Mitteilung von Martina Schattkowsky (Dresden), vgl. deren Artikel in diesem Band.

102 Gurlitt, Johannes Walter (wie Anm. 21), S. 19 f, insbesondere Anm. 1 auf S. 20.

103 ThHStAW, EGA, Reg. Bb 5698, Bl. 6r–9r.

104 »1 ß 9 gr fhurlon auf 2 pf[e]rt 6 tag haben meins g[nedigs]t[en] h[e]rrn beichtvatter von Torgaw, [nach?] Wittenberg und her [gebracht]«; ThHStAW, EGA, Reg. Bb 5173, Bl. 346v.

105 Auffällig ist zumindest, dass er vor Allerheiligen abreiste und nicht als einer der Beichtväter beim Portinuncula-Ablass in der Schlosskirche fungierte. Vgl. dazu Abrechnungen der Opfergeldeinnahme des ThHStAW, EGA, Reg. O 159, Bl. 64r.

BJÖRN SCHMALZ

Georg Spalatin
am kursächsischen Hof

Einleitung

Schon 1830 stand für Julius Wagner in seinem Werk ›Georg Spalatin und die Reformation der Kirchen und Schulen zu Altenburg‹ fest: »Spalatin für sich würde vielleicht kaum ein Kloster reformiert haben, aber zwischen Luther und Friedrich den Weisen gestellt, hat er der Reformation Dienste geleistet, die nicht zu berechnen sind. Er kannte und verstand jene beiden großen Männer auf das genaueste, verehrte sie auf gleiche Weise mit einer Art von Begeisterung und suchte demnach ihren Willen, was an ihm war, volle Gewährung zu verschaffen. Sein vorzüglichstes Streben ging also darauf hin, für das Werk der Reformation mit ganzer Seele ergriffen, zur Förderung desselben zwischen Luther und seinem Fürsten den möglichst besten Einklang zu bewahren, sie einander in dem würdigsten Lichte zu zeigen, den Wunsch und das Unternehmen des Einen durch den Andern zu betreiben, und wenn, wie nicht selten, die Ansichten Beider von einander wichen, diese, wenn es irgend geschehen konnte, gegenseitig auszugleichen«.[1] Heinz Schilling äußerte sich 1998 zur Rolle der Räte am kursächsischen Hof im Zusammenhang mit der Reformation noch wie folgt: »Hinter diesen Fürsten standen ihre Räte, die den Glaubenswechsel mit vollzogen oder ihn sogar entschieden förderten. In Kursachsen zum Beispiel vermittelte der Humanist Georg Spalatin, Prinzenerzieher und Hofprediger zwischen Luther und Friedrich dem Weisen«.[2] In seiner neuerlich erschienenen Biographie zu Luther drückte er sich jedoch viel konkreter aus: »Der wichtigste Mittler zwischen Fürst und Reformator war über Jahre hin der theologisch wie juristisch ausgebildete Humanist Georg Spalatin«.[3] »Georg Spalatin, seit 1516 Mitglied der kursächsischen Kanzlei und bald enger, ja intimer Vertrauter des Kurfürsten, knüpfte und pflegte die Beziehung des Landesherrn zu Luther«,[4] so urteilte Bernd Moeller über die Rolle Georg Spalatins (1484–1545) in der Reformation. Ingetraut Ludolphy meinte, dass der »Berater,

Sekretär, Archivar, Bibliothekar und Historiograph«[5] Friedrichs des Weisen ein »absolut zuverlässiger Freund Luthers und zugleich ein genauso treuer Geheimsekretär des Fürsten war. Keinen von beiden, denen er dienen wollte, verriet er oder spielte ihn gegen den anderen aus«.[6] Spalatin als »Luthers vertrautester Freund«[7] kommt nach Irmgard Höß, der Biographin Spalatins, ein großer persönlicher Anteil am Gelingen der Reformation zu: »In der wichtigen Schlüsselstellung, die er als Geheimsekretär Friedrichs des Weisen innehatte, konnte er Luther den erforderlichen Schutz angedeihen lassen und damit den Bestand der Glaubenserneuerung sichern. Als Freund des Kurfürsten und Luthers konnte er den leidenschaftlich vorandrängenden Reformator zügeln und seinen bedächtigen Herrn vorantreiben«.[8] Luther selbst nennt Spalatin seinen«ducali hyperaspisti in arce«,[9] seinen Beschützer beim Fürsten im Schloss. In seinen Briefen spricht Luther ihn sowohl mit »virum bonum, pium venerabilem, servum dei integerrimum« und sogar mit »doctissimum, eruditione et pietate insignem, studiorum et humanitatis patronum, amicum verum«[10] als auch mit »Evangeliste aulico«[11] an. Historiker und Theologen scheinen sich im Hinblick auf die Rolle und Bedeutung Spalatins am kursächsischen Hof, insbesondere im Hinblick auf die Jahre 1517 bis 1525, einig zu sein. So ist Spalatin Vertrauter Luthers und zugleich Friedrichs des Weisen gewesen, hat der reformatorischen Bewegung vielfältige Dienste geleistet und ist als Beschützer Luthers aufgetreten. Doch wie kam es, dass dieser kleine Mann mit hellblondem Haar und freundlichem, feinen, leicht errötenden Gesicht[12] – so die Einschätzung des sächsischen Rates Christoph Scheurl (1481–1542) – eine so bedeutsame Stellung am kursächsischen Hof erlangen konnte, und wie sind seine Verdienste für die Wittenberger Reformation am kursächsischen Hof einzuschätzen?

Georg Spalatin am kursächsischen Hof

Fürstenerzieher und Historiograph
in Torgau (1508–1511)

Georg Spalatin wurde am 17. Januar 1484 in Spalt als Georg Burkhardt geboren. Die Schulbildung genoss Spalatin an der dem St.-Nikolaus-Stift in Spalt angegliederten Schule[13] und an der weithin bekannten St. Sebaldschule in Nürnberg.[14] 1498 erfolgte die Immatrikulation des »Georius [sic!] Burgardi de Spaltz«[15] an der Universität Erfurt. Nachdem er dort 1499 den akademischen Grad des Bakkalaureus erworben hatte, wechselte er 1502 an die Seite seines dem humanistischen Bildungsideal verpflichteten Lehrers Nicolaus Marschalk (um 1470–1525) an die neu gegründete Universität Wittenberg. Bald nach Erlangen der Magisterwürde im Februar 1503 endete Spalatins Studentenleben. Zwar studierte er, als er im Wintersemester 1504/05 noch einmal an die Erfurter Universität zurückkehrte, Rechtswissenschaften, einen akademischen Grad auf diesem Gebiet erlangte er jedoch nicht.[16]

Dank seiner engen Freundschaft zu Mutianus Rufus (1470–1526), dem berühmten Erfurter Humanisten, wurde Spalatin eine Novizenlehrerstelle im Zisterzienserkloster Georgenthal (Thüringen) angeboten, die er im Oktober 1505 antrat. Zudem besserte die 1507 erfolgte Übernahme der Pfarre im benachbarten Hohenkirchen das Einkommen des im geistlichen Amt stehenden Humanisten auf.[17] Nachdem Spalatin etwa im Mai oder Juni 1506 sein erstes Messopfer gefeiert hatte, wurde er – nach eigenen Angaben 1508 – durch Johann Bonemilch (um 1434–1510) zum Priester geweiht.[18] Es handelte sich hier um keinen anderen Weihbischof als denjenigen, der ein Jahr zuvor bereits Martin Luther ordiniert hatte.

Im Sommer des Jahres 1508 kam es dann zu dem bis dahin bedeutendsten Einschnitt in Spalatins Leben. So wandte sich Friedrich der Weise mit der Bitte an den Erfurter Humanisten Mutianus Rufus, ob er nicht einen gebildeten Lehrer für seinen Neffen, den Kurprinzen Johann Friedrich (1503–1554), kenne.[19] Diese Gelegenheit ergriff der Erfurter und empfahl sofort seinen Lieblingsschüler Spalatin für diese Stelle am kursächsischen Hof. Hierauf reiste Spalatin im Herbst 1508 nach Torgau und hinterließ am kursächsischen Hof einen derart positiven Eindruck, dass man Spalatin die Stelle als Fürstenerzieher sofort antrug.[20] Mit dem Wechsel vom Zisterzienserkloster Georgenthal nach Torgau im Frühjahr 1509 wurde die für die Reformation so bedeutsame Bindung Georg Spalatins an den kursächsischen Hof angebahnt. Als Präzeptor am kur-

sächsischen Hof war Georg Spalatin jedoch nicht nur für die Erziehung des Kurprinzen Johann Friedrich verantwortlich, sondern auch für sechs weitere Kinder aus hohen mitteldeutschen Adelsfamilien. Spalatin bezeichnete sich selbst nun als *aulicus*, also dem Hof angehörig.[21]

Diese ersten Jahre am Torgauer Hof waren jedoch nicht einfach für Spalatin. So geht aus dem Briefwechsel Spalatins hervor, dass er sich in der höfischen Umwelt eingesperrt fühlte und ihn Differenzen mit dem Hofmeister Ernst von Isserstedt plagten. Mutianus Rufus berichtete er, dass er sein ganzes Leben mit seinen Zöglingen teilen müsse, kaum Mußestunden habe und der körperlichen Erziehung der Zöglinge, wie dem Reitsport, keine Sinnhaftigkeit abgewinnen könne. Vielmehr fühle er sich in Torgau wie in einer Verbannung.[22] Mutianus Rufus stellte bei einem Besuch in Torgau sogar fest: »Er wird von beiden

Abb. 1
Lucas Cranach d. Ä.,
Georg Spalatin, 1509,
Öl auf Leinwand auf
Holz, 33 × 28,5 cm,
Museum der bildenden
Künste Leipzig,
Inv. Nr. I. 3046

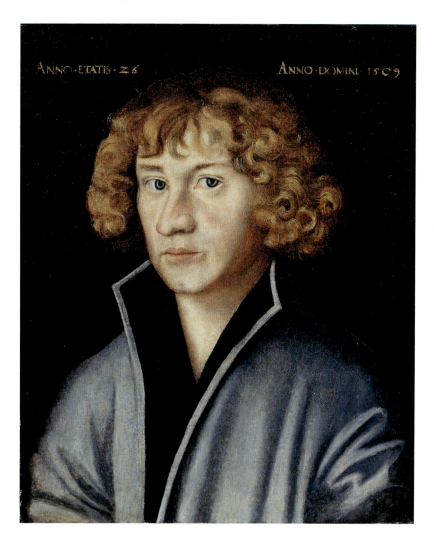

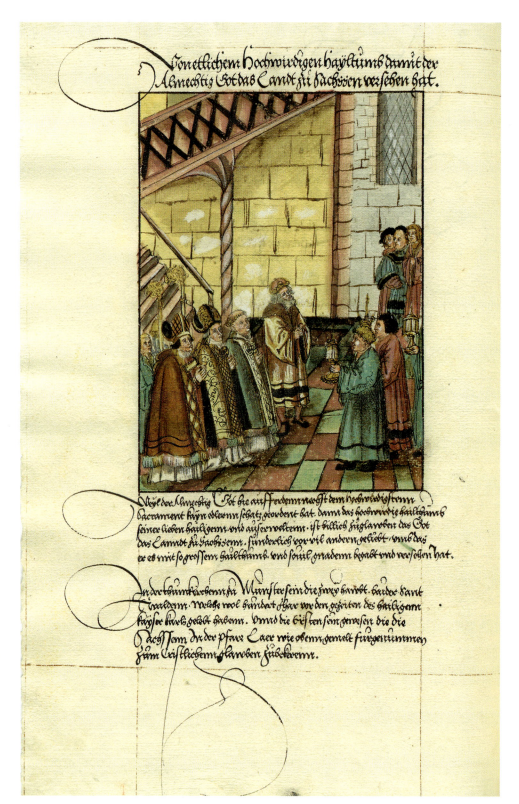

Abb. 2
Von etlichem hochwürdi-
gem Heiltum und damit
der allmächtig Gott zu
Sachsen versehen hat,
in: Georg Spalatin,
Chronik der Sachsen und
Thüringer, 1515–1517,
Papier, Lagenkonvolut,
46 × 32 cm, Thüringisches
Hauptstaatsarchiv
Weimar, EGA,
Reg. O 21, fol. 50v

Herzögen geschätzt und doch weint und lamentiert er. O, elendes Menschlein.«[23] Erst die Ermahnungen und Ratschläge der beiden Freunde, Mutianus Rufus und Heinrich Urban, scheinen Spalatin beruhigt zu haben. In der Folge ist aus den Briefen Spalatins jedenfalls kein Klagen mehr zu vernehmen. Vielmehr scheinen ihn seine Schützlinge sogar sehr geschätzt zu haben. Auch Friedrich der Weise erkannte die weitreichenden Fähigkeiten Spalatins und betraute ihn mit zusätzlichen Aufgaben. In diesem Sinne erteilte er ihm 1510 den Auftrag, eine »Kurfürstliche Chronik« zu schreiben.[24] Diese Tätigkeit als sächsischer Historiograph beschäftigte Spalatin bis zu seinem Tod. Allerdings muss sich Spalatin wohl sofort nach Auftragserteilung an die Arbeit gemacht haben, da ein Gesamtplan für die sächsische Chronik schon 1511 vorlag.[25] Friedrich der Weise unterstützte die Arbeit Spalatins nach besten Kräften, indem er an die ihm befreundeten Höfe herantrat und um Abschriften von Kaiser- und Königsurkunden bat.[26] Des Weiteren band Friedrich der Weise, der das Sprachtalent Spalatins erkannt hatte, den Präzeptor und Historiographen auch bei Übersetzungsarbeiten in seiner Kanzlei ein.[27] In diesem Zusammenhang ist auch die Ernennung zum Stiftsherrn am St.-Georgen-Stift zu Altenburg zu sehen. Wenn Friedrich der Weise 1511 den erst 27-jährigen Georg Spalatin als Kanoniker in Altenburg vorschlug, so muss dies als Zeichen der kurfürstlichen Wertschätzung verstanden werden.[28]

*Präzeptor und Bibliothekar
in Wittenberg (1511–1516)*

Die nächste Stufe auf der Karriereleiter am kursächsischen Hof erreichte Georg Spalatin, als Friedrich der Weise ihn 1511 als Mentor seiner Neffen, der Herzöge Otto und Ernst von Braunschweig und Lüneburg, bestimmte und ihn beauftragte, die beiden Neffen bei ihren Studien an die Universität Wittenberg zu begleiten.[29] Die Ernennung zum Präzeptor und Mentor der beiden braunschweigischen Herzöge, die Söhne von Friedrichs jüngerer Schwester Margarethe waren, erfolgte vor dem 21. Oktober 1511, denn an diesem Tag gratulierte ihm der sächsische Rat Christoph Scheurl zu diesem neuen Amt.[30] Der kleine Hofstaat um die beiden Fürstenkinder, einige junge Adelige, Spalatin und der Präzeptor Egbert Nithard, nahm im Wittenberger Schloss Residenz. Da Spalatin der einzige Geistliche in diesem Kreis war, gehörte auch die geistliche Versorgung zu seinen Aufgaben.[31] Das neue Tätigkeitsfeld als Präzeptor in Wittenberg scheint Spalatin mit großer Freude und Tüchtigkeit ausgeführt zu haben, ermöglichte es ihm doch

auch seine eigenen Studien fortzusetzen. Bedeutsam waren diese Wittenberger Jahre jedoch auch deshalb, weil Spalatin Kontakt zu seinem alten Freund Johann Lang (um 1487–1548) aufnahm, über welchen er kurz darauf in Verbindung zu Martin Luther treten sollte. Diese geistig fruchtbaren Jahre als Präzeptor und Mentor der braunschweigischen Fürstensöhne an der Universität Wittenberg endeten im Wintersemester 1513/14.[32]

Gleichzeitig eröffnete sich in Wittenberg ein neues Wirkungsfeld in kursächsischen Diensten für den jungen Gelehrten. Nachdem sich Kurfürst Friedrich der Weise entschlossen hatte, am Sitz seiner Landesuniversität eine Bibliothek zu gründen, wurde Spalatin von Beginn an in dieses Projekt integriert.[33] In diesem Sinne beauftragte ihn Kurfürst Friedrich, Kontakt mit dem berühmten venezianischen Drucker Aldus Manutius (1449–1515) aufzunehmen, um ein Verzeichnis von dessen Druckerzeugnissen zu erbitten. Spalatin, der sich als Humanist gern dieses Auftrages annahm, organisierte auch im weiteren Verlauf den Ankauf der Bücher für die neu zu gründende Wittenberger Bibliothek. Im Grunde organisierte er die gesamte inhaltliche Ausstattung der neuen, in den Räumen des Wittenberger Schlosses untergebrachten Bibliothek. Als Berater stand ihm, wie der Briefwechsel beweist,[34] sein Freund Mutianus Rufus zur Seite. Besonderen Wert legte Spalatin auf die Anschaffung der Werke von Erasmus, den er in besonderer Weise verehrte. Georg Spalatin wurde somit nicht nur Leiter der Bibliothek, sondern auch inhaltlicher Vater derselben. Auch mit Blick auf Spalatins späteres Betätigungsfeld, den Universitätsangelegenheiten, war der Aufbau von Beziehungen zur Wittenberger Professorenschaft entscheidend.[35] Spalatin stand der Wittenberger Bibliothek als Leiter bis zu seinem Tod vor und hatte erst 1536 einen hauptamtlich tätigen Magister zu seiner Verfügung.[36]

Bereits 1514 wurde Spalatins Arbeit am Aufbau der Wittenberger Bibliothek jedoch durch eine erneute Tätigkeit als Präzeptor tangiert. Im Sommersemester 1514 sandte Kurfürst Friedrich seinen ältesten Sohn Sebastian zum Studium nach Wittenberg. Keinen anderen als den auf diesem Gebiet erfahrenen Georg Spalatin beauftragte der Kurfürst mit der Begleitung der Studien seines unehelichen Sohnes. Man muss in dieser Beauftragung erneut einen deutlichen Beweis des Vertrauens in die Fähigkeiten Spalatins sehen.[37] Zwei weitere Jahre wirkte Spalatin, bei gleichzeitiger Betätigung für den Aufbau der Wittenberger Bibliothek und Fortsetzung seiner historiographischen Arbeiten, in diesem Amt als Fürstenerzieher, ehe er 1516 in die Kanzleidienste seines Kurfürsten treten sollte.

Kanzlist, Hofprediger, Geheimsekretär und geistlicher Ratgeber am Hof Friedrichs des Weisen (1516–1525)

Friedrich der Weise sammelte um sich einen Kreis von Räten, denen er Klugheit, Besonnenheit und besondere Kenntnisse zutraute.[38] Zu diesem Kreis gehörte ab 1516 auch Spalatin. Im September dieses Jahres erfolgte Spalatins Berufung in die Kanzlei von Kurfürst Friedrich dem Weisen.[39] Mit dem Scheiden von Wittenberg und der Übersiedlung in den unmittelbaren Hofdienst endete auch Spalatins bisherige Tätigkeit als Präzeptor, Mentor und Pädagoge. In seinem neuen Wirkungskreis in der Kanzlei Friedrichs des Weisen war Spalatin zu Beginn mit Übersetzungstätigkeiten befasst. So gehörten zum Beispiel die Korrespondenz mit König Franz I. von Frankreich (1494–1547) und die Ausarbeitung einer damit einhergehenden Instruktion für Veit Warbeck (um 1490–1534), der als Gesandter nach Frankreich reisen sollte, zu den ersten Arbeiten in der Kanzlei.[40] Besonders die Bearbeitung der auswärtigen Korrespondenz scheint in Spalatins Tätigkeitsfeld gefallen zu sein.[41] Überdies wurde Spalatin vermehrt mit der Bearbeitung von Angelegenheiten der Universität und des Stifts zu Wittenberg betraut. Die hierzu nötigen Kenntnisse und Verbindungen besaß er durch seine längeren Aufenthalte an der Universität Wittenberg und als Leiter der dortigen Bibliothek. Auch mit kirchlichen Angelegenheiten im engeren Sinne hatte Spalatin vermehrt zu tun. Insbesondere jene standen dabei in seinem Fokus, die juristische Sachkenntnisse erforderten. In den Reichstagsakten lässt sich Spalatins Mitwirkung jedoch erst 1518 nachweisen, also von dem Zeitpunkt an, ab dem die *Causa Lutheri* das Reich beschäftigen sollte.[42]

Georg Spalatins Stellung am kursächsischen Hof beschränkte sich aber nicht nur auf Kanzleidienste. Er hatte vielmehr auch geistliche Funktionen inne. Die Ernennung zum Hofprediger erfolgte zwar erst 1522,[43] aber schon vorher oblagen ihm geistliche Aufgaben. In diesem Zusammenhang ist das Gratulationsschreiben Christoph Scheurls vom 1. April 1517 zur Übernahme eines zweiten Priesteramtes zu verstehen.[44] Gleichzeitig entwickelte sich ein derart enges Vertrauensverhältnis zwischen Spalatin und dem Kurfürsten, dass Ersterer einen Großteil der Privatkorrespondenz des Fürsten führen durfte und damit die Stellung eines »Geheimsekretärs« einnehmen konnte. Spalatins umfassende Aufgaben am kursächsischen Hof unter Friedrich dem Weisen spiegeln sich auch in den Anreden der an ihn gerichteten Schreiben wider. Als Sekretär (*secretario, a secretis*), Rat (*a consiliis*), Prediger (*concionatori*), Bischof des Hofes (*episcopo aulae*), Höfling (*aulico*) und Vertrauter des Herzogs (*familiari ducis*) wurde Spalatin betitelt.[45] Die

sich abzeichnende Doppelstellung Spalatins, einerseits als Geheimsekretär und weltlicher Rat, andererseits als geistlicher Ratgeber und Seelsorger des Kurfürsten erklärt auch den großen Einfluss, den er auf diesen nehmen konnte.[46] Zwar standen Friedrich dem Weisen einige Ratgeber und enge Vertraute zur Seite, aber gerade aufgrund seiner tiefen Religiosität war es Spalatin viel eher möglich, Zugang zum Kurfürsten zu erlangen, als es die rein weltlichen Räte am kursächsischen Hof vermochten. Die Einflussnahme auf den Kurfürsten war gerade in den Entscheidungsjahren der *Causa Lutheri* von besonderer Bewandtnis. Erst mit dem Tod Friedrichs des Weisen im Jahr 1525 endete Spalatins Zeit am kursächsischen Hof.[47]

Georg Spalatins Verdienste für die Reformation

Das wichtigste Ereignis, das in die Zeit von Spalatins Tätigkeit als Präzeptor Sebastians von Jessen fiel, war die Kontaktaufnahme zu Martin Luther. Quellenmäßig belegt ist die Verbindung zwischen Luther und Spalatin durch einen Brief Luthers, der wohl aus dem Februar des Jahres 1514 stammt[48] und in dem Luther auf die von Spalatin erbetene Stellungnahme zum Reuchlinschen Streit antwortete.[49] Aus diesem ersten brieflichen Kontakt entwickelte sich in den folgenden Jahren eine mehrere hundert Briefe umfassende Korrespondenz.[50] Schon Irmgard Höß stellte dazu fest, dass die Kurve der Luther-Briefe an Spalatin parallel zur reformatorischen Bewegung verlief. Der Höhepunkt der reformatorischen Bewegung war dabei ebenso wie der Kulminationspunkt des Briefwechsels im Jahr 1521 erreicht.[51] Spalatin geriet zunehmend in den Bann der faszinierenden Persönlichkeit Luthers.[52] Schon in seiner Georgenthaler Zeit, also von 1505 bis 1508, hatte sich Spalatin nach eigenen Angaben eingehender mit der Bibel beschäftigt.[53] Spalatins Interesse an den theologischen Problemen seiner Zeit wurde jedoch erst durch die Korrespondenz mit Martin Luther geweckt[54] und mündete schließlich in der Unterweisung in der Heiligen Schrift durch den Wittenberger Theologen.[55] Spätestens 1518 war die geistige Bindung Spalatins an Martin Luther vollzogen. Georg Spalatin wurde daraufhin der zentrale Vermittler zwischen Luther und Friedrich dem Weisen. Seine wichtige Stellung am kursächsischen Hof, die er spätestens ab 1516 besaß, ermöglichte ihm diese Rolle. So trat Spalatin sogar schon vor 1517 als geistiger Mittler zwischen Luther und dem Kurfürsten auf, wie ein Brief Luthers vom 14. Dezember 1516 deutlich zum Ausdruck bringt: »Dass du schreibst, der durchlauchtigste Fürst habe meiner häufig und in ehrenvoller Weise gedacht, darüber freue ich mich zwar nicht, bitte jedoch, dass Gott der Herr ihm seine Demuth mit Herrlichkeit vergelte. Denn ich bin nicht werth, dass irgend ein Mensch meiner gedenke, geschweige denn ein Fürst und solcher und großer Fürst [...] Doch bitte ich, du wollest mich durch dich Dank sagen lassen.«[56] Oft gingen Schreiben Luthers über Spalatin an den Kurfürsten, so auch im April 1518: »Deiner Treue und Sorge kommt es nun zu, dass du die Freundschaft und Liebe beweisest, dass der durchlauchtigste Fürst ihn [den Brief] so bald als möglich empfange, und du mich, wenn du irgend eine Antwort darauf zu hören bekommen solltest, davon benachrichtigst.«[57] Im Gegenzug ließ der Kurfürst Luther jedes Mal durch Spalatin antworten,[58] und kleine fürstliche Geschenke und Gnadenerweisungen gingen ebenso über Spalatin an Luther.[59] Der Reformator ließ den Dank an den Fürsten meist wieder über Spalatin ausrichten, denn, so meinte Luther gegenüber Spalatin im Mai 1520: »Du weißt ja, dass ich nicht leicht damit bei der Hand bin, jene vielbeschäftigten Ohren mit meinen Briefen zu belästigen.«[60]

Aus Vermittlung wurde Unterstützung der reformatorischen Bewegung. Auch wenn wir die eigenständige Rolle Friedrichs des Weisen bei der Universitätsreform in Wittenberg nicht unterschätzen dürfen,[61] übernahm ab dem Wintersemester 1517/18 Spalatin die Federführung bei dieser Reform.[62] Universitätsreform und Reformation waren ja in diesen Monaten aufs Engste miteinander verbunden. Oder um es zuzuspitzen: »Die Reformation hatte ihren Ursprung in der Universität.«[63] Für Luther war es ein glückliches Zusammentreffen, dass sich Kurfürst Friedrich gerade zu dem Zeitpunkt, an dem durch Luthers Agieren gegen die scholastische Theologie eine Neuordnung des Studiums notwendig wurde, zu einer Reform entschlossen hatte. Seine Vorschläge dazu liefen, zusammen mit dem Aufruf an Spalatin, seinerseits sein Bestes für die Umsetzung der lutherischen Vorschläge zu tun,[64] im März 1518 in der kurfürstlichen Kanzlei ein.[65] Spalatin scheint genau dies gelungen zu sein. So konnte Luther voller Freude am 21. März 1518 berichten, dass die Universitätsreform, auch wenn seine Gegner rasend würden, vorankomme und in Kürze Vorlesungen in zwei, vielleicht drei Sprachen gehalten, neue Lektionen eingeführt und überholte Lektionen, wie die über Aristoteles, abgeschafft würden. Der Kurfürst sei jedenfalls dafür schon gewonnen worden.[66] Zwar erfolgte die Universitätsreform nicht gar so rigoros, wie Luther dies gern gesehen hätte, aber einige grundsätzliche Neuerungswünsche Luthers wurden zügig umgesetzt. Die Art, wie die Universitätsreform umgesetzt wurde, lässt dabei auf die geschickte Hand Spalatins schließen.[67] Unterstützend wirkte Spalatin auch bei Immediateingaben Luthers und seiner Kollegen zur Errichtung einer Buchdru-

ckerei in Wittenberg. Karlstadt und Luther baten Spalatin, seine Möglichkeiten zu nutzen, um Melchior Lotter eine Lizenz zur Betreibung einer Druckerei zu gewähren.[68] In diesem Sinne richtete Spalatin auch ein Schreiben an den Kurfürsten. Darin heißt es: »Zum andern bitte man mit untertenigen vleis, mein gnedigster herr welle gnedigsten vleis haben, ein statliche druckerei, griechisch, lateinisch, judisch und teutsch wol zu drucken, gen Wittenberg zu bringen von wegen des manchfeltigen nutzs und unverweislichen rums und lobs, so daraus vermittels gottlicher hulff erwachsen wurd.«[69] Spalatin erwirkte die erforderliche Konzession zur Errichtung einer Druckerei in Wittenberg beim Kurfürsten[70] und legte damit das Fundament für die Verbreitung der lutherischen Schriften, die nur wenige Jahre später unter anderem von Wittenberg die ganze Welt eroberten. Noch wichtiger ist die Rolle Spalatins als Helfer Luthers auf dem Feld der Diplomatie. Während der verschiedenen Stationen von Luthers ›Selbstbehauptungskampf‹ der Jahre von 1518 bis 1525 stand der kursächsische Rat mit diplomatischem Geschick seinem Freund zur Seite. »Mit scharfen Blick für das politisch Tragbare und Mögliche hat er [...] immer wieder auf Luther einzuwirken versucht, um alles zu verhindern, was ins Extreme schlagen konnte.«[71] Den »Kampf um das rechte Maß« nennt dies Irmgard Höß. Genau unter diesem Blickwinkel ist Spalatins Bedeutung für die Wittenberger Reformation zu sehen. Spalatin war es, der durch seinen Einfluss beim Kurfürsten in den kritischen Jahren 1518 und 1519 den notwendigen kurfürstlichen Schutz für Luther erwirken konnte und daneben versuchte, Luther um seiner selbst willen zu zügeln, was ihm aber nur selten gelingen sollte. Dank des Fürsprechers am kursächsischen Hof konnte sich Luther nicht nur vor einer Zitation nach Rom geschützt fühlen, wie er bereits am 21. März 1518 Johann Lang nach Erfurt berichten konnte,[72] sondern wurde bei den meisten seiner Reisen mit kurfürstlichem Geleit versehen.[73] Welch wichtige Gestalt Spalatin für Luther schon in diesen frühen Jahren darstellte, wird aus einem Brief Luthers an Spalatin deutlich, der kurz nach der Eröffnung des Ketzerprozesses gegen Luther verfasst wurde. Mit einem regelrechten Aufschrei beginnt der Brief Luthers vom 8. August 1518: »Imo indiget fere totius nostre mecum universitatis honor.«[74] Der Hilferuf Luthers blieb bei Spalatin nicht ungehört. Durch geschicktes Agieren brachte er seinen Standpunkt dem Kurfürsten gegenüber zur Geltung und überzeugte Friedrich den Weisen, dass die Verhandlung der *Causa Lutheri* in Rom nicht nur Luther, sondern ganz besonders der neu gegründeten Universität Wittenberg zu Schaden gereichen würde.[75] Mit diesem cleveren Schachzug gewann er den Kurfürsten dafür, dass sich dieser der Sache Luthers beim Kaiser annahm. Ende August 1518 konnte sich Luther aufgrund der Informationen Spalatins sicher sein, dass er nicht nach Rom zu reisen brauchte, sondern sich ›nur‹ vor Kardinal Cajetan (1469–1534) zu rechtfertigen haben würde.[76] Auch auf dem Augsburger Reichstag stand Spalatin seinem Freund als Vermittler am kursächsischen Hof zur Seite.[77] Ausdruck dessen ist ein Brief Luthers vom 14. Oktober 1518 an Spalatin, in dem er über den Fortgang der Verhandlungen in Augsburg berichtete, damit dieser wiederum dem Kurfürsten darüber berichten konnte: »Ich schreibe nicht gern an den gnädigsten Fürsten, mein Spalatin, deshalb mögest du, der damit so eng vertraut ist, [den Bericht] empfangen und dafür Sorge tragen, dass er dem gnädigsten Fürsten ausgehändigt werde.«[78] Eindrücklicher kann man Spalatins Vermittlerrolle am kursächsischen Hof gar nicht beschreiben. Auch hinter dem Brief, den Kurfürst Friedrich am 8. Dezember 1518 an den päpstlichen Legaten Cajetan richtete und in dem er die Auslieferung Luthers nach Rom ablehnte sowie darauf verwies, dass Luther ja noch nicht der Ketzerei überführt wäre und daher eine Vertreibung der Universität und dem ganzen Land zu Schaden gereichen würde,[79] müssen wir Spalatins geschickte Hand vermuten. Nicht ohne Grund hat er den Brief in deutscher Übersetzung in seine Reformationsannalen aufgenommen.[80] Auch bei der Sondermission des päpstlichen Nuntius und *commissarius apostolicus* Karl von Miltitz (um 1490–1529), der am 10. September 1518 offiziell zum Überbringer der goldenen Rose an Kurfürst Friedrich dem Weisen ernannt worden war, wird Spalatins Vermittlerrolle augenscheinlich. Der von Papst Leo X. zur Erkundung der Gesinnung des Kurfürsten Friedrich beauftragte päpstliche Kämmerer Karl von Miltitz traf sich – seine Kompetenzen wohl weit überschreitend – erstmals am 5. und 6. Januar 1519 mit Martin Luther in Spalatins Wohnung in Altenburg.[81] Auf gütlichem Wege hoffte der Gesandte eine Einigung mit Luther zu erreichen. In dieser Situation glaubte Christoph Scheurl, dass nur ein Mann auf Luther begütigend einwirken könne, um eine Einigung mit Miltitz zu erreichen und den absehbaren Bruch mit Rom zu verhindern: »Ich sehe, wie sehr auf dich größte Hoffnung gesetzt wird, dass wir durch dich dem römischen Vermittler Genüge tun und in den Hafen einfahren mögen, weil man in dir unzweifelhaft einen Gewährmann sieht, da du durch Erfindungsgabe wie auch durch Bildung Einfluss auf Martinus hast […] Ich flehe dich also an, bester Spalatin, sorge dafür, gebrauche deinen Geist, erzwinge es, dass man nicht im Unwillen auseinandergeht, dass vielmehr die Zusammenkunft eine Einigung erzielt, was ein anderer als du nicht tun kann.«[82] Wie wir wissen, hat es diese Einigung gegeben. So erklärte sich Luther nach

den Gesprächen bereit, zu schweigen, wenn es seine Gegner auch täten. Gleichredend wissen wir auch, dass diese formlose Abmachung, deren Einhaltung selbst von katholischer Seite nicht zu erwarten war, nur von kurzer Dauer war und den Bruch zwischen Luther und der päpstlichen Kurie in seiner ganzen Tiefe erkennen lassen sollte.[83]

Luther selbst war sich der Rolle Spalatins als enger Freund und Vertrauter am Hof durchaus bewusst. Am 20. Januar 1519 drückte er dies auch in einem Schreiben an Spalatin aus: »Aber du bist mir eine Gestade, und, um mit Homer zu reden, eine Sandbank in dem unwirthbarem Meere. Deshalb, was auch immer dies mein Meer mir an Schaum und Unrath bringt, das schleudere ich auf dich allein.«[84] Auch nach der Leipziger Disputation hat es Spalatin in äußerst geschickter Weise verstanden, dem Wittenberger Freund den kurfürstlichen Schutz angedeihen zu lassen, ohne dass sich Friedrich der Weise öffentlich zu Luther bekennen musste. Das Kennzeichen aller offiziellen Schriftstücke Friedrichs des Weisen in der *Causa Lutheri*, die übrigens zumeist von Spalatin konzipiert wurden oder Spuren seiner Mitarbeit aufweisen, ist ein vorsichtiges Taktieren: Luther wird nicht preisgegeben, aber seine Eigenverantwortlichkeit wird hervorgehoben.[85] Mit einer schwierigen Aufgabe beladen, bedurfte Spalatin auch fortwährend der seelischen Unterstützung seiner Freunde, besonders der von Luther: »Das Größte aber ist, dass du wohl ins Auge fassest, an welchen Ort du berufen seiest, nämlich an den Hof; gleichwie Esther bist du berufen, dass du den Leuten dienest wo du kannst.«[86] Soweit es Spalatin möglich war, versuchte er auch beim Wormser Reichstag die von Luther gewünschte Unterstützung zu gewähren. Spalatin entfaltete während der Reichstagsverhandlungen in Worms eine fieberhafte Tätigkeit, wie sich aus den Akten die *Causa Lutheri* betreffend ergibt.[87] Auch wenn er nach außen hin wenig in Erscheinung trat, da die Verhandlungen mit dem Kaiser durch den kursächsischen Kanzler Gregor Brück (1484–1557) geführt wurden, liefen im Hintergrund die Fäden zur Luthersache bei Spalatin zusammen. Spalatin führte in dieser Zeit die Korrespondenz mit Luther und seinen Anhängern und machte von allen wichtigen Nachrichten, die bei ihm einliefen, Auszüge und Übersetzungen für den Kurfürsten und dessen Kanzler.[88] Brück und Spalatin waren es, die Luther während dieser Entscheidungstage berieten.[89] Ebenso kann man Spalatins Anteil an der Gewährung eines kaiserlichen Geleits für Luthers Reise nach Worms nicht abstreiten. Während des zehntägigen Aufenthaltes des Reformators in Worms war Spalatin sein ständiger Ratgeber und Bindeglied zum Kurfürsten. Er war es wohl auch, der hinter dem Plan stand, Luther auf seiner Rückreise von Worms eine Zeit lang in sicheren Gewahrsam zu nehmen. Den Worten Spalatins, wonach der Kurfürst selbst diesen Plan gehabt haben soll,[90] wird man nur bedingt Glauben schenken können.[91] Dass jedoch der Kurfürst durch Spalatin darüber informiert worden ist, kann dagegen als sicher gelten. Als das Edikt gegen Luther veröffentlicht wurde, war Luther jedenfalls schon auf der sicheren Wartburg eingetroffen.[92]

Als sich Luther auf der Wartburg aufhielt, wurde Spalatin im eigentlichen Sinne des Wortes der Mittler und Helfer Luthers. Um den Aufenthaltsort Luthers geheim zu halten, gingen alle Briefe des Reformators über Hans von Berlepsch († 1533) an den kurfürstlichen Hof, wo sie Spalatin in Empfang nahm und für deren Weiterbeförderung Sorge trug.[93] Darüber hinaus mussten natürlich während dieser großen publizistischen Schaffensperiode Luthers all dessen Manuskripte durch Spalatins Hände, ehe sie in den Druck gehen konnten. Auf der anderen Seite versorgte Spalatin seinen Freund auf der Wartburg mit allen Neuigkeiten von literarischer und politischer Natur[94] sowie mit Medikamenten.[95] Auch wenn es in dieser Zeit des Wartburgaufenthaltes Luthers immer wieder zu Misshelligkeiten zwischen den beiden Freunden gekommen ist, besonders wenn Luther nach Spalatins Ansicht wieder einmal einen Schritt zu weit ging, so hielt die Freundschaft doch auch diesen Stürmen stand. Selbst als sich Luther verstärkt gegen das Allerheiligenstift in Wittenberg wandte, blieb Spalatin seinem Freund treu. Nur manchmal versuchte er einem zu stürmischen Voranschreiten Luthers durch mäßigende Worte entgegenzutreten. Zudem brachte er Luther immer wieder dazu, seinen Standpunkt dem Kurfürsten gegenüber selbst kundzutun.[96] Luther wiederum informierte Spalatin, von dem er wusste, dass er des Kurfürsten Ohr hatte, stets über seine nächsten Schritte.[97] Als Luther in Zusammenarbeit mit Melanchthon nach seiner endgültigen Rückkehr nach Wittenberg die Revision des von ihm übersetzten Neuen Testaments anging, verwundert es nicht, dass er Spalatin als gewandten und erprobten Übersetzer ebenfalls in den Übersetzungsprozess einbezog[98] und ihm verschiedentlich Korrekturbögen zukommen ließ oder ihn bei historischen Fragen konsultierte.[99] Spalatin als Teil des Wittenberger Reformatorenkreises war somit auch im praktischen Sinne für Luthers Sache tätig. Warnend erhob Spalatin erst wieder die Stimme, als Luther zu Ende des Jahres 1522 seinen Kampf gegen das Wittenberger Allerheiligenstift energisch aufnahm. Spalatin wusste nur zu gut, wie stark das Herz des Kurfürsten für dieses Stift schlug. Luther wiederum kannte ab diesem Zeitpunkt auch gegenüber dem eigenen Kurfürsten kein Zaudern mehr und ermahnte stattdessen am 2. Januar 1523 auch Spalatin.[100] Im März wiederholte er

seine Bedenken gegenüber Spalatin: »Ich schreibe wiederum, mein lieber Spalatin, sowohl meinet als auch anderer Leute halben. Denn jetzt ist die Zeit, dieses Bethaven zu schwächen [...] Gott muss nicht weiter versucht werden, daher hilf du, wie ich weiß, dass du es wollest, und wie du kannst.«[101] Die Ermahnungen Luthers und auch von Justus Jonas, dem Propst des Stiftes fruchteten dahingehend, dass sich Spalatin mit aller Kraft bemühte, den Kurfürsten davon zu überzeugen, dass die Forderungen seiner Freunde gerechtfertigt seien. In umfassenden Gutachten versuchte Spalatin eine obrigkeitliche Lösung zu erreichen,[102] aber in diesem Punkt folgte ihm sein Fürst nicht. Spalatin gelang es nicht, eine Umsetzung von Luthers Forderungen im Allerheiligenstift zu erreichen.[103] Friedrich der Weise ver-

Abb. 3
Lucas Cranach d. Ä.,
Martin Luther als Junker
Jörg, 1521, Öl auf Holz,
33,5 × 25,3 cm, Museum der
bildenden Künste Leipzig,
Inv. Nr. I. 946

schloss sich hier das erste Mal in einer die Luthersache betreffenden Frage seinem Rat und Hofprediger. Auch wenn ohne kurfürstliche Zustimmung im Allerheiligenstift 1524 mancherlei Neuerungen eingeführt, die stillen Messen abgeschafft und die Gottesdienstordnung erneuert wurden, konnten erst nach dem Tod des Kurfürsten alle früheren Zeremonien im Stift beseitigt werden.[104]

Unterstützung vom kursächsischen Hof aus leistete der Rat Friedrichs des Weisen auch in einem anderen, für die Ausbreitung der reformatorischen Bewegung zentralen Bereich. Seit der Rückkehr Luthers von der Wartburg häuften sich nämlich bei ihm die Bittschriften, Gesuche und Empfehlungsbriefe.[105] Luther nutzte dabei die guten Kontakte zu Spalatin, um die vielfach entlaufenen und in Wittenberg eintreffenden Mönche an den kursächsischen Rat weiterzuleiten. Spalatin seinerseits tat das Möglichste, um die ehemaligen Mönche in Pfarr- und Predigerstellen oder sogar in deren alten bürgerlichen Berufen wieder unterzubringen. Melanchthon erbat mehrmals die Unterstützung Spalatins für sich und seine Freunde.[106] So konnte Spalatin durch seine guten Beziehungen zum kursächsischen Hof stets wertvolle Unterstützung, und sei es nur in Form eines Empfehlungsschreibens, gewähren. Gerade die überlieferten Briefe Luthers an Spalatin legen von der bedeutenden Mittlerrolle Spalatins ein anschauliches Zeugnis ab. Einige Beispiele seien hier genannt: Am 13. Oktober 1522 wandte er sich an Spalatin wegen eines hilfebedürftigen Anhänger des Evangeliums: »Gnade und Friede! Ich habe diesem Manne einen Empfehlungsbrief an dich nicht abschlagen können, noch wollen, mein lieber Spalatin. Er ist ein guter Mann und steht des Evangelii halben in Gefahr. Daher wirst du ihn auch hören, und ihn würdig achten, dass du ihn beistehest, wenn du kannst; du kannst es aber leicht.«[107] Nur drei Wochen später empfahl er Spalatin dem Magister Moritz Pfleumer aus Altenburg, damit durch ihn seine Bittschrift an den Kurfürsten gelangen könne.[108] Als ein ehemaliger Benediktiner aus Chemnitz Apotheker werden wollte, sandte Luther auch ihn zu Spalatin, da für die Ausübung dieses Berufes eine kurfürstliche Lizenz von Nöten war, die Spalatin nun erwirken sollte.[109] Im Oktober 1523 bat er um eine Pfarre für den Geistlichen Erasmus,[110] und die Versorgung des Pfarrers in Kronach wurde Spalatin nur wenig später durch Luther angetragen.[111] Am 24. Dezember 1524 empfahl Luther einen aus Nürnberg stammenden verheirateten Mönch Jodocus Kern.[112]

Fazit

Georg Spalatin gehört rückblickend vielleicht nicht zu den leuchtenden Figuren innerhalb der reformatorischen Bewegung. Im Kreis der Zeitgenossen Friedrichs des Weisen und Luthers war Spalatin aber eine zentrale Person, ohne deren Wirken – teils hinter den Kulissen, teils im engen geistigen Austausch mit den bedeutendsten Persönlichkeiten des frühen 16. Jahrhunderts – viele Reformen, die meist aus den Anregungen Luthers erwuchsen, nie zustande gekommen wären, ja die Reformation selbst wohl im Ansatz stecken geblieben wäre. Durch die enge Kommunikation mit Luther war Spalatin in die Lage versetzt, die Lehre des Reformators am Hof und direkt beim Kurfürsten authentisch zu vertreten. Darüber hinaus gab ihm die Vertrautheit mit dem kursächsischen Hof immer wieder die Möglichkeit, den Gang der Reformation zu beeinflussen und auf diplomatischem Weg abzusichern.[113] Dessen ungeachtet bleibt Spalatin eine Figur der Übergangszeit. Als Humanist erzogen, blieb er jedoch bis zum Tod auch den altchristlichen Traditionen verbunden und war doch gleichzeitig ein brennender Verfechter der reformatorischen Bewegung. Spalatin war sowohl Mittler zwischen kursächsischem Hof und Luther als auch Bindeglied zwischen Hof und Hörsaal.[114] Er war Luthers Unterstützer, aber auch Mäßiger. Mit keinem wechselte der Reformator bis 1525 mehr Briefe. Auf der anderen Seite stand Friedrich der Weise wohl keinem seiner Räte so nahe wie Spalatin. Die mit Luther »sympathisierende Zurückhaltung«[115] des Kurfürsten wurde geschickt durch Spalatin genutzt und forciert. Spalatin war es, der Luther am kurfürstlichen Hof einführte und es verstand, das Interesse des Kurfürsten für den Reformator zu gewinnen.[116]

Anmerkungen

1   Julius Wagner, Georg Spalatin und die Reformation der Kirchen und Schulen zu Altenburg. Altenburg 1830, S. 80.

2   Heinz Schilling, Aufbruch und Krise. Deutschland 1517–1648. Berlin 1998, S. 186.

3   Heinz Schilling, Martin Luther. Rebell in einer Zeit des Umbruchs. München ²2013, S. 131.

4   Bernd Moeller, Deutschland im Zeitalter der Reformation (Deutsche Geschichte 4). Göttingen 1999, S. 58.

5   Christina Meckelnborg, Anna-Beate Riecke, Georg Spalatins Chronik der Sachsen und Thüringer. Ein historiographisches Großprojekt der Frühen Neuzeit. Köln, Weimar, Wien 2011, S. 9.

6   Ingetraut Ludolphy, Friedrich der Weise. Kurfürst von Sachsen 1463–1525. Göttingen 1984, Leipzig 2006, S. 402.

7   Georg Berbig, Georg Spalatin und sein Verhältnis zu Martin Luther auf Grund ihres Briefwechsels bis zum Jahre 1525. Halle 1906, S. 1.

8   Irmgard Höß, Georg Spalatin 1484–1545. Ein Leben in der Zeit des Humanismus und der Reformation. Weimar ²1989, S. 438.

9   WA Br 1, 117–119 (Nr. 50).

10   Vgl. Wagner, Georg (wie Anm. 1), S. 76.

11   WA Br 1, 141–144 (Nr. 59).

12   Vgl. Christoph Scheurls Briefbuch. Ein Beitrag zur Geschichte der Reforma-
     tion und ihrer Zeit Bd. 1, hrsg. von Franz Freiherr von Soden und Karl Knaake.
     Potsdam 1867, S. 84 ff.

13   Vgl. Björn Schmalz, Georg Spalatin und sein Wirken in Altenburg. Beucha
     2009, S. 14.

14   Profiscitur ad scholam Nurinbergam apud S. Sebaldum M.CCCC.XCVII., Spa-
     latiniana (Quellen und Darstellungen aus der Geschichte des Reformati-
     onsjahrhunderts 5), hrsg. von Georg Berbig. Leipzig. 1908, S. 16.

15   Akten der Erfurter Universität. Teil II, bearb. von J. C. Hermann Weißenborn.
     Halle 1884, S. 204 f.

16   Vgl. Björn Schmalz, Georg (Burkhardt) Spalatin, in: Sächsische Biografie,
     Online-Ausgabe: http://www.isgv.de/saebi/ (22.07.2013).

17   Vgl. Höß, Georg (wie Anm. 8), S. 27–41.

18   Vgl. Berbig, Spalatiniana (wie Anm. 14), S. 18.

19   Vgl. Georg Mentz, Johann Friedrich der Großmütige 1503–1554. Teil 1. Jena
     1903, S. 3 ff.

20   Vgl. Höß, Georg (wie Anm. 8), S. 39 f.

21   Vgl. Berbig, Spalatiniana (wie Anm. 14), S. 52.

22   Vgl. Karl Krause, Der Briefwechsel des Mutianus Rufus, in: Zeitschrift des
     Vereins für hessische Geschichte und Landeskunde. Neue Folge 9. Supple-
     mentband. Kassel 1885, Nr. 576.

23   Krause, Briefwechsel (wie Anm. 22), Nr. 159.

24   Vgl. Berbig, Spalatiniana (wie Anm. 14), S. 53; Meckelnborg, Georg (wie Anm.
     5), S. 11; Ludolphy, Friedrich (wie Anm. 6), S. 116.

25   Zur historiographischen Tätigkeit Spalatins vgl. Meckelnborg, Georg (wie
     Anm. 5). Drei Bände der Chronik sind auch online einsehbar, vgl. http://
     spalatin.franconica.uni–wuerzburg.de/login/frame.php (22.07.2013).

26   Vgl. Ludolphy, Friedrich (wie Anm. 6), S. 117.

27   Vgl. Höß, Georg (wie Anm. 8), S. 47 f.

28   Vgl. Schmalz, Georg (wie Anm. 13), S. 17.

29   Vgl. Berbig, Spalatiniana (wie Anm. 14), S. 18.

30   Vgl. Soden, Christoph (wie Anm. 12), Nr. 55.

31   Vgl. Höß, Georg (wie Anm. 8), S. 62.

32   Höß, Georg (wie Anm. 8), S. 65.

33   Vgl. Ludolphy, Friedrich (wie Anm. 6), S. 334.

34   Vgl. Krause, Mutianus (wie Anm. 22).

35   Vgl. Ludolphy, Friedrich (wie Anm. 6), S. 335.

36   Vgl. Höß, Georg (wie Anm. 8), S. 69.

37   Höß, Georg (wie Anm. 8), S. 70.

38   Vgl. Ludolphy, Friedrich (wie Anm. 6), S. 289.

39   Vgl. Meckelnborg, Georg (wie Anm. 5), S. 79.

40   Vgl. Höß, Georg (wie Anm. 8), S. 84.

41   Vgl. Meckelnborg, Georg (wie Anm. 5), S. 84.

42   Vgl. Höß, Georg (wie Anm. 8), S. 89 f.

43   Luther gratulierte ihm zu diesem Amt am 13. März 1522: »Salutem. Esse te
     Evangelistam gaudeo, mi Spalatine«, WA Br 1, Nr. 458.

44   Vgl. Soden, Christoph (wie Anm. 12), Nr. 126.

45   Vgl. Höß, Georg (wie Anm. 8), S. 93.

46   Höß, Georg (wie Anm. 8), S. 91.

47   Zu seinen letzten Monaten im Hofdienst, vgl. Höß, Georg (wie Anm. 8),
     S. 282–291; Schmalz, Georg (wie Anm. 13), S. 15–17.

48   Wann die erste Begegnung zwischen Spalatin und Luther stattfand, ist
     leider nicht belegt, vgl. Meckelnborg, Georg (wie Anm. 5), S. 75.

49   Vgl. WA Br 1, 19–24 (Nr. 7).

50   Leider sind im größeren Umfang nur die Briefe Luthers an Spalatin überliefert
     (über 400 Briefe), wohingegen die Spalatins an Luther vielfach verloren gegan-
     gen oder weit verstreut in Archiven und Sondersammlungsbereichen von Bib-
     liotheken überliefert sind, vgl. u. a. Schmalz, Georg (wie Anm. 13), S. 11–13; Berbig,
     Spalatin (wie Anm. 7), S. 6; überblicksartig auch Christine Weide, Georg Spalatins
     Briefwechsel. Studien zu Überlieferung und Bestand (1505-1525). Leipzig 2014.

51   Vgl. Höß, Georg (wie Anm. 8), S. 79.

52   Vgl. Berbig, Spalatin (wie Anm. 7), S. 9 ff.

53   Vgl. Spalatiniana (wie Anm. 14), S. 7.

54   Vgl. Schilling, Martin (wie Anm. 3), S. 133.

55   Im Januar 1518 bat er Martin Luther um Unterweisung in der Heiligen Schrift,
     wie aus einem Schreiben Luthers vom 18. Januar 1518 zu ersehen ist, WA Br,
     132–134 (Nr. 57); Berbig, Spalatin (wie Anm. 7), S. 24.

56   WA Br 1, Nr. 30; Übersetzung nach Dr. Martin Luthers sämtliche Schriften.
     Bd. 21. Teil 1. Nachdr. d. 2. Aufl., hrsg. Johann Georg Walch. Groß Oesingen
     1987, Nr. 27.

57   WA Br 1, Nr. 30; Übersetzung nach Walch, Martin (wie Anm. 56), Nr. 70. Ähn-
     lich auch am 22. September 1519, als Luther dem Freund das Manuskript
     seiner Tessaradecas übersendet, damit dieser es übersetzen und anschlie-
     ßend dem Kurfürsten überreichen solle , vgl. Wa Br 1, Nr. 198: »Salutem.
     Venit tandem ad te, mi Spalatine, Tessaradecas mea, tarde quidem, sed vix
     etiam sic procellas occupationum mearum elapse, quam ut transferas li-
     bere et Illustrissimo principi nostro offeras, si ita ceperat, epistola praefatio-
     nis adiecta licet.«

58   Vgl. Ludolphy, Friedrich (wie Anm. 6), S. 387.

59   Vgl. u. a. WA Br 1, Nr. 223 (29.11.1519), Nr. 234 (25.12.1519).

60   Übersetzung nach Walch, Martin (wie Anm. 56), Nr. 288.

61   Vgl. Ludolphy, Friedrich (wie Anm. 6), S. 328.

62   Vgl. Berbig, Spalatin (wie Anm. 7), S. 27 ff.

63   Schilling, Martin (wie Anm. 3), S. 136.

64   Am 11. März 1518 übersandte Luther – nach Besprechung mit Andreas Bo-
     denstein – seinen Vorschlag über die neu einzurichtenden Lektionen, vgl.
     Luther, Martin (wie Anm. 9), Nr. 63.

65   Vgl. Schilling, Martin (wie Anm. 3), S. 136.

66   Vgl. WA Br 1, Nr. 64: «Quare unam ad te mitto, de incenio raptam, ut videas,
     quam insaniant contra me. Caeterum studium nostrum ea proficit spe, ut
     futurum esse propendiem expectemus, nos habere lectiones utriusque,
     imo triplicis linguae, Plinii, mathematicarum, Quintiliani, et nonullas alias
     optimas, reiectis ineptis illis Petri Hispani, Tartareti, Aristoteli lectionibus.
     Atque ea res et placet Principi, et iam in concilium recepta tractatur."

67   Zur Universitätsreform, vgl. Höß, Georg (wie Anm. 8), S. 108–120.

68   Vgl. Ludolphy, Friedrich (wie Anm. 6), S. 335.

69   ThHStAW, EGA, Reg. O 315, Bl. 5r.

70   Vgl. Höß, Georg (wie Anm. 8), S. 121.

71   Höß, Georg (wie Anm. 8), S. 54.

72   Vgl. WA Br 1, Nr. 64.

73   Vgl. Höß, Georg (wie Anm. 8), S. 126.

74   WA Br 1, Nr. 85.

75   Vgl. Berbig, Spalatin (wie Anm. 7), S. 34.

76   Vgl. Schilling, Martin (wie Anm. 3), S. 182 ff.

77   Dies belegt auch eine Tischrede Luthers: »Ja, seine kurfürstlichen Gnade
     hatte ihre Theologos, die sie mit zu Augsburg gehabt, als M. Phillipum Me-
     lanchthon, D. Justum Jonam, Georgium Spalatium, und M. Joannem Agri-
     colam, oft trösten lassen und zu den Räthen gesprochen, Saget meine
     Gelehrten, dass sie thun, was Recht ist, Gott zu Lob und Ehre und mich oder
     mein Land und Leute nicht ansehen«, WA TR 6, Nr. 6756.

78   WA Br 1, Nr. 99: »Invitus scribo ad principem Illustrissimum, mi Spalatine,
     ideo tu, qui familiaris es, accipe et clementissimo principi significare curato."

79   Vgl. ThHStAW, EGA, Reg. O 30, Bl. 2.

80   Vgl. Georg Spalatin, Annales Reformationis oder Jahrbücher von der Refor-
     mation Lutheri. Aus dessen Autographo ans Licht gestellt von Ernst Salomon
     Cyprian, in: Wilhelm Ernst Tentzels Historiographi Saxonici. Historischer
     Bericht vom Anfang und ersten Fortgang der Reformation Lutheri. Zur Er-
     läuterung des Hn. v. Seckendorff Historie des Lutherthums mit großem Fleiß
     erstattet […] mitgetheilet von Wilhelm Ernst Tentzel. Leipzig 1718, S. 1 ff.

81   Vgl. Björn Schmalz, Von Miltitz bis Spalatin. Schlaglichter der Altenburger
     Reformation, in: Spalatin in Altenburg. Eine Stadt plant ihre Ausstellung,
     hrsg. von Hans-Joachim Kessler und Jutta Penndorf. Halle 2012, S. 53.

82   Soden, Christoph (wie Anm. 12), Nr. 184.
83   Vgl. Schmalz, Miltitz (wie Anm. 81), S. 52−54; Heinrich August Creutzberg,
      Karl von Miltitz 1490−1529. Sein Leben und seine geschichtliche Bedeutung.
      Freiburg 1907, S. 46−60; Höß, Georg (wie Anm. 8), S. 143−149; Heribert
      Smolinsky, Karl von Miltitz, in: Neue Deutsche Biographie, Bd. 17 (1944),
      S. 533−534.
84   WA Br, Nr. 138; Übersetzung nach Walch, Martin (wie Anm. 56), Nr. 136.
85   Vgl. Höß, Georg (wie Anm. 8), S. 166.
86   WA Br, Nr. 231 (15.12.1519); Übersetzung nach Walch, Martin (wie Anm. 56),
      Nr. 246.
87   Vgl. Höß, Georg (wie Anm. 8), S. 189.
88   Vgl. ThHStAW, EGA, Reg. N 160.
89   Vgl. Schilling, Martin (wie Anm. 3), S. 203.
90   Vgl. Spalatin, Annales (wie Anm. 80), S. 50 f.
91   Vgl. Ludolphy, Friedrich (wie Anm. 6), S. 438.
92   Vgl. Schilling, Martin (wie Anm. 3), S. 239 f.
93   Vgl. Ludolphy, Friedrich (wie Anm. 6), S. 444.
94   Vgl. Höß, Georg (wie Anm. 8), S. 207.
95   Vgl. Schilling, Martin (wie Anm. 3), S. 254.
96   So geschehen auch nach der Rückkehr von der Wartburg im März 1522, vgl.
      WA Br 1, Nr. 456−458.
97   Vgl. Schilling, Martin (wie Anm. 3), S. 207.
98   Vgl. WA Br 1, Nr. 470 (30.03.1522): »Sed et tua opera aliquando utemur in
      vocabulis apte locandis.«
99   Vgl. Höß, Georg (wie Anm. 8), S. 225; Berbig, Spalatin (wie Anm. 7), S. 304.
100   Vgl. WA Br 1, Nr. 566.
101   Vgl. WA Br 1, Nr. 594; Übersetzung nach Walch, Martin (wie Anm. 56), Nr. 591.
102   ThHStAW, EGA, Reg. O 226, Bl. 10−19.
103   Vgl. Ludolphy, Friedrich (wie Anm. 6), S. 456.
104   Vgl. Höß, Georg (wie Anm. 8), S. 242.
105   Vgl. Berbig, Spalatin (wie Anm. 7), S. 212.
106   Vgl. Höß, Georg (wie Anm. 8), S. 53.
107   Vgl. WA Br 1, Nr. 542; Übersetzung nach Walch, Martin (wie Anm. 56), Nr. 543.
108   Vgl. WA Br 1, Nr. 549: »Mauricius hic pfleumner, mihi ab Aldenburgensi
      senatu mire commendatus, rogavit, ut tibi sese commendarem, quo per te
      ad principem pertingere possit, tua supplicatio. Id quod negare homini non
      potui, qui per sese mihi satis boni ingenii et indolis esse videtur.« Schon drei
      Tage später gingen zwei weitere Bittschriften über Luther an Spalatin, die
      dieser dem Kurfürsten übergeben sollte, vgl. WA Br 1, Nr. 550.
109   Vgl. WA Br 1, Nr. 591 (08.03.1523).
110   Vgl. WA Br 1, Nr. 664: »Sacrificulus hic Erasmus acceptaturus est parochi-
      alam quandam, resignante ei in manus eo, qui iam obtinet dicessurus. Ad
      id autem requiri consensum principis asserunt.«
111   Vgl. WA Br 1, Nr. 717 (08.03.1524).
112   Vgl. WA Br 1, Nr. 810.
113   Vgl. Schilling, Martin (wie Anm. 3), S. 133.
114   Vgl. Berbig, Spalatin (wie Anm. 7), S. 300.
115   Ludolphy, Friedrich (wie Anm. 6), S. 7.
116   Vgl. Berbig, Spalatin (wie Anm. 7), S. 298.

III · HÖFISCHE REPRÄSENTATION, KUNST UND KULTUR

ANDREAS TACKE

Marketing Frederick.
Friedrich der Weise in der
bildenden Kunst seiner Zeit

Das Pferd ist von hinten aufzuzäumen: Beim Thema Friedrich der Weise in der bildenden Kunst sind aus der rezeptionsgeschichtlichen Perspektive nicht die zu Lebzeiten entstandenen Porträts wichtig, sondern die post mortem geschaffenen. Vorbereitet wurden sie 1524 durch Albrecht Dürer, synonym sind sie mit Lucas Cranach d. Ä. geworden. Seine ab Mai 1525 geschaffenen Porträts Friedrichs prägen bis heute das Bild des Beschützers Martin Luthers.

Diese Porträts lieferten auch die Vorlagen für Friedrichs Darstellungen in der bildenden Kunst des 19. / 20. Jahrhunderts. Als Beispiel für die visuelle Rezeption sei sein Konterfei im Treppenhaus von Stülers Neuem Museum in Berlin durch Wilhelm von Kaulbach angeführt, der ihn zusammen mit Luther in dem Monumentalbild »Das Zeitalter der Reformation« nach dem von Cranach geschaffenen Typus darstellte.[1]

Dabei wäre die Auswahl auch für Kaulbach sehr groß gewesen, denn man kann bei Friedrich dem Weisen von einer beachtlichen — modern ausgedrückt — Medienpräsenz sprechen. Das ist für seine Zeit eher die Ausnahme als die Regel. Eine der bemerkenswertesten zeitgenössischen Ausnahmen ist mit keinem Geringeren als Kaiser Maximilian I. benannt, der in ungewöhnlicher Weise — wir kommen darauf zurück — die bildende Kunst für sich in Anspruch nahm und dabei auf Ausnahmekünstler setzte.

Es läge bei Kurfürst Friedrich dem Weisen nahe zu fragen, ob die Porträtdarstellungen einzuteilen sind in jene, die vor und jene, die nach der Einführung der Reformation gefertigt wurden — wobei selbstredend das Stichjahr 1517 nicht als harter Schnitt angenommen werden könnte. Doch ist der Thesenanschlag sowieso nicht die maßgebliche Zäsur bei den Darstellungen Friedrichs III. von Sachsen in der bildenden Kunst. Diese ist mit seinem Tod (5. Mai 1525) eingetreten, als seine Nachfolger (Johann der Beständige und Johann Friedrich I. der Großmütige) das Andenken des Bruders bzw. Onkels über zwei Generationen hinweg zu ›vermarkten‹ begannen; die damals entstandene Druckgraphik und die Gemälde kann man immer noch als ›zeitgenössisch‹ ansehen. Sie sind alle inhaltlich aufgeladen, und sie sind es, die sich in das kulturelle Gedächtnis über die Jahrhunderte eingeschrieben haben.

Die nach 1525 entstandenen Cranach'schen Porträts begründen den Haupttitel meiner Abhandlung «Marketing Frederick».[2] Entlehnt ist er dem Werk von Larry Silver »Marketing Maximilian«:[3] In seinem 2008 erschienenen Buch geht der amerikanische Kunsthistoriker der Frage nach, welche Visualisierungsstrategien Kaiser Maximilian I. bei seinen berühmten Großprojekten wie dem Triumphzug und der Ehrenpforte, dem Teuerdank und Weißkunig, dem Grabmalprojekt oder dem Freydal verfolgte. Da Friedrich im engen persönlichen Kontakt mit dem Kaiser stand, werden ihm diese (nicht wirklich treffend) mit »Kunstunternehmungen«[4] bezeichneten Projekte nicht entgangen sein, zumal er selbst bei den Turnierdarstellungen Teil der Propagandaschriften Kaiser Maximilians geworden ist.[5] Sie alle verkünden in wechselndem Gewand die edle Abkunft, die herausragenden Fähigkeiten, die Pietät und den Waffenruhm ihres kaiserlichen Urhebers in Text und Bild.[6]

Larry Silver oder Thomas Schauerte betrachten die Maximilian'sche Kunst unter anderer Perspektive als das 19. und frühe 20. Jahrhundert,[7] denn bei der jüngeren Forschung ist eine Verlagerung des Interesses weg vom Künstler hin zum Auftraggeber zu beobachten. Hat eine Kunstwissenschaft, die sich als Künstlergeschichte verstand, die Frage nach der Rolle des Künstlers bei der Bildlösung zugunsten des Künstlers entschieden, wird nunmehr ein Richtungswechsel vollzogen und nach den Intentionen des Auftraggebers gefragt. Welche Bildstrategien verfolgte dieser? In der jüngeren Forschung spricht man da gerne von «Imagebildung».[8] Eine solche ist beim Kaiser, aber eben auch bei unserem Kurfürsten zu beobachten. Für Friedrichs Darstellungen ist selbstredend seine Kurfürstenzeit von 1486 bis zu seinem Tod 1525 wichtig. Ämterübernahmen oder Rangerhöhungen bildeten sich dabei oftmals in der bildenden Kunst ab. So wird er 1494 Königlicher Rat oder 1507 Generalstatthalter des Reiches; mit dem letzteren Amt war das Privileg verbunden, Gold- und Silbermünzen schlagen lassen zu können.[9]

Nach dem Stand der Forschung ist chronologisch gesehen mit dem sogenannten Jugendporträt in Frankfurt am Main (Städel) zu beginnen.[10] Es soll von einem Nürnberger Meister stammen und wird um 1490 datiert. Friedrich ist als 23-Jähriger dargestellt. Kurz zuvor (1489) war sein Bruder Ernst Erzbischof von Magdeburg geworden. Ob der Zahlungsbeleg »ii gulden dem Maler von Nüremberg zu Zwickau als er m. g. h. deselbst abcontrawet Freitag nach Kiliani«,[11] also am 10. Juli 1489, auf dieses Porträt bezogen werden kann, muss offen bleiben. Friedrichs jugendliches Aussehen täuscht über die Tatsache hinweg, dass wir es hier mit einem politischen Schwergewicht zu tun haben, der dies nicht nur mit diesem 51,5 × 38,3 cm messenden Einzelporträt zum Ausdruck bringt, sondern unter anderem auch mit Bauprojekten, wie beispielsweise ab den 1490er Jahren mit dem Um- und Neubau des Wittenberger Schlosses samt seinem kostbar ausgestatteten Allerheiligenstift.[12]

Dieses und das nachfolgende Gemälde Dürers sind vielleicht die einzigen Darstellungen, die physiognomische Besonderheiten Friedrichs – z. B. dass sein rechtes Auge größer ist und beide stark hervortreten – zum Ausdruck bringen; die zahlreichen weiteren Darstellungen Friedrichs in der bildenden Kunst negieren dies. Diese Beobachtung ist beredter Ausdruck dafür, dass das Porträt nicht den Dargestellten spiegelt, sondern eine «Konstruktion« seiner Persönlichkeit ist. Es sind «Entwürfe« des Selbst, die in unserem Fall vom Auftraggeber, also Friedrich dem Weisen, gesteuert wurden. Zu Enttäuschungen kam es, wenn die Kontrolle über das eigene Bild nicht oder nur bedingt erfolgen konnte.[13] Einen der berühmten Fälle diskutierte anhand von Dürers Kupferstich des Erasmus von Rotterdam auch Luthers Tischrunde. Denn auch in Wittenberg war die Kritik des Dargestellten an seiner mangelnden Porträtähnlichkeit angekommen; sie machte in Gelehrtenkreisen Furore. Nachdem man in Wittenberg Luther das *Erasmi Conterfait* gezeigt hatte, äußerte sich der Reformator über dieses Porträt ablehnend. In dem weiteren Verlauf des Tischgespräches kommt man dann auf den Baseler Humanisten selbst: »Und man sagt, da Erasmus sein eigen Conterfeitbild gesehen hatte, soll er gesagt haben: ›Sehe ich also, so bin ich der größeste Bube!‹«. Die Tischrunde in Luthers Haus schließt diese Episode mit der allgemeinen Bemerkung: »Also gefällt niemand sein eigen Gestalt wol.«[14]

Der eigene Abgleich mit dem jeweiligen Kunstwerk und seinem Spiegelbild muss bei Friedrich wohl hinsichtlich der Porträts aus Dürers – wie später aus Cranachs – Hand stets zur Zufriedenheit ausgefallen sein, denn er beauftragte ihn im Laufe der Zeit immer wieder.

Der Reigen beginnt sehr prominent mit dem Berliner Friedrich-Porträt von 1496, das den jungen Kurfürsten als 33-/34-Jährigen zeigt.[15] Das Porträt (76 × 57 cm) steht in Zusammenhang mit dem Aufenthalt Friedrichs und seines Bruders Johann vom 14. bis 18. April 1496 in Nürnberg. Die Reichsstadt, die Friedrich als Zwischenstopp auf seinen Reisen besuchte oder in der er anlässlich von Reichstagen oder Heiltumsweisungen weilte, trägt vieles zu unserem Thema bei. Friedrich hielt sich zum Teil monatelang in Nürnberg auf und ging dort – modern ausgedrückt – ›shoppen‹.[16] Die Auswirkungen derartiger Itinerarorte auf Kunst, Architektur und Kunsthandwerk sind noch zu wenig untersucht.[17] Sie bilden meiner Meinung nach im fürstlichen Kontext einen Keilriemen für den mittelalterlichen

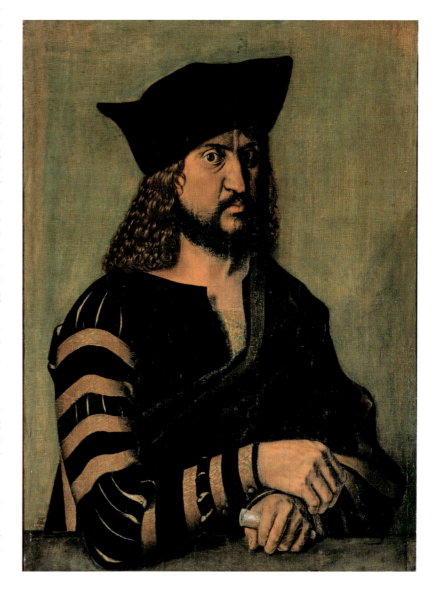

Abb. 1
Albrecht Dürer, Kurfürst Friedrich III., der Weise, von Sachsen, 1496, Öl auf Leinwand, 77,3 × 58,1 cm. Staatliche Museen zu Berlin, Gemäldegalerie, Inv. Nr. 557C

Abb. 2
Lucas Cranach d. Ä.,
Fürstenaltar, um 1510,
Öl auf Holz, im Rahmen
116,5 x 51,3 x 5 cm.
Anhaltische Gemälde-
Galerie, Dessau, Inv. Nr. 7c

und frühneuzeitlichen Kunsttransfer, unterstützen das Aufkommen von »Modeerscheinungen«[18] und bestimmen das Verhältnis und den Austausch zwischen Zentrum und Peripherie mit.[19]

Wie ein roter Faden ziehen sich die Namen Nürnberger Künstler und Kunsthandwerker durch Korrespondenz[20] und Ausgabebücher[21] Friedrichs. In der deutschen Renaissance steht Nürnberg für künstlerische und technische Spitzenleistungen. Friedrichs Kunstunternehmungen profitierten im hohem Maße von diesem Kunstzentrum.

Einen Überblick bietet die (nicht gedruckte) kunsthistorische Dissertation (1993) von Eva Bambach-Horst, die verdienstvollerweise die Mühen des Zusammentragens der Darstellungen Friedrichs in der bildenden Kunst (siehe Anlage) auf sich genommen hat, auch wenn einige Datierungen wie historische und kunsthistorische Überlegungen überholt sind.[22]

Spätestens ab 1507 wirkte auf die Nürnberger Künstler die Cranach'sche Porträtformel, denn Friedrich hatte an-

lässlich seiner Ernennung zum Generalstatthalter des Reiches in der Nürnberger Dominikanerkirche eine Stiftung veranlasst, in deren Zusammenhang er lebensgroß am Betpult mit dem Rosenkranz in den Händen in Andachtshaltung zu sehen war (111 × 88 cm; Germanisches Nationalmuseum, Nürnberg).[23] Dass es sich dabei nicht ausschließlich um eine religiöse Stiftung handelte, bezeugt die prominent hervorgehobene Inschrift des Bildes mit Nennung der im selben Jahr erworbenen Titel als Reichs-erzmarschall und Generalstatthalter, der seinen Residenzort in Nürnberg hatte.

1505 war Cranach Wittenberger Hofmaler geworden und diente dem Ernestiner fast ein halbes Jahrhundert in dieser Funktion. Seine große Leistung wird es in Bezug auf unser Thema sein, dass er, von den ersten tastenden Versuchen abgesehen, bald einen verbindlichen Bildnistypus entwickelte, der eine Kopenhagener Kunsthistorikerin zur Feststellung veranlasste: »Friedrich der Weise ist auf Cranachs Bildern leicht wiederzuerkennen. Er sieht eigentlich immer gleich aus.«[24]

Mit dem Nürnberger Porträt hatte Cranach einen Wandel eingeleitet, sowohl einen habituellen wie einen modischen: »Das Haupthaar fällt nicht mehr frei auf die Schultern herab, sondern ist unter einer flachen Kappe respektive einem Haarnetz dem Oval des Kopfes wie ›angegossen‹, der Kinnbart wird – nach Entfernung des Oberlippenbartes – zu einem Kranz, zunehmend mittig geteilt, wird er schließlich zum beidseitig sprießenden Backenbart. Mit der fortan unentbehrlichen Pelzschaube geht dieser Bart eine immer ›haariger‹ werdende Verbindung ein.«[25]

Cranach stand gleich zu Beginn seiner Bestallung vor der Herausforderung, in relativ kurzer Zeit verschiedene Altartafeln zu malen, auf denen das gemeinsam regierende Bruderpaar Friedrich und Johann dargestellt werden sollte (mit den heutigen Aufenthaltsorten): Katharinenaltar, 1506 (Dresden); Annenaltar, 1509 (Frankfurt am Main); Fürstenaltar, 1510 / 1512 (Dessau); linker Flügel eines verlorenen Altares, 1510–1512 (Kopenhagen); Hauptaltar in St. Johannes, 1511–1513 (Neustadt an der Orla); zwei untere Teile von Altarflügeln, um 1515 (Coburg); Altar der Marienkirche, 1518 (Zwickau). Vermutlich ist die Tafel »Friedrich in Verehrung der apokalyptischen Muttergottes«, um 1516 (Karlsruhe) hier einzureihen.

Die gemeinsame visuelle Präsenz im Land hält ungefähr bis zur Mutschierung (1513) im ernestinischen Sachsen an.[26] In der deutschen Renaissancekunst erschien quasi aus dem Nichts dieses neue Motiv der inszenierten Bruderliebe;[27] vom wettinischen Hof aus wandert es als Ideal einer gemeinsamen Regierung an zahlreiche Höfe, die sich die wettinische Bruderliebe zum Vorbild nahmen. Wobei anderenorts wie auch in Sachsen die historische Realität nicht mit der im Bild vermittelten Ansicht übereinstimmen musste: Auch bei diesem Aspekt wird deutlich, wie sehr hier die visuelle Präsenz formal wie inhaltlich vom politischen Willen Friedrichs bestimmt wurde. Sicherlich geht auch auf ihn zurück, dass man nicht nur gemeinsam auf Altarretabeln präsent war oder mittels Druckgraphik unters Volk kam, sondern auch mittels des Münzwesens in jedermanns Händen war. Vor 1500 bringt man den so genannten »Klappmützentaler« in Umlauf,[28] der zum ersten Mal das Experiment mit diesem im Wortsinn greifbaren, aber doch ungewöhnlichen Medium für derartige Intentionen setzt. Begünstigt wurde die Wahl auch dadurch, dass es zuvor 1490 zu einer währungstechnischen Umgestaltung des sächsischen Münzwesens kam und ab 1491 Friedrichs Bildnis, hier durch die Ausprägung des Zwickauer Zinsgroschens, in Umlauf gebracht wurde.[29]

Kurfürst Friedrich und Herzog Johann sind auf dem Dresdner Altar (künstlerisch ambitioniert, aber noch recht unbeholfen) zusammen dargestellt; der Altar ist vermutlich in Coburg gemalt worden. Die Darstellung der Veste bildet den Landschaftshintergrund. Cranach d. Ä. war im Gefolge eines halbjährigen Jagdlagers der beiden Brüder ab August 1506 mit nach Coburg gezogen. Im Unterschied zu vielen Bediensteten, die in der Stadt einquartiert wurden, bekam Cranach auf der Veste eine Malstube zugewiesen.[30] Hier entstanden neben dem Dresdner Altar auch zahlreiche

Abb. 3
Lucas Cranach d. Ä.,
Fürstliches Paar zu Pferde,
1506, Holzschnitt,
17,8 × 12,4 cm. Staatliche
Kunstsammlungen
Dresden, Kupferstich-
kabinett, Inv. Nr. A 6617

Holzschnitte, die Friedrich (mit Johann oder Familienangehörigen) zeigen. Der sechsmonatige Coburger Aufenthalt kann hinsichtlich der frühen Cranach'schen Porträtdarstellungen Friedrichs als ausgesprochen produktiv angesehen werden: Hier entstanden »Die Marter des hl. Erasmus« (22,4 × 15,8 cm), »Sächsischer Prinz zu Pferd« (18,2 × 12,2 cm), »Ritter zu Pferd« (17,4 × 11,8 cm), »Ritter auf der Eberjagd« (18 × 12,4 cm), »Hirschjagd (37,9 × 51,3 cm) und »Turnier mit Lanzen« (26 × 37,8 cm). Die Blätter haben alle eine sehr beachtliche Größe und artikulieren auch damit das fürstliche Anspruchsniveau. Sowohl die Druckgraphik als auch die Münzen und Medaillen setzen auf eine andere Form der Öffentlichkeit; nicht mehr dem singulären sondern dem reproduzierten Kunstwerk wird nun der Vorzug gegeben. Cranach wird mit der Variante, auch das Porträtgemälde massenhaft zu vervielfältigen, ein Paradox schaffen.

Folgt man einer jüngst von Iris Ritschel vorgetragenen Interpretation, dann ist das Blatt »Adliges Paar zu Pferd« (17,2 × 12,3 cm) wohl der intimste Ausdruck dieses offensichtlich gut verbrachten Coburger Aufenthaltes, denn das reitende Paar wird mit Friedrich und seiner Mätresse gleichgesetzt.[31] Eingekleidet ist es in die mittelalterliche Tradition der »Jagd-Liebe-Treue-Ikonographie«.[32] Wenige Jahre später (um 1510) lässt sich der Kurfürst erneut in (derselben?) weiblichen Begleitung darstellen, nämlich in der Druckgraphik, welche die sogenannte Leiter des Bonaventura zum religiösen Thema hat.[33] Auch wenn die vorgeschlagenen Kontexte plausibel klingen, zweifelsfrei kann die Identifizierung nicht mehr gelingen. Dies ist bei den Darstellungen Friedrichs mit seiner Mätresse auf den Wiener Kapselbildern (Durchmesser ca. 22 cm) anders gelagert. Dass es sich hier um Friedrichs ›Lebensgefährtin‹ handelt, ist diesmal durch eine Inschrift gesichert. Bei der qualitätvollen Dose des Kunsthistorischen Museums von 1525 bleibt der Künstler unbekannt, auch wenn immer wieder der Name des Augsburgers Hans Daucher fällt.[34]

Wie bei Maximilian ist auch bei Friedrichs Kunstaufträgen – hier vor allem bei den Porträtaufträgen – auffallend, dass er auf inhaltliche und technische Innovation und Qualität setzt. Nahezu alle Gattungen werden ›durchgespielt‹ und in jeder werden Spitzenergebnisse hervorgebracht. So mit der 62,6 cm hohen und signierten Bronzeporträtbüste (Dresden) des Adriano Florentino von 1498 – eine der frühesten selbstständigen Büsten nördlich der Alpen und vielleicht am Kaiserhof entstanden,[35] ebenso mit dem brüderlichen Doppelporträt im Wittenberger Heiltumsbuch[36] – der Kurfürst erneut mit dem Rosenkranz in den Händen – den Cranach'schen Rundbildnissen,[37] den Miniaturporträts in den liturgischen Handschriften und

Gebetbüchern des Allerheiligenstifts[38] sowie den großen (Höhe 150 cm) und freistehenden, knienden Alabasterfiguren Friedrichs und Johanns (1519 / 20) in derselben Kirche.[39] Auf Friedrichs Testament von 1517 geht der Wunsch nach einem Bronzeepitaph für die Wittenberger Schosskirche zurück, welches 1527 nach einer Visierung von Cranach mit den mehr als beachtlichen Maßen von ca. 400 × 212 cm von der Nürnberger Vischer-Werkstatt realisiert wurde.[40] Dies alles kann man ohne Zweifel zu den Glanzstücken der europäischen Renaissancekunst zählen. Selbstredend sind sie in der Kunstgeschichte immer präsent gewesen, haben aber erst in den letzten Jahren jene Aufmerksamkeit erhalten, die sie verdient haben.

Dies ist vermutlich wissenschaftsgeschichtlich zu erklären. Denn unsere Vorstellung von Friedrich dem Weisen in der bildenden Kunst ist mehr durch Rezeptions- als durch Zeitgeschichte geprägt. Eng verknüpft mit der preußischen und nationalen Geschichtsschreibung wurde die Rolle Friedrichs als ›Beschützer Luthers‹ in den Vordergrund gerückt, mit der Gefahr, dessen ganzes Leben auf wenige Jahre zu verkürzen. Die vorreformatorische Zeit Friedrichs wurde nur selten untersucht; ein halbes Jahrhundert seines Lebens fiel – überspitzt formuliert – unter den (nicht nur kunsthistorischen) Tisch. Heute werden die Jahre nach 1517 und damit Friedrichs Verhältnis zu Martin Luther ausgewogener betrachtet, als es der ›bekennenden‹ Wissenschaft des 19. und 20. Jahrhunderts möglich war.

Vor der Folie aller genannten Kunstwerke mit Friedrich (und seinem Bruder) als Hauptdarsteller wird erst die konzeptionelle und künstlerische Leistung deutlich, die mit den Porträtdarstellungen ab Mai 1525 verbunden werden kann. Jeder der zuvor genannten Künstler schuf ›seinen‹ Friedrich, Lucas Cranach schuf einen allgemein Verbindlichen.

Es ist hier nicht der Ort, Cranachs allmähliche Annäherung an seine Porträtformel nachzuvollziehen. Am Ende steht, dass sein Porträttyp auf eine serielle Verbreitung hin konzipiert war. Dies ist mit Blick auf die Cranach'schen Bildnisse Martin Luthers nicht allein Friedrich vorbehalten gewesen, aber bei den Kurfürstenbildern macht Friedrich III. von Sachsen den Anfang. Der religiöse Kontext des gläubigen (mit Rosenkranz), heiligen- und heiltumsverliebten Katholiken hatte sich in den ersten Jahren der Reformation zum Bild des weltlichen, weisen, gütigen Landesvaters gewandelt, der ohne jedes Rang- und Standeszeichen (bis auf die Pelzschaube) für jedermann als die Autorität erkennbar war.[41] Mit Friedrich prägt Cranach 1522 diese Bildformel (ehem. Gotha, Kriegsverlust), in die auch Johann

der Beständige und später auch Johann Friedrich der Groß-mütige gekleidet werden.

Diese Porträtformel ist so bild- und damit wirkmäch-tig, dass kein Geringerer als Tizian den Typus bei seinem Porträt Johann Friedrichs um 1550 in Augsburg aufgriff. Karl V. hatte Tizian von Venedig nach Augsburg kommen lassen. Der erste Aufenthalt währte etwa acht Monate, von Anfang Januar bis Mitte September 1548; der zweite dauerte von November 1550 bis zum Frühjahr oder Som-mer 1551. Der Kaiser kaufte vom Künstler zahlreiche mit-gebrachte Gemälde und gab vor allem Porträts in Auf-trag.[42] Da wollte wohl der seiner Kurwürde beraubte Johann Friedrich nicht abseits stehen: »Das in Wien be-findliche Bildnis besticht durch die typische tizianische Großartigkeit, mit der kein zweiter Maler mithalten konnte, unterwirft sich gleichwohl dem sächsischen Herrscher-Typus, der in Jahrzehnten von Cranach ent-wickelt worden war.«[43]

Der Cranach'sche Typus des Friedrich-Bildes war durch ungezählte Wiederholungen zu einer Ikone der Reforma-tion geworden. Für die Verbreitung dieser »massige(n) Mannespyramide – visueller Inbegriff politischer, morali-scher, religiöser Stabilität«[44] waren vermutlich zwei Fak-toren ausschlaggebend: Zum einen war die Bildanlage von Anfang an auf eine (manuelle) Reproduktion und damit große Verbreitung angelegt gewesen,[45] zum anderen war der Typus von Anfang an mit einem Begleittext versehen, der für die späteren Generationen die Treue Friedrich des Weisen zum Reich, aber auch zum wahren (lutherischen) Glauben zum Ausdruck brachte.

Zwei sehr unterschiedliche Künstler haben in wechsel-seitiger Beeinflussung jenen die Zeit überdauernden Porträttyp geschaffen, der die meiste Verbreitung fand: Albrecht Dürer griff noch zu Lebzeiten Friedrichs für seinen 1524 geschaffenen Kupferstich (18,1 × 12,8 cm) das von Cra-nach geschaffene Altersimage Friedrichs auf. Eine vorbe-reitende Silberstiftzeichnung Dürers nach dem Leben entstand während des Nürnberger Reichstages von No-vember 1522 bis Februar 1523. Die Lebensnähe der Vorzeich-nung wird im Stich reduziert und der Cranach'schen For-mel angepasst. Ein Drittel der Druckgraphik füllt zudem die achtzeilige lateinische Inschrift, die die große Fröm-migkeit *magna pietas* Friedrichs preist, der nur wenige Monate nach Erhalt der Drucke am 5. Mai 1525 in Lochau starb: »Christus geweiht. Er liebte das Wort Gottes in gro-ßer Frömmigkeit, würdig, verehrt zu werden in aller Zu-kunft.«[46] Cranach variierte in seiner Formensprache um 1525 das Blatt in einem großformatigen Holzschnitt (27,5 × 22 cm), welcher ebenfalls unten eine lateinische Inschriftentafel erhielt. Ohne diese Beschriftung schuf er ein Pendant mit Johann dem Beständigen, seinem neuen Dienstherrn. Auch wenn die Wurzeln weiter zurückreichen, mit diesen Fassungen war der Typus vorgegeben, der nun in unterschiedlichen Gattungen Verbreitung fand. Dies diente auch einem politisch-dynastischen Zweck, war das ernestinische Haus wegen der Haltung zur Luthersache zunehmend unter Druck geraten und die Belehnung Johanns mit dem Kuramt durch Karl V. wurde hinausge-zögert.

Bevor wir uns der Quelle zuwenden, die die serielle Anfertigung der Kurfürstenbilder belegt, muss noch Luther zu Wort kommen, dem jener Text verdankt wird, der fortan – in Variationen – Friedrichs postume Porträts be-gleiten sollte. Der Reformator verfasste für ein für die Stammstube des Wittenberger Schlosses bestimmtes Bild-nis Friedrichs am 9. Juli 1525 in der Grünen Stube des Jagd-schlosses Lochau jene Zeilen, die vielen Cranach'schen Gemälden unten angeklebt wurden:

Abb. 4
Albrecht Dürer,
Friedrich der Weise, 1524,
Kupferstich, 19 × 12 cm,
Staatliche Kunstsammlun-gen Dresden, Kupferstich-Kabinett, Inv. Nr. 1978-20

Im Laufe der Jahrhunderte reduzierten manche Sammler das Gemälde auf das Bild und ließen den unteren Textteil absägen – der erhobene politische, religiöse Fingerzeig störte wohl die ästhetische Wirkung oder der Besitzer wollte den Fürsten, nicht aber dessen religiöse Überzeugung vor Augen haben.

Glückliche Umstände haben die Quelle erhalten, die über die serielle Produktion der Porträtgemälde Auskunft gibt. Am 10. Mai 1533 wird vermerkt: »109 gulden 14 gr. Lucas mahlern Inhalt seiner quitantz 60 par teffelein daruff gemalt sein die bede churfursten selige und lobliche gedechtnus.«[48] Kurfürst Johann Friedrich hatte also 60 Mal das Porträt von Friedrich und 60 Mal das von Johann (in gleicher Größe) auf Holz durch die Cranach-Werkstatt malen lassen, zusammen wurden 120 Gemälde ausgeliefert. Alle sind als Cranach'sche Originale anzusehen: eine bemerkenswerte manuelle Massenproduktion, die nur zu bewerkstelligen war, da Cranach zuvor einen Porträttypus für seine Kurfürsten geschaffen hatte, dessen Eingängigkeit einherging mit seiner Reproduzierbarkeit. Nur in Details und Farbigkeit weichen die Gemälde voneinander etwas ab, deren Gesamtanlage einheitlich gebildet ist. Die erhaltenen Exemplare sind entweder vollständig als Bild-Text-Porträt oder nur als Bild erhalten.

Mit der »Hirschjagd des Kurfürsten Friedrich« von 1529 (Wien) erfolgt eine weitere postume Verehrung: Friedrich wird hier in einen höfischen Kontext gestellt; sowohl der Gastgeber als auch der Gast Kaiser Maximilian I. waren nicht mehr am Leben. Herzog Johann der Beständige hat das Jagdgemälde in Auftrag gegeben und es variiert das Thema der Kaisertreue der Ernestiner nach dem Ableben Friedrichs.[49]

Beim Regierungswechsel von Johann dem Beständigen († 16. 8. 1532) hin zu Johann Friedrich verstärkte auch diesmal das Ausbleiben (bis 1535) der kaiserlichen Belehnung mit der Kurwürde die Kampagne. Nachdem im Frühjahr 1533 die 60 Bildpaare gemalt waren, legte man mit der Druckgraphik nach. Und, Johann Friedrich – um dessen Belehnung es in diesem Zeitabschnitt ging – rückte sich selbst in den Vordergrund: Alle drei Kurfürsten werden nun auf einem Triptychon dargestellt, also auf einem religiös konnotierten Bildformat, welches über Jahrhunderte bei Altären Anwendung fand. Das Schema bleibt das gleiche, gedruckte Texte kommen auch hierbei zum Einsatz. Das prominenteste Beispiel ist im Besitz der Hamburger Kunsthalle. Es gibt mehrere Varianten dieser sakralisierenden Erhöhung im Triptychon, wobei die Nürnberger Fassung (im Germanischen Nationalmuseum) insofern noch einen Schritt weiter geht, da hier – wie Dieter Koepplin heraus-

»Fridrich bin ich billich genant
Schonen fride erhielt ich im landt
Durch gros vernunfft, gedült und gluck
Wider machen ertzbosen Duck.
Das land ziret ich mit bauwerck
Und stifft dy schul zu Wittemberck.
Da selbest aus kam gottes wort,
Das gros ding thet an manchem ort.
Das bebstlich reich sturtzt es nider
Und bracht rechten glauben wider.
Keiser karl ich treulich welt
Von den mich nit want gunst nach gelt.
Zum keiser ward erkorn ich,
Des mein alter beschweret sich.«[47]

Alle postumen (gemalten und gedruckten) Porträts setzen auf die Text-Bild-Synthese; Friedrichs Abbild begleitete so immer die Feststellung seiner Treue zu Reich und Kaiser sowie zum wahren Glauben. Bei den Gemälden wurde der Text getrennt gedruckt und unten auf die Porträts geklebt.

fand – auf dem heute beschnittenen Mittelbild mit Friedrich dem Weisen dieser ursprünglich die Kaiserkrone in der Hand hielt.[50] Der im Text nachzulesenden Treue zu Reich und Kaiser sowie zum wahren (lutherischen) Glauben war nun der Verzicht auf die Annahme der Krone während der Frankfurter Kaiserwahl zur Seite gestellt. Adressat dieser Botschaft war Karl V. Unser Friedrich ist in die Bildmitte der »konfessionsträchtigen Altäre«[51] gerückt und hält – wie zahlreiche Kopien und Varianten zeigen – die Krone in seiner Rechten.

Die Verdreifachung der uns durch die Cranach'sche Friedrich-Darstellung vertrauten »pyramidalen Formel für Festigkeit, Weisheit und Dauer, verkörpert im ›geballten Aufmarsch‹ der drei Ernestiner, war zum ›Altar‹ der Wiederherstellung des ›rechten Glaubens‹ unter der sächsischen Schutzmacht geworden«.[52] Was in den 1530er Jahren beim Ausbleiben der Belehnung noch als Vorwärtsverteidigung gedeutet werden kann, wird spätestens beim Verlust der Kurwürde infolge der Schlacht bei Mühlberg 1547 zur Makulatur. Die historischen Zeitläufe hatten das Blatt gewendet, die Ernestiner hatten mit der Auflösung des Schmalkaldischen Bundes an politischer Macht deutlich eingebüßt und sich zusammen mit allen unterlegenen protestantischen Fürsten und Städten dem Diktat des Augsburger Interims beugen müssen.

Anstelle politischer Macht kommt es bei den Ernestinern (quasi kompensatorisch) zur Ausbildung einer konfessionellen Identität[53] und in diesem Zusammenhang sind die von Lucas Cranach d. Ä. und seiner Wittenberger Werkstatt ab 1525 entwickelten medialen Bildstrategien nicht hoch genug einzuschätzen. Die Reformation hatte das Bildverständnis und den Einsatz des Bildes verändert und Cranach war Urheber und Profiteur. Am Anfang steht seine leistungsstarke Werkstatt, die bei altkirchlichen Großprojekten für Halle / Saale (1519 / 20 bis 1523 / 1525) mit einem Umfang von 142 Gemälden und für Berlin (1537 / 38) mit 117 Gemälden eine Professionalität bei derartigen Herausforderungen entwickelt hatte, wie sie (nicht nur) im mitteldeutschen Raum bei anderen Künstlern kaum zu finden ist. Erst Cranachs künstlerisches Talent konnte den wachsenden Bildhunger befriedigen und versetzte seine Auftraggeber in die Lage, an derartige Medienstrategien zu denken – wie 120 Gemälde mit dem Bildnis von Friedrich bzw. Johann malen zu lassen: oder beispielsweise mit den ab dem Jahr 1525 en masse produzierten Bildnispaaren Luthers und Katharina von Boras, um damit dem Vorwurf einer skandalösen Ehe von Mönch und Nonne den Stachel zu nehmen.

Es gibt wenige historische Konstellationen, die wie in Wittenberg Innovation und Kunst zu einer über Jahrhunderte bewunderten Symbiose zusammengefügt haben. Hier kann der Maler Lucas Cranach d. Ä. einen gewichtigen Anteil an der Absicherung und Verbreitung der neuen Lehre für sich beanspruchen – auch und gerade mit seinem Bildnis Friedrichs des Weisen.

Anhang
Aufstellung der bei Eva Bambach-Horst (1993) auf den Seiten 168 bis 174 genannten Porträts Friedrich des Weisen:[54]

- **1486** Fränkischer Meister, Schutzmantelmadonna; Tempera auf Holz: 163 × 94 cm; ehem. Sammlung in Schloss Grafenegg bei Krems (Niederösterreich)
- **um 1486** Fränkischer Meister, Jugendbildnis Friedrichs des Weisen; Tempera auf Holz: 51,5 × 38,3 cm; Städelsches Kunstinstitut Frankfurt
- **1492 / 93** Bartgroschen, Sachsen, Silber, geprägt
- **1492** Michel Wolgemut und Wilhelm Pleydenwurff, Holzschnitt zu Schedels Weltchronik (Blatt CLXXXIIII)
- **1496** Albrecht Dürer, Porträt Friedrichs des Weisen; Tempera auf Leinwand: 76 × 57 cm; Staatliche Museen Preußischer Kulturbesitz Berlin
- **1498** Adriano Fiorentino, Büste Friedrichs des Weisen; messinggelbe Bronze: 62,7 × 50 cm; Staatliche Kunstsammlungen Dresden
- **1500** Klappmützentaler, Sachsen, Silber, geprägt
- **1501** Albrecht Dürer, Celtis überreicht Friedrich dem Weisen sein Werk; Holzschnitt: 21,8 × 14,6 cm
- **1506** Lucas Cranach d. Ä., Flügelaltar mit der Hinrichtung der hl. Katharina, Mitteltafel; Lindenholz: 126 × 138 cm; Staatliche Kunstsammlungen Dresden
- **1506** Lucas Cranach d. Ä., Die Marter des hl. Erasmus, Holzschnitt: 22,4 × 15,8 cm
- **1506** Lucas Cranach d. Ä., Adliges Paar zu Pferd; Holzschnitt: 17,2 × 12,3 cm
- **1506** Lucas Cranach d. Ä., Ritter auf der Eberjagd; Holzschnitt: 18 × 12,4 cm
- **1506** Lucas Cranach d. Ä., Hirschjagd; Holzschnitt: 37,9 × 51,3 cm
- **1506** Lucas Cranach d. Ä., Turnier mit Lanzen; Holzschnitt: 26 × 37,8 cm
- **1507** Lucas Cranach d. Ä., Kurfürst Friedrich im Gebet mit Rosenkranz; Lindenholz: 111 × 88 cm; Germanisches Nationalmuseum Nürnberg
- Kopie nach Lucas Cranach d. Ä., Kurfürst Friedrich im Gebet mit Rosenkranz; Tannenholz: 61 × 43,5 cm; Privatbesitz
- **ab 1507** Hans Kraft, Statthaltermedaille mit dem Bildnis Friedrichs des Weisen, Silber, Guss überprägt: 4,9 cm
- Hans Kraft, Statthaltermedaille mit dem Bildnis Johanns des Beständigen auf der Rückseite; Vorderseite: Friedrich der Weise, Silber, Guss: 4,0 cm
- **1507** Gussmedaille: Friedrich der Weise als Statthalter mit halblangem Haar und Klappmütze; Blei: 3,8 cm
- **1507** Hans Krug, Bildnismünze Friedrichs des Weisen, Silber
- **1507** Paul Möller, Bildnis Friedrichs des Weisen, untere Silberschleife des Festepistolars Friedrichs des Weisen (Ms. El.f.2); 28 × 24 mm; Universitätsbibliothek Jena
- **1507** Paul Möller, Bildnis Friedrichs des Weisen, obere Silberschleife des Festepistolars Friedrichs des Weisen (Ms. El.f.2); 28 × 24 mm; Universitätsbibliothek Jena
- **1507** Jakob Elsner, Wurzel Jesse mit Bildnisminiatur Friedrichs des Weisen; Festevangelistar Friedrichs des Weisen (Ms. El.f.1), Bl. 20ʳ; Universitätsbibliothek Jena
- **um 1508 / 09** Lucas Cranach d. Ä., Der hl. Bartholomäus erscheint Friedrich dem Weisen; Kupferstich: 18,7 × 16,5 cm
- **1509** Lucas Cranach d. Ä., Turnier mit Lanzen und Schwertern; Holzschnitt: 29,5 × 41,9 cm
- **1509** Lucas Cranach d. Ä., Sippenaltar; Holz: 120 × 99 cm und je 120 × 43,5 cm; Städelsches Kunstinstitut Frankfurt

- **1509** Lucas Cranach d. Ä., Kurfürst Friedrich der Weise; Kupferstich: 12,6 × 9 cm
- **um 1510** Lucas Cranach d. Ä., Die Himmelsleiter des Bonaventura; (1. Teil) Holzschnitt: 38,9 × 29,2 cm sowie Lucas Cranach d. Ä., Hölle; (2. Teil) Holzschnitt: 12,0 × 29,2 cm
- **um 1510** Lucas Cranach d. Ä., Marienaltar; Lindenholz: (Mittelbild) 106 × 92,5 cm und (Flügelbilder je) 106 × 42 cm; Staatliche Galerie Dessau
- **1510** Lucas Cranach d. Ä., Friedrich der Weise und Johann der Beständige (Wittenberger Heiltumsbuch); Kupferstich: 13,2 × 11,7 cm
- **1510** Wolf Traut, Titelseite des »Compendium breve de bone valitudinis cura« mit dem Bildnis Friedrichs des Weisen; Holzschnitt: 13,5 × 13,2 cm
- **1510** Wolf Traut (?), Rückseite des Titelblattes des »Speculum Phlebothomye« mit dem Bildnis Friedrichs des Weisen; Holzschnitt: 127 × 97 cm
- **um 1510** (?) Albrecht Dürer, Der hl. Bartholomäus mit Friedrich dem Weisen; Federzeichnung: 14,5 × 12,4 cm; National Gallery of Canada, Ottawa
- **1511** Wolf Traut, Friedrich der Weise mit Szenen der sieben Schmerzen Marias und der Geburt Christi sowie der Muttergottes; Holzschnitt: 41,4 × 52,6 cm
- **um 1510–12** Lucas Cranach d. Ä., ein linker Altarflügel mit Friedrich dem Weisen, der hl. Ursula und der hl. Genoveva; Holz: 101 × 36 cm; Statens Museum for Kunst Kopenhagen
- **1512** Cranach-Werkstatt, rechter Flügel mit der Enthauptung Johannes des Täufers des Johannes-Altares; Holz mit Rahmen: 112 × 282 cm; Johanniskirche in Neustadt an der Orla
- **nach 1512** Niederländischer Meister, Apokalyptische Madonna; Buchmalerei; Bl. 1ᵛ, Chorbuch Nr. 5, Universitätsbibliothek Jena
- **nach 1512** Niederländischer Meister, Friedrich der Weise mit der hl. Katharina; Buchmalerei; Bl. 2ʳ, Chorbuch Nr. 5, Universitätsbibliothek Jena
- **1512/16** Lucas Cranach d. Ä., Friedrich der Weise die Madonna anbetend; Holzschnitt: 36,9 × 23 cm
- **1513** Hans von Kulmbach (?), Das Schiff der hl. Ursula mit Friedrich dem Weisen; Holzschnitt: 35,6 × 42,6 cm
- **1515** Ehrenpforte Maximilians I.; Holzschnitt
- **um 1515** Lucas Cranach d. Ä., Friedrich der Weise in Verehrung der apokalyptischen Madonna; Lindenholz: 115 × 91 cm; Staatliche Kunsthalle Karlsruhe
- **um 1515** Lucas Cranach d. Ä., Kurfürst Friedrich der Weise; Rotbuchenholz: 55 × 35 cm; Bayerische Staatsgemäldesammlungen, Augsburg
- **um 1515** Lucas Cranach d. Ä., Unteres Fragment eines linken Altarflügels mit Friedrich dem Weisen; Holz: 64 × 48 cm; Kunstsammlungen Veste Coburg
- **um 1518** Cranach-Werkstatt, linker Flügel mit Friedrich und dem hl. Bartholomäus des Altares (mit Fußwaschung) der Katharinenkirche in Zwickau
- **nach 1518** Niederländischer Meister, Maria als Regina Coeli und Friedrich der Weise mit Schutzengel; Buchmalerei; Bl. 29ᵛ und 30ʳ, Chorbuch Nr. 3, Universitätsbibliothek Jena
- **1522** Guldengroschen, Silber, geprägt: 4,3 cm
- **1522** Ernst Wilhelm Tentzel, Nachzeichnung einer Medaille von 1522 mit Friedrich auf der Vorder- und Johann auf der Rückseite, 1705–14
- **1522** Lucas Cranach d. Ä., Friedrich der Weise; Buchenholz: 46 × 29 cm; ehemals im Schlossmuseum Gotha
- **1522/23** Albrecht Dürer, Friedrich der Weise; Silberstiftzeichnung: 17,7 × 13,8 cm
- **1524** Albrecht Dürer, Friedrich der Weise; Kupferstich: 18,8 × 12,2 cm
- **1525** Gedächtnismedaille Friedrichs des Weisen; Blei, gegossen
- **1525** Lucas Cranach d. Ä., Friedrich der Weise; Rotbuchenholz: 28,5 × 23,5 cm; ehemals Dessau, herzogl. Besitz
- **1525** Lucas Cranach d. Ä., Friedrich der Weise; Holzschnitt: 27,5 × 22 cm
- **1527** Peter Vischer d. J., Epitaph Friedrichs des Weisen; Bronze, Schlosskirche Wittenberg
- **1529** Lucas Cranach d. Ä., Hirschjagd; Pappelholz: 80 × 114 cm; Kunsthistorisches Museum Wien
- **1532 (?)** Unbekannter Meister; Statue Friedrichs des Weisen; Kalkstein: 150 × 50 × 82 cm; Schlosskirche Wittenberg
- **1535** Lucas Cranach d. Ä., Die drei Kurfürsten von Sachsen: Friedrich der Weise, Johann der Beständige und Johann Friedrich der Großmütige; Eichenholz: (Mittelbild) 67,5 × 67 cm und (Flügelbilder je) 68,7 × 32,3 cm; Kunsthalle Hamburg

- Unbekannter Meister, 16. Jh.; Jerusalem und die heiligen Stätten, Öltempera auf Fichtenholz: 68,8 × 80 cm; Schlossmuseum Gotha
- Unbekannter Meister, 16. Jh.?; Friedrich der Weise mit Kaiserkrone; Privatbesitz
- Unbekannter Meister, Friedrich der Weise; Eichenholz: 19 × 15 cm; Schlossmuseum Gotha
- Fränkischer / Sächsischer Meister, erstes Viertel 16. Jh.; Sippenaltar; Öltempera auf Holz: 35,5 × 36,5 cm; Wallraf-Richartz-Museum Köln

Anmerkungen

1. Hierzu Annemarie Menke-Schwinghammer, Weltgeschichte als »Nationalepos«. Wilhelm von Kaulbachs kulturhistorischer Zyklus im Treppenhaus des Neuen Museums in Berlin. Berlin 1994, S. 58–88.

2. Die Problematik, von einer frühmodernen ›Selbstvermarktung‹ auszugehen und diese noch mit heutigen Werbetermini zu umreißen, ist mir bei meinem Ansatz und der Wahl des Aufsatztitels bewusst; Johannes Schilling (Berlin) wies in der Diskussion in Torgau ebenfalls darauf hin. Siehe dazu auch die Rezension zu Larry Silver von Thomas Schauerte, in: sehepunkte 9 (2009), Nr. 7/8 [15. 07. 2009], online: http://www.sehepunkte.de/2009/07/14717.html (14. 12. 2013).

3. Larry Silver, Marketing Maximilian. The Visual Ideology of a Holy Roman Emperor. Princeton, Oxford 2008.

4. Bernd Stephan, Kulturpolitische Maßnahmen des Kurfürsten Friedrich III., des Weisen, von Sachsen, in: Lutherjahrbuch 49 (1982), S. 50–95.

5. Friedrich nimmt, u. a. während seiner Aufenthalte in den Niederlanden, häufiger sehr erfolgreich an Turnieren Kaiser Maximilians teil. Siehe Christian Gotthold Neudecker, Ludwig Preller, Friedrichs des Weisen Leben und Zeitgeschichte. Georg Spalatin's historischer Nachlaß und Briefe. Bd. 1: Das Leben und die Zeitgeschichte Friedrichs des Weisen. Jena 1851, S. 227; Freydal. Des Kaiser Maximilian I. Turniere und Mummereien. 2 Bde., hrsg. Von Quirin von Leitner. Wien 1880–1882, Fig. 135, 157, 204, 208 und die Listen L, N, Q, U. – Für Hinweise danke ich Thomas Lang (Leipzig).

6. Vgl. Schauerte, Larry Silver (wie Anm. 2).

7. Vgl. Thomas Schauerte, Die Ehrenpforte für Kaiser Maximilian I. – Dürer und Altdorfer im Dienst des Herrschers. München, Berlin 2001; Thomas Schauerte, Der Kaiser stirbt nicht. Transitorische Aspekte der maximilianeischen »Gedechtnus«, in: Kaiser Maximilian I. und die Kunst der Dürerzeit (Ausstellungskatalog), hrsg. von Eva Michel, mit Essays von Manfred Holleger. München u. a. 2012, S. 37–47.

8. Siehe z.B. Martin Warnke, Cranachs Luther. Entwürfe für ein Image. Frankfurt a.M. 1984. Allgemeiner: Bildnis und Image. Das Portrait zwischen Intention und Rezeption, hrsg. Von Andreas Köstler und Ernst Seidl. Köln u. a. 1998. Demgegenüber steht der Begriff »Similitudo«, vgl. Similitudo. Konzepte der Ähnlichkeit in Mittelalter und Früher Neuzeit, hrsg. von Martin Gaier u. a. München 2012.

9. Vgl. Paul Grotemeyer, Die Stadthaltermedaillen des Kurfürsten Friedrich des Weisen von Sachsen, in: Münchner Jahrbuch der bildenden Kunst 3. Folge, Bd. 21 (1970), S. 143–166; Paul Arnold, Kurfürst Friedrich der Weise von Sachsen als Förderer der Medaillenkunst, in: The Medal 17 (1990), S. 4–9.

10. Vgl. Bodo Brinkmann, Stephan Kemperdick. Deutsche Gemälde im Städel 1300–1500. Mainz 2002, S. 368–374 (von Stephan Kemperdick). Verglichen wird dieses mit dem gesicherten Porträt im Gemälde der »Schutzmantelmadonna« eines Nürnberger Meisters um 1490 (ehem. Schloss Grafenegg bei Krems), auf dem Friedrich kniend dargestellt ist.

11. Robert Bruck, Friedrich der Weise als Förderer der Kunst (Studien zur Deutschen Kunstgeschichte 43). Straßburg 1903, S. 279 und S. 289; vgl. Ingetraut Ludolphy, Friedrich der Weise. Kurfürst von Sachsen 1463–1525. Göttingen 1984, S. 13–26: »Die Bildnisse«, hier S. 14.

12. Siehe (bes. die Beiträge von Thomas Lang und Anke Neugebauer) Das ernestinische Wittenberg: Stadt und Bewohner (Wittenberg-Forschungen 2,1–2). 2 Bde. Petersberg 2013, sowie zum Kontext: Das ernestinische Wittenberg: Universität und Stadt (Wittenberg-Forschungen 1). Petersberg 2011.

13 Andreas Tacke, »Spieglein, Spieglein an der Wand …«. Enttäuschungen bei der Entdeckung des Menschen in der deutschen Porträtkunst um 1500, in: Dürer, Cranach, Holbein. Die Entdeckung des Menschen: Das deutsche Porträt um 1500. (Ausstellungskatalog), hrsg. von Sabine Haag u. a. München 2011, S. 309–313.

14 WA TR 6, Nr. 6886; vgl. Tacke, Enttäuschungen (wie Anm. 13), S. 312.

15 Fedja Anzelewsky, Albrecht Dürer. Das malerische Werk. Berlin 1971, S. 131 f., Nr. 19.

16 Auf die Ernestiner bezogen ist Uwe Schirmer, Kursächsische Staatsfinanzen (1456–1656). Strukturen – Verfassung – Funktionseliten (Quellen und Forschungen zur sächsischen Geschichte 28). Leipzig 2006, eine sprudelnde Quelle; allgemein siehe Evelyn Welch, Shopping in the Renaissance. Consumer Cultures in Italy, 1400–1600. New Haven 2005.

17 Vgl. Andreas Tacke, »Centrum Europae«! Fragen zu Auswirkungen frühneuzeitlicher Kongreß- und Itinerarorte auf Kunst, Architektur und Kunsthandwerk, in: Anzeiger des Germanischen Nationalmuseums 2002 [Symposionsbericht »»Quasi Centrum Europae‹, Nürnberger Kunst und Kunsthandwerk und ihre europäischen Kunden 1400–1800«; Germanisches Nationalmuseum; Nürnberg 4.–6.10.2000; hrsg. von Hermann Maué], S. 112–127. In Bezug auf den Kaiser siehe Christoph Fried. Stälin, Aufenthaltsorte K. Maximilians I. seit seiner Alleinherrschaft 1493 bis zu seinem Tode 1519, in: Forschungen zur Deutschen Geschichte 1 (1862), S. 346–395; Christoph Böhm, Die Reichsstadt Augsburg und Kaiser Maximilian I., Untersuchungen zum Beziehungsgeflecht zwischen Reichsstadt und Herrscher an der Wende zur Neuzeit (Abhandlungen zur Geschichte der Stadt Augsburg 36). Sigmaringen 1998, hier u. a. S. 337–346: »Augsburg als Wohnort des Herrschers, Bauwünsche und -maßnahmen innerhalb der Stadt«. Die Fragestellung ist zu allgemein ausgefallen bei: Der Kaiser in seiner Stadt, Maximilian I. und der Reichstag zu Freiburg 1498 (Begleitbuch zur Ausstellung Freiburg i.Br. 1998), hrsg. im Auftrag der Stadt Freiburg in Breisgau von Hans Schadek. Freiburg i.Br. 1998.

18 So kam auf dem Augsburger Reichstag von 1518 die Porträtmedaille in Mode, mit umfangreicher Literatur siehe Wettstreit in Erz. Porträtmedaillen der deutschen Renaissance, hrsg. von Walter Cupperi u. a. Berlin, München 2013; am Beispiel eines Künstlers, bei dem allein 19 der aus dem Reich angereisten Fürsten, Kleriker und fürstlichen Verbindungsmänner eine Porträtmedaille bestellten, siehe Richard Kastenholz, Hans Schwarz. Ein Augsburger Bildhauer und Medailleur der Renaissance. München, Berlin 2006.

19 Ein weiterer Aspekt wären die Pilger- und Wallfahrten; so ließ Friedrich auf seinen Weg ins Heilige Land in Venedig 1493 von sich ein Porträt anfertigen, an dem der Maler acht Wochen arbeitete; siehe Bruck, Förderer der Kunst(wie Anm. 11), S. 117.

20 Vgl. Sina Westphal, Die Korrespondenz zwischen Kurfürst Friedrich dem Weisen von Sachsen und der Reichsstadt Nürnberg. Analyse und Edition (Kieler Werkstücke. Reihe E 10). Frankfurt am Main u. a. 2011.

21 Es wäre wünschenswert, wenn die verdienstvolle Studie von Bruck, Förderer der Kunst (wie Anm. 11), abgelöst würde durch eine neuere Untersuchung.

22 Vgl. Eva Bambach-Horst, Die Bildnisse Friedrichs des Weisen. Die Schematisierung eines Herrscherbildes zwischen Heiligenkult und Reformation. Diss. Frankfurt a.M. 1993 (Mikrofiche).

23 Vgl. Gerhard Weilandt, Der Fürst beim Gebet. Das erste Porträt Friedrichs des Weisen von Lucas Cranach im sakralen und politischen Kontext (Standortstudien 4), in: Lucas Cranach 1553/2003. Wittenberger Tagungsbeiträge anlässlich des 450. Todesjahres Lucas Cranachs des Älteren, hrsg. von Andreas Tacke (Schriften der Luthergedenkstätten in Sachsen-Anhalt 7). Leipzig 2007, S. 43–74.

24 Hanne Kolind Poulsen, Cranach. Lucas Cranach d. Ä. Statens Museum for Kunst, Kopenhagen. Kopenhagen 2002, S. 32 Kat.Nr. 13 (Linker Altarflügel mit Friedrich dem Weisen und den Heiligen Ursula und Genoveva), hier S. 91. Ein Rekonstruktionsversuch zum Kopenhagener Flügelbild bei Stanley E. (dward) Weed, Frederick the Wise Venerating the Virgin and Saints: A Newly Reconstructed Triptych by Lucas Cranach the Elder, in: Konsthistorik tidskrift/Journal of Art History 74,4 (2005), S. 209–223.

25 Berthold Hinz, Die Bildnisse der drei letzten Ernestinisch-Sächsischen Kurfürsten. Entdeckung und Gebrauch des öffentlichen Porträts, in: Lesarten der Geschichte (...), Festschrift für Heide Wunder zum 65. Geburtstag, hrsg. von Jens Flemming u. a. Kassel 2004, S. 199–220, hier S. 203.

26 Sie bezog sich auf die innere Landesteilung zwischen den beiden Brüdern, v. a. in Bezug auf die Innenpolitik, Verwaltung und Finanzen, die Außenpolitik verblieb weitestgehend bei Friedrich; siehe Ernst Müller, Die Mutschierung von 1513 im ernestinischen Sachsen, in: Jahrbuch für Regionalgeschichte 14 (1987), S. 173–182.

27 Vgl. Kerstin Merkel, Bruderbilder – Herrscherbilder. Inszenierte Bruderliebe als Garant für politische Qualität in der frühen Neuzeit, in: Menschenbilder. Beiträge zur Altdeutschen Kunst hrsg. von Andreas Tacke u. a. Petersberg 2010, S. 231–244.

28 Sina Westphal, Fürstliche Politik und Selbstdarstellung im Spiegel der Münzen Friedrichs des Weisen, in: Fürsten an der Zeitenwende zwischen Gruppenbild und Individualität. Formen der fürstlichen Selbstdarstellung und ihre Rezeption (1450–1550), hrsg. von Oliver Auge u. a. (Residenzenforschung 22). Ostfildern 2009, S. 207–220.

29 Schirmer, Staatsfinanzen (wie Anm. 16).

30 Rainer Hambrecht, Lucas Cranach in Coburg?, in: Lucas Cranach. Ein Maler-Unternehmer aus Franken (Ausstellungskatalog). Augsburg 1994, S. 52–58, bes. S. 55.

31 Dieses und die nachfolgenden Beispiele bei Iris Ritschel, Friedrich der Weise und seine Gefährtin. Überlegungen und Erkenntnisse zu fünf verdächtig(t)en Kunstwerken, in: »... wir wollen der Liebe Raum geben«. Konkubinate geistlicher und weltlicher Fürsten um 1500, hrsg. von Andreas Tacke (Schriftenreihe der Stiftung Moritzburg, Kunstmuseum des Landes Sachsen-Anhalt 3). Göttingen 2006, S. 296–341.

32 Dieter Koepplin, Tilman Falk, Lukas Cranach. Gemälde, Zeichnungen, Druckgraphik (Ausstellungskatalog). 2 Bde. Basel, Stuttgart 1974–76, S. 68 f. Nr. 19.

33 Gottfried Seebass, Die Himmelsleiter des hl. Bonaventura von Lucas Cranach d. Ä., in: Sitzungsberichte der Heidelberger Akademie der Wissenschaften, Philosophisch-historische Klasse 4, 1984, S. 16–32.

34 Thomas Eser, Hans Daucher. Augsburger Kleinplastik der Renaissance. München, Berlin 1996, S. 297–301 Nr. 47 und 48.

35 Hauptsache Köpfe. Plastische Porträts von der Renaissance bis zur Gegenwart aus der Skulpturensammlung (Ausstellungskatalog), hrsg. von Bärbel Stephan u. a., Staatliche Kunstsammlungen Dresden 2001, S. 56 Nr. 1.

36 Das Wittenberger Heiltumsbuch, erschienen unter dem Titel: Dye zaigung des hochlobwirdigen hailigthums der stifftkirchen aller hailigen zu Wittenburg, Wittenberg: Symphorian Reinhart, 1509 (= VD 16, Z 250). Ein Faksimile erschien unter dem Titel: Wittenberger Heiligthumsbuch, illustriert von Lucas Cranach d. Aelt., Wittenberg in Kursachsen 1509 (Liebhaber-Bibliothek alter Illustratoren in Facsimile-Reproduction). München 1884; Livia Cárdenas, Friedrich der Weise und das Wittenberger Heiltumsbuch. Mediale Repräsentation zwischen Mittelalter und Neuzeit. Berlin 2002.

37 Sabine Schwarz-Hermanns, Die Rundbildnisse Lucas Cranachs des Älteren – Mediale Innovation im Spannungsfeld unternehmerischer Strategie, in: Wittenberger Tagungsbeiträge (wie Anm. 23), S. 121–133.

38 Ein Überblick bei Irmgard Kratzsch, Schätze der Buchmalerei. Aus der Handschriftensammlung der Thüringer Universitäts- und Landesbibliothek Jena. Jena 2001, S. 81–88, 98–104; Bernhard Tönnies, Die mittelalterlichen lateinischen Handschriften der Electoralis-Gruppe (Die Handschriften der Thüringer Universitäts- und Landesbibliothek Jena 1). Wiesbaden 2002, S. 45–47; Das Fest-Epistolar Friedrichs des Weisen. Faksimileausgabe, hrsg. von Rainer Behrends, Kommentare von Irmgard Kratzsch und Rainer Behrends. 2. Bde. Leipzig bzw. Gütersloh 1983.

39 Klaus Niehr, Memorialmaßnahmen – Die Wittenberger Schloßkirche im frühen 16. Jahrhundert, in: Zeitschrift für Kunstgeschichte 71 (2008), S. 335–372.

40 Sven Hauschke, Die Grabdenkmaler der Nurnberger Vischer-Werkstatt 1453–1544 (Bronzegeräte des Mittelalters 6). Petersberg 2006, S. 325–332 Nr. 103; Sven Hauschke, Ein Paragone um Grabdenkmäler der Vischer-Werk-

statt. Kardinal Albrecht von Brandenburg und Kurfürst Friedrich der Weise von Sachsen, in: Anzeiger des Germanischen Nationalmuseums 2002, S. 231–240.

41 Vgl. Hinz, Bildnisse (wie Anm. 26), S. 210.

42 Siehe Gunter Schweikhart, Tizian in Augsburg, in: Kunst und ihre Auftraggeber im 16. Jahrhundert. Venedig und Augsburg im Vergleich, hrsg. von Klaus Bergdolt und Jochen Brüning (Colloquia Augustana 5). Berlin 1997, S. 21–42; Gabriele Goffriller, Tizian an der Staffellei. Eine zeitgenössische Bildquelle zur verlorenen »Venus« für Kaiser Karl V., in: Münchner Jahrbuch für Kunstgeschichte 52 (2001), S. 59–88.

43 Berthold Hinz, Lucas Cranach d. Ä. Reinbeck bei Hamburg 1993, S. 129. Und vice versa hatte Tizians Darstellungsweise Karls V. Einfluss auf ein Cranach'sches Porträt desselben Kaisers; ebd., S. 129 f.

44 Hinz, Bildnisse (wie Anm. 26), S. 219.

45 Sabine Fastert, Die Serienbildnisse aus der Cranach-Werkstatt. Eine medienkritische Reflexion, in: Wittenberger Tagungsbeiträge (wie Anm. 23), S. 135–157.

46 Albrecht Dürer, Das druckgraphische Werk Bd. 1, bearb. von Rainer Schoch u. a. München u. a. 2000, S. 236 f. Nr. 98 (von Matthias Mende), hier S. 236.

47 Ludolphy, Friedrich (wie Anm. 11), S. 18 f. – Die letzten beiden Zeilen hält Ludolphy für eine spätere Zutat, Armin Kohnle (Leipzig) bestritt auf der Torgauer Friedrich-Tagung diese spätere Zutat und geht von einem homogenen Text aus, also, dass die letzten beiden Zeilen von Anfang an zum Text gehörten.

48 Christian Schuchardt, Lucas Cranach der Ältere, Leben und Werke. 3 Bde. Leipzig 1851–1871; hier Bd. 1, 1851, S. 88.

49 Sehr allgemein Henry S. Francis, The Stag Hunt by Lucas Cranach the Eider and Lucas Cranach the Younger, in: Bulletin of the Cleveland Museum of Art 46 (1959), S. 200–205.

50 Dieter Koepplin, Kurfürst Friedrich der Weise von Sachsen mit der nicht millionenschweren Kaiserkrone in der Hand, in: Wittenberger Tagungsbeiträge (wie Anm. 23), S. 299–312.

51 Hinz, Bildnisse (wie Anm. 26), S. 218.

52 Hinz, Bildnisse (wie Anm. 26), S. 218.

53 Siegrid Westphal, Nach dem Verlust der Kurwürde. Die Ausbildung konfessioneller Identität anstelle politischer Macht bei den Ernestinern, in: Zwischen Schande und Ehre. Erinnerungsbrüche und die Kontinuität des Hauses: Legitimationsmuster und Traditionsverständnis des frühneuzeitlichen Adels in Umbruch und Krise, hrsg. von Martin Wrede und Horst Carl. Mainz 2007, S. 173–192.

54 Die Datierungen, Künstlerzuschreibungen etc. wurden beim Wiederabdruck beibehalten, bedürfen aber der kritischen Überprüfung und ggf. der Korrektur (wie z. T. im vorliegenden Aufsatz geschehen).

JÜRGEN HERZOG

Fürstlicher Hof in Torgau während der Regierungszeit Friedrichs des Weisen

Der spätere Kurfürst Friedrich III. wurde am 17. Januar 1463 kurz vor 13 Uhr auf dem Torgauer Schloss geboren.[1] Damit lag der Zeitpunkt seiner Geburt im Winter, in einem Zeitraum, der ohnehin seit Langem vom Aufenthalt des fürstlichen Hoflagers in Torgau bestimmt war. In den kommenden Jahren ist hier auch die Hofhaltung der heranwachsenden jungen Herzöge Friedrich und seines Bruders Johann, so 1474/75 für 32 Wochen, nachzuweisen.[2] Nach dem Tod des Vaters, des Kurfürsten Ernst, am 7. Oktober 1486 ging die Regierungsgewalt des seit 1485 zwischen ihm und seinem Bruder Albrecht geteilten sächsischen Landes an den 23-jährigen Friedrich als Kurfürst und seinen erst 18-jährigen Bruder Johann über. Letztmalig hatte sich Kurfürst Ernst mit seinem Hoflager vom 20. bis 27. Mai 1486 mit wechselnd zwischen 110 bis 130 Pferden auf Schloss Torgau aufgehalten.[3] Die Huldigung der fürstlichen Brüder durch die Gemeinde und den Rat erfolgte am 12. September auf dem Schloss, auf Ansuchen des Rates wurden die städtischen Privilegien bestätigt.[4] Ein erstes Hoflager der jungen Fürsten folgte vom 7. bis 11. Oktober mit wechselnd bis zu 182 Pferden. Die Versorgung stammte aus den Beständen des Amtes Torgau, ergänzende Lieferungen erfolgten aus Meißen. Der Bierbedarf wurde durch Hofbier aus dem Hofkeller und die damals gängigen Spitzenbiere der Städte Torgau und Freiberg gedeckt.[5]

Das Aufnahmevermögen und die Versorgungsmöglichkeiten von Schloss und Stadt Torgau wurden bei den hier stattfindenden fürstlichen Hochzeiten sicherlich auf die Probe gestellt: Während der fünftägigen Vermählungsfeier Herzog Johanns mit Sophie von Mecklenburg im Jahr 1500 waren 11 500 Personen und 6 500 Pferde zu versorgen.[6]

Das Amt Torgau als Versorgungsträger für den Fürstenhof

Das Amt war mit seinem eigenen Aufkommen und Gesinde zwar nicht alleiniger, aber doch der Hauptversorgungsträger des fürstlichen Hoflagers. Es verfügte über Einnahmen von neun Amtsdörfern und fünf Teilamtsdörfern, die mit Zins-, Natural- und Arbeitsleistungen belastet waren. Weitere neun Dörfer und das dem Kloster Dobrilug gehörende Vorwerk Graditz steuerten in das Amt, ohne zum Amtsbereich zu gehören.[7] Diese Leistungen haben sich während des Betrachtungszeitraums nicht grundsätzlich verändert, sofern von der Umwandlung einer Reihe von Natural- und Arbeitsleistungen in Geld abgesehen wird.

Darüber hinaus standen eigenwirtschaftlich betriebene Besitzungen zur Verfügung. Dazu gehörte ein Vorwerk in Weidenhain, das bis 1510 vom Amt mit eigenem Gesinde bewirtschaftet wurde. Hier grenzte auch das fürstliche Jagdgebiet, die heutige Dübener Heide, an. In der Ausgabenrechnung 1503/04 sind vier Schock ein Groschen zehn Pfennig aufgeführt, die auf »Zukunft« für Herzog Johann mit 70 Pferden für den Hof und Stallungen in Weidenhain gezahlt worden sind. Er hielt sich vier Tage zur Jagd dort auf.[8] Im Jahr 1510 wurde das Vorwerk Weidenhain an Bernhard Nyman verpachtet.[9] 1513/14 bis 1524 ist Fabian von Auerswald damit belehnt.[10]

Ein zum Amt gehörender Viehhof in der Torgauer Vorstadt »Alte Stadt« wurde bis 1503 mit eigenem Gesinde betrieben, danach nur noch sporadisch zur Unterbringung von gekauftem Schlachtvieh.[11] Im Amtserbbuch von 1505 heißt es dazu, dass das Vorwerk, auch als Viehhof bezeichnet, vor dem Spitaltor liegt, weder über Acker noch Wiesen verfügt und nur eine Behausung, ein Ochsenstall und etliche Schweineställe vorhanden sind. Erwähnt wird, dass Ochsen, Kühe, Kälber und Schweine gehalten wurden, die ausschließlich für das Hoflager bestimmt waren. Jetzt war das Vieh an andere Ämter abgegeben worden und es wurden nur noch nach Bedarf des Hoflagers Ochsen, Mastschweine und anderes Vieh durch einen Hirten versorgt.[12] In Weidenhain hat der Viehbesatz bis zur Verpachtung aus durchschnittlich 52 Rindern und 33 Schweinen und im Torgauer Viehhof bis zur Stilllegung durchschnittlich aus 23 Rindern und 79 Schweinen bestanden. Durchgängig wurden die Schäfereien in Süptitz im Schnitt mit 799 Schafen und Beswig bei Weidenhain mit 514 Schafen ohne Steigerungstendenzen während der gesamten Regierungszeit Friedrich des Weisen betrieben.

An Teichen stand vor allem der Große Teich bei Torgau, der anstelle der Flur Mostitz durch Herzog Albrecht 1483/84 für die Hofversorgung auf einer 175 Hektar großen Fläche angelegt worden war, zur Verfügung. Diesem war eine Fanganlage für Wildenten mit allerdings unbedeutenden Erträgen angefügt.[13] Der bayerische Adelige Hans Herzheimer, der 1519 in Begleitung Georg Spalatins das Kurfürstentum Sachsen bereiste, bemerkt in seinem Reisetagebuch: »Es haben ir churf(urstlich) g(naden) vor dem sloss im velde aynen grossen teicht, den besetzt man mit 3500 schok pruedkarpfen. Vber drey jar vischt man in her aus vnd weegen ye zbennvndreissick 1 center, gibt den center vmb 3 gulden, das lauffet sich auf 3500 gulden, vnd hat dannoch vber hoff ain guet anzal zw speisen.«[14] Am Überlauf des Teiches befand sich die ebenfalls in das Amt gehörige Teichmühle. Der Große Teich wurde zwar alle drei Jahre abgefischt, aber nicht ständig bewirtschaftet. So war z. B. 1522/23 auf seiner Fläche Hafer angebaut.[15] Weiterhin gehörten der Loßwiger neue Teich, der Bennewitzer, Süptitzer und Presseler Teich, vier Teiche in Weidenhain und der Loßwiger und Drebligarer See, beides alte Elbarme, in das Amt. In Süptitz wurde ein Weinberg dauerhaft bewirtschaftet. Die Erträge waren sehr unterschiedlich, sie haben im Zeitraum von 1509 bis 1518 bei durchschnittlich 226 Eimern, 1518/19 bei nur 38 Eimern und 1520/21 bei 407 Eimern gelegen.[16]

Ackerflächen standen in Weidenhain, Wiesen in den Wüsten Marken Altenau, Knesen, Kochwitz und Repitz, in den Dorffluren von Weidenhain und Zinna und über der Elbe bei Torgau zur Verfügung. Sie wurden sowohl im Frondienst als auch durch entlohnte Tagelöhner bearbeitet. Frondienste hatten bei Versorgung mit Mahlzeiten und Bier durch das Amt die Dorfschaften Sitzenroda, Staupitz, Taura, Bennewitz, Loßwig, Süptitz, Großwig, Zinna und Kathewitz als Fuhrleistungen zu erbringen. Die Gärtner von Loßwig mussten das Zinsgetreide dreschen.[17] Über Waldungen verfügte das Amt in der heutigen Dübener Heide, den Wüsten Marken von Lossnitz und Kochwitz, im Eichholz bei Großwig und bei Weidenhain.[18] Sie gehörten zugleich zum traditionellen fürstlichen Jagdgebiet.[19]

Zu den landesherrschaftlichen Einnahmen gehörten die Gebühren, die für eine sichere Straßennutzung und Transporte auf der Elbe zu entrichten waren, das sogenannte Geleit. Unterschieden wurden Geleitsgebühren für Warentransporte, Viehzoll, Brückenzoll und Wasserzoll für Schiffs- und Floßtransporte. Im Zuständigkeitsbereich des Amtes befand sich bis zum Jahr 1510 die Rechnungsführung für das Hauptgeleit Torgau mit den Nebengeleiten Dommitzsch, Schildau und Belgern, sodass die Geleitseinnahmen Bestandteil der Amtseinnahmen bis zu dieser Zeit

waren.[20] Unabhängig von der danach selbstständigen Rechnungsführung des Geleitsmanns wurden auch er und die Geleitseinnahmen in die Versorgung des Hofes weiterhin einbezogen. Für getrennte Verantwortlichkeit spricht jedoch, dass die Geleitsleute nicht unter dem Gesinde des Amtes genannt werden.

Im Zuständigkeitsbereich des Amtes lag auch die Bewirtschaftung für den Komplex des Schlossbereiches, zu dem auch die Amtsgebäude selbst gehörten. Das schloss die Inventarverantwortlichkeit für Teilbereiche ein. In einem Inventar des Jahres 1501, das zur Amtsübergabe des Amtsschössers Hans Marggraf an Johann Eisenmann gefertigt worden ist, wurden neben dem Vorwerk Weidenhain, den Schäfereien Süptitz und Beswig, dem Viehhof und der Schösserei auch die Bäckerei und das Brauhaus im Schloss, die Elbfähre und die Teichmühle am Großen Teich mit sämtlichem Inventar und allem Wagengeschirr übergeben.[21] Für Transportleistungen standen im Bestand des Amtes vier bis acht Hauspferde zur Verfügung. Unterschieden wurde zwischen einem oberen und einem unteren Hofgeschirr, das man zeitweilig als Baugeschirr bezeichnete. Im Bedarfsfall wurden auch die Klostergüter und Städte mit ihren Gespannen in Anspruch genommen, so z. B. im Rechnungsjahr 1510/11 – mit jeweils vier Pferden – die Klosterhöfe Graditz (83 Tage), Belgern und Kloster Buch (je 18 Tage). Vom 27. Dezember 1510 bis 9. Februar 1511 mussten mit je vier Pferden auch der Deutschordenshof Dommitzsch, die Klosterhöfe Ganzig und Roda, die Städte Torgau, Grimma und zeitweilig auch Leisnig Korn (Roggen) von Grimma nach Torgau führen.[22] Ab 1517 gehörte ein Schiffsführer zum Amtsgesinde, ab 1518 waren es bereits zwei. Jetzt wurde Korn der Ämter Wittenberg und Belzig auf Schiffen angeliefert.[23]

Die hier ausgewerteten Rechnungen des Amtes Torgau lassen eine detaillierte Unterscheidung der Aufwendungen für Verwaltung und Bewirtschaftung des Amtes und für die des fürstlichen Hofes nicht zu. Zwar werden beispielsweise die Ausgaben auf Befehl der Fürsten und der fürstlichen Räte gesondert ausgewiesen, auch alle sonstigen Ausgaben sehr genau beschrieben und die Empfänger aller Rechnungsbeträge häufig namentlich benannt, ohne aber das Selbstverständnis der Amtswirtschaft und Amtsverwaltung für den fürstlichen Versorgungsauftrag durch eindeutige Unterscheidung infrage zu stellen. Unter diesen Bedingungen waren die Aufwendungen für die Fürsten und den Hof nicht sachlich, sondern nur durch das Leistungsvermögen des Amtes und seines Gesindes begrenzt. Die sehr genaue Rechnungsführung war demnach ausschließlich dem Rechtfertigungsanspruch und der Nachweisführung des Amtsschössers geschuldet. Die Jahresrechnungen beginnen grundsätzlich mit Walpurgis (1. Mai) und enden am Vorabend Walpurgis des Folgejahres (30. April). Dabei besteht die Abrechnung immer aus zwei grundsätzlich getrennten Teilrechnungen, einer Abrechnung der Geldeinnahmen und Geldausgaben und einer Abrechnung der Sachleistungen – Getreide, Vieh, sonstige Lebensmittel, Baumaterial etc.

Für die Geldwirtschaft war in der Zeit häufiger Hofhaltung und hoher Aufwendungen für Gebäude und Anlagen eine Geldeinlage aus der fürstlichen Kammer für den Ausgleich des Amtshaushaltes unabdingbar.

Die Geldeinlagen erfolgten häufig zweckgebunden, in der Regel für den Ankauf von Getreide oder für Bauaufgaben. Dennoch schloss die Abrechnung zumeist mit einem Verlust ab. Der Amtsschösser blieb dem Gesinde und Handwerkern Zahlungen schuldig, die erst mit dem Folgehaushalt ausgeglichen wurden. So vermerkte der Amtsschreiber 1523/24 beispielsweise, dass die Ausgabe die Einnahme übertraf »welchs der schosser den hantwergsleutten vnd ampts p(er)sonen schuldig gewhest«.[24]

Die Gelderträge des Amtes differieren vor allem durch die unterschiedliche Höhe von Verkäufen, insbesondere von Getreide. Die Ausgabenstruktur spiegelt die willkürlichen Eingriffe des Fürsten und seiner Räte wider, die in Abhängigkeit des höfischen Bedarfs erfolgten. Bei der Abrechnung der Sachleistungen stehen die Lieferungen und Verbräuche von Getreide im Vordergrund. Hier wurde der

Gesamtbedarf des Hofes und des Amtes ausschließlich und vollständig erfasst. Für die Lagerung stand das unmittelbar vor dem Schloss liegende und bereits 1479 errichtete Kornhaus mit sechs Schüttböden zur Verfügung.[25] Dass dieses Gebäude auch als Zeughaus genutzt wurde, geht aus der Angabe Herzheimers hervor: »Es haben ir churf(urstlich) g(naden) auch bey dem sloss ainen grossenn casten mit getraydt oben lygen, vnd vnden mit grossem geschutz, haubttpuchssen, morthen, slänglen vnd menigerlay veldgeschutz«.[26]

Jährlich wurden bis zu 6000 Torgauer Scheffel Korn (Roggen) als Brotgetreide umgeschlagen, darüber hinaus bis zu 27000 Torgauer Scheffel Futterhafer. Korn wurde aus Torgau, Wittenberg, Schlieben, Schweinitz, Eilenburg, Grimma, Belzig, Liebenwerda, Leisnig, Seyda, Colditz, Hainichen, Düben und Lochau ausschließlich aus dem Eigenaufkommen der Ämter bezogen. Zukäufe erfolgten nicht.

Seit der Jahrhundertwende wurde anteilig auch Roggenmehl statt Getreide angeliefert. So wurden zum Hof- und Beilager Herzog Johanns 1499/1500 2152 Scheffel Korn und 3647 Scheffel Mehl geliefert und verbraucht.[27] Der Kornverbrauch war von der Dauer und vom Umfang des Hoflagers bestimmt. Neben dem Brotbedarf für die Mitglieder des Hoflagers wurde Hundebrot gebacken. Gesinde erhielt als Entlohnungsbestandteil zum »Jahrsold« zwischen zwölf und 24 Scheffel. Auch wurde hofnahem

	1485/86	1492/93	1499/1500	1508/09	1516/17	1524/25
Einnahmen						
Geldeinlage	364	96	317		213	23
Geleit	181	148	152	281		
Ertrag des Amtes	417	376	337	401	383	488
Gesamteinnahmen	**962**	**620**	**806**	**682**	**596**	**511**
Ausgaben						
Geldentnahme	118	104				37
Gebäude und Anlagen	317	79	369	254	95	28
Teiche	98	12		20		
Weinberg Süptitz	95	66	65	66	15	73
Gesindelohn	68	88	85	73	63	87
Kostgeld			22	37	53	130
auf fürstl. Befehl	17	15	64	10	51	25
Vorräte Fürstenhof	102	90	22	16	162	
sonstiger Amts- und Hofbedarf	172	201	250	167	91	132
Gesamtausgaben	**982**	**655**	**877**	**643**	**530**	**512**
Ergebnis	**– 20**	**– 35**	**– 71**	**+ 39**	**+ 66**	**– 1**

Einnahmen und Ausgaben im Amt, gerundet auf volle Schock Groschen.

Personal Korn »aus Gnaden« gereicht, darunter häufig zu »Wirtschaften«, also zu Hochzeiten. Auffällig ist, dass der Jahrsold für das Amts- und Hofgesinde häufig zwölf oder 24 Scheffel betragen hat. Aus der Beköstigung von Amtspersonen durch den Schösser ergibt sich ein Tagesverbrauch von 0,068 Scheffel und damit ein Jahreskornbedarf von 24,8 Scheffel pro zu versorgender Person. Damit kann die Soldzahlung von 24 Scheffel einem üblichen Jahreskornverbrauch für eine Person entsprechen.[28] Für die Einlieferung von jungen und alten Wölfen wurde dem Liefernden – zumeist waren es Bauern – je Wolf ein Scheffel Korn gewährt. Bei hohem Bestand wurde Korn auch verkauft.[29]

Verbrauch von Korn (Roggen) und Mehl im Amt Torgau einschließlich der Verkäufe und für das Hoflager in Torgauer Scheffeln

Ob bei dem Verkauf ein Zusammenhang mit Notzeiten bestand, ergibt sich aus den Rechnungen nicht. Neben Korn bestand auch an Futterhafer großer Bedarf, um die Pferdefütterung und damit die Mobilität des Hofes und des Amtes zu sichern. Hafer wurde von den Ämtern Torgau, Schlieben, Eilenburg, Schweinitz, Wittenberg, Liebenwerda, Belzig, Gräfenhainichen, Delitzsch, Borna, Bitterfeld und Weißenfels geliefert. Da diese Lieferungen den Bedarf der Hofhaltung nicht decken konnten, war regelmäßiger Zukauf erforderlich. Neben dem Ankauf von Bauern aus der Umgebung erfolgte seit Anfang des 16. Jahrhunderts auch die Einfuhr von böhmischem Hafer. Allein zum Beilager Herzog Johanns im Jahr 1500 wurden 10 258 Scheffel aus Böhmen gekauft. Diese Lieferungen erfolgten über den Elbweg. Als Verkäufer wird Hans Holey aus Leitmeritz genannt, der Einkauf mit ihm wurde auf den Leipziger Jahrmärkten abgewickelt.[30] Nach 1510 werden Lieferungen aus den Ämtern nur noch selten in Anspruch genommen und der Ankauf ist zur Regel geworden.

Auch der Verbrauch an Futterhafer war wesentlich von der Anwesenheit des Hoflagers abhängig. Haferverkäufe fanden grundsätzlich nicht statt. Neben dem Bedarf des Hoflagers waren die Amtspferde, Pferde des fürstlichen Rennstalls und die »zufälligen Pferde« der Besucher regelmäßig zu versorgen. Alle Getreidelieferungen wurden

unmittelbar nach dem Eintreffen nach Torgauer Maß nachgemessen, sodass neben der Scheffelangabe des Herkunftsorts auch das Anlieferungsmaß in Torgauer Scheffel in den Rechnungen angegeben ist. Die sich daraus ergebenden Multiplikatoren liegen zwischen 0,75 (z. B. Wittenberg) und 1,22 (z. B. Grimma). Die Bestandshaltung an Getreide hat sich mit den Gewohnheiten der Hofhaltung Friedrichs des Weisen verändert. Nachdem sein Hoflager nach 1517 nur noch selten in Torgau gehalten wurde, sank der Haferbestand beträchtlich, während die Bevorratung von Brotgetreide am Standort Torgau konzentriert blieb.

Bierproduktion des Amtes Torgau für die Hofhaltung in Fass

Auch der Gersten- und Malzverbrauch für die eigene Brautätigkeit des Amtes wird in den Amtsrechnungen erfasst, jedoch nicht der Bierverbrauch des Hoflagers, da Zukäufe nicht Rechnungsbestandteil waren. Die eigene Brautätigkeit des Hofes ist erstmals mit der Amtsrechnung 1397/98 nachgewiesen.[31] Ein eigenes Brauhaus wird 1436 erwähnt.[32] Brau- und Malzhaus haben wohl außerhalb des Schlosses in Nachbarschaft der Amtsschösserei gelegen.[33] Gebraut wurde mit saisonal im Winterhalbjahr beschäftigten Braumeistern aus der Stadt, die zuweilen auch Hofbraumeister genannt werden. Bei Überschreitung der eigenen Braukapazität erfolgte die Inanspruchnahme bürgerlicher Brauhäuser auf Mietbasis. Soweit ersichtlich, glich die Braudurchführung derjenigen im städtischen Bereich. Es muss deshalb auch qualitätsvolles Bier produziert worden sein, das dem berühmten Torgauer Bürgerbier gleichwertig war.

Der Viehbestand und Verbrauch an Schlachtvieh wurde nur für das Aufkommen an Zinsvieh und aus der eigenen Haltung der Vorwerke in den Amtsrechnungen abgerechnet. Gekauftes oder aus anderen Ämtern geliefertes Vieh wird nur gelegentlich erwähnt. Beispielsweise wurden 100 Ochsen 1496/97 jenseits der Elbe gehütet, weil man sie wegen Hochwassers nicht über die Elbe bringen konnte.[34] 1505/06 brachte Mertin Lamp, auch »Schleusser« genannt, 60 Ochsen, wovon 28 im Torgauer Lager verbraucht und weitere 17 nach Lochau geschickt wurden. Urban Sti-

Lieferungen von Futterhafer in Torgauer Scheffel für den Torgauer Hof. 1499/1500 sind 100 Scheffel des Kemberger Rates, 1513/14 300 Scheffel als Geschenk Herzog Georgs enthalten.

	1485/86	1494/95	1499/1500	1504/05	1509/10	1513/14	1518/19	1524/25
Ämter	3 560	4 960	15 251	3 500	6 685	437	478	1 571
Kauf	432	2 329	10 258	768		10 660	7 623	2 565
Gesamt	**3 992**	**7 289**	**25 609**	**4 268**	**6 685**	**11 397**	**8 101**	**6 391**

ner lieferte zwei Schock Schweine, 35 wurden in Torgau geschlachtet, 72 nach Lochau getrieben.[35] Auch in den Folgejahren brachte Mertin der Schleusser Ochsen nach Torgau, von denen häufig eine Anzahl zum Hoflager nach Weimar weiter geleitet worden ist.

Amts- und Hofgesinde

Während das Amtsgesinde durch die Lohnzahlungen anhand der Amtsrechnungen ermittelbar ist, trifft das für das Hofgesinde nur für die außerhalb des Hoflagers am Ort verbleibenden Personen zu. Sie sind wie auch das am Ort anwesende Amtspersonal durch Kostgeldzahlungen nachweisbar. Außerhalb der Zeiten des fürstlichen Hoflagers wurde allen, die üblicherweise im Rahmen des Hoflagers gespeist worden sind, ersatzweise Kostgeld erstattet. Zunächst unterscheiden die Amtsrechnungen bis zum Ende des 15. Jahrhunderts nicht konsequent zwischen den Amtsleuten, die auch als Amtsgesinde bezeichnet wurden, und den für den fürstlichen Hof Beschäftigten. Erst seit Anfang des 16. Jahrhunderts wird im Regelfall nur das tatsächlich für die Amtstätigkeit zuständige Gesinde unter der Rubrik Gesindelohn abgerechnet. Unter der Bezeichnung »Kostgeld des Amtsgesindes« hingegen werden sowohl das Amts- als auch das Hofpersonal geführt. Das Amtsgesinde bestand zunächst aus den vor Ort ansässigen Beschäftigten und während des Hoflagers gespeisten Personen. Dazu gehörte letztmalig 1485/86 ein Amtmann, Siegmund von Maltitz, an dessen Stelle in den Folgejahren die Amtsschösser traten.[36] Darüber hinaus gehörten dazu: Amtsschreiber, Kornschreiber, Landknecht, ein oder zwei Schlosstorwärter, zwei Jahrwächter, zwei Winterwächter, zwei Wagenknechte im oberen und zwei im unteren Hausgeschirr, Röhrmeister, der Müller und sein Knecht in der Teichmühle, zuweilen ein Fährmeister und drei Fährknechte bis 1510, zwei Schiffsführer ab 1518 und der Landrichter ab 1510, der als einziger jedoch keinen Anspruch auf eine Verköstigung im Hoflager hatte.

Das Gesinde des Torgauer Viehhofs – 1485/86 bestehend aus Viehknecht, Schweinemagd, Schweinehirt, Ochsenhirt, später auch Schirrmeister, Kuhmagd, Käsemutter und Futterknecht – fiel mit Auflösung der eigenwirtschaftlichen Betriebsweise nach 1503 weg.[37] Außerhalb des Standorts Torgau gehörten die Schäfer von Weidenhain und Beswig und das Hofgesinde des Vorwerks Weidenhain bis zu dessen Verpachtung 1510 zum Gesinde des Amtes.

Die Anzahl der Amtspersonen am Standort Torgau hat sich von 1485/86 bis 1524/25, sofern vom Abgang des Gesindes des Viehhofes abgesehen wird, kaum verändert.

	Amtsgesinde	Hofgesinde
1485/86 – 1497/98	16	11
1501/02 – 1510/11	16	16
1511/12 – 1519/20	18	25
1521/22 – 1524/25	17	10

Durchschnittswerte zur Entwicklung der Personenzahl des Amtsgesindes (ohne Viehhof) und des Hofgesindes außerhalb des Hoflagers am Standort Torgau

Während das Gesinde des Amtes aufgrund der aufgabengebundenen Tätigkeiten kaum Veränderungen unterlag, spiegelt sich die allgemeine große Mobilität des Hoflagers auch in der wechselnden zeitweiligen Anwesenheit von Personen des Hofgesindes wider. Genannt werden 1485/86 Bäcker, Bäckerknecht, Hauskoch, Küchenknecht, Bader, um das Hofgesinde zu baden und eine Wäscherin: in den Folgejahren Brauer, Fischer, Stubenheizer, Bettmeister, Jäger, Boten, Schmiede, Vogler, Harnischmeister, Büchsenmeister, Kämmerer und Knechte der Kanzler. Ab 1501 gehörte Christoff im Rennstall mit einem Knecht und zwei bis drei Jungen regelmäßig dazu.[38] Im Rechnungsjahr 1497/98 erhielten sieben Choralis und drei Chorjungen erstmalig Kostgeld, 1501 werden neben ihnen drei Priester unter dem »teglich Gesinde im ampt Torgaw« genannt.[39] Die Anzahl der Priester stieg in den Folgejahren bis auf fünf.[40]

Die Anzahl der Kostgeldempfänger des anwesenden Hofpersonals hatte sich zunächst, vor allem durch Geistlichkeit, Chorsänger und die Einrichtung des Rennstalls, beträchtlich erhöht. Ab 1521 treten jedoch die Priester und Chorsänger bis auf den Schlosskaplan Johann Salfeld nicht mehr unter den Kostgeldempfängern in Torgau auf, erhielten aber bis 1524/25 ihre Entlohnung nach wie vor aus dem Amt.[41] Sie werden sich andernorts, wahrscheinlich in Lochau, aufgehalten haben. In den Jahren 1516/17 bis 1518/19 hat der Schosser bei Abwesenheit des Hoflagers die Küche gehalten und das Kostgeld der von ihm gespeisten Personen bezogen. Daraus ergibt sich, dass im Wesentlichen nur die Chorsänger, Wagenknechte, der Knecht und die Jungen im Rennstall, die Wächter und teilweise die Priester, darunter der Hofprediger Johann Schleswig, ständig diese Möglichkeit zu speisen nutzten und wohl ausschließlich im Schloss- und Amtskomplex wohnten.[42]

Etwa 50 Prozent des Amts- und Hofpersonals werden demnach als Bürger oder als Pfahlbürger, die keinen Grundbesitz hatten und zur Miete wohnten, in der Stadt Torgau ansässig gewesen sein. Neben dem unter dem Begriff des »Amtsgesindes mit Kostgeld« versorgten Amts- und Hofgesinde wurde auch Kostgeld auf Befehl und für »zufällige« Personen gezahlt. Diese sehr unterschiedlich hohen Zahlungen waren vor allem vom Baugeschehen im

Schlossbereich abhängig. Im Rechnungsjahr 1517/18, der Zeit noch während Bautätigkeit am »Neuen Haus gegenüber der Elben«, erhielten die Amtspersonen 194 Schock 45 Groschen und die auf Befehl und zufällig versorgten 39 Schock vier Groschen sieben Pfennig Kostgeld. Zu den zufällig Anwesenden gehörten Jäger, Fronbauern für Hoffuhren, Vogelsteller, Bleigießer, Maler, Knechte von Baugefährten, der Hofschenke Albrecht von Lindenau, Georg Spalatin, Rentschreiber Bernhard Sol, Organist Johann Oyart, Destillierer Johann Stolzing, Otto von Ebeleben, Johann Silberknecht und weitere Knechte und Jungen.[43]

Die Funktionsträger des Amtes, insbesondere die Amtsschösser und Landrichter, gehörten zum engeren Kreis des wohlhabenden Torgauer Stadtbürgertums. Das trifft in besonderem Maße auf die Angehörigen der Familie Köppe zu. Von 1488 bis 1490 und wiederholt von 1494 bis 1497 war Lucas Köppe Amtsschösser. Er besaß ein großes brauberechtigtes Grundstück in der Leipziger Gasse (heute Leipziger Straße 14), das 1495 mit 1200 Gulden bewertet wurde. Sein ebenfalls wohlhabender Neffe Erasmus Köppe war nach dem Hüfner und Bürgermeister Eckarius Moller seit 1517 Landrichter. Sein Vermögen wurde 1531 mit 1617 Gulden bewertet.[44] Johann Eisenmann, brauberechtigter Bürger mit einem großen Grundstück in der Bäckergasse (heute Bäckerstraße 20) war von 1502 bis 1504 und von 1506 bis 1510 Amtsschösser. Ihm folgte von 1510 bis 1519 Leonhart Köppe, ein Sohn Lucas Köppes und Helenes von Amsdorf, dadurch nah verwandt mit Nikolaus von Amsdorf. Neben seinem vom Vater ererbten Haus mit einem umfangreichen Braurecht von zwölf Gebräuden betrieb er Gewandschnitt und vielfältigen Handel, darunter in Eisen

Abb. 1
Schloss Torgau, Teilansicht
der unteren Hofstube mit
Aufgang zum Wendelstein
(Foto: Verfasser 2013)

Abb. 2
Schloss Torgau, obere
Hofstube, »Konsolstein
mit Ölbergszene«, 15. Jh.
(Foto: Verfasser 2013)

und Glas.[45] Aufsehen erregte er im Jahr 1523 als Fluchthelfer von neun Nonnen aus dem Kloster Nimbschen, unter denen auch Katharina von Bora, die spätere Frau Martin Luthers, war.[46] Als letzter Amtsschösser während der Regierungszeit Friedrichs des Weisen folgte ihm Georg Keilheimer von 1520 bis 1528, nachdem er seit 1517 Amtsschreiber gewesen war.[47] Er kaufte sich erst 1526 in der Stadt mit dem Erwerb eines brauberechtigten Grundstücks in der Leipziger Gasse (heute Leipziger Straße 12) in das Bürgerrecht ein und wurde 1529 Bürgermeister.[48]

Schloss- und Amtsbauten

Das Schloss Torgau hat bereits zum Zeitpunkt des Regierungsantritts der fürstlichen Brüder Kurfürst Friedrich und Herzog Johann den Anforderungen einer längeren Hofhaltung durchaus entsprochen. Als jüngster Baukörper stand »Herzog Albrechts Haus« von 1484/85 mit großem Saal und fürstlichen Wohngemächern zur Verfügung. Es grenzte an die Kanzlei an. In diesem Schlossflügel befanden sich die Badestube, die Renterei, im Erdgeschoss Schneiderei, Tuchkammer und Küche. Festlichkeiten wie die Hochzeiten Herzog Johanns 1500 und 1513 fanden hier im großen Saal im zweiten Obergeschoss statt.

Gegenüberliegend, im Bereich des heutigen Schlossflügels B (siehe Abb. 3), der Elbe zugewandt, befanden sich die obere und untere Hofstube und der grüne Turm, heute noch weitestgehend erhalten und nach 1423 errichtet. Im grünen Turm lagen wohl zwei Ratsstuben.

Der westliche, zur Stadtseite liegende Schlossflügel bestand aus Torwächterhaus und Büchsenstube und hatte weitere nicht ganz klärbare, der Hofwirtschaft dienende Funktionen. Der daran angrenzende Turm im Zwinger kann von der »Choralei« genutzt worden sein.

Als Neubau wurde 1516 das »Neue Haus gegenüber der Elben« zwischen dem Hofstubenbau und dem Pulverturm errichtet. Es ersetzt wohl das 1506/07 genannte »alte Haus zur Elbe gelegen«. Ob dieser Bau mit der zweiten Eheschließung Herzog Johanns, der nach der Mutschierung von 1513 vorzugsweise in Weimar residiert hat, in Verbindung gebracht werden kann – wie angenommen wird – bleibt offen.

Die Kapelle des Schlosses, die zweigeschossige Martinskapelle, befand sich im Hofraum. Das scheint auch für die »alte Kempnate« zuzutreffen, die auch als »Altes Frauenzimmer gegenüber der Renterei« bezeichnet wird.[49] Dieses Gebäude wird dem kleinen Hofstaat des Kurprinzen Johann Friedrich in den Jahren 1503 bis 1511 als Frauenzimmer gedient haben.[50]

Dass das Torgauer Schloss bereits zu dieser Zeit ein ansehnlicher und repräsentativer Gebäudekomplex gewesen ist, ergibt sich aus den fast euphorischen Äußerungen Hans Herzheimers, es sei »so wunder schon erpawen mit frembden vnd auf ain new artt, dergleichen ich vor nye auf dise artt gesehen hab und diss sloss gepewe khan ich nit aigentlich beschreiben«.[51]

Erwähnt werden in den Torgauer Amtsrechnungen Aufwendungen für Herzog Johanns und Herzog Friedrichs Saalstube und Kammer (1492/93),[52] die Stuben »m(eines) gn(ädigen) Herrn von Lüneburg«, die des Erzbischofs Ernst von Magdeburg, auch als Bischofsstube bezeichnet, und der Herzogin von Bayern (1494/95).[53] 1496/1497 sind Baumaßnahmen für Herzog Johanns Harnischhaus mit 14 Schock drei Groschen finanziert worden.[54] 1497/98 wurde die stattliche Summe von 201 Schock ein Groschen siebeneinhalb Pfennig dafür ausgegeben.[55] Weitere 105 Schock sind 1496 aus der kurfürstlichen Kammer »für ein hauß zu Torgau am marckt, gegeben uf befehl m(eines) gn(ädigen) herrn Hansen« zur Finanzierung einer Harnischkammer verwendet worden.[56]

Kurfürst Friedrich verfügte dagegen 1502/03 nur über eine Harnischkammer.[57] Jeder der beiden Fürsten hatte offenbar seinen eigenen Harnischmeister. Ewald Heseler, der Harnischmeister Herzog Johanns, gehörte zum wohlhabenden Stadtbürgertum und war ab 1506 Mitglied des Torgauer Rats. Hans Muth, der Harnischmeister des Kurfürsten, wird 1495 als Besitzer eines großen Anwesens in der Nonnengasse genannt (heute Pfarrstraße 1), das er steuerfrei mit Braurecht nutzen durfte.[58] Für Dr. Johann Staupitz wird seit Februar 1503 eine Stube im Schloss erwähnt, als sie ausgemalt wurde.[59] Er hielt sich auch in den Folgejahren häufig in Torgau auf.[60] 1505/06 gab es neben dem alten Frauenzimmer auch ein Ammenhaus für die Amme des kleinen Johann Friedrich.[61]

Georg Spalatin hatte Ende des Jahres 1508 die Erzieherstelle für den Kurprinzen in Torgau angetreten und wurde bald darauf einer der engsten Vertrauten des Kurfürsten Friedrich des Weisen.[62] Ab 1509 wurden Arbeiten an seiner Stube und Kammer im Torgauer Schloss bezahlt. Die Stube erhielt drei Querwände und eine »Kabuße«, die Stube sowie die Kammer wurden getäfelt. Zur Ausstattung des Gemachs »do ethwan der Jurge organiste Innen gewest« gehörte ein neuer Tisch und ein »gehimelt beth«. Zur Treppe wurde ihm ein Schlüssel gefertigt. Ein »pandt vnnd ein anwurff« erhielt »die kamer die des magisters famulus In hat«.[63] In den Folgejahren werden in den kurfürstlichen Rechnungen häufig Botenlohnzahlungen ausgewiesen, wenn für Spalatin Briefe zu überbringen waren.[64] 1512 erhielt er 19 Groschen Kostgeld, es hat »mgr scorpius Spalating Selbdrit mit 2 P(er)s(onen) II nacht v(er)zehrt die bucher in der pfeilkammer geordent«.[65] Für fünf Mahlzeiten für sich und seinen Knecht wurden im Jahr

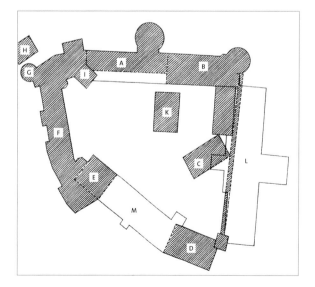

Abb. 3
Schloss Torgau um 1520, Grundrisszeichnung, in: Peter Findeisen / Heinrich Magirius (Hrsg.), Die Denkmale der Stadt Torgau, Leipzig 1976, S. 116

1516/17 sechs Groschen acht Pfennig, je Mahlzeit acht Pfennig, bezahlt.[66] Letztmalig wird Spalatins Gemach im Schloss in der Jahresrechnung 1521/22 genannt, als ein Glaser fünfzig Sechsecken dort eingeflickt hat.[67] 1523 wurde Georg Spalatin mit dem Altarlehen »Inn Eren des heiligen Creutze Conceptionis beate marie Virginis glorissime« von Friedrich dem Weisen bedacht, wozu ein 1493/94 vom Kurfürsten neu errichtetes Priesterhaus im Sack gehörte (heute Katharinenstraße 8), das ihm jetzt als Wohnhaus zur Verfügung stand.[68]

Unterschieden wurde im Schlosskomplex zwischen Herzog Johanns[69] und Kurfürst Friedrichs Stall.[70] An weiteren Wirtschaftsgebäuden werden 1485/86 der Ochsenstall, Schweinestall, Schlachthaus und Backhaus genannt, darüber hinaus eine Ziegelscheune und ein Kalkofen.[71] Eine Scheune vor dem Schloss wird 1491/92 genannt,[72] ein neues Büchsenhaus 1505/06.[73] Neben dem Brau- und Malzhaus gab es auch ein eigenes Böttcherhaus.[74] 1522/23 befanden sich der Marstall und eine Hofscheune an der Elbe, wo auch das alte Fährhaus lag, das die Schiffsknechte bewohnten. Der Zwinger diente noch immer als Steinbruch.[75] Im Zwinger des Schlosses, wohl vor dem heutigen Albrechtsbau, befand sich eine Rennbahn, eine zweite lag im Baumgarten nördlich vor der Stadt.[76]

Die Aufwendungen für den Baum- und Schießgarten in den Jahren 1522 bis 1524 wurden vorwiegend aus den Geleitseinnahmen finanziert. Das dortige Wildbad ist 1522 neu errichtet worden.[77] 1523 wurden ein neues Haus im Schießgarten genannt und neue töpferne Rohrleitungen gelegt. Für den Vogelfang lag ein Finkenherd im Baumgarten und einer am großen Teich, jeweils von einem Vogelsteller betreut.[78] 1523/1524 werden ein unteres und ein oberes Schießgemach genannt, im »Vberst Schießgemach, da mein g(nädig)st(er) herr pflegt zur zylwand herawß zuschiessen […].«[79]

Zu den ansehnlichsten Bauten vor der Schlossanlage muss das Wohnhaus Degenhard Pfeffingers gehört haben.[80] 1523 liegt es neben dem »neuen Haus, welches den Nonnen von Nimbschen gewest«.[81] Dieses zum ursprünglichen Klosterhof Nimbschen gehörige neue Haus wurde durch den Kurfürsten vom Kloster erworben, dafür wurde diesem eine Reihe von Diensten erlassen und genehmigt, zwei Gebräude Bier für den Eigenbedarf in Torgau zu brauen, obwohl das mit einem Eingriff in die Braupriviligien der Stadt verbunden war.[82]

Neben zwei großen Mittelstuben, einer unteren und einer oberen, gab es in dem neuen Haus mehrere Kammern und ein »kleyn vberstubeleyn«. Valten Tischer wurde die Anfertigung von 15 Bänken »In die drey stuben« be-

zahlt. Zum Schmuck zu der »Mittel grossen stuben an die Degk oben gebraucht werden wan sie verteffelt wirdt […] 27 geschnitzschten Rosen von holtz vberguldt vnd mit blaw angestrichen […]«, wurde Brose Schnitzer entlohnt. 1524/25 erhielt Valtin Tischer zehn Schock 30 Groschen und »hat die obirste große stuben mith einer Brust taffel vmher verteffelt, Vnnd etlich fladerne holtz dorin sambt zwuen thuren […] Auch darzu Nawe bengke gemacht dan die alden benk waren zuschmall, Vnd seind In die kamer daneben, Vnd auff den sahel davuor gebraucht […]«.[83] Da auch 1523/24 sechs Groschen für zwei »fhurlegeschloß zunotturfft der Eychenthur als man auß dem nawen hauße auff die nawe porkirch geet«[84] ausgegeben worden sind, lässt sich das neue Haus zweifelsfrei mit der neuen kurfürstlichen Kanzlei identifizieren, die 1531 als »Hondorfs hauß unsers gnedigsten Herren Cantzley« genannt wird.[85]

Die Elbbrücke

Das möglicherweise wichtigste, aber auch schwierigste Vorhaben war der Neubau einer Elbbrücke, die einen seit etwa 30 Jahren andauernden Fährbetrieb über die Elbe ersetzte. Für die Finanzierung dieses Vorhabens hatte der Kurfürst eine Bulle erwirkt, die von Papst Innozenz VIII. im Jahr 1490 ausgestellt und von seinen Nachfolgern wiederholt bestätigt wurde. Danach wurde ein Ablass gewährt, der während der Fastenzeit gegen Entgelt den Verzehr von »Milchwerk« – Butter und Käse – erlaubte. Die Einnahmen dieser sogenannten Butterbüchse sollten für den Bau der Elbbrücke, einer zugehörigen Annenkapelle und für den Bau der Peterskirche in Rom verwendet werden.[86] Da die Einnahmen für den Brückenbau nicht ausreichten, musste der Kurfürst auch eigene Mittel einsetzen, so 896 Gulden im Jahr 1496.[87] Ursprünglich als steinernes Bauwerk geplant, wurden jedoch nur vier steinerne Pfeiler errichtet und der übrige Bau in Holz ausgeführt. Der Bereich der steinernen Brückenpfeiler ist erst 1525 gepflastert worden.[88] In der Woche nach Trinitatis (18. Mai) 1505 wird in der Geleitsrechnung vermerkt: »lugen brücke gantz fertigk gemacht, das man hinvber vnd wider ruber gehen mogen«.[89] Aber noch immer wurde neben der Brücke die Fähre betrieben, erst ab Walpurgis (1. Mai) 1507 ist nur noch von Brückenzoll und nicht mehr von Fährgeld die Rede.[90]

Die Brückenkapelle St. Annen war schon vor der Brücke fertiggestellt, da ihrem Opferstock Gelder zum Brückenbau entnommen wurden. Im Jahr 1498 wurde am St. Annentag hier bereits die Messe gefeiert, nachdem ein Annenbild für sieben Groschen für die Kapelle bezahlt worden war.[91] 1508/09 erhielt Michael Pollmer 28 Gro-

schen und »hat ein naw thor vnd ein thürlein darfür an die bencken [...] gemacht vnd sunsten allenthalben vorschlagen«.[92] Aus der fürstlichen Kammer wurden 1519 21 Groschen der »Sant annen Capellen an der brücke alhier« geopfert.[93] Das stadtseitige Brückenhaus, im Jahr 1518 errichtet, das gleichzeitig das Torhaus für die Brücke war, diente mit Unter- und Oberstube dem Brückenmeister auch für Wohnzwecke.[94] Herzheimer bemerkt 1519 zur Brücke:

»Es haben ir curf(urstlich) g(naden) vber das gross wasser, die Elben, ain kunstliche prucken mit gemawerten wasserstuben vnd jochern pawen lassen, als man mich bericht, das die vber 12 000 gulden zepawen gestanden hab. Daselbs haben ir churf(urstlich) g(naden) zbay große schyff mit hochen segln auf dem wasser steen vnd sind rayn bedeckt vnd gantz swartz an gestrichen. Daselb sicht man auch große schiff, die von Pehaym her ab komen mit trayd, wein vnd kaufmans guettern«.[95] Bei den hier erwähnten kurfürstlichen Schiffen wird es sich um das »vor-

dackte [...] nawhe groß schieff« und das »nauhe ander groß vnuurdeckt schieff» handeln, die Valtin Fermeister 1517 von Wittenberg nach Torgau zu führen helfen musste.[96]

Anscheinend hatte der Elbbrückenbau einen Einfluss auf die Einnahmen aus dem Geleitwesen. Torgau liegt an einem Kreuzungspunkt zweier alter Fernhandelsstraßen, von denen eine am westlichen Hochufer und in nordsüdlicher Richtung verläuft und die andere westöstlich die Elbe überquert.[97] Diese zweite war für den Fernhandel zwischen Leipzig über Frankfurt / Oder bis in die polnischen Gebiete von besonderer Bedeutung.[98] Diese Ost-West-Verbindung, auch als »Niedere Straße« bezeichnet, die durch vorwiegend ernestinisches Gebiet führte, konkurrierte mit der »Oberen Straße«, über Großenhain und Görlitz nach Breslau und Königsberg führend, im vorwiegend albertinischen Bereich. Als Herzog Georg 1501 eigenmächtig im gemeinsamen Gebiet des Herzogtums Sagan die Fuhrleute anwies, die »Obere Straße« zu nutzen, kam

Abb. 4
Lucas Cranach d. J., Hirschjagd des Kurfürsten Johann Friedrich (mit der Elbbrücke im Hintergrund), 1544, Leinwand auf Lindenholz, 116 × 176,5 cm. Kunsthistorisches Museum Wien, Gemäldegalerie, Inv. Nr. GG 856

es zu lange anhaltenden Auseinandersetzungen mit Friedrich dem Weisen, der die damit verbundenen wirtschaftlichen Nachteile, vor allem geminderte Geleitseinnahmen, nicht in Kauf nehmen wollte.[99] Dessen ungeachtet haben sich die Einnahmen des Torgauer Geleits von 1485/86 bis 1524/25 mehr als verdoppelt, für Pferdegeleit und Wasserzoll sogar mehr als verdreifacht.[100] Ein bedeutender Zuwachs war vor allem nach 1520 eingetreten.

Während Bauern die Brücke frei passieren durften, war das den Torgauer Bürgern nur gegen Zahlung von Brückenzoll erlaubt. Betroffen davon waren auch diejenigen, die Grundbesitz jenseits der Elbe bewirtschafteten. Der Geleitsmann sah sich 1521 veranlasst, dem Kurfürsten mitzuteilen, dass immer wieder Bürger den Zoll nicht entrichten und auf einen Erlass des Brückenzolls hoffen. [101] Diesem Ansinnen, den Brückenzoll zu erlassen, das schon 1520 dem Kurfürsten vom Torgauer Rat als Erinnerung vorgetragen worden war, scheint nicht entsprochen worden zu sein.[102] Die Geleitsrechnung des Rechnungsjahres 1522/23 vermerkt, dass 15 Bürger und das Hospital zum Heiligen Geist, die jenseits der Elbe Wiesen und Hopfengärten bewirtschafteten, je Viertel Landes auf Befehl des Sekretärs Hieronymus Rudelauf sechs Groschen zahlen mussten.[103] An der Zollpflicht für Torgauer Bürger hatte sich auch trotz weiterer Ansuchen des Rates in den Jahren bis 1525 nichts geändert.[104] Erst 1526 wurde durch Kurfürst Johann eine auf drei Jahre befristete Befreiung gewährt.[105]

Fürstliches Hoflager

Sofern man das Hoflager der Fürsten mit dem Personenkreis definieren will, der aus der Hofküche gespeist wurde, wäre für den Ort des zeitweiligen Hoflagers während der Regierungszeit Friedrichs des Weisen zu unterscheiden zwischen

- Hof- und Amtsgesinde, das stationär am Ort verblieb
- Hofgesinde, das zeitweilig zurückgelassen wurde
- dem mit den Fürsten reisenden und im Umfang wechselnden Hofgesinde und
- den »zufälligen« Personen, Besuchern, die in der Regel nur kurzzeitig anwesend waren.

Obwohl die Begriffe »Hoflager« und »Lager« in den Quellen recht undifferenziert gebraucht werden, gehen sie immer von der grundsätzlichen Anwesenheit des Fürsten und davon aus, dass die Hofküche alle am Hof Anwesenden versorgt. Das schließt ein, dass der Fürst selbst auch zeitweilig abwesend ist. Bei Abwesenheit des Hoflagers wurde dem am Ort verbliebenen Hofgesinde Kostgeld gezahlt.

Zeitweilig hielt auch der Schösser gegen Entrichtung des Kostgeldes die Küche.[106] Die Dauer des Hoflagers war höchst unterschiedlich. So wurden im Rechnungsjahr 1505/06 13 Hoflager mit einer Dauer zwischen drei und 25 Tagen gezählt, während das des Kurprinzen mit scheinbar nur etwa sechs bis zehn Personen ganzjährig anwesend war. 1510/11 fanden fünf Hoflager statt, 1518/19 zwölf Lager bei einer jeweiligen Anwesenheitsdauer von nur etwa zwei Tagen.

Die jährliche Anwesenheit des fürstlichen Hofes in Torgau lässt sich mithilfe der Torgauer Amtsrechnungen, der fürstlichen Küchenrechnungen und der fürstlichen Lagerbücher bis auf einige Jahre mit Rechnungslücken feststellen.[107] Mit durchschnittlich 23 Wochen (1486 bis 1500), 21,5 Wochen (1501 bis 1510) und 27,5 Wochen (1511 bis 1516) hatte sich die Aufenthaltsdauer bis 1516 nicht grundsätzlich verändert. Kurprinz Johann Friedrich war mit und ohne fürstliches Hoflager seit seiner Geburt am 30. Juni 1503 bis zum Jahr 1511 zunächst ganzjährig, insgesamt aber durchschnittlich 37 Wochen in Torgau anwesend.

Mit durchschnittlich 4 Wochen im Jahr hielt sich Kurfürst Friedrich ab 1517 bis 1524 nur noch selten in Torgau auf. Jetzt bevorzugte er das seit 1494 umfassend erneuerte Jagdschloss Lochau. Hier werden bereits 1505 144 Betten im Schloss und eine umfangreiche höfische Ausstattung genannt. 1506 waren Scheune, Stall, Backhaus und Vogelherd, 1511 auch Brauhaus und Jägerhaus vorhanden. 1509 wird die Wasserversorgung über eine Rohrleitung, 1514/15 eine Schießhütte genannt.[108] Neben den fürstlichen Wohnansprüchen und der höfischen Versorgung durchaus entsprechenden Bedingungen wird für Friedrich den Weisen das Lochauer Jagdgebiet mit seinem Wildreichtum von besonderem Reiz gewesen sein. Für den Kurfürsten lag das Jagdgebiet, das an die Niederlausitz, ein Lehensgebiet des böhmischen und ungarischen Königs, grenzte, direkt vor der Haustür. Auch Torgau war mit einer Entfernung von etwa 25 Kilometern relativ schnell erreichbar.

Der fürstliche Hof, seine Angehörigen und Besucher zeichneten sich durch eine außerordentlich große Mobilität aus. Beispielhaft sei dazu die Rechnungsperiode 1510/11, also vom 1. Mai 1510 bis 30. April 1511, betrachtet. Die Amtsrechnung gibt für diesen Zeitraum fünf fürstliche Lager an, die aufgrund der dafür abgerechneten Verbräuche im Küchenregister von 537 Torgauer Scheffeln Futterhafer und 84 Scheffeln Brotkorn nur kurzzeitig und mit relativ wenigen Personen stattgefunden haben können.[109] Darüber hinaus liegt für den gleichen Zeitraum ein gesondertes Futterregister vor, das den übrigen, nicht im Küchenregister erfassten Verbrauch gesondert abrechnet.[110] Erfassbar sind damit alle Einzelpersonen und Personen-

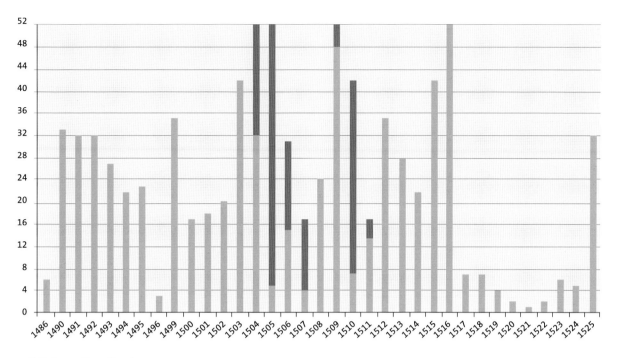

Abb. 5
Kurfürstliche Hoflager
in Torgau 1486 bis 1525

■ Hoflager   ■ nur Kurprinz

gruppen, deren Pferde mit Futterhafer versorgt worden sind. Unterschieden wurde einerseits zwischen dem Amtsverbrauch für die ständig anwesenden Pferde – die des Schössers, Försters, Landknechts und des Harnischmeisters Hans Muth, die Pferde des Rennstalls, die Pferde im Hausgeschirr und auch darüber hinaus die Pflichtgeschirre der Klöster und Städte, die für Transportleistungen des Amtes und des Hofbedarfs eingesetzt waren; und andererseits zwischen den übrigen, außerhalb der Zeit des Hoflagers zu versorgenden zufälligen Pferden, unabhängig davon, ob sie von zeitweilig anwesenden Mitgliedern des fürstlichen Hofes oder hoffremden Personen genutzt wurden. Insgesamt werden 50 Personen und Personengruppen genannt, die sich in der Regel nur für wenige Tage, in Ausnahmefällen bis zu 160 Tage, außerhalb der Hoflager mit Pferden hier aufhielten.

Während bis zur Mutschierung 1513 und des gemeinsamen Hoflagers beider Fürsten mit etwa 200 Personen zu rechnen ist und die Personenanzahl je Pferd gerundet bei 1,5 lag, verminderte sich der Umfang der Hofhaltung danach bei Kurfürst Friedrich gleichbleibend auf etwa 140 Personen. Nach dem Tod des Kurfürsten Friedrich kam sein Neffe, der »junge herre von lüneburgk sambt des alt(en) Churfürst(en) hofgesinde« am 20. Mai 1525 nach Torgau und hielt sich bis zum 3. Juli hier auf, ist »hidan nach wayda gezogen vnnd ezlich hofgesinde alhier gelassen«.[111] Aus dem Brotgetreide- und Futterhaferverbrauch errechnen sich 92 Personen Hofgesinde und 73 Pferde. Wenn Fritz Stoy für 1522 aufgrund der Tischordnung Kurfürst Friedrichs des Weisen in Lochau 133 Personen einschließlich des stationären Gesindes und zufälliger Personen ohne weibliches Gesinde ermittelt, so befindet sich die hier errechnete Größenordnung des mitreisenden Hofgesindes durchaus in einem glaubwürdigen Bereich.[112]

Fürstliche Frömmigkeit

Für den gottesdienstlichen Gebrauch stand auf dem Schloss die erstmals 1362 genannte Doppelkapelle St. Martin zur Verfügung. Außer dem Martinsaltar sind weitere Altäre nicht eindeutig nachgewiesen.[113] 1486 werden zwei Geistliche, »unser hergot« und ein Kaplan genannt, die Kostgeld erhalten.[114] Ihre Anzahl änderte sich auch bis 1493 nicht.

Bevor Friedrich der Weise seine Wallfahrt in das Heilige Land antrat, errichtete er 1493 noch eine Stiftung für die Schlosskapelle: »Sieben gezeit von vnnser lieben frawen teglichen zu singen« durch vier Priester und sieben Chorschüler, worunter ein Custos sein sollte. »Die ytzycmelten vier priester vnd chorschuler sollen verpflicht sein vnd darzu gehalten werden, alle tag teglichen horas beate virgines vnd zwo messen zusingen […] Es solle auch alle tag ein messe von Sanct Annen durch der vier prister eynen gelesen vnd gehalten werden. Es solle auch denselbigen personen allen pristern, Chorschülern vnd organisten ein bequeme stuben vnd etliche Cammern allhie im Sloß Ingetane […] werden.« Zur Entlohnung erhielten der Priester 30 Gulden, die Chorales (Chorschüler) 20 Gulden, der Organist 25 Gulden sowie die Chorknaben 15 Gulden. Darüber hinaus wurden für den Kirchenbedarf 20 Gulden zur Verfügung gestellt. Bei »Kost zu Hof« wurden den Priestern je 15, den Chorales und Organisten zehn und den Chorknaben acht Gulden abgezogen.[115] Diese Stiftung wurde in einer weiteren Beurkundung 1518 erneuert und jetzt wurde festgelegt, dass die Kosten zu je einem Drittel aus den Einnahmen des Amtes, des Geleites und aus der Jahrrechnung der Stadt Torgau zu begleichen seien.[116] Erstmalig ist eine Kostgeldzahlung in der Torgauer Amtsrechnung für »Er Johann, sieben corales, drey chorjungen« im Jahr 1497/98 nachweisbar.[117] Im Jahr 1504/05 wurden vier Priester entlohnt,[118] 1507/08 wieder nur zwei, der Kaplan »Er Donat« und »Er Jurgen Custos«. Die Priester, sechs Chorales und drei Chorjungen erhielten Hofgewand und Schuhe aus der kurfürstlichen Kammer.[119]

Seit 1510 ist die Anzahl von vier Priestern – Er Simon (Lomer), Er Donat (Behr), Er Balthasar und Er Jorgen Custos – wieder nachgewiesen.[120] 1511/12 wurde ein fünfter Priester entlohnt »Er Domenic« (Albertus), der zugleich einer der sechs Chorales war.[121] 1516/17 war Er Johann Salvelt (Jahn) an die Stelle des Domenic getreten, er wurde später Schlosskaplan und behielt die Bezüge aus dem Lehen Martini auch nach der Reformation als Jungfrauenschulmeister ab 1532 bis zu seinem Tode. Erst 1560 wurde darüber neu verfügt.[122] 1516/17 erhielt auch »m(eines) g(nädigen) h(errn) Prediger«, 1517/18 der Hofprediger Johann Schleswig, der wohl mit dem im Folgejahr genannten Johann Wolkenstein identisch ist, für 51 Wochen Kostgeld.[123] Herzheimer bemerkt 1519 zur Kirche im Schloss: »Es haben auch ir churf(urstlich) g(naden) im sloss ain schene kirichen, dar inn vnser frawn tagzeitten taglich gesungen werden. Ir gnad(en) mogen dar ein an zbayen end(en) auf parkirchen khomen. Vnd hat ein schöne orgl.«[124] Letztmalig wurden Priester, Chorales und Chorjungen nach dem Tod Friedrichs des Weisen 1526 entlohnt.[125]

Ebenfalls in Vorbereitung der Wallfahrt des Kurfürsten wurde auch dem Franziskanerkloster aufgetragen, Messen zu halten. 1517 wurden sechs Groschen gezahlt «vonn den lichtenn zu machenn zu den VII messen welch m(ein) g(nädiger) h(err) der churfürst von der zceit an als s(eine) churf(ürstliche) g(naden) zum heiligen landt gezogenn zuhalten Im barfusen closter bestalt, ist nicht gestift sunder stehet in s(einer) churf(ürstlicher) g(naden) gefallen«.[126]

Noch wesentlich umfangreicher sind die Stiftungen der fürstlichen Brüder für die Kirche Unser Lieben Frauen,

die Pfarrkirche. Durch Tausch wurde bereits Markgraf Wilhelm 1401 das Patronat über die Kirche vom Kloster Nimbschen übertragen, nachdem er schon 1392 eine Stiftung für einen Altar der Heiligen Peter und Paul errichtet hatte.[127] Bei einer Erneuerung und Erweiterung durch die fürstlichen Brüder 1491 heißt es, dass »vff demselben altar in ewigkeit alle wochen vff Dornstag eine messe von dem heiligen waren leichnam […] vnd ein messe vff Sonnabend von der hochgelobten himmel konigynn vnnd koschen gotsgebererin Sanct marien durch einen Iglichen des altars besitzer mit hulff eines schulmeisters vnd etlicher seiner großen schüler« gehalten werden sollen.[128]

Im Jahr 1492 wurde durch die fürstlichen Brüder in Vorbereitung der Jerusalemwallfahrt Kurfürst Friedrichs der Altar »crucis (novae) sive conceptionis Marie« errichtet und durch Erzbischof Ernst von Magdeburg geweiht.[129] Ausgestattet war das Lehen mit 62 Gulden, zwei gesungenen und drei gelesenen Messen, die wöchentlich zu halten waren. Hier besteht ein unmittelbarer Zusammenhang mit der 1492 erfolgten Stiftung der Kapelle zum Heiligen Kreuz vor den Toren der Stadt als Wallfahrtskapelle. Am 19. Februar 1492 verfasste Friedrich der Weise sein erstes Testament, legte am 17. März den Grundstein zu dieser Kapelle und ließ sich von seinen beiden Brüdern Herzog Johann und Erzbischof Ernst aussegnen.[130] Die Kirche wurde jetzt zum Ausgangspunkt von Prozessionen zur Wallfahrtskapelle. Dazu erteilte im Jahr 1502 der Kardinallegat Raimund Peraudi, als er sich als Ablasskommissar in Wittenberg aufhielt, einen 100-Ablass, den der Bischof von Meißen um weitere 40 Tage erhöhte. Er wurde für die Prozessionen am Kreuzauffindungstag, am Kreuzerhöhungstag und am Tage Laurentii »auß hiesiger Parochial Kirche zur Creutz Capelle vor dem Thore mit aufgedeckter Monstranz« bestimmt.[131] Nach der Rückkehr aus dem Heiligen Land folgte die Stiftung eines Salve Regina für die Kirche Unser lieben Frauen, die aus den Zinsen von 200 Gulden Jahrrente von der Stadt Torgau zu finanzieren war.[132]

Nach dem Tod der Gemahlin Herzog Johanns und der Mutter des späteren Kurfürsten Johann Friedrich, Sophie von Mecklenburg, am 12. Juli 1503 und ihrer Beisetzung inmitten der Kirche vor dem Chor wurden ab 1504 jährlich Begängnisse gehalten.[133] Das Gedenken und die Seelenmessen wurden durch die fürstlichen Brüder aber erst am 19. Juli 1505 in einer Urkunde geregelt. Eine weitere Urkunde vom gleichen Tag betrifft die Erneuerung der Bewidmung des Altars zum Neuen Kreuz mit wie zuvor zwei gesungenen und drei gelesenen Messen, die wöchentlich zu halten waren. Es scheint sich nicht um eine Umsetzung des vorhandenen Altars, sondern um »Eynen Nawen Altar mytten In vnnser liebenn frawenn pfarrekirchen« gehan-

Abb. 6
Lucas Cranach d. Ä.,
Die vierzehn Nothelfer,
um 1507, Öl auf Linden-
holz, 84,3 × 117,8 cm,
Stadtkirche St. Marien
Torgau

delt zu haben.[134] Aufwendig und fürstlicher Repräsentation angemessen war das erhöhte Grabmal der Herzogin
in der Kirche mit einer gravierten Grabplatte aus der Werkstatt Peter Vischers d. Ä. von 1504 und dem 1507 geweihten
Altar »Annae und der Vierzehn Nothelfer« von Lucas Cranach ausgestattet, von dem nur die Predella der 14 Nothelfer noch vorhanden ist.[135] Spätestens mit der Ausstattung für Herzogin Sophie hatte die Pfarrkirche Unser
lieben Frauen den Status einer Hofkirche erreicht.

Herzheimer erwähnt 1519: »Aus dem sloss haben ir
churf(urstlich) g(naden) ain(en) kunstlichen ganck bis in
die vor ermelt vnnser frawen kirichen gefuerdt«.[136] Von
diesem Gang haben sich das Zugangsportal zum Nordchor
der Kirche und die originale Tür mit Schlupfpforte von
1504 / 05 erhalten.[137] Es ist davon auszugehen, dass zu dieser Zeit auch eine fürstliche Empore entstanden sein muss.
Ein neuer gedeckter Gang vom Schloss zur Kirche und darüber hinaus in den kurfürstlichen Baumgarten scheint
jedoch erst 1518 errichtet worden zu sein. In diesem Jahr
berichtet der Schösser Leonhard Köppe, dass der Gang vom
Schloss bis an den Kirchhof »kürzlich« stehen wird. Der

Zimmermann Hans Prechtel will den Gang in den Garten
so bald wie möglich fertig stellen.[138]

Im Jahr 1522 wird zwischen einem alten und neuen
langen Gang unterschieden. Es wurden umfangreiche Arbeiten ausgeführt. Dazu gehörte der Bau neuer Pfeiler auf
dem Kirchhof und im Zwinger, eines Gehänges über die
Gasse und an des Erzpriesters Haus, der Abbruch und die
Neuerrichtung »zwei Gemach hoch am Pfaffenhaus«.
Auch das Dach des Beinhauses musste abgebrochen und
neu errichtet werden. Über dem Beinhaus neben einem
Turm wurden jetzt auch neue Türen zu einer neuen Em-
porkirche eingebrochen. Die steinerne neue Empore wurde
getäfelt.[139] Der Geleitsmann Wolf Metzsch entlohnte Valten Tischer 1523 für den »Vnnterscheidt zwischen der
Nawen vnnd alten Poerkirchen«, für fünf »Bengke uff der
nawen porekirchen« und für acht »par Bender zu den
dreyen stuben vnnd zu der Falthure«.[140] Es scheint sich um
zwei übereinander liegende Emporen gehandelt zu haben,
die wohl nicht nur der fürstlichen Familie dienten. Darauf
weist hin, dass 1514 »ein Stuhl auf der Empore für Herrn
Pfeffingers Frau« eingerichtet werden sollte.[141]

Die von Kurfürst Friedrich im Jahr 1492 gestiftete Kapelle zum Heiligen Kreuz wurde ab 1494 gebaut und sowohl aus den Mitteln der kurfürstlichen Kammer als auch aus den Einnahmen der päpstlichen Indulgenz, der »Butterbüchse«, finanziert.[142] Der Küster der Kreuzkirche wurde vom Hof versorgt.[143] Die Weihe durch Erzbischof Ernst von Magdeburg erfolgte im Jahr 1499.[144] Aus Beschreibungen des Torgauer Schulrektors Michael Böhme kann geschlossen werden, dass diese Kirche auf fast geradlinigem Wege von der Kirche Unser lieben Frauen und dem dortigen Altar zum Neuen Kreuz, durch die Spitalgasse und das Spitaltor führend, etwa 900 Meter entfernt war.[145] Auf diesem Weg werden die Prozessionen durchgeführt worden sein.

An diesem Wallfahrtsort muss es auch eine Schenke gegeben haben, da für die Kirche bis 1523 Torgauer Bürgerbier eingekauft wurde.[146] Eine Köchin zum Heiligen Kreuz wird unter den schosspflichtigen Torgauer Pfahlbürgern des Jahres 1505 genannt.[147] Die fürstlichen Spenden für die Wallfahrtskirche beginnen bereits nach der Rückkehr des Kurfürsten Friedrich aus dem Heiligen Land, am 15. Dezember 1594 mit »2gr zum heiligen creutz«.[148] Von einer Wachsfigur ist 1503/04 die Rede, drei Groschen wurden einem Bildschnitzer gezahlt, welcher »hat an dem wichße bildt, das meyn g(nädige) fraw gottselige zum heyligen creutz schickte, ein bein das zubrochen war, wider gemacht.«[149] Im Jahr 1505 sind zwölf Groschen ausgegeben worden »zum heiligen Kreuz verzehrt als man den jungen Herzog nawes gelobt mit denjenigen die im Frauenzimmer verzehrt«.[150] Zu den zahlreichen vom 4. Januar bis 11. Februar 1513 »opfer vnd durch gots willen geldts« in Torgau, Lochau und Wittenberg gehören 31 Torgauer Spenden mit einem Gesamtbetrag von zehn Gulden sechs Groschen und sechs Pfennigen. Davon wurden am 6. Januar zehn Groschen »zum heiligen kreutze« und am 7. Februar dort zwei Gulden »in dy zwen stocke gelegt«.[151]

Besonders hoch fielen die Opfer im Jahr 1519 aus. Zwei Schock 27 Groschen »hat m(ein) g(nädiger) h(err) […] zum heiligen creutze von torgau opffern lassen« und Herzogin Margarethe, die zweite Ehefrau Johanns, zahlte ein Schock drei Groschen für Wachs, das in Erfurt gekauft war, »daraus ist ein bilde gemacht, welchs m(eine) g(nädige) frawe alhir zum heyligen Creutze opffern lassen Inclusis VII g(roschen) vom bilde zu machen«. Weitere drei Schock 30 Groschen hat Kurprinz Johann Friedrich »mein gnediger junger herre zum heiligen creutz vor torgau opffern lassen«; im Jahr 1520 wurden drei Groschen zehn Pfennig für zehn »zceichen zum hailigen creutz« ausgegeben und ein »goltgulden« geopfert.[152]

Die Wallfahrten waren für die Reformatoren ein Ärgernis. Martin Luther polemisierte in einer Bornaer Predigt 1522 zur Einfältigkeit der Gläubigen »nemlich die do lauffen hyn vnd her zum heiligen Creutz zu Dorgaw vnd tzu Dresden«.[153] Unter den Bedingungen der um sich greifenden reformatorischen Bewegung und den damit verbundenen Rechtsverletzungen sah sich Kurfürst Friedrich 1523 gezwungen, seinen Landrentmeister Hans von Taubenheim, den Torgauer Rentschreiber Bernhard Sol, den Torgauer Rat und seinen Geleitsmann Wolf Metzsch zu beauftragen, diejenigen, die von den Vorstehern aus dem Vermögen der Kirche zum Heiligen Kreuz Geld geliehen hatten, aufzufordern, ihren jährlichen Zins zu zahlen.[154] Vorsteher der Kirche waren um 1520 der zum Stadtadel gehörende Geleitsmann Wolf Metzsch und der Bürgermeister und Landrichter des Amtes Torgau Erasmus Köppe, beide im kurfürstlichen Dienstverhältnis stehend.[155] Erasmus Köppe wird auch der Stifter des Passionsaltars von 1509 für die Kirche gewesen sein, der, wenn auch heute kriegsbeschädigt, erhalten geblieben ist und sich heute in der Stadtkirche befindet.

Nach der Reformation verfiel die Kirche, sodass sich der Torgauer Rat 1532 an den Kurfürsten wandte und zu bedenken gab, dass »die thor auch zu befestigen hoch vonnöten, darzu vil stein gehören wollenn: vnd ane das, des heiligen Creuzes kirche mit yrem anhangenden gepaw, der ende, vor der stad gelegen ist, dohin vnd doselbst […] von widderwertigen leuten, in einer eiln, vngewarnter sache, eine geschwinde schantz möchte geleget […] werden.« Es wurde gebeten, die Kirche der Stadt zum Abbruch und »zu erbawung der thor vnd versteinung […] in solchen geferlichen geschwinden zeitenn« zu überlassen.[156] Dem Anliegen des Rates hat der Kurfürst nicht entsprochen. Stattdessen wurde die Kirche in seinem Auftrag abgebrochen und das Baumaterial für den Schlossbau verwendet.[157]

Anmerkungen

1   Vgl. Ingetraut Ludolphy, Friedrich der Weise, Kurfürst von Sachsen 1463–1525. Göttingen 1984, S. 43.

2   Vgl. Brigitte Streich, Zwischen Reiseherrschaft und Residenzbildung. Der Wettinische Hof im späten Mittelalter. Köln, Wien 1989, S. 286f. und 408.

3   Vgl. Thüringisches Hauptstaatsarchiv Weimar, Ernestinisches Gesamtarchiv (im Folgenden ThHStAW, EGA) Reg. Bb 2381, Amtsrechnung Torgau 1485/86, 54r–57v (im Folgenden werden die Amtsrechnungen mit AR, Signaturnummer und Jahresangabe angemerkt). Summarische Auswertungen sind im Folgenden nicht angemerkt

4   Vgl. Stadtarchiv Torgau (im Folgenden StAT), H 576, Privilegien und Statuten, 2r.

5   Vgl. AR 2381, 1485/1486, 58r–60r. Für den Verbrauch von Futterhafer erge-
    ben sich 1485/1486 0,34 Torgauer Scheffel je Tag und Pferd. Nach der Amts-
    rechnung 1507/1508 (AR 2408, 104r) werden drei Futtermaß auf einen
    Scheffel gerechnet. Für Überschlagsberechnungen werden im Folgenden
    0,33 Scheffel Tagesverbrauch angesetzt. Der tägliche Kornverbrauch (Rog-
    gen) für Schwarzbrot lag je Person bei 0,068 Torgauer Scheffel (AR 2398,
    1503/1504, 73r), einer Größe, die zur Schätzung des Umfangs des Hoflagers
    verwendet wird.

6   Karl August Hugo Burkhardt, Die Vermählung des Herzogs Johann von Sach-
    sen 1. bis 5. März 1500, in: Neues Archiv für Sächsische Geschichte und Al-
    tertumskunde 15 (1894), S. 297.

7   Vgl. Carl Knabe, Das Amt Torgau, in: Publikationen des Altertums-Vereins
    zu Torgau I. Torgau 1887, S. 1 und 23 f.

8   Vgl. AR 2398, 1503/1504, 69v–70r.

9   Vgl. AR 2413, 1510/1511, 43r–45r.

10 Sächsisches Staatsarchiv, Hauptstaatsarchiv Dresden (im Folgenden StA-D),
    Lehnhof Dresden, Vasallen, L 162.

11 Vgl. AR 2397, 1502/1503, 22v.

12 Vgl. AR 2397, Amtserbbuch 1505, 505v–506v.

13 Vgl. Gertraude Winter, Eckart Säuberlich, Der Große Teich. Torgau 1983, S. 15.

14 Enno Bünz, Vortragsmanuskript mit Editionsanhang, Torgau 1519. Der baye-
    rische Adelige Hans Herzheimer beschreibt die sächsische Residenz. Vom
    Verfasser freundlicherweise zur Verfügung gestellt. Zitate erfolgen nach
    Editionsanhang, hier S. 20 (260r).

15 Vgl. AR 2433, 1522/23, 46r.

16 Vgl. AR 2423, 1518/1519, 68r und AR 2428, 1520/1521, 42r. Ein Fass enthielt
    fünf Eimer, der Eimer sechzig Kannen. Die Kanne wurde mit einem Preis von
    acht Pfennigen bewertet.

17 Vgl. AR 2422, 1517/1518, Kostgeldzahlungen 28r–34r.

18 Vgl. AR 2439, 1524/1525, 44v–46r.

19 Vgl. Streich, Reiseherrschaft (wie Anm. 2), S. 271.

20 Vgl. AR 2411, 1509/1510, enthält letztmalig die Abrechnung des Geleits.

21 Vgl. AR 2408, 1507/1508, Anhang, 129r–132r.

22 Vgl. ThHStAW, EGA, Reg. Bb 2414, Futterrechnung des Amts Torgau 1510/1511.

23 Vgl. AR 2422, 1517/1518, 16r und 26r und AR 2423, 1518/1519, 28r.

24 AR 2435, 1523/1524, 62r.

25 Vgl. Die Denkmale der Stadt Torgau, hrsg. von Peter Findeisen und Heinrich
    Magirius. Leipzig 1976, S. 83–84.

26 BÜNZ, Herzheimer (wie Anm. 14), S. 20 (260r).

27 Vgl. AR 2394, 1499/1500, 74r–v.

28 Vgl. AR 2381, 1485/1486, 58r–60r.

29 Vgl. AR 2388, 1492/1493, 17r; AR 2392, 1497/1498, 14v und AR 2439, 1524/1525,
    15v.

30 Vgl. AR 2394, 1499/1500, 77r und AR 2413, 1510/1511, 73r.

31 Vgl. AR 2364, 1397/1398, 7r.

32 Vgl. Denkmale (wie Anm. 25), S. 118.

33 Vgl. Torgauische Merckwürdigkeiten und Nachrichten Nr. 8. Torgau 1749,
    S. 29.

34 Vgl. AR 2391, 1496/1497, 34v.

35 Vgl. AR 2402, 1505/1506, 148v–185r.

36 Vgl. AR 2381, 1485/1486, 16r.

37 Vgl. AR 2397, 1502/1503, 22v.

38 Vgl. AR 2395, 1501/1502, 9v.

39 Vgl. AR 2392, 1497/1498, 34r.

40 Vgl. AR 2392, 1497/1498, 32v und AR 2395, 1501/1502, 9v.

41 Vgl. AR 2429, 1521/1522, 16r–v und AR 2439, 1524/1525, 22r–v.

42 Vgl. AR 2420, 1516/1517, 22r–v; AR 2422, 1517/1518, 26r–v; AR 2423, 1518/1519,
    30r–v.

43 Vgl. AR 2422, 1517/1518, 27r–34r.

44 Vgl. Karl-Heinz Lange, Häuserbuch der Stadt Torgau, Ms., 2007, S. 53.

45 Vgl. Lange, Häuserbuch (wie Anm. 44), S. 134.

46 Vgl. Anne-Katrin Köhler, Geschichte des Klosters Nimbschen, Leipzig 2003,
    S. 117.

47 Vgl. AR 2422, 1517/18, 27v–34r.

48 Vgl. Lange, Häuserbuch (wie Anm. 44), S. 132.

49 Denkmale (wie Anm. 25), S. 115–125.

50 Vgl. AR 2401, 1504/1505, 24r.

51 Bünz, Herzheimer (wie Anm. 14), S. 19 f. (259r–260r).

52 AR 2388, 1492/1493, 47v–48r.

53 AR 2390, 1494/1495, 16r.

54 Vgl. AR 2391, 1496/1497, 17r.

55 Vgl. AR 2392, 1497/1498, 26v.

56 Uwe Schirmer, Kursächsische Staatsfinanzen (1456–1656). Stuttgart 2006,
    S. 361.

57 Vgl. AR 2397, 1502/1503, 27r und 28v.

58 Vgl. Lange, Häuserbuch (wie Anm. 44), S. 1099 und 1124.

59 Vgl. AR 2397, 1502/1503, 44r und 88v.

    Vgl. Georg Buchwald, Kleine Notizen aus Rechnungsbüchern des Thüringi-
    schen Staatsarchivs Weimar, in: Beiträge zur Thüringischen Kirchen-
    geschichte 6/1 (1940), S. 464–468.

60 Vgl. AR 2402, 1505/1506, 115v.

61 Vgl. Irmgard Höss, Georg Spalatin 1484–1545. Weimar 1989, S. 42.

62 AR 2411, 1509/1510, 38v, 42v–43r, 48r, 52v–53r.

63 Vgl. Buchwald, Kleine Notizen (wie Anm. 60), S. 456.

64 AR 2415, 1512/1513, 129r und 135r.

65 AR 2420, 1516/1517, 25r–26r.

66 AR 2429, 1521/1522, 43v.

67 Vgl. Jürgen Herzog, Georg Spalatin in Torgau und sein Torgauer Altarlehen,
    in: Spalatin in Altenburg, hrsg. von Hans Joachim Kessler und Jutta Penn-
    dorf. Halle 2012, S. 139 und 143.

68 Vgl. AR 2387, 1491/1492, 50r.

69 Vgl. AR 2401, 1504/1505, 25r.

70 Vgl. AR 2381, 1485/1486, 67r–v, 74r, 92r–94v.

71 Vgl. AR 2387, 1491/1492, 43r.

72 Vgl. AR 2402, 1505/1506, 154r.

73 Vgl. AR 2415, 1512/1513, 159r.

74 Vgl. AR 2433, 1522/1523, 51r.

75 Siehe dazu die Beschreibungen durch Herzheimer, vgl. BÜNZ, Herzheimer
    (wie Anm. 14), S. 19 (259r–v).

76 Vgl. ThHStAW, EGA, Reg. Cc 1181, Geleitsrechnung 1522, 197r (im Folgenden
    mit GR, Signaturnummer und Jahresangabe angemerkt).

77 Vgl. GR 1182, 1523, 115r–117v.

78 GR 1183, 1523/1524, 98r.

79 Siehe dazu die Ausführungen durch Hans Herzheimer, vgl. Bünz, Herzhei-
    mer (wie Anm. 14), S. 18 (258v).

80 GR 1182, 1523, 104v.

81 Vgl. Carl Knabe, Urkundenbuch von Torgau. Torgau 1902, S. 69 (Nr. 168), Ur-
    kunden, S. 73 (Nr. 54).

82 GR 1184, 1524/1525, 196v.

83 GR 1183, 1523/1524, 99r. Es handelt sich hierbei um die Tür zum Kirchgang,
    der zu den fürstlichen Emporen der Pfarrkirche führte.

84 Denkmale (wie Anm. 25) S. 104.

85 Vgl. Ludolphy, Friedrich der Weise (wie Anm. 1), S. 126–127.

86 Vgl. Schirmer, Staatsfinanzen (wie Anm. 56), S. 314.

87 Vgl. GR 1186, 1525, 191v.

88 AR 2403, 1505, 4r.

89 Vgl. AR 2408, 1507, 5v.

90 Vgl. Denkmale (wie Anm. 25), S. 93.

91 AR 2409, 1508/1509, 47v.

92 Georg Buchwald, Zur mittelalterlichen Frömmigkeit am kursächsischen Hof
    kurz vor der Reformation, in: Archiv für Reformationsgeschichte 27 (1930),
    S. 106.

93 Vgl. Ludolphy, Friedrich der Weise (wie Anm. 1), S. 127 und GR 1188, 1526,
    unpaginiert.

94 Bünz, Herzheimer (wie Anm. 14), S. 21 (260v).

95 GR 1175, 1517, unpaginiert.

96 Vgl. Karlheinz Blaschke, Die geschichtliche Entwicklung der Stadt Torgau von den Anfängen bis zum Beginn des 19. Jahrhunderts, in: Denkmale (wie Anm. 25), S. 16–17.

97 Manfred Straube, Handel und Verkehr auf sächsischen Straßen zu Beginn des 16. Jahrhunderts, in: Sächsische Heimatblätter 19 (1973), S. 183.

98 Ernst Müller, Die ernestinischen Landtage in der Zeit von 1485 bis 1572 unter besonderer Berücksichtigung des Steuerwesens, in: Forschungen zur Thüringischen Landesgeschichte Bd. 1, FS Friedrich Schneider zum 70. Geburtstag, hrsg. von Hans Eberhardt. Weimar 1958, S. 196.

99 In die Auswertung wurden einbezogen die Amtsrechnungen 2381, 1485/1486; 2388–2392, 1492/1493–1497/1498; 2394, 1499/1500; 2397–2398, 1502/1503–1503/1504; 2401–2402, 1504/1505–1505/1506; 2406, 1506/1507; 2408–2409, 1507/1508–1508/1509; die Geleitsrechnungen 1162–1163, 1510/1511–1511/1512; 1167, 1513/1514; 1179–1181, 1520/1521–1522/1523; 1184, 1524/1525.

100 Vgl. ThHStAW, EGA, Reg. Cc 382, 1521.

101 Vgl. StAT, H 576, Privilegia und Statuten 1537, 140r.

102 Vgl. GR 1181, 1522/1523, 184v.

103 Vgl. StAT, H 575, Bestetigung E. E. Raths Policey, Begnadung, Statuten und Wilkühr der Stadt Torgau, 142v.

104 Vgl. StAT, H 38, Torgauer Chronik, Beschwerung zum Brückenzoll, S. 312–317.

105 Vgl. Anm. 39.

106 Ausgewertet wurden dazu Amtsrechnungen Torgau: 2381 (1485/1486), 2384 (1488/1490), 2387–2388 (1491–1493), 2389 (1493/1494), 2394 (1499/1500), 2397–2398 (1502/1503–1503/1504), 2401–2403 (1504/1505–1505/1506), 2406 (1506/1507), 2408, 2409, 2410 (1507/1508–1509/1510), 2413 (1510/1511), 2416 (1513/1514), 2418–2419 (1515/1516–1516/1517), 2421 (1517/1518), 2423, 2424 (1518/1519–1519/1520), 2428 (1520/1521), 2431 (1521/1522), 2433 (1522/1523), 2436 (1523/1524), 2439–2440 (1524/1525–1525/1526); ThHStAW, EGA, Reg. Bb, Fürstliche Küchenbücher 5129–5130 (1493–1494), 5132–5139 (1499–1506), 5142 (1512/1513), 5147 (1513), 5150 (1513/1514), 5160 (1516) und Reg. Bb Fürstliche Lagerbücher 5669 (1496), 5678 (1513/1514), 5680 (1514), 5682 (1515), 5685–5686 (1515–1516), 5688–5689 (1516), 5691–5694 (1516–1517). Für die Jahre 1490–1492 und 1517–1524 wurde die Anwesenheitsdauer auf der Basis der Verbräuche von Futterhafer und Korn geschätzt. In den Jahren 1496, 1500 und 1501 handelt es sich jeweils um die Mindestaufenthaltsdauer.

107 Vgl. Fritz Stoy, Amt Lochau, in: Heimatbote, Beilage zum Schweinitzer Kreisblatt, 1930, Nr. 10–12, S. 37–46.

108 Vgl. AR 2413, 1510/1511, 138v und 141v.

109 Vgl. ThHStAW, EGA, Reg. Bb 2414, 1510/1511.

110 AR 2441, 1525/26, mit »wayda« ist wohl die Burg Scharfenstein bei Weida gemeint.

111 Vgl. Fritz Stoy, Friedrich des Weisen Hoflager in Lochau in seinem letzten Lebensjahre, in: Forschung und Leben, Heimatblätter des Schönbergbundes, Arbeitsgemeinschaft für Heimatpflege im Regierungsbezirk Merseburg, 1928, S. 281. Für das Hoflager Friedrich des Weisen 1525 werden 129 Personen und das des Kurfürsten Johann 1528 werden 240 Personen angegeben. Dazu: Ernst Müller, Die Entlohnung des ernestinischen Kämmerers Johann Rietesel im Jahre 1532 und die Auflösung des Wittenberger Heiligtums, in: Archiv für Reformationsgeschichte 80 (1989), S. 271.

112 Vgl. Denkmale (wie Anm. 25), S. 119–120.

113 »unser Hergot« ist wohl als Geistlicher anzusehen. Vgl. dazu Otto Mörtzsch, Unser hergot in mittelalterlichen Amtsrechnungen, in: Neues Archiv für Sächsische Geschichte und Altertumskunde 50 (1929), S. 226.

114 Vgl. Adolf Aber, Die Pflege der Musik unter den Wettinern und wettinischen Ernestinern. Bückeburg, Leipzig 1921, S. 38–42.

115 Vgl. ThHStAW, EGA, Urkunde 247/11.

116 Vgl. AR 2392, 1497/1498, 32r.

117 Vgl. AR 2401, 1504/1505, 60r.

118 Vgl. AR 2408, 1507/1508, 68r und 70r.

119 Vgl. AR 2413, 1510/1511, 85v und 87r.

120 Vgl. AR 2415, 1511/1512, 26r.

121 StAT, U192, Kopialbuch, 243r und Carl Gottfried Niese, Urkundenabschriften, Universitäts- und Landesbibliothek Sachsen-Anhalt, Sondersammlungen Ms 217, Nr. 69, 165r–v.

122 Vgl. AR 2420, 1516/1517, 22r; AR 2422, 1517/1518, 26r und AR 2423, 1518/1519, 30r.

123 Bünz, Herzheimer (wie Anm. 14), S. 20 (260r).

124 AR 2443, 1526/1527, 24r.

125 AR 2422, 1517/1518, 19v.

126 Vgl. Knabe, Urkundenbuch (wie Anm. 82), S. 24 (Nr. 57) und S. 25 (Nr. 59).

127 ABER, Pflege der Musik (wie Anm. 115), S. 35.

128 Vgl. StAT, U 211.

129 Vgl. Ludolphy, Friedrich der Weise (wie Anm. 1), S. 352 ff.

130 Vgl. Wilhelm Krudthoff, Sammlung allerley alter Torgauischen Begebenheiten, 1754, Handschrift aus StAT H 47, S. 314.

131 Zur Stiftungsurkunde vgl. StAT, U 80.

132 StAT, H 14, Geschichtliche Nachrichten von Torgau, 117r.

133 StAT, U 94.

134 Denkmale (wie Anm. 25), S. 283 und 291.

135 Bünz, Herzheimer (wie Anm. 14), S. 19 (259r).

136 Vgl. Ludolphy, Friedrich der Weise (wie Anm. 1), S. 127.

137 Vgl. ThHStAW, EGA, Registrande S Bd. XI, Bau- und Artillerieangelegenheiten, S. 282.

138 Vgl. ThHStAW, EGA, Registrande S f. 47b, Nr. II, 2.

139 ThHStAW, EGA, GR 1182, 1523, 110r.

140 Denkmale (wie Anm. 25), S. 248.

141 Vgl. Ludolphy, Friedrich der Weise (wie Anm. 1), S. 128; ebenso BÜNZ, Herzheimer (wie Anm. 14), S. 20–21 (259r–260v).

142 Agnes Bartscherer, Von der Heiligkreuzkapelle bei Torgau und dem Vogelgesang bei Dommitzsch, in: Die Heimat 15 (1925), Beilage zur Torgauer Zeitung, o. S.; vgl. auch AR 2441, 1525/1526, 77v.

143 Vgl. StA-D, 10025 Geheimes Konsilium, A24 a I, 1125, Öffentliche und herrschaftliche Gebäude in Torgau, Bl. 2r–v.

144 Vgl. Michael Böhme, Chronik, Universitäts- und Landesbibliothek Sachsen-Anhalt, Sondersammlungen, Hist. 244, S. 23–25.

145 Vgl. Jürgen Herzog, Braurechte und Bierproduktion am Anfang des 16. Jahrhunderts in der Stadt Torgau, in: Neues Archiv für Sächsische Geschichte 84. Neustadt an der Aisch 2013, S. 35.

146 StAT, H 37, Schossregister 1505, 37r.

147 Reinhold Röhricht, Heinrich Meisner, Hans Hundts Rechnungsbuch (1493–1494), in: Neues Archiv für Sächsische Geschichte 4 (1883), S. 100.

148 AR 2398, 1503/1504, 59v.

149 AR 2403, 1505/1506, 20v.

150 Buchwald, Zur mittelalterlichen Frömmigkeit (wie Anm. 93), S. 75–78.

151 Buchwald, Zur mittelalterlichen Frömmigkeit (wie Anm. 93), S. 105–106 und 109.

152 WA 10, S. 114. Dazu auch Hartmut Kühne, »die do lauffen hyn und her, zum heiligen Creutz zu Dorgaw vnd tzu Dresden …«. Luthers Kritik zu Heiligenkult und Wallfahrten im historischen Kontext Mitteldeutschlands, in: Schriftenreihe der Stiftung Moritzburg, hrsg. von Andreas Tacke. Göttingen 2006, S. 501.

153 Vgl. StAT, H 688, Ratsbuch 1523, 30r.

154 Vgl. Bartscherer, Heilig Kreuz Kapelle (wie Anm. 143).

155 StAT, H 2611, Die Kirche zum heiligen Creuz zum Stadtbaw zugeben, 1r–v.

156 Vgl. AR 2454, 1532/1533, 85r.

MARTINA SCHATTKOWSKY

Der Traum Friedrichs des Weisen vom 30./31. Oktober 1517

In der »Eißlebische Mansfeldischen Jubel-Comoedia« (»Indulgentiarius confusus«), die der Eilenburger Pfarrer Martin Rinckhart aus Anlass des Reformationsjubiläums von 1617 verfasste, kommt es im fünften Akt zu folgendem Gespräch zwischen Kurfürst Friedrich und Martin Luther:[1]

Zunächst Kurfürst Friedrich:
So hab ich euch, vor dieser zeit,
Mein Wundertrawm erzehlt bereit,
Den ich ebn hat dieselbe Nacht,
Do jhr ewr disputat verbracht
Vom Ablaß.

Daraufhin Martin Luther:
Ja gnädigster Herr,
Ich hab mich offt verwundert sehr,
Vnd wers ewr Churfürstlich Gnadn nicht
Sprech ich selbst, der Traum wer geticht.

Der Wundertraum Friedrichs des Weisen, von dem hier die Rede ist und der selbst bei Martin Luther Verwunderung auslöste, wird uns im Folgenden näher beschäftigen.[2] Es ist kein gewöhnlicher Traum: Immerhin sollte er zu einer der wichtigsten Gründungslegenden des Luthertums werden.[3] Dass gerade eine hochgestellte Persönlichkeit wie Friedrich der Weise der Empfänger eines solch exponierten Traums war, ist keineswegs Zufall. Bereits in der Antike waren Träume von Königen und Kaisern, denen man eine exklusive Beziehung zu den Göttern zubilligte, etwas Besonderes.[4] Fortgeführt wurde diese Tradition »des privilegierten Träumens« – wie es Jacques Le Goff ausdrückte – durch das Christentum und den lateinischen Kulturkreis während des Mittelalters.[5] Als besonders einprägsames Beispiel dafür gilt der Traum von Papst Innozenz III., der essentiell für die Gründungslegende des Franziskanerordens wurde.[6] Auch die Frühe Neuzeit vergaß das Träumen nicht – und dies trotz der im Humanismus und Luthertum weit verbreiteten Traumskepsis.[7] Bedeutsam waren vor allem weissagende bzw. göttliche Träume und ihre himmlischen Offenbarungen.[8] Nach Philipp Melanchthon sollten

Träume nicht nur »Gegenwärtiges und Zukünftiges durchschaubarer machen«, sondern auch Seelentrost und Zuversicht verbreiten und zum Gebet anregen.[9] Von daher erfüllte diese Art von Träumen zugleich eine die Politik orientierende und die Konfession bestärkende Funktion.[10]

Die nächtliche Vision Friedrichs des Weisen ist dafür ein herausragendes Beispiel. Sie zeigt, dass auf Träumen basierende Zukunftsprognosen nicht nur beim »gemeinen Mann«, sondern gleichermaßen an Fürstenhöfen populär waren. Zwar hatte Luther – anders als Melanchthon – erhebliche Vorbehalte gegenüber Träumen und befand, dass die Heilige Schrift als Quelle göttlicher Offenbarung genügte, doch war selbst er – wie bereits Helmut Bräuer feststellte – kein Traumverächter.[11] Insofern waren Träume trotz aller Bedenken auch auf evangelischer Seite keineswegs tabu. Angesichts schwieriger konfessioneller Kontroversen blühte vielmehr im 16. und 17. Jahrhundert eine Traumkultur, die nach lutherischer Orthodoxie eigentlich nicht statthaft war.[12]

Dies betrifft auch den Traum Friedrichs des Weisen, der 1604 im Predigtband des Dresdner Hofpredigers Matthias Hoë von Hoënegg erstmals literarisch bezeugt ist.[13] Der fiktive Offenbarungstraum des Kurfürsten erscheint darin als prominentes Beispiel für eine Reihe weiterer Weissagungen von der bevorstehenden Reformation. Nach Hoë von Hoënegg handelte es sich hierbei ohne Zweifel um einen göttlichen Traum, denn er wäre dem Glauben gemäß, gereiche der Kirche zum Heil und wäre außerdem noch durch den Ausgang bestätigt worden.[14]

Eine größere Verbreitung erfuhr der angeblich göttliche Traum Friedrichs jedoch erst im Umfeld der Feierlichkeiten zum Reformationsjubiläum von 1617. Damals gelangten zwei illustrierte Flugblätter in den Umlauf, die die Traumerzählung des Kurfürsten nunmehr in Wort und Bild darboten (Abb. 1).[15] Die hier abgebildete Fassung von 1617 trägt den Titel »Göttlicher Schrifftmessiger / woldenckwürdiger / Traum welchen […] Churfürst Friedrich zu Sachsen, genannt der weise […] gehabt«. Bild und Text des Flugblatts geben wesentliche Komponenten von Friedrichs nächtlicher Erscheinung wieder.

Abb. 1
Göttlicher Schrifftmessiger / woldenckwürdiger traum / welchen [...], 1617,
Holzschnitt, Typendruck in 2 Spalten,
deutsche und lateinische Prosa,
55,9 × 33,8 cm, Kunstsammlungen
der Veste Coburg, Inv. Nr. XIII,40,2

Worum geht es in diesem Traum?

Kurzgefasst um Folgendes: In der Nacht vom 30. zum 31. Oktober 1517 erschien dem Kurfürsten eine allegorische Vorschau auf die Reformation in Form eines dreiteiligen Traums.[16] Laut Überlieferung begann Friedrich der Weise seine Traumerzählung folgendermaßen:

»Als ich mich auf den Abend zu Bette legte ziemlich matt und müde, war ich bald überm Gebet eingeschlafen und hatte bei dritthalb Stunden fein sanfte geruhet; als ich nun erwachete und ziemlich munter ward, lag ich und hatte allerlei Gedanken bis nach Zwölfen in Mitternacht. […] Bat den lieben Gott umb seine Gnade und daß Er doch mich, meine Räte und Landschaft in rechter Wahrheit wollte leiten und zur Seligkeit erhalten, auch allen bösen Buben, die uns unser Regiment sauer machen, nach seiner Allmacht wehren.«[17]

Danach wäre Friedrich nach Mitternacht wieder eingeschlafen und begann zu träumen. Dies geschah in drei Bildzusammenhängen, jeweils voneinander getrennt durch das wiederholte Aufwachen des Kurfürsten.[18] Die wichtigsten Bilder des Traums findet man auf der Graphik des Flugblatts von 1617, das hier in einer Kopie aus dem 18. Jahrhundert abgebildet wird (Abb. 2).

Im ersten Traumabschnitt erscheint dem schlafenden Kurfürsten auf Schloss Schweinitz (rechts im Bild) ein von Gott gesandter Mönch, der – umgeben von mehreren Heiligen – aussah wie »St. Pauli, des lieben Apostels, natürlicher Sohn«.[19] Dabei fällt auf den von Gott gesandten Mönch aus dem Himmel ein Lichtstrahl.

Laut Traumüberlieferung befiehlt nun die Stimme Gottes dem Kurfürsten, diesen Mönch, der unschwer als Luther zu identifizieren ist, eine Botschaft an die Schlosskapelle zu Wittenberg schreiben zu lassen. Durch Friedrich autorisiert, schreibt der Mönch (links im Bild) die Worte »Vom Ablass« an das Portal, und zwar in so großen Buchstaben, dass Friedrich sie sogar noch in Schweinitz erkannt hätte. Zum Schreiben nutzt der Mönch eine überdimensionierte Schreibfeder, die bis Rom reicht, um dort die Ohren eines Löwen zu durchbohren, welcher Papst Leo X. symbolisiert; zugleich stößt er an die Tiara des Papstes und bringt sie ins Wanken. Als Friedrich die Papstkrone gemeinsam mit einem König, einem Kardinal und einem Bischof stützen will, wacht er auf.

Der zweite Traumabschnitt knüpft an das letzte Bild an: Wieder eingeschlafen träumt Friedrich, dass der Löwe mit fürchterlichem Gebrüll alle Stände des Reichs zusammenruft und sie auffordert, etwas gegen diese Federattacke des Mönchs zu unternehmen. Oben links im Bild findet

Abb. 2
»Schweinitz« (Kopie des
Flugblatts von 1617),
wahrscheinlich 18. Jahr-
hundert, Radierung,
22,6 × 31,7 cm, Kunst-
sammlungen der Veste
Coburg, Inv. Nr. XIII,42,80

sich der Bezug auf die Versammlung der Würdenträger; dem gegenübergestellt ist ein einfacher Ordensmann, der einer Menschenmenge predigt.

Die dritte Traumsequenz Friedrichs beschreibt den vergeblichen Versuch der Reichsstände, die lange Feder des Mönchs zu zerbrechen. Auf die Frage nach der Herkunft dieses ungewöhnlich stabilen Gänsekiels gibt der Mönch an, dass die Feder von einer 100-jährigen böhmischen Gans stammt – zweifellos in Anspielung auf Jan Hus, dessen Hinrichtung im Jahr 1415 in Konstanz auf der Graphik unten rechts durch eine Gans (tschechisch: Husa) auf dem Scheiterhaufen dargestellt wird, wobei Hus damals bereits prophezeite: »Heute verbrennt ihr eine Gans, aber in 100 Jahren wird ein Schwan kommen, den werdet ihr nicht verbrennen können.«[20] Statt nun allerdings die Feder der böhmischen Gans zu zerstören, wachsen daraus viele junge Federn hervor, die Gelehrte aus Wittenberg an sich nehmen. Dieses Bild symbolisiert den letztlich ergebnislosen politischen Widerstand gegen Luthers Lehre, denn sie wird von den Gelehrten und Theologen aufgegriffen und weitergetragen. Soweit der Traum.

Als der Kurfürst gegen Morgen erwacht, berichtet er darüber seinem Bruder, Herzog Johann, und seinem Kanzler. Dabei zeigt er sich selbst sehr verwundert über seine präzise Erinnerung an die nächtliche Vision: »Ich hab's ja so ordentlich und eigentlich gemerket und ist mir so tief eingebildet, daß mich dünkt, ich könnte ihn nicht vergessen, wenn ich 1000 Jahr leben sollte«.[21]

Immerhin sollten zumindest 100 Jahre vergehen, bis Friedrichs Traum im Umfeld des Reformationsjubiläums von 1617 nun auch einer breiteren Öffentlichkeit publik gemacht wurde. Als Medium nutzte man – wie bereits erwähnt – das illustrierte Flugblatt, das vor allem immer dann zum Einsatz kam, wenn »das Bedürfnis der Menschen nach Deutung und Kommentierung aktueller Geschehnisse besonders groß war«.[22] Auf diese Weise fand der Traum Friedrichs des Weisen eine schnelle Verbreitung und eine große Popularität. Schon bald gehörte das hier verarbeitete reformatorische Bild- und Gedankengut zum topischen Fundus des Luthertums.[23] Dies betrifft insbesondere die Hus-Prophezeiung vom kommenden Schwan, der als Symbol für Luther einen festen Platz im protestantischen Geschichtsbild gefunden hat.[24]

Abb. 3
Medaille auf das zweite
Reformationsjubiläum
von 1717 (Revers: Der
Traum Friedrichs des Wei-
sen von Christian Wer-
muth), Zinn, ø 43,6 mm,
Staatliche Kunstsamm-
lungen Dresden, Münzka-
binett, Inv. Nr. 1991/A2839

- »Wie ein Mönch im Traum von dem Kurfürsten begehrte, an die Tür der Schlosskirche zu Wittenberg schreiben zu dürfen.« (Abb. 4)
- »Wie der Mönch gar viele Worte schrieb und der Kurfürst die Worte aus Wittenberg auch in Schweinitz lesen konnte.« (Abb. 5)
- »Wie des Mönches Feder bis Rom reichte, durch das Ohr eines Löwen ging und des Papstes dreifache Kron ins Wanken brachte.« (Abb. 6)

Und schließlich:

- »Wie der Traum zur Wahrheit ward. Gottes Wort und Luthers Lehr – vergehen nun und nimmer mehr.« (Abb. 7)

Dies ist eine bemerkenswerte Karriere für eine Fälschung! Denn um eine solche – da ist sich die Forschung einig – handelt es sich bei diesem Traum zweifelsohne. Dies lässt sich an vielen Stellen belegen. Schon der Ort des Traums, nämlich Schloss Schweinitz, kommt nach eingehenden Quellenstudien von Thomas Lang nicht infrage, denn der Kurfürst konnte sich in der Traumnacht nur in Altenburg aufgehalten haben.[30]

Dennoch ist der Traumbericht bisweilen sogar als Meisterwerk der Fälschung bezeichnet worden,[31] denn er ist bis ins Kleinste geschickt konstruiert. Durch eine Fülle an Details sollten die Zeitgenossen von seiner Glaubwürdigkeit überzeugt werden. Um besonders authentisch zu wirken, beruft sich der Bericht etwa auf namhafte Gewährsmänner, so auf Georg Spalatin, der den Traum angeblich vom Kurfürsten persönlich vernommen und ihn dann Luthers Mitstreiter Anton Musa weiter erzählte.[32] Von Musa aus ging die Überlieferung dann weiter bis zum Hofprediger Hoë von Hoënegg, der 1602 über diesen göttlichen Traum von der Kanzel predigte.

Um Authentizität ging es wohl ebenso, wenn der für seine Reliquiensammlung bekannte Kurfürst Friedrich eindringlich beschwört, »dass alle Heiligen seine Zeugen sind«.[33] Auch wird hier der Rückbezug auf historische Realität intendiert, zumal der Heiligenglaube beim Kurfürsten zu diesem Zeitpunkt noch sehr präsent war.[34]

Fest steht jedoch: Von Zeitgenossen ist Friedrichs Traum nie erwähnt worden, weder von Luther selbst, der sich trotz seiner Traumskepsis bisweilen durchaus auf sein Werk betreffende Voraussagen bezog, noch Melanchthon, von dem bekannt ist, dass Traumgeschichten für ihn stets eine hohe Anziehungskraft besaßen; selbst bei Spalatin, der ausführliche chronikalische Aufzeichnungen zu seinem Landesherrn verfasste, spielte der Traum keine Rolle.[35] Kurz: Es handelte sich um eine Fiktion, die wahrscheinlich im letzten Drittel des 16. Jahrhunderts entstand und die schon bald als Realität aufgefasst wurde.

Auch nachfolgende Reformationsjubiläen griffen auf das Traummotiv zurück. Ein einprägsames Beispiel ist etwa die Jubelmedaille auf das zweite Reformationsjubiläum von 1717 aus verkupfertem Blei, die sich heute im Dresdner Münzkabinett befindet (Abb. 3). Es handelt sich um ein Meisterwerk des Gothaer Medailleurs Christian Wermuth, das auf den in Abb. 1 gezeigten Holzschnitt zurückgeht und wesentliche Details des Traums auf kleinstem Raum wiedergibt.[25] Auf der hier abgebildeten Vorderseite ist Kurfürst Friedrich auf Schloss Schweinitz zu sehen, wie er in seinem Bett unter einem Baldachin liegt und träumt. Am oberen Rand befindet sich ein Hinweis auf den Traum Friedrichs; unten der Verweis auf das zweite Reformationsjubiläum. Die Legende auf dem erhöhten Rand, deren hervorgehobene Großbuchstaben das Jahr 1717 ergeben, rekurriert auf das zweite Jubelfest zur Erfüllung des Traums: *Mente Deo Concors Aevo Renovatvr In Ipso* (Nach Gottes Willen erneuerte sich das Ereignis in diesem Zeitalter).[26]

Zu dieser Zeit existierten auch bereits mehrere Druckfassungen und Neuauflagen des Traumberichts; und noch zu den Reformationsfeierlichkeiten von 1817 erfolgte ein zweifacher Neudruck.[27] Spätestens dann gehörte der Traum zum festen Bestand der Luther- und Reformationssagen.[28]

Bemerkenswert ist, dass Friedrichs Traums sogar bis ins 20. Jahrhundert nachwirkte. Im Jahr 1921 diente er als Motiv einer Notgeldserie der Kreissparkasse Herzberg. Auf den verschiedenen Stückelungen der Scheine wird jeweils auf der Rückseite in einer fortlaufenden Geschichte der kurfürstliche Traum erzählt (Abb. 4–7):[29]

Abb. 4–7
Notgeldserie der Kreissparkasse Herzberg, 1921.
Sammlung des Instituts für Sächsische Geschichte
und Volkskunde Dresden

Dass Friedrichs Traum dann gerade zum Jubiläum von 1617 als Legitimation für Luthers Reformationswerk rezipiert wurde, kommt sicher nicht von ungefähr, befand sich doch damals das Luthertum in Kursachsen in einer schwierigen Situation. Es kämpfte mit den Auswirkungen theologischer Streitigkeiten des konfessionellen Zeitalters und musste sich gegen die doppelte konfessionelle Konkurrenz von katholischer und reformierter Kirche behaupten.[36]

Hinzu kamen politische Krisenerscheinungen im Vorfeld des Dreißigjährigen Krieges, verbunden mit irdischen Katastrophen infolge von Teuerung, Hungersnöten und Pest. Zwar waren solche Bedrohungen in der Frühen Neuzeit ständige Begleiter der Menschen, aber nun wurden sie von den lutherischen Theologen in den Kontext einer allgemeinen Krise des Luthertums gestellt und als Strafe Gottes für menschliches Fehlverhalten gedeutet.[37]

Vor diesem Hintergrund sollten die Jubiläumsfeierlichkeiten von 1617 durch das Erinnern an die Euphorie der Gründungszeit dem Luthertum neue Stabilität bringen.[38] Organisiert als ein landesweites Glaubensfest mit antikatholischer Ausrichtung zielte es vor allem auf eine Stärkung der lutherischen Identität.

Für Kurfürst Johann Georg I., der mit seiner Jubiläumsinitiative einen Vorschlag der Wittenberger Universität aufgriff, war dies zugleich eine Gelegenheit, sein lutherisches Bekenntnis zu demonstrieren und seinen politischen Geltungsanspruch als dessen wichtigster Schutzfürst zu unterstreichen.[39] In dieser Selbststilisierung als lutherischer Fürst zog Johann Georg ganz bewusst auch Traditionslinien zu Friedrich dem Weisen als Beschützer Luthers. So gesehen muss das Reformationsjubiläum von 1617 nach Wolfgang Flügel also durchaus als theologische Antwort auf eine Krise gesehen werden.[40]

Dass eine solche Jubiläumsfeier, die das Gründungsereignis der eigenen Konfession in den Fokus rückte und als Ergebnis einer göttlichen Heilstat sakralisierte, gerade den Traum Friedrichs des Weisen instrumentalisierte, ist von daher nicht verwunderlich.

Tatsächlich haben die Erfinder dieses prophetischen Traums darin die gesamte Reformationsgeschichte verpackt, und zwar in einer Art und Weise, die nach Ernst Benz tief geprägt war vom Selbstverständnis der lutherischen Orthodoxie in der zweiten Hälfte des 16. Jahrhunderts.[41] Trotz seiner mustergültigen Stilisierung handelt es sich für Benz bei diesem Traum um eine nachträgliche Erfindung, um ein ›oraculum ex eventu‹.[42] Als Anhaltspunkt dafür gilt für ihn nicht allein die Idealisierung der Person Luthers, sondern zugleich die bekannte Polemik gegen das Papsttum oder die Überbetonung des Thesenanschlags für den Verlauf der Reformation.

Inwieweit sich darin tatsächlich typisches Gedankengut eines lutherisch-orthodoxen Geschichtsbildes widerspiegelt, wäre sicher noch weiter zu vertiefen. Ein wichtiger Punkt ist in diesem Zusammenhang die im Traumbericht manifestierte Lutherverehrung. Die Person Luthers steht eindeutig im Zentrum, und zwar als Gesandter Gottes, dessen Werk damit zugleich als von Gott gewollt erscheint. Luther gerät durch die göttliche Traumoffenbarung in den Rang einer Messias-Gestalt. »[…] der allmächtige Gott« hätte ihm, Friedrich, »einen Mönch feines, ehrbarn Angesichtes« geschickt, »der war S. Pauli, des lieben Apostels, natürlicher Sohn, der hatte bei sich zu Gefährten aus Gottes Befehl alle liebe Heiligen, sie sollten dem Mönche vor mir Zeugnus geben, daß es kein Betrug mit ihme wäre,

sondern er sei wahrhaftig ein Gesandter Gottes«, dem er – so Friedrich weiter – gestatten solle, »etwas an meine Schloßkapelle zu Wittenberg« zu schreiben, »es würde mich nicht gereuen«.[43]

Am Ende der Erzählung greift der Kanzler diesen Punkt nochmals auf und gibt kund: »[…] an diesem Traum von dem Mönche ist dies das Beste, daß er von Gott gesandt ist, zu schreiben Befehl hat und daß alle Heiligen seine Zeugen sind«.[44] Damit war der Fehdehandschuh der katholischen Polemik um 1600 aufgenommen, die sich in ihren Streitschriften vehement gegen Luthers Berufung zum Reformator richtete.[45]

Orthodox-lutherisches Selbstverständnis spiegelt sich nach Ernst Benz auch im zentralen Ereignis des Traums wider: im Thesenanschlag, der hier bereits zu einem selbstständigen Geschichtsmythos geworden ist: Er wird nicht mehr im Sinne einer Aufforderung zu einer akademisch-theologischen Disputation verstanden, sondern »als populäres Reformationsprogramm, das sich von Anfang an an alle wendet«.[46]

Auch wenn aus dieser Sicht an vielen Stellen der Traumfabel orthodox-lutherische Polemik durchscheint, ist sie in ihrer Argumentation gleichwohl sehr ausgefeilt und geht sogar auf Widersprüchliches und Problematisches ein, um besonders glaubhaft zu wirken.

Dies betrifft beispielsweise die Rolle Kurfürst Friedrichs und anderer Fürsten des Reichs, besonders in der Frühzeit der Reformation. So verweist der Traumbericht dezidiert darauf, dass die Fürsten zunächst versucht hatten, Luthers ungestümes Vorgehen gegen das Papsttum zu verhindern. Nach Friedrich wären sie alle sehr bemüht gewesen, »diese Münchfeder zu [zer]brechen und von Bapst hinwegzuleiten«.[47] Ausdrücklich artikuliert Friedrich seine Sorge, »der Mönch möchte mehr können als Brot essen, er möchte uns etwa auch einen Schaden zufügen«. Dahinter stand offenbar der von römisch-katholischer Seite erhobene Vorwurf, wonach es die Fürsten gewesen wären, die letztlich Luther zum Kampf gegen das Papsttum aufgewiegelt hätten – ein Vorwurf, dem von protestantischer Seite stets vehement entgegengetreten wurde.[48] Bereits Melanchthon hatte 1546 Friedrich den Weisen dementsprechend verteidigt und ihn als den Fürsten seiner Zeit bezeichnet, der »die öffentliche Ruhe am stärksten liebte und, am wenigsten auf eigenen Vorteil bedacht« war.[49] Friedrich hätte aus Angst vor größerer Zwietracht, so Melanchthon, Luther weder aufgehetzt, noch ihm Beifall gegeben und sich dennoch »der Wahrheit des Evangeliums nicht verschlossen.«

Trotz aller Bemühungen um Authentizität scheinen jedoch schon damals Zweifel an der Echtheit des Traums aufgekommen zu sein. Um solche Zweifel zu zerstreuen, greift der Traumbericht schließlich sogar die bereits angesprochene Traumskepsis der Lutheraner auf.[50] Geschickt wird dabei der Kunstgriff des abwägenden Dialogs genutzt, indem Kurfürst Friedrich, Herzog Johann und der Kanzler gemeinsam das Für und Wider des Traums erörtern. »Herr Kanzler, was düncket euch?«, so fragt Friedrich, »Von Träumen ist nicht allemal viel zu halten, doch seind sie allemal auch nicht zu verwerfen.« Darauf der Kanzler: »E. F. G. wissen, daß man pfleget zu sagen: ›Jungfrauen, gelehrter Leute und großer H[erren] Träume haben gemeiniglich etwas hinder sich‹, alleine was es sei, wird man erst weise nach etzlicher Zeit«.[51] Letztlich werde, so fügt Herzog Johann hinzu, allein Gott »uns zu seiner Zeit die rechte Bedeutung« (des Traums) mitteilen.

Eher hintergründig fällt Friedrichs Antwort darauf aus: »Das tu der treue Gott, […] Ich habe wohl bei mir auch meine Gedanken und Auslegung, aber die behalte ich noch zur Zeit bei mir alleine. Doch will ich sie aufzeichnen, es wird vielleicht die Zeit hernach geben, ob ichs recht werde troffen haben, und wir wollen uns diese Tage weiter miteinander darvon unterreden.«

Leider lässt uns die Traumfabel im Unklaren, was Friedrich der Weise selbst wohl zum Ausgang seines Traums hätte aufzeichnen wollen, zumindest wir aber kennen den Ausgang seines Wundertraums.

Anmerkungen

1   Zitiert nach Ruth Kastner, Geistlicher Rauffhandel. Illustrierte Flugblätter zum Reformationsjubiläum 1617 (Mikrokosmos. Beiträge zur Literaturwissenschaft und Bedeutungsforschung 11). Frankfurt, Main, Bern 1982, S. 284.

2   Grundlegend zum Traum Friedrichs des Weisen vgl. Ernst Benz, Der Traum Kurfürst Friedrichs des Weisen, in: Humanitas – Christianitas. Walther von Loewenich zum 65. Geburtstag, hrsg. von Karlmann Beyschlag u. a. Witten 1968, S. 134–149; Hans Volz, Der Traum Kurfürst Friedrichs des Weisen vom 30. / 31. Oktober 1517. Eine bibliographisch-ikonographische Untersuchung, in: Gutenberg-Jahrbuch 45 (1970), S. 174–211; weitere Arbeiten (Auswahl): Robert W. Scribner, Popular culture and popular movements in Reformation Germany. London u. a. 1987, bes. S. 301–322; Claire Gantet, Visions et visualisations de la Réforme: le Songe de Frédéric le Sage et le Songe de Nabuchodonosor, in: La Réforme dans l'espace germanique au XVIe siècle. Images, représentations, diffusion, hrsg. von François Vion-Delphin. Montbéliard 2005, S. 149–170; sowie neuerdings Volkmar Joestel, »Hier stehe ich!« Luthermythen und ihre Schauplätze (Kulturreisen 10). Dößel 2013, bes. S. 86–89.

3   Vgl. Jan Harasimowicz, Traum und Politik in der Malerei und Graphik des 16. und 17. Jahrhunderts, in: Traum und *res publica*. Traumkulturen und Deutungen sozialer Wirklichkeiten im Europa von Renaissance und Barock (Colloquia-Augustana 26), hrsg. von Peer Schmidt und Gregor Weber. Berlin 2008, S. 190 f.

4   Vgl. Peer Schmidt, Gregor Weber, Traum und *res publica*. Traumkulturen in den frühneuzeitlichen Gesellschaften. Eine Einführung, in: Traum und *res publica* (wie Anm. 3), S. 9–25, hier S. 9 f.

5   Vgl. ebd., S. 10.

6   Vgl. Harasimowicz, Traum und Politik (wie Anm. 3), S. 185.

7   Vgl. Claire Gantet, Der Traum in der Frühen Neuzeit. Ansätze zu einer kulturellen Wissenschaftsgeschichte. Berlin, New York 2010.

8   Vgl. Peer Schmidt, *Wan er auch aufwachet / ihm eben ist / als einem der aus der Schlacht entrunnen*. Träume im Dreißigjährigen Krieg, in: Traum und *res publica* (wie Anm. 3), S. 257–283, hier S. 260.

9   Siegfried Bräuer, »… einige aber sind Natürliche, andere Göttliche, wieder andere Teuflische …« Melanchthon und die Träume, in: Ders., Spottgedichte, Träume und Polemik in den frühen Jahren der Reformation, hrsg. von Hans-Jürgen Goertz und Eike Wolgast. Leipzig 2000, S. 223–254, hier S. 244 f.

10   Vgl. Schmidt, Träume im Dreißigjährigen Krieg (wie Anm. 8), S. 260.

11   Vgl. Bräuer, Melanchthon und die Träume (wie Anm. 9), S. 226.

12   Vgl. Schmidt, Träume im Dreißigjährigen Krieg (wie Anm. 8), S. 279.

13   Vgl. Matthias Hoë von Hoënegg, Christliches Geburt und Lobgedächtnis […]. Leipzig 1604, S. 19b–20b.

14   Vgl. Ulman Weiss, Traumglaube und Traumkritik im älteren deutschen Luthertum. Eine Skizze, in: Traum und *res publica* (wie Anm. 3), S. 227–256, hier S. 248 f.

15   Eines der beiden Flugblätter aus dem Jahr 1617 besteht aus einem Kupferstich von Konrad Grahle sowie aus einem Text mit 146 Knittelverspaaren des Leipziger Studenten (?) Peter Kirchbach. Das zweite Flugblatt erschien anonym. Die Graphik dieses Holzschnitts ist weitgehend identisch mit dem Leipziger Flugblatt, auch der Prosatext stimmt inhaltlich im Wesentlichen mit dem von Kirchbach überein. Vgl. zu den unterschiedlichen Fassungen der Flugblattüberlieferung Volz, Der Traum Kurfürst Friedrichs des Weisen (wie Anm. 2), S. 187–194; Kastner, Geistlicher Rauffhandel (wie Anm. 1), S. 352 f. – Die hier beigefügte Abb. 1 stellt eine späte Kopie des anonym erschienenen Holzschnitts von 1617 dar. Vgl. Illustrierte Flugblätter aus den Jahrhunderten der Reformation und der Glaubenskämpfe, hrsg. von Wolfgang Harms, bearb. von Beate Rattay. Coburg 1983, Holzschnitt S. 95.

16   Vgl. Thomas Rahn, Traum und Gedächtnis. Memoriale Affizierungspotentiale und Ordnungsgrade der Traumgenera in der Frühen Neuzeit, in: Ars memorativa. Zur kulturgeschichtlichen Bedeutung der Gedächtniskunst 1400–1750 (Frühe Neuzeit 15), hrsg. von Jörg Jochen Berns und Wolfgang Neuber. Tübingen 1993, S. 331–350, hier S. 345 f.

17   Zitiert nach Volz, Der Traum Kurfürst Friedrichs des Weisen (wie Anm. 2), S. 178.

18   Zur folgenden Traumbeschreibung vgl. auch Rahn, Traum und Gedächtnis (wie Anm. 16), S. 345 f.; Kastner, Geistlicher Rauffhandel (wie Anm. 1), S. 278; Schmidt, Träume im Dreißigjährigen Krieg (wie Anm. 8), S. 259 f.

19   Zitiert nach Volz, Der Traum Kurfürst Friedrichs des Weisen (wie Anm. 2), S. 178.

20   Zitiert nach Benz, Der Traum Kurfürst Friedrichs des Weisen (wie Anm. 2), S. 145.

21   Zitiert nach Volz, Der Traum Kurfürst Friedrichs des Weisen (wie Anm. 2), S. 177.

22   Kastner, Geistlicher Rauffhandel (wie Anm. 1), S. 121.

23   Vgl. Kastner, Geistlicher Rauffhandel (wie Anm. 1), S. 121 f.

24   Vgl. Benz, Der Traum Kurfürst Friedrichs des Weisen (wie Anm. 2), S. 145 f.

25   Vgl. dazu Cordula Wohlfahrt, Der Traum Friedrichs III., des Weisen, von Sachsen auf einer Medaille, in: Dresdner Kunstblätter 5 / 1983, S. 143–147.

26   Zitiert nach Wohlfahrt, Der Traum, S. 144.

27   Vgl. Volz, Der Traum Kurfürst Friedrichs des Weisen (wie Anm. 2), S. 206 f.

28   Vgl. Kastner, Geistlicher Rauffhandel (wie Anm. 1), S. 287.

29   Vgl. dazu auch Heinrich Kühne, Einige Bemerkungen zum Aufsatz von Hans Volz: Der Traum Kurfürst Friedrichs des Weisen vom 30. / 31. Oktober 1517, in: Gutenberg-Jahrbuch 45 (1970), S. 160.

30   Aufgrund des fürstlichen Küchenbuchs zu Altenburg von Freitag Misericor-
     dias Domini bis Sonnabend nach Simonis & Jude (31. Oktober 1517) lässt sich
     der Aufenthalt Kurfürst Friedrichs vom 30. bis 31. Oktober in Altenburg be-
     legen. Für diesen Hinweis danke ich Thomas Lang M.A., Projekt: »Das er-
     nestinische Wittenberg (1486–1547)«, Stiftung LEUCOREA, Wittenberg.

31   Vgl. Benz, Der Traum Kurfürst Friedrichs des Weisen (wie Anm. 2), S. 135.

32   Vgl. Weiss, Traumglaube und Traumkritik (wie Anm. 14), S. 248.

33   Zitiert nach Volz, Der Traum Kurfürst Friedrichs des Weisen (wie Anm. 2),
     S. 180.

34   Vgl. Schmidt, Träume im Dreißigjährigen Krieg (wie Anm. 8), S. 263.

35   Vgl. Volz, Der Traum Kurfürst Friedrichs des Weisen (wie Anm. 2), S. 198.

36   Vgl. generell Axel Gotthard, »Politice seint wir bäpstisch«. Kursachsen und
     der deutsche Protestantismus im frühen 17. Jahrhundert, in: Zeitschrift für
     historische Forschung 20 (1993), S. 275–319.

37   Vgl. Wolfgang Flügel, Konfession und Jubiläum. Zur Institutionalisierung
     der lutherischen Gedenkkultur in Sachsen 1617–1830 (Schriften zur säch-
     sischen Geschichte und Volkskunde 14), Leipzig 2005, S. 71.

38   Vgl. Flügel (wie Anm. 37), Konfessionen und Jubiläum, S. 65 f.

39   Vgl. Flügel (wie Anm. 37), Konfessionen und Jubiläum, S. 51.

40   Vgl. Flügel (wie Anm. 37), Konfessionen und Jubiläum, S. 65.

41   Vgl. Benz, Der Traum Kurfürst Friedrichs des Weisen (wie Anm. 2), S. 139–149.

42   Benz, Der Traum Kurfürst Friedrichs des Weisen (wie Anm. 2), S. 139.

43   Zitiert nach Volz, Der Traum Kurfürst Friedrichs des Weisen (wie Anm. 2),
     S. 178.

44   Zitiert nach Volz, Der Traum Kurfürst Friedrichs des Weisen (wie Anm. 2),
     S. 180.

45   Vgl. Volz, Der Traum Kurfürst Friedrichs des Weisen (wie Anm. 2), S. 204.

46   Benz, Der Traum Kurfürst Friedrichs des Weisen (wie Anm. 2), S. 141.

47   Zitiert nach Volz, Der Traum Kurfürst Friedrichs des Weisen (wie Anm. 2),
     S. 179. Darauf bezieht sich auch das folgende Zitat.

48   Vgl. Benz, Der Traum Kurfürst Friedrichs des Weisen (wie Anm. 2), S. 144.

49   Zitiert nach Benz, Der Traum Kurfürst Friedrichs des Weisen (wie Anm. 2),
     S. 144. Darauf bezieht sich auch das folgende Zitat.

50   Vgl. Schmidt, Träume im Dreißigjährigen Krieg (wie Anm. 8), S. 262 f.

51   Zitiert nach Volz, Der Traum Kurfürst Friedrichs des Weisen (wie Anm. 2),
     S. 180. Darauf beziehen sich auch die folgenden Zitate.

IV · FRÖMMIGKEIT UND FRÜHE REFORMATION

BERND STEPHAN

Friedrich der Weise und Luther:
Distanz und Nähe

In seiner Auslegung von Psalm 101 geht Martin Luther 1534, neun Jahre nach dem Tod Kurfürst Friedrichs, mit den politischen Verantwortungsträgern seiner Zeit hart ins Gericht. Er wirft ihnen vor, dass unter ihnen keiner sei, »der hinauf gen Himmel seufzte und … Rat und Tat bei Gott« suche, denn sie seien entweder »gottlose Leute«, oder sich »ihrer Weisheit und Sachen so gewiss und sicher, dass sie es verächtlich vergessen«.[1]

Auch wenn die Beziehungen des Reformators zu Friedrich dem Weisen nicht immer ungetrübt waren,[2] ähnliche Vorwürfe gegen den alten Fürsten hätten jeder Berechtigung entbehrt. Luther wusste dies genau, obwohl er in seiner Kritik an Friedrich nicht immer den richtigen Ton fand.[3] Am Anfang entsprechender Äußerungen steht Luthers bissiges Urteil vom Juli 1516, als er gegenüber Georg Spalatin, dem zukünftigen Geheimsekretär des Fürsten, grollt: »Multa placent Principi tuo, et magna specie in oculis eius fulgent, quae Deo displicent et sordent. Non quod negem hominem in saecularibus studiis esse om-

nium prudentissimum: sed quod in iis, quae ad Deum pertinent et animarum salutem, paene septies caecum agnoscam.«[4] Hier zeigt sich bereits seine ambivalente Sicht auf den Landesherrn: Was dessen Bildung und politisches Wirken betrifft, hält er ihn für kompetent, in geistlichen Fragen jedoch für blind; eine Meinung, die in der Folgezeit jedoch aufgeweicht wurde. Betrachtet man Luthers Äußerungen über den Fürsten als Ganzes, so ist eine Entwicklung zu wohlwollenderen Beurteilungen unverkennbar, wobei nicht nur an seine zwei Predigten für den Verstorbenen sowie spätere Äußerungen über ihn zu denken ist.[5]

Der Zwiespältigkeit von Luthers Urteilen über seinen Landesherrn entspricht andererseits die Ambivalenz von Friedrichs Erfahrungen mit dem Wittenberger Mönch, den er als Verfasser von erbaulichen Schriften und undiplomatischen Hitzkopf, als Unruhestifter und Ordnungsgaranten erlebte. Dass der Kurfürst bei allen Mühen und Freuden, die ihm Luther bereitete, zu ihm hielt und ihn beschützte,

Abb. 1
Viertelguldengroschen mit dem Bildnis Friedrichs des Weisen, Nürnberg, 1522, Silber vergoldet, ⌀ 31,8mm, Staatliche Kunstsammlungen Dresden, Münzkabinett, Inv. Nr. AGB3918

ist seinem alle Widersprüchlichkeiten ausgleichenden Rechts- und Selbstverständnis und der patriarchalischen Sicht auf Luther als seinen Professor und Schutzbefohlenen zuzuschreiben. Je mehr er den Reformator kennenlernte, desto stärker trat Trennendes zwischen beiden zurück und gewann Verbindendes an Gewicht. Aus diesem Grund soll im Folgenden das Verhältnis Friedrichs des Weisen zu Luther von der Widersprüchlichkeit der Faktoren her betrachtet werden, die diese Beziehung bestimmten. Georg Spalatins biographische Aufzeichnungen über seinen verstorbenen Herrn[6] und Philipp Melanchthons Gedenkrede von 1551[7] dienen dabei als Hauptquellen für Charakteristika des Ernestiners.

Friedrich und Luther – Trennendes

Anders als bei seinem Vetter Georg von Sachsen hat bei Kurfürst Friedrich das mit Luther Verbindende letztlich das Übergewicht erlangt. Ich will deshalb zuerst Reibungsflächen und Kollisionspunkte, die im Verhältnis zu Luther immer wieder zutage traten, betrachten. Sie sind aus politischen, mentalen und religiösen Eigenheiten Friedrichs des Weisen erwachsen, und es ist eine Ironie der Geschichte, dass es gerade diese waren, von denen Luther profitierte.

»Gerechtigkeit, Mäßigung und öffentliche Ruhe«, die Friedrich über alles liebte,[8] standen dabei an vorderer Stelle. Unter ihnen wiederum kommen dem streng rechtlichen Denken des Kurfürsten und seinem Gerechtigkeitssinn besondere Bedeutung zu, denn »keine Furcht, keine Gunst und keine Parteilichkeit konnten ihn jemals dazu bewegen, gegen die Gerechtigkeit zu handeln«, wie Melanchthon später betonte.[9] Dass der Fürst dabei auf seine fürstlichen Rechte pochte, ist das eine, dass er für die Rechte anderer eintrat und rechtlich unklaren Regelungen seine Zustimmung versagte, das andere. So reagierte er gereizt, als 1524 die Grünhainer Benediktiner hinter seinem Rücken einen neuen Abt wählten und verweigerte ihnen sein »Placet«.[10] Zur gleichen Zeit widersetzte er sich aber auch den reformatorischen Bemühungen um die Anerkennung der »Kastenordnung« von Leisnig und er Bestätigung des evangelisch gesonnenen Pfarrers der Stadt. Zum Ärger Luthers ließ er entsprechende Forderungen ins Leere laufen.[11]

Auffällig ist auch seine Anwendung des Gleichheitsgrundsatzes. Der Satz »Gleiches Recht für alle« war zu Friedrichs Zeit zwar unbekannt, trotzdem stand er im Hintergrund seiner Entscheidungen. Auch in der Sache Thomas Müntzers verfuhren er und Herzog Johann nach

diesem Grundsatz. Als die Fürsten Müntzer 1524 als eine Art Anhörung die »Fürstenpredigt« ermöglichten, reagierte Luther mit der unerbetenen Schrift »An die Fürsten von Sachsen wider den aufrührerischen Geist«.[12] An dieser Stelle leuchtet im Verhalten der Ernestiner etwas vom späteren Toleranzgedanken auf, einer Haltung, die zwar die konträre Gesinnung nicht teilt oder gutheißt, aber strafrechtlich erst dann gegen ihre Vertreter vorgeht, wenn sie zur Gewalt greifen.

Der »Fürstenpredigt« vorhergegangen sind Erkundigungen über die Ansichten des Allstedter Pfarrers, mit denen Friedrichs Kaplan und Geheimsekretär Spalatin beauftragt worden war.[13] Die Motive dafür waren die gleichen wie bei der Predigtgelegenheit, die man Müntzer gewährte. Zu ihnen gehört der für Friedrich bezeichnende Grundsatz »Wenn man urteilen will, so soll man den Grund der Sachen von Anfang an wissen«.[14] Dieser ist nicht nur ein wichtiges Indiz für die eigenen (Weiter-) Bildungsbemühungen des Kurfürsten, er findet seinen Niederschlag auch in seiner Rechtspraxis.

So hilfreich Friedrichs Rechtsdenken für das Verständnis seines Verhaltens gegenüber Luther und Müntzer auch ist, es geht Hand in Hand mit seiner »Gütigkeit und Mitleidsamkeit«,[15] oder anders ausgedrückt, seiner (Nächsten-)Liebe. Vielleicht hatte Luther den alten Kurfürsten vor Augen, wenn für ihn Liebe das dritte Standbein politischen Handelns neben Recht und Vernunft darstellt.[16] Neben der Gerechtigkeit stand laut Melanchthons »Declamatio« die *modestas* bei Friedrich in besonderem Ansehen.[17] Mit die-

ser Erwähnung der Tugend Mäßigung wird der Bereich der mentalen Eigenheiten berührt, in dem besondere Differenzen zwischen Fürst und Reformator bestanden, weil dieser zwar den goldenen Mittelweg liebte, aber sich oft nicht mäßigen konnte.[18] »Rohheit, Dummheit und Anmaßung«,[19] die Friedrich völlig wider die Natur waren, konnte der Fürst Luther insofern zum Vorwurf machen, als dieser zu sprachlichen Rohheiten und revolutionärer Unbeherrschtheit neigte, auch wenn er damit keinen Einzelfall darstellte.[20] Die genannten Schlagseiten des Reformators gingen mit mangelndem diplomatischem Feingefühl Hand in Hand, das Friedrich selbst in überreichem Maß besaß[21] und dessen Aussetzen bei Luther ihn gelegentlich an den Rand der Verzweiflung brachte. Besonders die Grobheiten in einzelnen Schriften des Reformators waren ihm ein Gräuel.[22] Das gab er auch unmissverständlich zu verstehen, etwa nach der Veröffentlichung von Luthers Schrift »Über zweyerlei gestalt, das Sakrament zu nehmen« 1522. Damals forderte Friedrich Hans von der Planitz auf, darauf hinzuweisen, dass Luthers Schriften ohne sein Wissen und Willen erschienen, »dan wan er uns folgen wolt, so wurd er das buch, … nit ausgehen [lassen,] auch anders mehr unterlassen haben; dan uns die verdrißlichen buchlein nie gefallen.«[23] Wenn Luther einmal mutmaßte, dass ihn der Kurfürst zum Verfassen von Erbauungsschriften ermunterte, um ihn von der Produktion von Streitpamphleten abzuhalten, dann ist dieser Verdacht nicht generell von der Hand zu weisen.[24]

Die erwähnten charakterlichen Schattenseiten Luthers machten seinen Landesherrn regelmäßig »unlustig«.[25] An ihnen mussten sich Unstimmigkeiten entzünden, weil sie vor allem im diametralen Gegensatz zu den politischen Spielregeln Friedrichs standen, so zu dem von ihm oft gebrauchten Plutarchzitat »Wie die Sonne, wenn sie einmal den höchsten Stand erreicht hat, langsamer voranschreitet, so müssen auch auf dem Gipfel der Macht alle Dinge beständiger und mit größerer Mäßigung getan werden.«[26] Langsamkeit, Beständigkeit, Mäßigung; mit diesen Worten erscheint der Kurfürst gewissermaßen als Ahnherr des politischen Prinzips der Nachhaltigkeit.

Luther war zwar Nutznießer dieser Prinzipien Friedrichs,[27] aber Stillehalten, Aussitzen von Problemen und Diplomatie lagen ihm fern. Folgerichtig kam der Kurfürst mit der großen »Kühnheit« Luthers und dem raschen Umsichgreifen der reformatorischen Bewegung schwer zurecht.[28] Das zeigt sich ganz besonders in den Auseinandersetzungen um die Auflösung des Wittenberger Allerheiligenstifts,[29] das sich schließlich gegen seinen Willen auflöste,[30] oder in seiner Ablehnung von Spalatins Säkularisationsforderungen das Altenburger Stift betreffend vom 1. Mai 1525.[31]

Gerade das Verhalten Friedrichs in diesem Fall belegt, dass seine Distanzierungsbeteuerungen gegenüber dem Reformator mehr waren als Zweckbehauptungen.[32] Nicht ohne Grund beschrieb Johannes Eck in seinem Brief an Karl V. vom Februar 1521 die Meinung einiger Anhänger des Reformators mit den Worten »Wir schätzen Luther gar nicht so hoch [non tanti facimus], noch sind wir Anhänger seiner Irrtümer; wir sind Christen und wollen im Glauben unserer Vorfahren sterben.«[33]

Zwar nennt er dabei keine Namen, aber ich denke, besser konnte Friedrichs Sicht nicht auf den Punkt gebracht werden. Nicht ohne Grund schreibt dessen Biograph Spalatin unter der Überschrift »Von dieses Churfürsten Liebe und Fleiß zu Gotteswort«, dass sich der Fürst »als in den Ceremonien sehr verteufft … übel … in etliche Veränderungen richten« konnte.[34] Spalatin entschärft seine Äußerung zwar sofort mit den Worten, dass der Ernestiner trotzdem »nicht übel darvon« redete und auch »endlich die Veränderung fast wol leiden konnte.«[35] Dennoch bleiben Fragen: Warum urteilt Luther rückblickend über Friedrich, mit ihm sei die Weisheit, mit Johann die Frömmigkeit gestorben?[36] Warum schildert Melanchthon eindringlich die Gebetskämpfe des todkranken Kurfürsten um die Gnade Christi?[37] Für mich sind das Indizien, dass der Kampf um den rechten Glauben in Friedrich bis zuletzt im Gange war. Und es sind zugleich Belege dafür, dass der Kurfürst – um mit Armin Kohnle zu reden – »weder der erste Jünger Luthers noch der bis zu seinem Tode unbeeindruckt bleibende spätmittelalterliche Christ« gewesen ist.[38]

Friedrichs mühsamer geistlicher Erkenntnisweg lässt sich anhand des wechselnden Stellenwerts der reformatorischen Grundsätze, des vierfachen »Allein«, verständlich machen. An erster Stelle stand für ihn das »solum verbum« (»die Heilige Schrift allein«), während er durch seine intensive Heiligenverehrung mit dem »Christus allein« offensichtlich seine Schwierigkeiten hatte. Das »sola gratia«, die große Bedeutung der Gnade Gottes war ihm mehr als bewusst, aber das »sola fides« (»allein der Glaube«) stellte für den ehemaligen passionierten Reliquiensammler und Wallfahrer eine echte geistliche Herausforderung dar. Aus diesen Gründen ist sein Glaubensweg beschwerlich und steinig gewesen. Es war Friedrich nicht vergönnt, um noch einmal Eck zu zitieren, »im Glauben seiner Vorfahren« mit deren Traditionen und Frömmigkeitsformen alt zu werden und zu sterben.[39] Deshalb rangen in Friedrichs Innerem gerade in seinem letzten Lebensjahrzehnt der geschichtsbewusste Konservative und der von humanistischen, reformoffenen Denkströmen faszinierte und beeinflusste Fürst heftig miteinander. Dieser Kampf hat ihn zweifellos Luther näher gebracht und ihn in seinem Eintreten für den Reformator bestärkt.

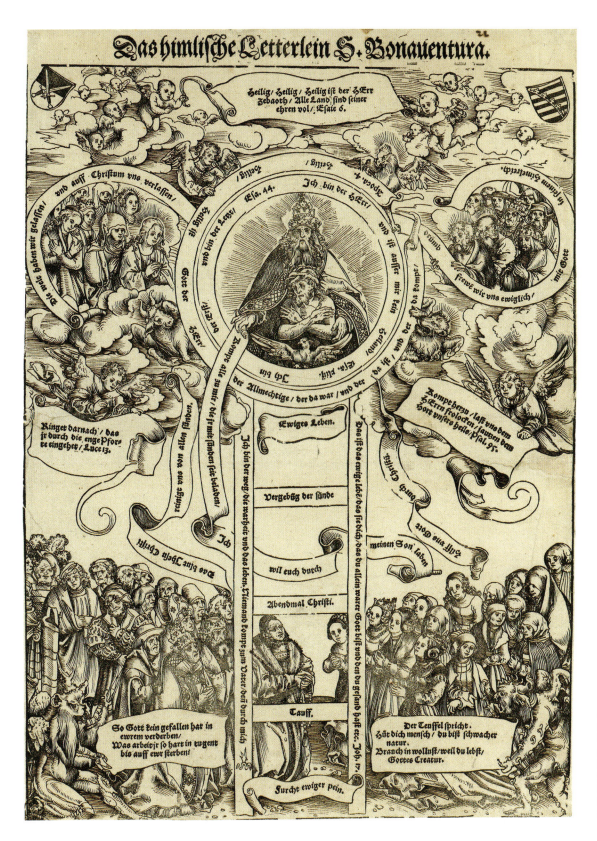

Abb. 3
Lucas Cranach d. Ä.,
Die himmlische Leiter
des hl. Bonaventura,
Holzschnitt, 41 × 29,3 cm,
Staatliche Kunstsamm-
lungen Dresden,
Kupferstich-Kabinett,
Inv. Nr. A 6535

Friedrichs Nähe zu Luther – Verbindendes

Bei allem, was den Kurfürsten und Luther von Mentalität, Denken und Frömmigkeit her unterschied, gab es auch vieles, was die beiden in einer ganz eigenen Zuneigung verband. Von ihrer Mentalität her verband sie ein Hang zur Schwermütigkeit und zum Zorn,[40] in ihrer Weltbetrachtung eine realistische und kritische Sicht der Dinge und der Sinn für praktische Lösungen.[41] Dazu kamen ähnliche Tugenden wie Standhaftigkeit und Prinzipientreue, aber das allein erklärt nicht hinreichend die im Verhältnis des Kurfürsten zu Luther feststellbare dynamische Entwicklung ihrer Beziehung, an deren Ende der Abendmahlsempfang unter beiderlei Gestalt durch den sterbenden Friedrich stand.[42]

Beeinflusst wurde dieser Annäherungsprozess einmal durch lutherfreundliche Ratschläge und Gutachten von Politikern, Geistlichen, Gelehrten und natürlich von den eigenen fürstlichen Räten.[43] Sie haben ihn beeindruckt, aber er hat sie nur akzeptiert, wenn sie ihm richtig erschienen.[44] Unfreiwillig sind es aber auch Gegner Luthers gewesen, die den Kurfürsten durch ihre Feindseligkeit wie im Fall des Dr. Johann Eck[45] oder ihr Ungeschick wie Karl von Miltitz[46] nur noch stärker zu Luther halten ließen. So wie Friedrich deren Inkompetenz verärgerte, so wuchs die Hochachtung vor der fachlichen Kompetenz seines Professors; denn den Sachverstand von »Kunstreichen und Gelehrten« hatte er, wie Spalatin betont, schon immer geschätzt.[47]

Das wohlwollende Verhalten des Kurfürsten gegenüber dem Reformator und die teilweise Annäherung an dessen Positionen haben aber noch wesentlichere Ursachen. Sie liegen in der gemeinsamen geistesgeschichtlich-kulturellen und religiösen Verwurzelung der beiden. Eine besondere Bedeutung kommt dabei der schillernden geistesgeschichtlichen Strömung des deutschen Humanismus mit ihren verschiedenen Ausläufern zu. Hier finden sich besonders viele Gemeinsamkeiten zwischen Friedrich und Luther. Die Ursprünge dieser Berührungspunkte sind in persönlichen Kontakten mit Ratgebern, Geistlichen und Gelehrten zu suchen, die vom Frühhumanismus beeinflusst waren. Ich denke dabei an die Mellerstadt-Verbindung mit Heinrich Stercker und Martin Pollich, zu der ich auch den befreundeten Würzburger Bischof Lorenz von Bibra rechne.[48] Auch an das humanistische Gedankengut gegenüber aufgeschlossenen Äbten wie Heinrich von Schleinitz vom Chemnitzer Bergkloster, der mit Friedrich und Pollich nach Jerusalem pilgerte, ist zu denken,[49] vom Erfurter Humanistenkreis ganz zu schweigen.[50]

Neben diesen Verbindungen spielten Friedrichs Wissensdurst und Bildungshunger eine wichtige Rolle, die er mit den Humanisten teilte. Er war ein eifriger Leser und dadurch für die unterschiedlichsten geistigen Impulse empfänglich.[51] So beschäftigte er sich neben erbaulich-frommen Schriften auch mit historischen, ethischen und auch astrologisch-medizinischen Themen.[52] Und dabei blieb es nicht: Was der Weise zu wissen wünschte, wollte er auch praktizieren. Das betrifft ebenso seine Betätigung als Hobbyapotheker[53] wie auch seine Vorliebe für das Studium der Heiligen Schrift ganz im Sinne des Bibelhumanismus und Luthers. Der Grundsatz »Zurück zu den Quellen« steht dabei unausgesprochen hinter seiner Feststellung, dass »die Sachen des Glaubens ... so rein sein sollten als ein Aug«.[54] Entsprechend argumentierte er mit Bibelsprüchen, die er allerdings oft wie Klassikerzitate gebrauchte.[55] Er erlag dabei bisweilen der humanistischen Neigung zur ethischen Engführung von philosophischen und biblischen Aussagen. So lobte er Paulus »als weisen Mahner, der die Bürger zur Ruhe angehalten habe und dazu, sich auf ihre eigenen Angelegenheiten zu konzentrieren (!)«.[56] Wie auch immer, die Bibel nahm in Denken und Glaubenspraxis des Kurfürsten eine zentrale Bedeutung ein, was von den Reformatoren immer wieder herausgestrichen wird. Diese Vorliebe und die Reflexion liebgewordener kirchlicher Bräuche und Lehrtraditionen vor biblischem Hintergrund der Heiligen Schrift haben es ihm ebenso wie sein geschichtliches Denken erleichtert, mit den religiösen Umbrüchen seiner Zeit zu leben.

Humanistischen Anliegen war Friedrich der Weise auch dort verpflichtet, wo er – ganz im Sinne Luthers und Melanchthons – Bildungsmöglichkeiten schuf und förderte. Dabei muss man nicht unbedingt an die Wittenberger Universität denken, auch die von Spalatin bezeugte Erziehung zahlreicher Kinder in seiner »Cantorei und der Kammern« spricht für sich.[57] Als eine Bildungsoffensive eigener Art ist meines Erachtens das Verschenken von Lutherschriften durch den Kurfürsten anzusehen. Sicher hat Friedrich im einen oder anderen Fall auf eine Beurteilung durch den jeweiligen Empfänger gehofft, Geschenke dieser Art können aber für die persönliche Wertschätzung ihres Inhalts durch den Fürsten sprechen, wenn nicht sogar für seine Absicht, bedenkenswerte Informationen oder Ansichten weiterzugeben. Dabei denke ich hier an die Verteilung von Luthers Übersetzung des Neuen Testaments[58] und die Weitergabe der Schrift »An den christlichen Adel deutscher Nation« an Herzog Johann.[59] Dass der Inhalt der Adelsschrift ihn auch irritierte,[60] steht auf einem anderen Blatt.

Neben humanistischen Denkansätzen und dem Willen, den Dingen selbst auf den Grund zu gehen, hat Friedrich die gleiche religiöse Grundfrage wie Luther umgetrieben, die Frage: Wie bekomme ich einen gnädigen Gott? Der Wunsch, bei Gott Gnade zu finden, ist der Vater seiner intensiven spätmittelalterlichen Frömmigkeit mit dem Reliquienkult als ihrem bekanntesten Auswuchs. Die gleiche Frömmigkeit zeigt sich allerdings auch in der besonderen Pflege des inneren geistlichen Lebens durch Predigthören, erbauliche Traktate, Gebete und Meditation.[61] In diesem Bereich wie im seelsorgerischen waren ihm Luthers Schriften und Rat von besonderer Bedeutung. Deshalb »verwandte er so viel Zeit, wie er den Staatsgeschäften entziehen konnte, für die Lektüre frommer Bücher und Erzählungen, durch die er, wie er versicherte, gebildet und zu wahrer Gottesverehrung angehalten werde«.[62] Das verbindet ihn wiederum mit seinem frommen Vetter Georg, der ihm an diesem Punkt in vielem näher war, als die evangelische Schulweisheit uns träumen lässt.[63]

Die Frage nach dem gnädigen Gott ist bei Friedrich freilich noch auf eine ganz andere Weise geschichtsmächtig geworden. Um sicherzugehen, dass er dieser Gnade nicht verlustig ging, versuchte der Kurfürst alles zu vermeiden, was gegen Gottes Willen war und seinen Zorn nach sich ziehen konnte. Aus diesem Grund blieb der Ernestiner besonders dann politisch passiv, wenn die Theologen beider Seiten selbst den Überblick verloren. Im Originalton heißt das: »Ehe ich wollt mit Wissen wider Gott handeln, ehe wollt ich einen Stab an mein Hand nehmen und darvon gehen.«[64]

Auch hinter Friedrichs Hochschätzung der Bibel steht die Frage nach dem rechten Gehorsam gegenüber Gottes Willen. Sie erlangte für ihn als damals noch unangefochtene Urkunde von Gottes Willen und Verheißungen fast sakramentale Bedeutung.[65] Das verstärkte seine Wertschätzung Luthers als Ausleger der Heiligen Schrift und erklärt auch insofern sein Eintreten für ihn, als eine Widerlegung des Reformators auf biblischer Grundlage von diesem vergeblich angemahnt wurde.

Bei der Betrachtung von Glaubensaussagen Friedrichs fallen immer wieder Ähnlichkeiten auf, die ihn oberflächlich betrachtet als einen Schüler des Reformators erscheinen lassen. Als Beispiel sei die Nürnberger Münzprägung von 1522 erwähnt. Die Münze wird mit ihrer Umschrift »Verbum Domini Manet In Aeternum« und der Devise »Crux Christi Nostra Salus est« nur allzu schnell als Signal für Friedrichs Einschwenken auf den Kurs Luthers angesehen.[66] Bei dieser Prägung handelt es sich nun sicher um eine Art Bekenntnis, aber zu Grundsätzen, die zwar Luthers Anliegen auf den Punkt bringen, jedoch auch von Gegnern des Reformators geteilt wurden. Außerdem sind sie als ein »Dennoch« des Fürsten zu den Umbrüchen der Zeit zu verstehen und ihm sicher leicht gefallen, weil Luther in den Turbulenzen der Jahre 1521/22 als stabilisierende, ordnende Kraft in Erscheinung getreten war.[67]

Abschließend noch ein Wort zum Verhältnis von Friedrichs Glaubensüberzeugungen und Luthers Theologie. In den letzten Jahren hat unter anderem Armin Kohnle unterstrichen, dass sich Friedrichs Ansichten asymptotisch Luthers Lehrmeinungen zwar angenähert haben, dass sie aber kaum deckungsgleich waren.[68] Ein Grund für diese Ähnlichkeiten liegt meines Erachtens in einem Erkenntnisprozess, der durch ähnliche persönliche Erfahrungen wie bei Luther und die geistliche Reflexion dieser Erlebnisse auf biblischer Grundlage ausgelöst und in der Auseinandersetzung mit schriftlichen oder mündlichen theologischen Aussagen von Zeitgenossen zu Ende geführt wurde. Besonders anschaulich wird das bei Friedrichs Äußerung zur Frage der Willensfreiheit: »Ich habe nie können denken, wie wir einen freien Willen konnten haben.«[69] Hinter diesem Satz und dem begründenden Bibelzitat (Johannes 15,5) steht Friedrichs wiederholte Erfahrung, dass gut gewollt

Abb. 4
Lucas Cranach d. Ä.,
Friedrich der Weise in
Verehrung der apokalyptischen Muttergottes,
um 1515, Mischtechnik, von
Lindenholz auf Leinwand
übertragen, 115 × 91 cm.
Staatliche Kunsthalle
Karlsruhe, Inv. Nr. 2749

und gut gemacht noch lange nicht heißt, dass etwas gut auch wird. Vor allem in seiner Politik nach dem »Tollen Jahr« von Erfurt hatte er erfahren:[70] Der Mensch wird immer wieder schuldig, gerade dann, wenn er in besonderer politischer Verantwortung steht.

Im Gegensatz zu Herzog Georg[71] besaßen der Kurfürst und sein Bruder weniger theologische Bildung und Weitblick, was – um einen aktuellen Terminus zu verwenden – durch eine biblizistische Grundhaltung wettgemacht wurde. Deshalb brachte er angesichts theologischer Kontroversen immer wieder das Argument vor: »Das ist ein großer wichtiger Handel und den als ein Laie nicht verstehe.«[72] Diese Selbsteinschätzung ist nicht vorgeschützt, sondern Ausdruck einer kritischen Weltsicht, die auch vor sich selbst nicht halt machte und in dem Satz gipfelte: »Je länger ich regiere, desto weniger ich regieren kann.«[73] Solche Selbstzweifel, gepaart mit einer gehörigen Portion Fatalismus und Resignation,[74] aber entschärft durch ein unbedingtes Gottvertrauen sind genauso wie mangelnde Entschlussfreudigkeit für Friedrichs Politik der Worte und des Wartens verantwortlich.[75] So hat er mit seiner »höchst effektive[n] Inaktivität« mehr bewirkt als mit kurzsichtigem Aktionismus.[76]

Schlussbemerkungen

Zusammenfassend sei gesagt: In den Beziehungen Friedrichs zu Martin Luther wuchsen trotz gelegentlicher Verstimmungen und Widersprüchlichkeit mit den Jahren Duldsamkeit und Sympathie. Das ist nicht zuletzt zahlreichen Berührungspunkten der beiden zu verdanken. Deshalb tat auch die wechselnde Bedeutung Luthers für den Kurfürsten der Kontinuität von dessen Politik in der Luthersache keinen Abbruch, sondern stabilisierte sie vielmehr und ließ die fürstliche Wertschätzung wachsen. Inwieweit Friedrich als Landesherr und Reichsfürst in dem Reformator eine politische Trumpfkarte sah, mag dahingestellt bleiben. Angesichts der Attacken und Niederlagen, die der Fürst immer wieder erlebt, aber dank seines Naturells stillschweigend ertragen hatte, wage ich zu behaupten: Über die Niederlage von Luthers Gegnern ist Friedrich sicher nicht traurig gewesen, gerade weil sie für ihn selbst zur Bedrohung geworden waren. Schließen möchte ich mit einem Satz Luthers, der ein Wahlspruch des weisen Wettiners gewesen sein könnte und die Nähe der beiden noch einmal auf den Punkt bringt: »Glaube nicht alles, was du hörst, sage nicht alles, was du weißt, tu nicht alles, was du kannst.« [77]

Anmerkungen

1   WA 51, S. 203, 26–29.

2   Vgl. WA Br 1, Nr. 30; WA Br 2, Nr. 454.

3   Vgl. Luthers eigene Einschätzung seiner Schreiben an Friedrich in: WA Br 2, S. 453 f., Anm.1.

4   WA Br 1, Nr. 16 ; vgl. Georg Berbig, Spalatin und sein Verhältnis zu Martin Luther auf Grund ihres Briefwechsels bis zum Jahre 1525. Halle 1906, S. 12 f.

5   Vgl. Hans Volz, Bibliographie der im 16. Jahrhundert erschienen Schriften Georg Spalatins, in: Zeitschrift für Bibliothekswesen und Bibliographie 5 (1958), Nr. 28; Ingetraut Ludolphy, Friedrich der Weise. Kurfürst von Sachsen 1463–1525. Göttingen 1984, Leipzig 2006, S. 485 f. In den 1530er Jahren bezeichnete Luther Friedrich als einen Mann, in dem »oeconomicum, politicum et heroicum ingenium« [Begabung] vereint waren, was eine besondere Gabe Gottes sei (WA TR 3, Nr. 3287a).

6   Georg Spalatin, Herzogen Fridrichen zu Sachsen des Namens des Dritten Churfürsten christlichen, hochlöblichen und seligen Gedächtniß Leben aufs kurzt zusammen getragen [ab 1526], in: Das Leben und die Zeitgeschichte Friedrichs des Weisen, hrsg. von Chr. Gotth. Neudecker und Ludw. Preller(Georg Spalatin's historischer Nachlass und Briefe 1). Jena 1851 (im Folgenden FWLZ), S. 21–75.

7   Philipp Melanchthon, Rede über Kurfürst Friedrich den Weisen von Sachsen. De Friderico Duce Saxoniae Electore 1551, in: Melanchthon deutsch Bd. 1, hrsg. von Michael Beyer u. a. Leipzig 1997 (im Folgenden RFW), S. 215–237.; desgl. CR 11, Sp. 962–975. Trotz des Umstands, dass die Rede den Charakter eines ›Fürstenspiegels‹ besitzt (vgl. Michael Beyer, Philipp Melanchthon – Humanismus und evangelische Theologie. Martin Luthers »socius laboris in theologia« und »organum in literis tantum«, in: Luther 82 (2011) 3, S. 131), ist der Quellenwert nicht zu gering zu veranschlagen.

8   RFW (wie Anm. 7), S. 221.

9   RFW (wie Anm. 7), S. 228.

10 Paul Kirn, Friedrich der Weise und die Kirche. Seine Kirchenpolitik vor und nach Luthers Hervortreten im Jahre 1517. Dargestellt nach den Akten im thüringischen Staatsarchiv zu Weimar. Leipzig 1926, Hildesheim 1972, S. 98.

11 Kirn, Friedrich der Weise (wie Anm. 11), S. 116–118.

12 Walter Elliger, Thomas Müntzer. Leben und Werk. Göttingen 1975, S. 442 f; Hellmut Zschoch, Streitschriften [Luthers], in: Luther Handbuch, hrsg. von Albrecht Beutel. Tübingen 2005, S. 290 f; Hermann Kunst, Evangelischer Glaube und politische Verantwortung. Martin Luther als politischer Berater seiner Landesherrn und seine Teilnahme an den Fragen des öffentlichen Lebens. Stuttgart ²1979, S. 52–55.

13 Elliger, Müntzer (wie Anm. 12), S. 403–406.

14 FWLZ (wie Anm. 6), S. 32.

15 FWLZ (wie Anm. 6), S. 34, 43, 49.

16 Vgl. WA 11, 262, 5–7: Recht; WA 30 II, 562, 28–30: Vernunft; WA 17 II, 92, 8–11: Liebe.

17 RFW (wie Anm. 7), S. 220 f.

18 Der ethische Terminus ἐπιείκεια, zu übersetzen mit ›Angemessenheit‹ oder ›Milde‹, spielt bei Luther eine große Rolle; vgl. etwa WA TR 4, Nr.4178.; ebd., Nr. 4875.

19 RFW (wie Anm. 7), S. 217; CR 11, Sp. 963: »barbaries, arrogantia et stulticia« [im Text im Akkusativ].

20 Es wird leider meist verdrängt, dass sich auch namhafte Zeitgenossen gelegentlich zu Unflätigkeiten hinreißen ließen, so z. B. Thomas Morus gegenüber Luther; vgl. Jasper Ridley, Heinrich VIII. Die Biographie. Düsseldorf 2005, S. 155.

21 FWLZ (wie Anm. 6), S. 44, 54.

22 So beleidigte Luther König Heinrich VIII. mit den Worten: WA 10 II, S. 241,11 f.: »Du bist eyn grober heyntz unnd bleybst eyn heyntz«; bzw. ebd., 253, 19: »du grober esels kopff«.

23 Des kursächsischen Rathes Hans von der Planitz Berichte aus dem Reichsregiment in Nürnberg 1521–1523, gesammelt von Ernst Wülcker, nebst ergänzenden Aktenstücken bearb. von Hans Virck. Leipzig 1899, S. 157 [25. 5. 1522].

24 So im Fall der ›Adventspostille‹; vgl. Ludolphy, Friedrich (wie Anm. 5), S. 392 f.; Kunst, Berater (wie Anm. 12), S. 39 f. Sie war Friedrich gewidmet (WA 7, 463 – 465).

25 Georg Spalatin, Annales Reformationis oder Jahr-Bücher von der Reformation Lutheri, aus dessen Autographo ans Licht gestellt von Ernst Salomo Cyprian. Leipzig 1718, S. 16, 71; s. die ›Entschuldigung‹, Luthers bei Friedrich WA Br 3, Nr. 618.

26 RFW (wie Anm. 7), S. 226.

27 FWLZ (wie Anm. 6), S. 25.

28 »Er ist mir vil zukune«; vgl. Ludolphy, Friedrich (wie Anm. 5), S. 396.

29 Theodor Kolde, Friedrich der Weise und die Anfänge der Reformation. eine kirchenhistorische Skizze mit archivalischen Beilagen. Erlangen 1881, S. 34 – 36; Bernd Stephan, Beiträge zu einer Biographie Kurfürst Friedrichs III. von Sachsen, des Weisen (1463 bis 1525). Diss. masch. Leipzig 1980, Anm. 651; [für 2014 ist ein Nachdruck geplant: »Ein itzlichs Werck lobt seinen Meister«. Friedrich der Weise, Bildung und Künste. Leipzig].

30 Vgl. Georg Spalatin, Chronicon sive annales (1513 – 1526), in: Scriptores rerum Germanicarum, praecipue Saxonicarum Bd. 2, hrsg. von Johann Burckhardt Mencke. Leipzig 1728, Sp. 640; Ludolphy, Friedrich (wie Anm. 5), S. 455 – 457.

31 Druck bei Kirn, Friedrich (wie Anm. 10), S. 193 – 195; Björn Schmalz, Georg Spalatin und sein Wirken in Altenburg (1525 – 1545). Beucha 2009, S. 79 f; vgl. Irmgard Höß, Georg Spalatin 1484 – 1545. Ein Leben in der Zeit des Humanismus und der Reformation, Weimar ²1989, S. 276 f.

32 Beispielsweise in seinem Schreiben an Heinrich VIII. von England in: Spalatin, Annales (wie Anm. 25), S. 61 – 70 (4. 5. 1523, deutsch); englische Übersetzung (datiert auf 3. 5. 1524!) in: Letters and Papers of the Reign of King Henry VIII Bd. 4, hrsg. von John S. Brewer. London 1875, Nr. 301; Schreiben an Thomas Cajetan von Anfang Dezember 1518 in: WA Br 1 S. 250 f. bzw. Spalatin, Annales (wie Anm. 25), S. 2 – 4.

33 Johannes Eck, Briefwechsel, hrsg. von Vinzenz Pfnür, bearbeitet von Peter Fabisch und Hans Jörg Gerste, Nr. 138 [18. 02. 1521]. Internet-Edition [http://ivv7srv15.uni-muenster.de/mnkg/pfnuer/Eck-Briefe.html].

34 FWLZ (wie Anm. 6), S. 29.

35 FWLZ (wie Anm. 6), S. 30.

36 WA TR 2, Nr. 1906 A.

37 RFW (wie Anm. 7), S. 230 f.

38 Armin Kohnle, Die Frömmigkeit der Wettiner und die Anfänge der Reformation, in: Lutherjahrbuch 75 (2008), S. 140; auch Uwe Schirmer, Friedrich III., der Weise (1486 – 1525), in: Die Herrscher Sachsens, Markgrafen, Kurfürsten, Könige (1089 – 1918), hrsg. von Frank Lothar Kroll. München 2007, S. 64.

39 Pfnür, Eck (wie Anm. 33), Nr. 138.

40 Stephan, Beiträge (wie Anm. 29), Anm. 461 f.; RFW (wie Anm. 7), S. 228.

41 FWLZ (wie Anm. 6), S. 27.

42 FWLZ (wie Anm. 6), S. 63; Ludolphy, Friedrich (wie Anm. 5), S. 483; Schmalz, Spalatin (wie Anm. 31), S. 16.

43 RFW (wie Anm. 7), S. 227: Bei den Gesprächen mit den Räten wurden nicht nur politische, sondern auch Glaubensfragen erörtert. Zu den Anfragen Friedrichs zur Luthersache siehe u. a. Höß, Spalatin (wie Anm. 31), S. 182 f. [Erasmus von Rotterdam], 126 [Bischof Lorenz von Bibra], 149, passim [Kurfürst Richard von Greifenklau]; FWLZ (wie Anm. 6), S. 164, 161, 159.

44 Stephan, Beiträge (wie Anm. 29), Anm. 94.

45 Verärgert wurde Friedrich besonders durch die Veröffentlichung seines Briefwechsels mit Eck; vgl. Pfnür, Eck (wie Anm. 33), Nr. 97, ebenso auch Luther (WA Br 2, Nr. 260). Die eigenmächtige Publikation der Bannbulle ärgert sogar Herzog Georg; s. Akten und Briefe zur Kirchenpolitik Herzog Georgs von Sachsen Bd. 1, hrsg. von Felician Geß. Leipzig 1905, Nr. 177 [18. 10. 1520].

46 Vgl. Wolfgang Petke, Das Breve Leos X. an Georg Spalatin von 1518 über die Verleihung der Goldenen Rose an Friedrich den Weisen, in: Archiv für Kulturgeschichte 80 (1998) 1, S. 84 – 91.

47 FWLZ (wie Anm. 6), S. 34; Friedrichs Kompetenzverständnis erklärt seine Betroffenheit, wenn Fachleute nicht weiterwussten; vgl. Stephan, Beiträge (wie Anm. 29), Anm. 516.

48 Vgl. Niklas Schrenck von Notzing, Schrenck von Notzing, in: Neue Deutsche Biographie 23 (2007), S. 543; Helmut Schlereth, Pollich, Martin, genannt Mellerstadt, in: ebd. 20 (2001), S. 605 f.; Alfred Wendehorst, Lorenz von Bibra, in: ebd. 15 (1987), S. 169 f.; Jörg Schwarz, Stercker, Heinrich, in: ebd. (2013), (im Druck); Bernd Stephan, Spalatin als Sekretär Friedrichs des Weisen (1516 – 1525), in: Steuermann der Reformation. Georg Spalatin. Aufsatzband der Sonderausstellung vom 18. 5. bis 02. 11. 2014. Altenburg 2014 (in Arbeit).

49 Vgl. Studien und Mitteilungen zur Geschichte des Benediktinerordens und seiner Zweige, 108 (1997), S. 32 – 25. Näheres zu Schleinitz: Quasi fundator secundus, Abt Heinrich von Schleinitz (1483 – 1522) in seiner Zeit, Protokollband des Forschungskolloquiums vom 18. / 19. 01. 2013 im Schloßbergmuseum Chemnitz (in Arbeit).

50 Siehe den Abschnitt, Friedrichs Beziehungen zu den Humanisten‹ in: Stephan, Beiträge (wie Anm. 29), S. 165 – 186.

51 RFW (wie Anm. 7), S. 227; vgl. Stephan, Beiträge (wie Anm. 29), Anm. 453.

52 RFW (wie Anm. 7), S. 225 – 227.

53 RFW (wie Anm. 7), S. 227; WA TR 1, Nr. 360 [Friedrichs Augenwasser].

54 FWLZ (wie Anm. 6), S. 59.

55 Vgl. FWLZ (wie Anm. 6), S. 29, 32 f.

56 Vgl. FWLZ (wie Anm. 6), S. 29, 32 f.

57 FWLZ (wie Anm. 6), S. 53 f.

58 Vgl. Ludolphy, Friedrich (wie Anm. 5), S. 393 f.; Eintragungen in kursächsischen Rechnungsbüchern zu Wittenberger Reformatoren und Georg Spalatin von 1519 bis 1553 T. 2, hrsg. von Rainer Hambrecht, kommentiert von Helmar Junghans, in: Lutherjahrbuch 56 (1989), S. 75 f.

59 Carl Eduard Förstemann, Neues Urkundenbuch zur Geschichte der evangelischen Kirchen-Reformation Bd. 1. Hamburg 1842, S. 1 (Nr. 1) [13. 8. 1520].

60 Förstemann, Neues Urkundenbuch (wie Anm. 59), S. 2 (Nr. 2) [25. 8. 20].

61 Siehe z. B. Christian Gottlob Lorenz, Die Stadt Grimma im Königreiche Sachsen. Leipzig 1856, S. 615: Passionswoche 1519 im Kloster Grimma; vgl. RFW (wie Anm. 7), S. 227.

62 RFW (wie Anm. 7), S. 227.

63 Siehe Christoph Volkmar, Reform statt Reformation. Die Kirchenpolitik Herzog Georgs von Sachsen 1488 – 1525. Tübingen 2008, S. 84, 86, passim; vgl. dazu Kohnle, Frömmigkeit (wie Anm. 38), S. 136 – 139, besonders S. 139 Anm. 59.

64 FWLZ (wie Anm. 6), S. 30.

65 Zum ›Wort Gottes‹ als Zentralbegriff bei Friedrich vgl. Stephan, Beiträge (wie Anm. 29), S. 111, 118; Kohnle, Frömmigkeit (wie Anm. 38), S. 136; beispielhaft WA Br, 2, S. 450, 31 f.: Friedrich will nichts ›gegen Gottes Willen und heiliges Wort‹ unternehmen.

66 Ludolphy, Friedrich (wie Anm. 5), S. 383; Sina Westphal sieht dagegen darin ein Indiz für Friedrichs Absicht, »der Heiligen Schrift in der Kirche einen größeren Stellenwert zu verschaffen«, vgl. Sina Westphal, Die Münzprägung Kurfürst Friedrichs des Weisen von Sachsen in Nürnberg, in: Neues Archiv für Sächsische Geschichte 79 (2008), S. 46 f. Anm. 129.

67 Ludolphy, Friedrich (wie Anm. 5), S. 450 – 453.

68 Kohnle, Frömmigkeit (wie Anm. 38), S. 140.

69 FWLZ (wie Anm. 6), S. 29.

70 Vgl. Ludolphy, Friedrich (wie Anm. 5), S. 252 – 256.

71 Vgl. Volkmar, Reform (wie Anm. 63), S. 78 – 82; Kohnle, Frömmigkeit (wie Anm. 38), S. 130 f.

72 FWLZ (wie Anm. 6), S. 30.

73 WA 20, 67,11; Förstemann, NUB (wie Anm. 59), 259 (Nr. 22) [14. 4. 1525]: »Wir Fürsten thun den armen leuten allerlei beschwerung und das nicht taugt.«

74 Stephan, Beiträge (wie Anm. 29), S. 86 – 88, 112 – 117.

75 FWLZ (wie Anm. 6), S. 25, 47.

76 Michael Beyer, Luther und Kurfürst Friedrich der Weise von Sachsen in: Aller Knecht und Christi Untertan: der Mensch Luther und sein Umfeld, hrsg. von der Wartburgstiftung. Katalog der Ausstellungen zum 450. Todesjahr 1996, Wartburg und Eisenach. Eisenach 1996, S. 66.

77 WA TR 5, Nr. 6018.

JÜRGEN VON AHN

… zw fruntlicher bruderlich ergetzung…
Die Reliquiensammlungen der Brüder Ernst und Friedrich von Wettin

Einführung

Es war Ernst von Wettin, Erzbischof von Magdeburg, der im Jahr 1510 seine beiden Brüder Johann und Friedrich »zw fruntlicher bruderlich ergetzung und besichtigung unser newen erbauten kirchen« (der Magdalenen-Kapelle auf der Moritzburg) nach Halle einlud.[1] Diese freundliche Aufforderung könnte nun durchaus suggerieren, dass es sich bei diesem Stelldichein der Eitelkeiten um ein familiäres Treffen gehandelt habe; sozusagen um einen Besuch sich freundschaftlich zugewandter Brüder. Zeugnisse darüber, ob das Treffen je stattgefunden hat, haben sich leider nicht erhalten. Was sich jedoch erhalten hat, ist eine Vielzahl schriftlicher Quellen, welche die Streitigkeiten der drei Brüder dokumentieren, die der zuvor genannten Einladung über Jahre hinaus vorausgingen. Sie steht somit fast am Ende eines zu diesem Zeitpunkt aktuellen, immer noch schwelenden familiären und innerpolitischen Konflikts.

Man gewinnt den Eindruck, dass es Ernst daran gelegen war, sich seinen Brüdern wieder anzunähern und den Weg über gemeinsame Interessen – wie in diesem Falle die Baukunst – zu wählen, um alle nochmals an einen Tisch zu bringen. Über die Motive, welche den Erzbischof letztendlich dazu antrieben, lässt sich nur noch spekulieren. Die Quellen lassen ein der Einladung vorangegangenes Interesse Friedrichs an der von seinem Bruder auf der Moritzburg erbauten Magdalenen-Kapelle erahnen. Diese war, so konnte Mock es nachweisen, bereits 1504 in ihrer Architektur vollendet.[2] Auch die Innenausstattung war in den Folgejahren fortgeschritten, sodass sie dem Betrachter einen imposanten Eindruck geboten haben muss. Die von Ernst erbaute Kapelle stand in direkter Konkurrenz zur Stiftskirche in Wittenberg, einem Projekt seines Bruders Friedrich. Zur »freundlichen brüderlichen Ergötzung« wird sich somit ein großes Stück an gewollter Machtdemonstration hinzugesellt haben. Das geistige und finanzielle Vermögen, ein zeitgemäßes Gotteshaus zu bauen und es mit dem Aktuellsten an Kunstgegenständen und Ausstattung zu schmücken, sollte dem erstgeborenen Bruder klar vor Augen führen, dass er ihm – dem

Landesfürsten – in nichts nachstünde. In diesem Zusammenhang sind auch die Reliquiensammlungen zu sehen, welche ebenfalls zu den Ausstattungen beider Kirchen gehörten, ja sogar deren Legitimation darstellten.

Sowohl das Mehren von verschiedensten Reliquien als auch das Ausstatten der heiligen Gebeine und Gegenstände mit »goldenen Kleidern«,[3] wie man die Reliquiare auch nannte, lag im Interesse derer, die sie sammelten. Die Motive, dies zu tun, waren ebenso mannigfaltig wie die Charaktere ihrer Sammler. Die Zeit vor der Reformation war geprägt von einer innigen Heiligen- und Reliquienverehrung, welche ihren Ausdruck in einer tiefgehenden Schaufrömmigkeit vieler Gläubigen fand.[4] Eine kirchliche Institution, ein Kirchenfürst oder der Landesherr selbst taten gut daran, diesem Wunsch, dem heiligen Gegenstand optisch und haptisch nahe zu kommen, Genüge zu tun. Hier standen das persönliche Heil des Herrschenden und jenes des ihm anvertrauten Gottesvolks im Mittelpunkt. Jedoch rechnete sich dies gleich mehrfach für die sammelnde Person bzw. Institution. Eine reich mit Reliquien ausgestattete kirchliche Institution konnte sich des regen Zuspruchs an Gläubigen sicher sein, welcher den jeweiligen Ort und dessen Herren gleichsam legitimierte und zudem reichlich Geld in dessen Kasse spülte.[5] Das Sammeln von Reliquien und deren Ausstattung mit Reliquiaren nur unter dem finanziellen Aspekt zu sehen, wäre jedoch nicht tragend und viel zu einseitig. Vielmehr muss den Sammlern, in diesem Fall Ernst und Friedrich, auch ein großes Maß an Frömmigkeit sowie auch Ehrgeiz unterstellt werden, das sie motivierte, das zeit- und kostenintensive Unterfangen des Reliquiensammelns voranzutreiben und für die erworbenen Objekte kunstvolle und kostspielige Reliquiare anfertigen zu lassen. Der künstlerische Wert der Reliquienbehälter muss ebenfalls als ein nicht zu unterschätzendes Motiv gewertet werden, stellten die Reliquiare doch zu den verschiedensten Gelegenheiten die Kunstsinnigkeit und den Reichtum des Stifters aller Welt offen zur Schau.[6]

Die ungleich-gleichen Brüder

Ernst, geboren im Jahr 1464, kam als drittes Kind des Kurfürsten Ernst von Sachsen und seiner Gemahlin Elisabeth von Bayern zur Welt.[7] Sein nur ein Jahr älterer Bruder Friedrich war bereits für die Nachfolge des Vaters im Amt des Kurfürsten vorgesehen, während er selbst schon früh auf eine geistige Laufbahn vorbereitet wurde. Unter dem Druck, welcher durch die Leipziger Teilung in Kursachsen und das Herzogtum Sachsen verursacht wurde,[8] versuchten sowohl die ernestinische als auch die albertinische Linie mehr und mehr Land für sich zu vereinnahmen, was zu einer überaus aggressiven Territorialpolitik führte. Kurfürst Ernst verfolgte eine stetige Politik der Expansion und auch Konsolidierung der ernestinischen Lande. So kam es auch, dass dieser schon sehr früh in Verhandlungen mit dem Magdeburger Domkapitel bezüglich der Nachfolge des amtierenden Bischofs trat.[9] Nachdem der Magdeburger Bischofssitz für Ernst gewonnen werden konnte, schaffte es der Kurfürst noch mehrfach, den Herrschaftsbereich des Erzbischofs zu erweitern. Ernst, der sich nach dem Ableben seines Vaters und seines Ratgebers, des Meißner Bischofs Johannes, recht schnell emanzipierte, forderte zu verschiedenen Gelegenheiten den Machtkampf mit seinem Bruder heraus.[10] So kam es beispielsweise zu Unstimmigkeiten, als Ernst darauf bestand, bei Reichstagen zum Einzug der Würdenträger vor seinem Bruder schreiten zu dürfen. Er rechtfertigte dies mit dem Hinweis auf den alten Titel des *Primas Germaniae*, welcher dank Kaiser Otto mit der Cathedra Magdeburgs verbunden war; ein Titel, von dem bis auf Ernst keiner seiner Vorgänger Gebrauch gemacht hatte.[11] Im Machtkampf der Brüder musste dies zu Streitigkeiten führen. Die Konkurrenz zeigte sich nun immer mehr auch im Schaffen der Geschwister, welche versuchten, sich mit Bauvorhaben und Kunst gegenseitig zu übertreffen. Den Reliquienschätzen kam hierbei eine große Bedeutung zu.

Die Reliquiensammlungen

Die kurfürstliche Sammlung zu Wittenberg

Als Friedrich 1486, nach der Erlangung der Kurwürde, Wittenberg zu seiner Residenz erwählte, fand er dort auf dem Schloss bereits eine Kirche vor, welche das 1338 gegründete Allerheiligenstift beherbergte und von dessen Stiftern mit Reliquien ausgestattet war.[12] Der askanische Herzog Ru-

dolf hatte Mitte des 14. Jahrhunderts durch den französischen König Philipp VI. einen Dorn der Dornenkrone Christi erhalten, was nicht zuletzt die Gründung des Stiftes begünstigt hatte. Schon 1400 war der Besuch des Heiltums mit zahlreichen Ablässen verbunden.[13] Von seiner Pilgerfahrt ins Heilige Land im Jahr 1493 brachte Friedrich eine große Menge weiterer Reliquien mit nach Wittenberg. Einzeln erwähnt ist zum Beispiel der Daumen der hl. Anna, Mutter Mariens, welchen er auf Rhodos erhalten hatte.[14] In der Heimat war der Annenkult infolge einer verstärkten Marienverehrung gerade sehr populär,[15] was zeigt, dass Friedrich bei der Auswahl seiner Reliquien durchaus schon auf Bedürfnisse der Zeit achtete. Eine weitere Reise des Jahres 1494 in die Niederlande brachte viele bedeutende Stücke nach Wittenberg. Als Ausgangspunkt einer systematischen Sammelleidenschaft kann man das Jahr 1507 sehen. Am 12. Juni dieses Jahres erwirkte Friedrich ein päpstliches Breve, welches sämtliche kirchliche Würdenträger des Reiches aufforderte, sie mögen doch Friedrich Reliquien aus ihrem Besitz übersenden.[16] Wurde diesem Aufruf nicht Genüge getan, so sah sich der Kurfürst keinesfalls verlegen, seinen Wunsch auch mit Nachdruck durchzusetzen. Die Wege, auf denen die Reliquien letztendlich in die Sammlung gelangten, waren recht unterschiedlich. Zum Teil kamen sie als Präsente geistlicher, aber auch weltlicher Herrscher, als Freundesgaben oder Staatsgeschenke bis weit über die sächsischen Landesgrenzen hinaus in Friedrichs Besitz.[17] Dies war umso mehr von Erfolg gekrönt, wenn der Kurfürst als Gegenleistung Geschenke in Form von Kunstwerken machte oder selbst Reliquienpartikel im Austausch anbot.[18] Ebenso konnten dem Kurfürsten untergebene Personen und Institutionen dessen Gunst mit dem Geschenk einer oder mehrerer Reliquien erlangen, wie es das Beispiel des Benediktinerklosters Posa bei Zeitz zeigt: Der Kurfürst ließ durch einen Agenten mit Erlaubnis des Abtes Reliquien aus dem gesamten Schatz aussuchen. Im Gegenzug bat der Abt Friedrich, die Sache »das holtz Im kammerforst betreffendt und auch sunst, wo es sichs begenen würde, In angeborner furstlicher mildigkeit gnediclichen zcu bedencken«.[19]

Ein wichtiger Aspekt, der mit dem Sammeln von Reliquien verknüpft war, war die Schaffung eines würdigen Rahmens, in welchem sie aufbewahrt und gezeigt werden konnten. Baurechnungen aus dem Jahr 1497/98 sprechen von einem »steinernen geheuse czu (dem) heiligthumb«, an welchem gearbeitet wurde. Hierbei handelte es sich allem Anschein nach um einen steinernen Schrein, in dem das Heiltum untergebracht war. Eine weitere Quelle berichtet im Jahr 1516 über Bauarbeiten am »gewelbe des heiligthumbs hauses«, woraus geschlossen wurde, dass sich zu diesem Zeitpunkt die Heiltumssammlung bereits in einem speziell hierfür erbauten Gewölbe befunden haben muss.[20] Noch bedeutender für die Aufbewahrung der kostbaren Heiligtümer waren die Reliquiare, gaben sie doch zumeist dem unansehnlichen, wenn auch heiligen Inhalt einen würdigen Rahmen. Die ersten Nachrichten über Wittenberger Reliquiare finden wir 1504, als Friedrich durch ein Testament eines Dr. Thomas Loeser sämtliches Silbergerät erhält, mit dem Vermerk, es der Stiftskirche zukommen zu lassen, damit daraus »tabernacula zu heiltum« angefertigt werden können.[21] Eine lange Reihe von Rechnungen bei verschiedensten ortsansässigen und fremden Goldschmieden gibt Auskunft über Bestellungen von Reliquienbehältern durch Friedrich. Zahlreiche Reliquiare in figürlicher Form wie auch Kreuze, Schreine und Monstranzen stammen von der Hand des Nürnberger Goldschmieds Paul Möller.[22] Vermutlich aufgrund dessen qualitätsvoller Arbeit ließ Friedrich dort mehrfach Reliquiare als Geschenk (auch für seinen Bruder Ernst) herstellen. Seine große Leidenschaft für das Sammeln heiliger Gegenstände und deren kostbarer Ausstattung lässt sich noch bis in das Jahr 1520 verfolgen, danach nahm diese stetig ab. Der einst mit hohen Ablässen verbundene Schatz, welcher jährlich am Sonntag *Misericordias Domini* in einer feierlichen Heiltumsweisung zur Schau gestellt wurde, fiel mit dem Einzug der Lehren Luthers nach und nach in Ungnade.[23] Friedrich, dem in Bezug auf das Heiltum durch die Forschung stets eine tiefgehende Frömmigkeit bescheinigt wurde, hielt noch recht lange am Heiligen- und Reliquienkult fest. Am 24. April 1522 baten ihn die Stiftherren um Zustimmung zu ihrem Beschluss, zwar die Reliquien weiter auszustellen, den damit verbundenen Ablass jedoch für nichtig zu erklären. Dass die Schau der heiligen Gebeine nun unter dem Beisein bewaffneter Wächter stattfand, lässt auf die in Wittenberg vorherrschende Stimmung schließen. Ein Jahr später unterließ der Kurfürst sämtliche Aktivitäten in Bezug auf die Heiltümer.[24] In der Folgezeit wurden die prachtvollen Reliquienbehälter – nun ihrer theologischen und liturgischen Grundlage und somit Rechtfertigung beraubt – verschenkt, zerstört oder zur Gewinnung von Geld im wahrsten Sinne des Wortes »flüssig gemacht«. Über Aussehen und Inhalt geben heute nur noch das Heiltumsbuch von 1509 und ein in Weimar erhaltenes Konvolut von Federzeichnungen Auskunft.[25]

Die erzbischöfliche Sammlung zu Halle

Die Ausgangssituation in Halle war eine ganz andere. Ernst hatte als Erzbischof von Magdeburg und später auch Bischof von Halberstadt bereits durch seine Ämter die Möglichkeit, gleich zwei große Sammlungen von Heiligtümern auszubauen: Das betraf zum einen den umfangreichen Schatz der Magdeburger Kathedrale und zum anderen denjenigen des traditionsreichen Bistums Halberstadt. Dass er sich hiermit nicht begnügte, lässt sich nur aus seiner Vita heraus erklären. Ihm ging es, wie seinem Bruder Friedrich ein paar Jahre später, darum, sich eine Residenz zu erwählen und diese nach eigenen Vorstellungen zu gestalten; weit entfernt vom Einflussbereich des Magdeburger Domkapitels. So ließ er die Moritzburg samt einer möglichen Stiftskirche, der Magdalenen-Kapelle, erbauen. Diese wollte er mit einem reichen Reliquienschatz ausstatten.

Das aus der Gründung eines eigenen Stiftes zu Lebzeiten Ernsts nichts wurde, lag maßgeblich am Widerstand des Magdeburger Domkapitels, aus dessen Mitteln die Stiftsgründung mitfinanziert werden sollte.[26] Abgesehen von diesem Aspekt hatten die Herren in Magdeburg sicher kein Interesse an einem populären Heiltum innerhalb der eigenen erzbischöflichen Grenzen, welches eine große Konkurrenz zur eigenen Wallfahrtsstätte hätte darstellen können. Man konkurrierte ja bereits mit bekannten Reliquienschätzen, wie z. B. Wittenberg, Annaberg oder Quedlinburg; wenn diese auch nicht, wie Kühne für beide letzteren nachweisen konnte, zwangsläufig mit einer Heiltumsweisung verbunden waren.[27] Der Dispens zur Gründung des Stiftes durch den Papst erreichte Halle tragischerweise erst nach dem Tod Ernsts, sodass nur noch sein Nachfolger im Amt, Albrecht von Brandenburg, davon profitieren konnte. Nichtsdestotrotz sammelte der Erzbischof zu Lebzeiten verstärkt Reliquien und Reliquiare und es sind vereinzelt Stücke nachweisbar, bei denen die Reliquie samt Reliquiar der Sammlung einverleibt wurde. Dabei bediente er sich ähnlicher Methoden wie Friedrich. Ein gewisser Teil seiner Sammlung setzte sich aus geschenkten Reliquien und auch Reliquiaren zusammen, welche aus den unterschiedlichsten Ebenen der Hierarchie stammten: Geschenke des Kaisers und seiner Gemahlin in Form einer Christus- bzw. Marienstatuette fehlen ebenso wenig wie eine Apostelfigur aus dem Besitz seines Bruders. Auch ein Geschenk der Stadt Halberstadt in Form einer Jakobusstatuette befindet sich darunter.[28] Eine andere Möglichkeit war das Erpressen einer Art

Abb. 1
Reliquiar mit Partikel
der Dornenkrone in Form
einer Monstranz gehalten
von zwei Engeln, Feder-
zeichnung, in: Hallesches
Heiltumsbuch, Mittel-
deutschland, kurz nach
1525, Pergament,
317 × 185 mm, Hofbiblio-
thek Aschaffenburg,
Sign. Ms. 14, fol. 119v

›Zwangsgeschenkes‹. So bestand Ernst zum Beispiel darauf, eine ihm gefällige Monstranz als Geschenk von der Stadt Oschatz zu erhalten. Der dortige Landesherr, Georg der Bärtige, erhielt Nachricht über das Begehren seines Vetters. Nachdem ein freundliches Bittschreiben Georgs, das die Stadt aufforderte, die Monstranz Ernst zu überlassen, keinen Erfolg brachte, sah dieser sich veranlasst, Oschatz zu drohen. Der Rat der Stadt war darüber so erschrocken, dass er Ernst die Monstranz letztendlich zukommen ließ. Georg wiederum entschuldigte sich bei seinem Vetter in einem Schreiben für die Situation und versicherte ihm, dass ihm jedes Mittel recht sei, »um seinen Vetter zuerfroyen«.[29] Sowohl diese Bemühungen wie auch das von Georg gemachte Geschenk einer Statuette des hl. Simon müssen im Zusammenhang mit der Wahl von Ernsts Nachfolger auf dem Magdeburger Bischofsstuhl gesehen werden, auf dem Georg gern seinen jüngsten Sohn Friedrich gesehen hätte.

Vieles an ungefasstem Heiltum ließ Ernst selbst mit prächtigen und kostbaren Goldschmiedearbeiten versehen. Aufgrund der Quellen lassen sich verschiedene Reliquiare als Werk des Hofgoldschmieds Hans Huiauf ausmachen.[30] Der Enthusiasmus, den Ernst beim Ausstatten seiner Sammlung an den Tag legte, verschlang Unmengen an Geld. Dass er knapp an selbigem war, zeigt der Streit zwischen den drei Brüdern im Jahr 1508. Ernst führte Klage gegen seine Brüder Friedrich und Johann, um diese zu zwingen, ihm seinen Erbteil auszuzahlen. Dies tat er, obwohl sein Vater ihm in einem auf dem Sterbebett aufgesetzten Testament mitteilen ließ, dass er auf seinen Erbteil zu verzichten habe, was er damit begründete, dass er ihm schließlich zwei Bistümer zum Unterhalt besorgt habe.[31] Ernsts Bemühungen führten allerdings nicht zum Erfolg. Als er 1513 vermutlich an den Folgen der »französischen Krankheit« – der Syphilis – starb, hinterließ er einiges an ungefasstem Heiligtum und hohe Schulden. Albrecht von Brandenburg übernahm die Sammlung und führte sie mit Enthusiasmus fort, sodass sie zu einer der größten bekannten Reliquiensammlungen überhaupt anwachsen konnte. Den Heiltümern erging es jedoch nicht besser als jenen in Wittenberg. Als Albrecht aufgrund der vorrückenden Reformation Halle bzw. Magdeburg verlassen musste, konnte er nur einen Teil retten und in sein weiteres Bistum Mainz verbringen. Sowohl diese Stücke als auch der verbliebene Rest – aufgeteilt nach den jeweiligen Besitzverhältnissen – gingen nachträglich in den Wirren der Zeit unter oder wurden ebenfalls eingeschmolzen. Nur ein einziges bekanntes, (fast) intaktes Reliquiar – der Kelch des Hans Huiauf – hat sich erhalten.[32] Ansonsten existieren nur Bruchstücke nicht wiederverwertbarer Teile, wie Perlmutt- und

Abb. 2
Reliquiar mit Partikel der Dornenkrone in Form eines Königs mit Monstranz in der Hand, Holzschnitt, in: Lucas Cranach d. Ä. (Kupferstich und Holzschnitte), Dye zaigung des hochlobwirdigen hailigthums der Stifftkirchen aller hailigen zu wittenburg, Wittenberg: [Symphorian Reinhart], 1509, Bayerische Staatsbibliothek München, Sign. Rar. 99, fol. Iıv

Elfenbeinschnitzereien. Von der ehemaligen Pracht der Sammlung zeugt auch hier ein 1520 gedrucktes Heiltumsbuch sowie der Aschaffenburger Codex mit seinen farbigen Abbildungen.[33]

Die Sammlungen im Vergleich

So unterschiedlich die Voraussetzungen für Ernst und Friedrich auch waren, einen Reliquienschatz zu sammeln, so ergaben sich doch viele Ähnlichkeiten bei Motivation und Umsetzung. Zentral erscheint für beide die Idee einer Legitimation von Macht und Herrschaft. Reliquien und Reliquiare sind sichtbare Manifestationen eben jenes Gedankens. Dass Ernst sich durch die Heiligtümer ähnlich konstituierende Wirkung für die Gründung seines Stiftes in Halle versprach, wie es für Wittenberg zwei Jahrhunderte zuvor geschehen war, zeigt das Beispiel einer Monstranz mit einem Dorn der Dornenkrone (Abb. 1).

Die hervorgehobene Präsentation als einzelne Reliquie in einem aufwendig unter Ernst gestalteten Reliquiar samt dessen Wappen legt die Vermutung nahe, dass ihm hierbei die erwähnte Stiftsgründung der Askanier zu Wittenberg vor Augen stand. Die hallesche Reliquie wird in einer Monstranz aufbewahrt, welche wiederum narrativ in ein figürliches Reliquiar eingebunden ist: Zwei Engel halten das Ostensorium und präsentieren den heiligen Gegenstand. Die himmlischen Boten können gleichfalls als ein Hinweis auf die direkte göttliche Herkunft der Reliquie gedeutet werden, welche sich ja – laut der Beschreibungen des Heiltumsbuches und des Aschaffenburger Codex – durch göttliches Zutun von selbst vor Zeugen geteilt hatte.[34] Das Reliquiar nimmt somit auf raffinierte Weise indirekt die Präsentation einer der wichtigsten Wittenberger Reliquien auf. Hier wird der heilige Dorn ebenfalls in einer kleinen Monstranz präsentiert, die wiederum von einem figürlichen Reliquiar, hier in Form eines Königs (Abb. 2), gehalten und gezeigt wird. Jene Gestalt eines Königs gibt hier bereits den Hinweis auf die Herkunft des heiligen Stückes, das eine Schenkung des französischen Königs Philipp VI. war.[35] Schon der Einleitungstext des Wittenberger Heiltumsbuches verweist auf diesen Zusammenhang:

»Noch dem der durchleucht und hochgebornn furst. Herzog Rudolff von Sachssen […] bey dem Christliche könig Philipsen vo franckreich / sich solcher manlichen un redliche gettete oupt kriegen und feltschlagen erzaygt und bewisen / das er under andern königklichen belonungen seyner rumlichen Ritterlichen ubungen. Die sonder groß gab. Uyns heiligen dorns der yn der heiligen Chron und unserm herrn und erlöser sein gebenedeuts haubt schmerzlich verwunt / mit eynem gulden bilde ains königs / zu sambt eyner beschriben hystorien.«[36]

Dass die Reliquie bereits im Einleitungstext des Buches erwähnt wird, hebt wiederum ihre Bedeutung für Friedrich hervor. Sie ist sozusagen DIE Legitimation für die Stiftsgründung in Wittenberg. Ein kleiner Teil der Dornenkrone Christi – seit jeher für die französischen Könige der Beleg für ein Königtum durch Gottes Gnaden – wurde als Dank weitergereicht an Rudolph von Sachsen und begründete wiederum dessen Legitimität als von weltlicher und göttlicher Macht autorisierter Landesfürst. Reliquienkult, Herrschaftslegitimation und Präsentation kumulieren hier auf selten eindeutige Weise. Unterstrichen wird die Bedeutung der Reliquie zusätzlich durch die Erwähnung, dass es sich nicht um irgendeine Dorne der Krone handle, sondern um gerade jene, welche Christi »gebenedeuts haubt schmerzlich verwunt« und somit mit seinem heiligen Blut in Berührung kam.

Abb. 3
Annenreliquiar mit Reliquienkapsel, Federzeichnung, in: Hallesches Heiltumsbuch, Mitteldeutschland, kurz nach 1525, Pergament, 317 × 185 mm, Hofbibliothek Aschaffenburg, Sign. Ms. 14, fol. 413v

Abb. 4
Annenreliquiar mit
Reliquienkapsel,
Holzschnitt, in:
Lucas Cranach d. Ä.
(Kupferstich und Holz-
schnitte), Dye zaigung des
hochlobwirdigen hailigt-
hums der Stifftkirchen
aller hailigen zu witten-
burg, Wittenberg:
[Symphorian Reinhart],
1509, Bayerische Staats-
bibliothek München,
Sign. Rar. 99, fol. i3r

dessen Hilfe ähnliche Absichten verfolgte. Nun existiert in keiner Quelle ein Hinweis darauf, woher der geteilte Dorn stammte. Es ist daher keineswegs vermessen zu behaupten, dass es sich beim halleschen Dorn um ein Teil des Wittenberger Dorns handelte. Dass sich die Brüder mit dem Messer am hochheiligen Stück zu schaffen gemacht haben, liegt im Bereich des Möglichen, ist aber nicht belegt. In diesem Fall wäre es jedoch undenkbar gewesen, dies bekannt zu machen.[37] Hinzu kommt, dass die legitimatorische Kraft der Reliquie schon für Wittenberg im wahrsten Sinne des Wortes ›aufgebraucht‹ war und sie aufgrund ihrer Geschichte als königlicher Schenkung keinerlei Bedeutung für den Erzbischof und die Stiftsgründung in Halle gehabt hätte. Ein vermeintliches Einwirken göttlicher Macht jedoch, welches die Teilung des Dorns verursachte, löste hier gleich zwei Probleme. Zum einen musste sich niemand für den Frevel des Zerteilens der Herrenreliquie rechtfertigen, zum anderen lieferte das göttliche Eingreifen gleich eine neue Legitimation des kirchlichen Besitzers. Was hätte dem Erzbischof Besseres geschehen können? Diese Vermutung wird bestärkt durch das Verhalten von Albrecht von Brandenburg, der sich dieses Umstands sicherlich bewusst war, da er in beiden von ihm in Auftrag gegebenen Schriftwerken – Hallesches Heiltumsbuch und Aschaffenburger Codex – auf diese Besonderheit der Reliquie einging: »Doryn ist ein dorn vo der kron christi sich selber vo einander geteilt yn beysein un gezeugn viler leute.«[38] Ein Verweis auf die Wittenberger Herkunft des Dorns erscheint logischerweise für die beiden Magdeburger Erzbischöfe nicht von Bedeutung. Es ist sogar vielmehr so, dass eine direkte göttliche Herkunft – verbunden mit einem vermeintlich bezeugten Teilungswunder – stärker wiegt als die weltliche Herkunft als Geschenk durch einen König. Dieser Umstand wird letztendlich durch die Inszenierung der Reliquiare, einmal mit König als Zeichen der königlichen Schenkung und einmal mit Engeln als Symbol göttlicher Intervention, verdeutlicht.

Beim Ausbau der jeweiligen Sammlungen lassen sich ebenfalls Gemeinsamkeiten in Bezug auf die Auswahl von Reliquien aufzeigen, aber auch, was deren Ausstattung mit Reliquiaren betraf. Kurz sei hier das Beispiel des Annenreliquiars genannt (Abb. 3 und 4). Die Ähnlichkeit der beiden Stücke aus den jeweiligen Sammlungen ist unübersehbar. Auch durch die Auswertung verschiedener Schriftquellen lässt sich vermuten, dass beide Reliquiare aus einer Hand, vom Nürnberger Goldschmied Paul Möller, stammten.[39] Die Brüder orientierten sich – zumindest, was den Kunstgeschmack anging – aneinander.

Ernst, der diese Geschichte sicherlich durch sein Elternhaus seit seiner Kindheit kannte, konnte für seine Stiftsgründung nicht auf die gleiche Reliquie zurückgreifen, da sie nun mal mit dem Allerheiligenstift in Wittenberg verbunden war und vermutlich mitsamt der Kurfürstenwürde weitergereicht wurde. Dass nun ein Dorn im Halleschen Heiltum auftauchte, welcher sich gar durch »göttliche Gewalt« teilte, legt den Verdacht nahe, dass er mit

In Bezug auf die steigende Quantität an Reliquien fällt auf, dass mit dem Wechsel auf dem Bischofsthron von Magdeburg keinesfalls eine Art Sammel-Boom in Halle einsetzte, wie die Forschung bislang häufig angenommen hatte.[40] Die Entwicklung wurde zu stark in der Folge der Steigerung einer familiären hin zu einer dynastischen Konkurrenz gesehen. Doch schon Ernst stand seinem Bruder zum Zeitpunkt seines Todes kaum in der Anzahl der Reliquien und Reliquiare nach. Ein starker Anstieg der Anzahl der Reliquien und Reliquiare lässt sich zur Zeit Albrechts erst zwischen den Jahren 1520 und 1521 verzeichnen, zu einem Zeitpunkt also, da Friedrich unter dem Einfluss der neuen Lehren bereits das Interesse an seinem heiligen Schatz zu verlieren begann. Vielmehr bleibt daher anzunehmen, dass der Erfolg Albrechts beim Sammeln von Reliquien dadurch begünstigt wurde, dass in der näheren Nachbarschaft Reliquien ihrer Bedeutung verlustig wurden und sie somit für ihn einfacher zu erlangen waren.

Fazit

Eine genauer Vergleich der Reliquiensammlung Ernsts mit der Wittenberger Sammlung seines Bruders Friedrich war lange Zeit kaum möglich, wurde das Hallesche Heiltum doch stets in der Forschung primär als Leistung Kardinal Albrechts von Brandenburg wahrgenommen, was zur Folge hatte, dass beide Sammlungen in ihrer Genese im Licht dynastischer Entwicklungen und Spannungen gesehen wurden. Neue Erkenntnisse sind jedoch möglich, wenn man die Entwicklung des Heiltums mehr aus der Perspektive von familiärer Macht-, Expansions- und Repräsentationspolitik zweier ungleich-gleicher Brüder betrachtet. Der eine war durch Geburt zum Landesherrn bestimmt, der andere wurde als zweitgeborener Sohn schon im Kindesalter in eine kirchliche Laufbahn gezwungen. Sowohl Ernsts eiserner Wille und sein Fleiß in bereits jungen Jahren als auch das Machtstreben seines Vaters verschafften ihm somit eine klerikale Karriere, die ihm zu großer Macht und Einfluss verhalf. Begünstigt durch diesen Umstand konnte der junge Erzbischof seinem starken Drang nach Machtentfaltung, Repräsentation und Herrschaft nachkommen. Unter dieser Konstellation konnte es daher nur zu politischen und in der Folge auch zu persönlichen Spannungen zwischen den Brüdern kommen, was den Wunsch nach einer »fruntlicher bruderlich ergetzung« als ein letztes Anknüpfen an längst vergessene familiäre Bande erscheinen lässt.

Anmerkungen

1   Vgl. Markus Leo Mock, Kunst unter Erzbischof Ernst von Magdeburg. Berlin 2005, S. 218.

2   Vgl. Mock, Kunst (wie Anm. 1), S. 166.

3   Heinrich L. Nickel, Das Hallesche Heiltumbuch von 1520. Halle 2001, S. 260.

4   Vgl. Arnold Angenendt, Heilige und Reliquien. Hamburg 2007. Hier im Speziellen S. 230 f. zur Frömmigkeit im ausgehenden Spätmittelalter.

5   Zur wirtschaftlichen Bedeutungen von Wallfahrt und Heiltumsweisung siehe Markus Mayr, Geld, Macht und Reliquien. Wirtschaftliche Auswirkungen des Reliquienkultes im Mittelalter. Innsbruck 2000.

6   Die Reliquien wurden nicht ausschließlich am Tag der Heiltumsweisung gezeigt, sondern man benutzte sie auch zu anderen Gelegenheiten. So konnten diese bei Messen auf dem Altar stehen. Sie nehmen hier aber stets einen Bezug zur jeweiligen Festlichkeit auf, z. B. Stephansreliquie zum Stephanstag.

7   Vgl. Berent Schwineköper, Ernst, Herzog von Sachsen, in: NDB 4 (1959), S. 615 f.

8   Vgl. Jörg Rogge, Die Wettiner. Aufstieg einer Dynastie im Mittelalter. Ostfildern 2005.

9   Vgl. Georg Spalatin, Lebensbeschreibung Erzbischof Ernsts von Magdeburg, vor 1515, ThHStAW, EGA, Reg. O 24, fol. 21r–26v, 27r–34r.

10 Jörg Rogge, Ernst von Sachsen, Erzbischof von Magdeburg und Administrator von Halberstadt (1476–1513), in: Mitteldeutsche Lebensbilder. Menschen im späten Mittelalter, hrsg. von Werner Freitag. Köln, Weimar, Wien 2002, S. 22.

11 Vgl. Jörg Rogge, Zum Amts- und Herrschaftsverständnis von geistlichen Fürsten am Beispiel der Magdeburger Erzbischöfe Ernst von Wettin und Albrecht von Brandenburg (1480 bis 1540), in: Kontinuität und Zäsur. Ernst von Wettin und Albrecht von Brandenburg, hrsg. von Andreas Tacke. Halle 2003, S. 54–69.

12 Vgl. Fritz Bünger, Gottfried Wentz, Das Bistum Brandenburg 2 (Germania Sacra A. F. Abt. 1). Berlin 1941, 1963, S. 88.

13 Paul Kalkhoff, Ablaß und Reliquienverehrung an der Schloßkirche zu Wittenberg unter Friedrich dem Weisen. Gotha 1907, S. 6 ff. zu den vielfältigen Ablässen des Wittenberger Heiltums.

14 Vgl. Ingetraut Ludolphy, Friedrich der Weise. Kurfürst von Sachsen 1463–1525. Leipzig 2007, S. 355 f.

15 Vgl. Ludwig Schnurrer, Rothenburg als Wallfahrtsstadt des Spätmittelalters, in: Die oberdeutschen Reichsstädte und ihre Heiligenkulte Traditionen und Ausprägungen zwischen Stadt, Ritterorden und dem Reich, hrsg. von Klaus Herbers. Tübingen 2005, S. 86 ff.

16 Vgl. Kalkhoff, Ablaß (wie Anm. 13), S. 69.

17 Zu nennen wären hier bspw. der französische König François, Margarete von Österreich oder Kardinal Sigismondo Gonzaga (Bischof von Mantua) und andere, vgl. Kalkhoff, Ablaß (wie Anm. 13), S. 71 ff.

18 So berichtet eine Quelle darüber, dass Friedrich erfreut ist, dass die Mutter des französischen Königs bereit ist, gegen eine Anzahl von einigen »Täflein von unserm Maler«, Reliquien zu tauschen. Hier bezieht er sich auf Lucas Cranach d. Ä.; vgl. Werner Schade, Die Malerfamilie Cranach. Dresden 1974, S. 409.

19 Vgl. Paul Flemming, Zur Geschichte der Reliquiensammlung der Wittenberger Schloßkirche unter Friedrich dem Weisen, in: Zeitschrift des Vereins für Kirchengeschichte in der Provinz Sachsen 14 (1917), S. 87–92.

20 Vgl. Livia Cardenas, Friedrich der Weise und das Wittenberger Heiltumsbuch. Mediale Repräsentation zwischen Mittelalter und Neuzeit. Berlin 2002, S. 20 f.

21 Vgl. Bünger / Wentz, Bistum (wie Anm. 12), S. 105.

22 Vgl. Robert Bruck, Friedrich der Weise als Förderer der Kunst. Straßburg 1903, S. 219 f. Im Anhang zusätzlich als edierte Quellen aufgeführt.

23   Zum Verhältnis Luthers zum Reliquienkult siehe in Zusammenfassung Hart-
      mut Kühne, »die do lauffen hyn und her, zum heiligen Creutz zu Dorgaw
      und tzu Dresen …«. Luthers Kritik an Heiligenkult und Wallfahrten im his-
      torischen Kontext Mitteldeutschlands, in: »Ich armer sundiger mensch«.
      Heiligen- und Reliquienkult am Übergang zum konfessionellen Zeitalter,
      hrsg. von Andreas Tacke. Göttingen 2006, S. 499–522.
24   Vgl. Kalkhoff, Ablaß (wie Anm. 13), S. 86 ff.
25   Lucas Cranach d. Ä., Dye Zaigung des hochlobwirdigen Hailigthumbs der
      Stifft-Kirchen aller Hailigen zu Wittenburg. Wittenberg 1509, Staatliche
      Museen zu Berlin – Preußischer Kulturbesitz, Kupferstichkabinett, Sig.
      640. – Anonym, Weimarer Skizzenbuch, ThHStAW, EGA, Reg. O 213.
26   Die komplexen Streitigkeiten zwischen Domkapitel und Erzbischof Ernst
      sind nachzulesen bei Mock, Kunst (wie Anm. 1), S. 178 f.
27   Vgl. Hartmut Kühne, Ostensio reliquiarum. Untersuchung über Entstehung,
      Ausbreitung, Gestalt und Funktion der Heiltumsweisungen im römisch-
      deutschen Regnum. Berlin, New York 2000, S. 24 und 648.
28   Die Auswertungen zum Halleschen Heiltum, hier im Speziellen zu den Re-
      liquiengaben, werden in meiner Dissertation mit dem Arbeitstitel »,Niemals
      genug können die Augen derer sich weiden, die solches gesehen.‘ Die Reli-
      quiensammlung des Ernst von Wettin, Erzbischof zu Magdeburg«, welche
      sich noch in Arbeit befindet, aufgeführt werden.
29   Vgl. Mock, Kunst (wie Anm. 1), S. 226 f.
30   Vgl. Testament Erzbischof Ernsts von Wettin, Halle Moritzburg, 30. August
      1505, LHA Magdeburg Rep. U 2 Tit. LVIII A Nr. 6.
31   Vgl. Mock, Kunst (wie Anm. 1), S. 217 f.
32   Dieser befindet sich heute in Schweden im Dom zu Uppsala.
33   Beide als Faksimile verfügbar: Hallesches Heiltumbuch in: Nickel, Heiltum-
      buch (wie Anm. 3) und Aschaffenburger Codex in: Das Halle’sche Heiltum.
      Reliquienkult und Goldschmiedekunst der Frührenaissance in Deutschland.
      Handschriften aus bayerischen Bibliotheken auf CD-ROM, hrsg. von der
      Hofbibliothek Aschaffenburg. Stuttgart 2002.
34   Vgl. Anonym, Aschaffenburger Codex (Ms. 14), Handexemplar des Albrecht
      von Brandenburg, fol. 219v / 120r; Cranach, Zaigung (wie Anm. 25), fol. AIIr,
      S. 2–5.
35   Vieles spricht hier für eine Darstellung des heiligen französischen Königs
      Ludwig IX., so unter anderem die französischen Lilien auf dem Sockel und
      den für den Heiligen typischen Lilienstab. Ludwig hatte die Reliquie der
      Dornenkrone Christi vom byzantinischen Kaiser Balduin II. gekauft und nach
      Frankreich bringen lassen, vgl. zum hl. König Ludwig: Jacques Le Goff, Lud-
      wig der Heilige. Paris 1996, im Speziellen zur Dornenkrone S. 119 f.
36   Cranach, Zaigung (wie Anm. 25), Text zur Einleitung.
37   Man muss diese Aussage im Zusammenhang mit dieser speziellen Reliquie
      sehen. Zum einen handelte es sich um eine kostbare Herrenreliquie, zum
      anderen um ein populäres Stück der Wittenberger Sammlung. Es muss
      daher angemerkt werden, dass es bei gewöhnlicheren Reliquien durchaus
      Praxis war, diese zu teilen. Wie z. B. Livia Cárdenas feststellt, findet sich im
      Wittenberger Heiltumsbuch selbst ein Hinweis auf das Teilen von Reliquien,
      vgl. Cárdenas, Friedrich der Weise (wie Anm. 20), S. 20: »Ein Messer do mit
      das heiligthum sant Laurenty zu Prag geteylt un die Zceyt noch geblut hat«,
      vgl. Wittenberger Heiltumsbuch, 4. Gang, 14.
38   Wolfgang Stöckel (?), Verzeichnus und zceigung des hochlob wirdigen hei-
      ligthumbs der Stifftskirchen der heiligen Sanct Moritz und Marien Magda-
      lenen zu Halle (Hallesches Heiltumbuch von 1520). [Leipzig?] 1520, fol. 26r.
39   Der Vergleich der Bild- und Schriftquellen zu den Reliquiaren legt dies nahe.
      Die Rechnungen Friedrichs beim Nürnberger Goldschmied Paul Möller sind
      zu finden bei Bruck, Friedrich (wie Anm. 22), im Anhang.
40   Vgl. Paul Redlich, Cardinal Albrecht von Braunschweig und das Neue Stift
      zu Halle. Mainz 1899; Philipp Maria Halm, Rudolf Berliner (Hrsg.), Das hal-
      lesche Heiltum. Man. Aschaffenb. 14 [Faksimile-Ausgabe]. Berlin 1913.

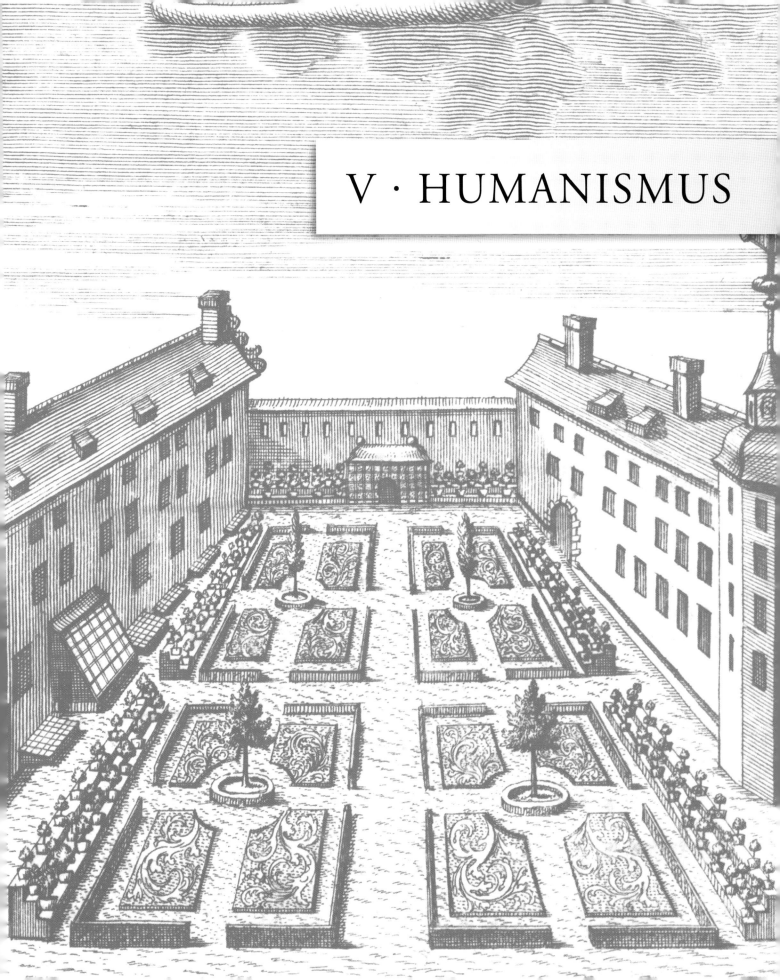

MANFRED RUDERSDORF

Kurfürst Friedrich der Weise und die Anfänge der Leucorea in Wittenberg

Spätestens mit der Gründung der Wittenberger Universität im Jahr 1502, der neuen ernestinischen Landesuniversität in unmittelbarer Nachbarschaft zur älteren, seit 1485 albertinischen Landesuniversität in Leipzig, setzte der kurfürstliche Stifter Friedrich der Weise ein signifikantes bildungsgeschichtliches Zeichen, das für die Anfänge und den späteren Verlauf der Reformation von struktureller, ja von normativer Bedeutung sein sollte.[1] In der Wahrnehmung der Zeitgenossen wurde der von Luther angestoßene fundamentale Kirchenerneuerungsprozess nicht nur als genuin theologisches Ereignis gesehen, sondern ebenso als eine vom Geist des Humanismus beeinflusste neue Bildungsbewegung, die sich schon bald in der Gründung neuer Lateinschulen, neuer Pädagogien und neuer Universitäten manifestierte.[2] Das reformatorisch inspirierte Universitäts- und Bildungswesen vermochte neben seiner kulturellen Ausstrahlung elementar zur Herstellung und Bewahrung religiöser Bekenntniskonformität und konfessioneller Authentizität beizutragen. Vor allem den Wittenberger Reformatoren Luther und Melanchthon war es nach einem anfangs schwierigen Ringen gelungen, die neuen Bildungsideale des Humanismus für die Reformation fruchtbar zu machen und somit langsam, aber zielgerichtet eine Symbiose von reformatorischer Theologie und humanistischer Bildung herbeizuführen.[3] Wittenberg stand daher geradezu modellhaft für eines der spezifisch neuen Bildungsprogramme des 16. Jahrhunderts, das signaturstiftend für weite Teile des protestantisch gewordenen Deutschlands und Europas geworden ist.[4]

Blickt man freilich auf die mühsamen Anfänge der Entwicklung am Vorabend der Reformation, so lässt sich durchaus ein spannungsgeladenes Bild mit Elementen der Traditionsgebundenheit, mit ersten mutigen Reformschritten, aber auch mit gegenläufigen Stagnationsphasen zeichnen.[5] Das Wort und das Handeln der entscheidenden Akteure am kurfürstlichen Hof und an der Universität besaßen zweifellos ein besonderes programmatisches Gewicht, bevor es an die Schaffung neuer Strukturen und neuer Funktionsabläufe ging.[6] So war es 1502 im vor-reformatorischen, altgläubigen Wittenberg, 1506 im brandenburgischen Frankfurt/Oder, so war es später bei der Neugründung der evangelischen Hohen Schulen in Marburg (1527), in Königsberg (1544) und in Jena (1548/1558) mit jeweils individueller Ausprägung. Viele Prozesse, die wir am Fallbeispiel Wittenberg beobachten können, sind gleichsam typologisch für die Gründungswelle deutscher Universitäten im Reformationsjahrhundert geworden, auch und gerade in interkonfessioneller und interkultureller Perspektive.[7] Aber nicht jede Universität verfügte über ein so berühmtes Professorenkollegium mit überregionaler Autorität und Akzeptanz wie diejenige im kleinen Wittenberg, das sich nach Jahren des Aufbaus und der Konsolidierung in der Reformationszeit zweifellos einer besonderen Aura rühmen konnte.[8]

In seiner viel beachteten, Anfang 1524 erschienenen Schrift »An die Ratsherren aller Städte deutschen Lands« hatte der Wittenberger Reformator Martin Luther mit Nachdruck hervorgehoben, es sei die hervorragende christliche Pflicht der weltlichen Obrigkeiten in den Städten und Territorien, Schulen und Universitäten zu unterhalten. In bemessener Distanz zu den überkommenen Institutionen gelehrter Bildung betonte Luther hier mit Entschiedenheit die Notwendigkeit dieser Einrichtungen für die Jugend und die Pflege der Wissenschaften, insbesondere der Sprachen, deren Fürsorge nun, nach der Überwindung der »Eselsställe und Teufelsschulen« der Vergangenheit, den Obrigkeiten in den Städten übertragen sei. Besonders das Studium der alten Sprachen gelte es zu bewahren und wieder aufzurichten, da ohne diese Kenntnisse der Verlust des Evangeliums und die mangelnde Verständigungsfähigkeit der Menschen auf Erden drohe: »Wir werden das Evangelium nicht behalten ohne die Sprachen. Die Sprachen« — so der Reformator — »sind die Scheide, worin dieses Messer des Geistes steckt.« Die Zeichen für einen Neuanfang, dessen war sich Luther trotz der bestehenden Ungewissheiten des geistig-reformatorischen Wandels sicher, stünden gut. Das gelehrte Potential zur Unterrichtung der Jugend müsse nur, so wie Gott es wolle, genutzt werden.[9]

Abb. 1
Gründungsurkunde
Kaiser Maximilians I.
für die Universität
Wittenberg, Ulm,
6. Juli 1502, Pergament
mit anhängender Bulle,
58,8 × 49,5 cm, Martin-
Luther Universität Halle-
Wittenberg,
Universitätsarchiv,
Sign. Rep. 1/III, Nr. 1

Luthers unmissverständlicher Aufruf, anknüpfend an seine berühmte Adelsschrift von 1520, stellt eine der zentralen Programmschriften der reformatorisch-humanistischen Erneuerung dar, in deren Mittelpunkt die Wittenberger Universität, Luthers und Melanchthons zentrale Wirkungsstätte, über den Symbolcharakter hinaus als Musteranstalt eine entscheidende Rolle spielte. Die Gründung der Leucorea 1502 bedeutete kultur- und wissenschaftsgeschichtlich einen außerordentlich bedeutsamen Impuls für die Genese und die weitere Gestaltwerdung der territorialpolitisch und herrschaftlich-dynastisch so unterschiedlich dimensionierten historischen »Bildungslandschaft Mitteldeutschland«, die neben dem symbolträchtigen Wirkort Wittenberg mit den älteren Universitäten in Erfurt (1389 / 1392) und Leipzig (1409) sowie später mit dem jüngeren Jena (1548 / 1558) und Halle (1694) über Gravitationszentren einer kulturellen Pentarchie in enger räumlicher Nachbarschaft verfügte, wie sie nur noch am Oberrhein, in Franken oder am Ostseesaum anzutreffen waren. Die überdurchschnittliche Häufung bildungskultureller Zentren in Mitteldeutschland blieb ein ebenso auffälliges wie prägendes Charakteristikum für diese Region während der gesamten frühen Neuzeit.[10]

Hochschulgeschichtlich gehört die Gründung der Universität Wittenberg in das chronologisch-sachliche Umfeld, das von den Epochenbegriffen Reformationszeitalter und konfessionelles Zeitalter abgesteckt wird. Zwischen 1500 und 1650 wurden im engeren Gebiet des Heiligen

Römischen Reiches und in Preußen 20 Universitäten und universitätsähnliche Hochschulen gegründet, von Wittenberg 1502 bis Bamberg 1648. Dem stehen 14 Gründungen, ausgehend von der Karls-Universität in Prag 1348, im späten Mittelalter gegenüber und elf zwischen 1650 und 1800, diese ganz im Zeichen des Barocks und der Aufklärung.[11] Bereits diese wenigen Zahlen zeigen, wie sehr die einenhalb Jahrhunderte, die von Glaubensspaltung und Konfessionalisierung bestimmt waren, für die Bildungs- und die Wissenschaftsgeschichte der frühen Neuzeit fruchtbar geworden sind. Die Universitäten wurden in der Hand ihrer Stifter und Fundatoren schon bald zu höchst wirksamen Instrumenten der konfessionell-geistigen Durchdringung im säkularen Staatswerdungsprozess der frühen Neuzeit.[12]

Mit Friedrich dem Weisen als Universitätsgründer tritt uns am Beginn des Reformationsjahrhunderts ein Persönlichkeitstypus vor Augen, in dem sich über die Zeitschichten vor und nach 1500 hinweg idealtypisch die bewahrenden und die reformerischen Kraftlinien der damaligen Fürstenexistenz im Spannungsfeld von Tradition und Erneuerung vereinigt haben.[13] Einerseits stand da der unermüdliche Reliquiensammler, der fromme Wallfahrer und Anhänger einer Religiosität, die sich zunächst noch ganz in den traditionellen Bahnen der spätmittelalterlichen Frömmigkeit und Spiritualität bewegte, auf der anderen Seite der hocharistokratisch-dynastische Förderer einer »neuen« humanistisch beeinflussten Renaissance-Geistigkeit, ein aufgeschlossener Mäzen der Wissenschaften und Künste, der nicht nur mit Erasmus von Rotterdam, Johannes Aventinus, Albrecht Dürer und Konrad Celtis korrespondierte, sondern auch die vornehmste sakrale Gedächtnisstätte des ernestinischen Kurhauses, die Wittenberger Schloss- und Universitätskirche, mit einem exzeptionellen humanistisch geprägten, künstlerischen Bilderprogramm ausstattete. Obgleich Friedrich der Weise in seiner politischen Prägung ein Reichsfürst der Zeit um 1500 war und seine Frömmigkeitsgesten in das ausgehende 15. Jahrhundert wiesen, bediente er sich, ungehindert von der Tradition, ganz bewusst neuer Formen der fürstlichen Repräsentation, in die sich vornehmlich die Wittenberger Universitätsgründung, die Neuerrichtung und künstlerisch aufwendige Ausstattung der Stifts- und Universitätskirche, die Förderung neuer Kunstformen, neuer Ausdrucksstile und humanistischer Autoren einordnen lassen. Thomas Töpfer hat zuletzt eindringlich auf die zielführende Interaktion zwischen Kurfürstenhof und Universität hingewiesen, die sich sowohl in gemeinsamen Festen und Feiern als auch in der repräsentativen sakralen Bilderkultur im Geist der Renaissance und des Humanismus manifestierte.[14]

Auf der Grundlage dieser neuen Form der höfischen Repräsentation verkörperte Friedrich den Typus eines »gelehrten«, humanistisch-theologisch gebildeten Fürsten am Vorabend der Reformation in Deutschland, der zeit seines Lebens ein echtes intellektuelles Interesse für die Fragen der Theologie, der Geschichte und der Jurisprudenz empfand. Darin kam ihm mit Ausnahme Georgs des Bärtigen, des bekennenden Luthergegners in Dresden, und seines Neffen Kurfürst Johann Friedrich des Großmütigen, dessen Erzieher kein Geringerer als Georg Spalatin war, wohl kein anderer Angehöriger des Hauses Wettin nahe.[15]

Die bemerkenswerte, im Sinne der Zeit moderne Vereinbarkeit von ausgeprägter Frömmigkeit und humanistischen Interessen in der Person Kurfürst Friedrichs als christlicher Obrigkeit sollte gegen Ende seiner Regierungszeit in gewisser Weise weichenstellend für die bevorstehende Symbiose von Humanismus, Kirchenerneuerung und Reformation, für den »stylus Wittenbergensis« werden, der sich repräsentativ in den Leitfiguren Luther und Melanchthon an der jungen Leucorea manifestierte.[16]

Die Entscheidung Friedrichs des Weisen zur Gründung einer Universität war somit ganz sicher die Entscheidung eines vom Humanismus beeinflussten, tatkräftigen Renaissancefürsten, der hohe Reputation bei den Eliten seines Territoriums wie im Reich genoss, aber die Motive der Gründung gingen deutlich darüber hinaus.[17] Zweifellos gehörte die Gründung von 1502 in den Zusammenhang dessen, was wir forschungsstrategisch die Anfänge des frühmodernen Staates in den deutschen Territorien nennen. Der Bedarf an Pfarrern, Juristen und akademisch gebildeten Amtsträgern war auf allen Ebenen administrativen Handelns groß, zumal an der Wende vom Mittelalter zur Neuzeit – in einer Zeit der epochalen gesellschaftlichen Transformation, die von einem breiten Aufbruch zur Verwissenschaftlichung vieler Lebensbereiche, vor allem in der politischen Herrschaftsordnung und in der kirchlichen Verkündigung gekennzeichnet war.[18] So war auch für Friedrich den Weisen die Errichtung einer eigenen Hohen Schule in einer Zeit noch stark ausgeprägter Personenbeziehungen ein überaus wichtiges, nutzbringendes Instrument, seine Herrschaft institutionell zu festigen und durch ein Netzwerk professionell agierender, fürstentreuer Loyalitätsträger zu stützen. Eine Universität erschien so gesehen im Konkurrenzsystem der Territorien untereinander als ein bedeutsames Attribut der fürstlichen Herrschaft, wenn man so will als ein privilegiertes Attribut von Staatlichkeit in der sich fortentwickelnden ständestaatlichen Gesellschaft der vormodernen Zeit.[19]

Die Entscheidung zur Universitätsgründung stand in unmittelbarem Zusammenhang mit dem Ausbau Wittenbergs zur kurfürstlichen Residenz neben Torgau, dem eigentlichen repräsentativen Mittelpunkt des ernestinischen Kurstaates. In der kleinen Stadt lebten damals knapp über 2000 Einwohner.[20] Im Gründungsjahr 1502 immatrikulierten sich bereits 416 Studenten. Im Jahr 1544 wurde mit 814 Immatrikulationen die höchste Frequenz während des 16. Jahrhunderts erreicht – darin konkurrierend mit der Nachbaruniversität in Leipzig, der neben Wittenberg damals meistfrequentierten Universität im Alten Reich.[21] Viele Jahre lang bot Wittenberg in seinem Kernareal das Bild einer großen Baustelle. Gleichwohl war es die Doppelfunktion als Residenz- und als Universitätsstadt, also eine durchaus ungewöhnliche Standortkombination in der Residenzen- und Bildungslandschaft des Alten Reiches, die neben dem geistig-intellektuellen vor allem den infrastrukturellen Aufbruch der Stadt an der Elbe begünstigte. Die Einheit von Residenz, Allerheiligenstift und Universität wurde in Wittenberg nach 1502 zu einem zentralen faktischen wie propagandistischen Bestandteil der Repräsentation landesherrlicher Macht sowohl nach innen wie nach außen, die der Ernestiner durchaus zielbewusst in der Konkurrenz zum albertinischen Leipzig mit seiner älteren wettinischen »Hausuniversität« einsetzte[22] – eine Situation im Übrigen, die seit der Landesteilung von 1485 die Rivalität der beiden Linien des Hauses Wettin um Prestige und Einfluss in Dresden / Meißen und in Wittenberg / Torgau prägte. Das Motiv, unabhängig von Leipzig über eine eigene territoriale Hochschule zu verfügen, wog im Herrscherverständnis der damaligen Zeit schwer.[23]

Die sich allmählich entwickelnde, sich ausformende Symbiose von dynastischem Fürstenhof und universitärem Wissenschaftsbetrieb, die wenige Jahre später ergänzt und überlagert wurde durch die weltgeschichtlich wirksame Aura der Kirchenreformation Martin Luthers, wurde von den führenden Akteuren – mit dem unermüdlichen Georg Spalatin als Vermittler – als große Chance zur Selbstdarstellung des Kurstaates verstanden.[24] Sie korrespondierte eng mit dem ausgeprägten Humanistengeist und dem Renaissancebewusstsein der Herrschaft im Schloss, die den langgestreckten Gründungsvorgang der Universität von 1502 über 1518 und 1523 bis zur Neufundation von 1536, den wichtigsten Reformstationen des Aufbaus, angelehnt an bewährte spätmittelalterliche Muster, als eine ineinandergreifende normative »Kettenhandlung« organisierte. Neben dem königlichen und päpstlichen Privilegierungsakt bildeten natürlich auch die zeremonielle landesherrliche Eröffnung und die materielle Ausstattung weitere konstitutive Elemente des Gründungsvorgangs.[25]

Friedrich der Weise und sein jüngerer Bruder Herzog Johann von Sachsen setzten den Termin der Eröffnung der Universität auf den 18. Oktober 1502 fest. Zuvor hatte der Kurfürst ein Privileg König Maximilians I., ausgestellt am 6. Juli 1502 in Ulm, erwirkt. Ein päpstliches Privileg in klassischer Ausfertigung konnte allerdings erst 1507 im Zusammenhang mit der Inkorporation des Allerheiligenstifts erlangt werden. Eine erste sanktionierende Bestätigung aus Rom erfolgte jedoch mit einer Urkunde des Kardinallegaten Raimund Peraudi bereits am 2. Februar 1503. Mit einer Urkunde gleichen Datums privilegierte der Legat die Universität ausdrücklich mit dem Recht zur Promotion in der Theologie und im Kanonischen Recht. Damit war die universale Anerkennung der akademischen Grade, die an der neuen Universität erworben wurden, sichergestellt.[26] Vor diesem Hintergrund nahm die Leucorea als klassische Vier-Fakultäten-Universität 1502 / 03 ihre Lehrtätigkeit auf, die an verschiedenen Orten in der Stadt, etwa in Bursen und Häusern der Professoren, aber auch in anderen Räumlichkeiten unter Einbeziehung von Rathaus, Stadtkirche und Schlosskirche, später von Altem und Neuem Kolleg stattfand. Die Theologen hielten ihre Vorlesungen im Hörsaal des Schwarzen Klosters ab.[27]

Als zentrale Leitfiguren im unmittelbaren Umfeld des Wittenberger Kurfürstenhofs traten der Leipziger Mediziner und kurfürstliche Leibarzt Martin Pollich von Mellrichstadt (»Dr. Mellerstadt«) als Gründungsrektor der Universität sowie der Theologe und Ordensmann Johann von Staupitz hervor, der als Gründungsdekan der Theologischen Fakultät tätig wurde. Pollich war der Theologischen Fakultät von Anfang an eng verbunden und wurde 1503 zum ersten Wittenberger Magister der Theologie promoviert.[28] Staupitz war als prominenter Vertreter des Augustinerordens in Wittenberg maßgeblich an der engen Verzahnung der jungen Universität mit dem Eremitenorden beteiligt. Durch sein Amt als Generalvikar des Ordens und durch sein enges Verhältnis zu Luther erlangte er weit über Wittenberg hinaus Bedeutung. Als Alumnus der Tübinger Universität, die 25 Jahre vor der Leucorea gegründet worden war, förderte er zeitweise mit großem Erfolg den personellen und institutionellen Transfer vom Neckar an die

nachdrücklich den Charakter der Hohen Schule als ernestinische Landesuniversität. Dem neugeschaffenen Gremium, dem die »ständige Verbesserung und Reformation« der Hohen Schule oblag, gehörten neben dem jeweiligen Rektor drei weitere Professoren der Universität an, die auch für die Durchführung der inneruniversitären Zensur und Lehraufsicht zuständig waren.[32] Während Dieter Stievermann[33] prononciert auf die enge Verflechtung dieser Mitglieder der Universität mit dem landesherrlichen Rat hinweist – er spricht sogar von einem »Ausschuß des landesherrlichen Rats« –, so sieht Heinz Scheible[34] in dem Reformatorenkolleg mehr einen »Ausschuß des Senats«, also mehr »Männer der Universität« als eine echte landesherrliche Kontrollinstanz am Wirken. Heiner Lück[35] wiederum erkennt im Kollegium der Reformatoren mehr den »verlängerten Arm des Landesherrn«. Hieran lässt sich exemplarisch die außerordentlich schwierige Bewertung der Gratwanderung zwischen staatlicher Reglementierung und korporativer Universitätsautonomie ermessen – ein grundsätzliches Konflikt- und Problemfeld, das für alle frühneuzeitlichen Landesuniversitäten im Alten Reich unter den Bedingungen herrscherlicher wie bürokratischer Machtkonzentration mehr oder weniger von Bedeutung war. Speziell unter diesem wichtigen Aspekt der autonomen Spielräume hat Thomas Töpfer in einer kleinen Problemstudie die Wittenberger Universität auf den Prüfstand gestellt und dabei neue Einsichten zutage gefördert.[36]

Ungleich stärker noch zeigt sich die landesherrliche Mitwirkung bei der Fundation und ökonomischen Absicherung der Universität, die zunächst kein eigenes Stiftungsgut erhalten hatte.[37] Um die Finanzierung der Dozenturen auf Dauer sicherzustellen, inkorporierte der Kurfürst der Universität das nach 1338 sukzessiv gegründete Allerheiligenstift, ehemals eine alte askanische Gründung. Die Vereinigung beider Institutionen wurde 1507 durch päpstliche Beurkundung bestätigt. Seitdem waren zwölf bepfründete Stiftsherren zur Lehre an der Universität verpflichtet, zunächst fünf an der Juristischen, sechs an der Artistischen und einer an der Theologischen Fakultät. Dem Propst des Allerheiligenstifts – seit 1510 war dies der renommierte Jurist Henning Goeden – kam die Wahrnehmung der Professur für Kanonisches Recht zu. Weitere drei Professuren wurden von den in Wittenberg ansässigen Bettelorden, eine von den Franziskanern, zwei von den Augustiner-Eremiten versehen.[38] Als Luther 1511/12 endgültig nach Wittenberg wechselte, lebte er als einer der drei lehrenden Mönchsprofessoren im Kloster, ohne Gehalt und unter dem Armutsgebot. Alle anderen »unversorgten« Mitglieder des Lehrkörpers musste der Kurfürst aus seinen eigenen Mitteln bezahlen, was durchaus per-

Elbe: Sowohl bei der Statutengebung für die Fakultäten als auch bei der Besetzung der Lehrstühle fiel der Tübinger Alma mater in der Gründungsphase der Universität eine beachtliche Vorbild- und Beratungsfunktion zu. Dieter Stievermann hat mit eindrucksvollen Beispielen auf die enge personelle Verbindung der beiden Universitäten über das Gründungsjahr 1502 hinaus hingewiesen.[29] Das Personennetzwerk der heranwachsenden akademischen Eliten umfasste freilich nicht nur den kulturellen Raum der Universität, sondern in gleichem Maße die institutionelle Ebene des landesherrlichen Rats, also die Sphäre der Regierung.

Die frühesten erhaltenen Statuten der Universität, angelehnt an die Vorbilder Tübingen und Bologna, stammen aus dem Jahr 1508. Es gilt als sicher, dass der Nürnberger Jurist und Humanist Christoph Scheurl im Auftrag des Kurfürsten die normativen Grundordnungen der neuen Hohen Schule verfasst hat.[30] Scheurl lehrte von 1507 bis 1512 an der Juristischen Fakultät, war Rektor der Universität und mit seinem italienischen Bildungshorizont ein wichtiger Promotor des Wittenberger Frühhumanismus.[31] Die Tatsache, dass der kurfürstliche Universitätsgründer 1508 als Statutengeber auftrat und zudem ein Kollegium von vier sogenannten Reformatoren zur Wahrnehmung von Kontroll- und Ordnungskompetenzen einsetzte, unterstreicht in gewisser Weise in der Binnensicht

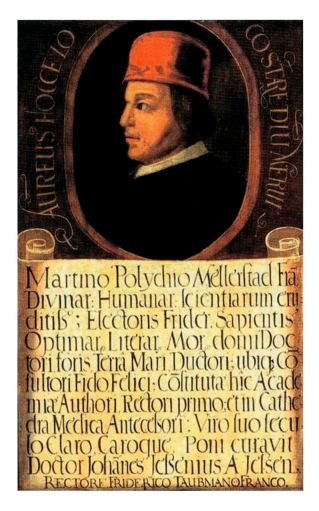

Abb. 3
Martin Pollich von
Mellerstadt, um 1608,
Öl auf Holz, 86 × 58 cm,
Evangelisches Prediger-
seminar Wittenberg

Wechsel Philipp Melanchthons von Tübingen nach Wittenberg im Jahr 1518 als spektakulärer Auftakt einer breiten Entfaltung humanistischer Gelehrsamkeit und Reformbereitschaft in Lehre, Organisationsstrukturen und Personal gesehen. Das Auftreten Melanchthons in seiner neuen sächsischen Umgebung beinhaltete zweifellos ein zukunftsträchtiges bildungskulturelles Moment, das die sukzessive Erweiterung des humanistischen Lehrangebots im Spektrum der scholastischen Professuren einleitete und mit unaufgeregter Konsequenz vorantrieb.[41] Allerdings gab es in den Jahren zuvor schon herausragende Gelehrtenpersönlichkeiten wie Hermann von dem Busche, Nikolaus Marschalk, Hermann Trebelius, Georg Spalatin oder Petrus von Ravenna, die zum frühen humanistischen Profil der Leucorea bedeutsam beigetragen haben.[42] Eine eindeutige Dominanz vermochten diese in der Regel nur kurze Zeit in Wittenberg wirkenden Vertreter der *humaniora* gegenüber den Häuptern der Spätscholastik, der *via antiqua*, zwar nicht einzunehmen, aber die neuen Themen und Disziplinen mit ihrer neuen Methodik waren früh im Curriculum verankert und mit den traditionellen Lehrprofessuren gleichgestellt worden.[43]

Bereits das erste erhaltene Lektionsverzeichnis der Leucorea, der berühmte »Rotulus Doctorum« des Wittenberger Juristen Scheurl, nennt neben den Thomisten und Scotisten auch Lekturen »In humanis litteris«.[44] Zu diesen Lehrkräften zählten die Autoren Daripinus und Meinhardi, aber auch Balthasar Phachus, der Rhetorik und Poesie anbot und dabei unter anderem die Äneis Vergils zugrundelegte.[45]

Helmar Junghans und Heinz Scheible, die beiden verdienten Erforscher der Frühphase der Leucorea, sind den frühen Wurzeln des Wittenberger Humanismus im spätscholastischen Umfeld der Universität wiederholt und tiefgründig nachgegangen. Dabei betont Junghans, den spätscholastischen Charakter der Gründung keineswegs leugnend, spätestens seit 1513 den Einzug eines von der heidnischen Antike abgewandten, betont christlichen Bibelhumanismus, einer neuen theologischen Methode und philologisch-kritischen Vorgehensweise in Luthers Fakultät, die sich nicht ohne Widerspruch neben den traditionellen scholastischen Strukturen etablierte und schnell einflussreiche Anhänger gewann, darunter das Schuloberhaupt Luther selbst, den an der Artistenfakultät lehrenden Augustiner Johann Lang sowie den kurfürstlichen Sekretär Spalatin – alle drei ehemalige Erfurter Alumni, seitdem gut bekannt und im Geiste eng verwandt, die jetzt im sächsischen Wittenberg ungehindert ihre theologische Wirkung entfalten konnten.[46] An der Theologischen Fakultät entstand in den Jahren danach in Auseinandersetzung

sonelle Gestaltungsmöglichkeiten für die Obrigkeit, etwa bei Neuberufungen auf humanistische Professuren, bot.[39] Im Ganzen blieb jedoch die Mischfinanzierung aus inkorporiertem Kirchengut und landesherrlichen Geldern eine unbefriedigende, den Anfängen geschuldete Notkonstruktion. Sie wurde erst eine Generation später im Jahr 1536 mit der großzügigen Neufundation der Universität durch den lutherischen Kurfürsten Johann Friedrich überwunden, durch die Wittenberg, wie Uwe Schirmer jüngst feststellte, ähnlich wie wenig später Leipzig zu einer der am besten ausgestatteten Universitäten des Alten Reiches wurde. Erst jetzt kann die keineswegs konfliktfreie, langwährende Gründungsphase der Hohen Schule als endgültig abgeschlossen gelten.[40]

Wittenbergs hohe überregionale Reputation als Reformuniversität hatte indessen ganz ursächlich mit der frühen, vom Kurfürstenhof ohne Ressentiments geförderten Indienstnahme des Humanismus und der Herausbildung der evangelischen Theologie zu tun. Gemeinhin wird der

mit den Vertretern der alten Schulrichtung eine Situation, in der zwei Reformströme originär Wittenberger Provenienz, sich gegenseitig befruchtend, nebeneinander herliefen und sich am Ende durchsetzten: die Herausbildung einer reformatorischen Theologie und die Durchführung eines bibelhumanistischen Lehrprogramms. Zuletzt hat Armin Kohnle in einem sehr empfehlenswerten, konzisen Artikel zur Wittenberger Theologischen Fakultät erneut auf diese für den Erfolg der Reformation konstitutiven historischen Zusammenhänge hingewiesen.[47]

Luther verstand es, sich schon früh ein akademisches Netzwerk, eine im Grundsatz gleichgesinnte höchst produktive Reformergruppe aufzubauen, eine, wie Jens-Martin Kruse meint, enge »Diskussionsgemeinschaft der Wittenberger Universitätsprofessoren« zu organisieren.[48] Darunter befanden sich zeitweise Wenzel Linck, Andreas Bodenstein von Karlstadt, Nikolaus von Amsdorf, Christoph Scheurl und Hieronymus Schurff, der Jurist und Rektor der Universität sowie der unersetzliche Kommunikator und Vermittler am Kurfürstenhof Georg Spalatin. Letzterer erhielt im Herbst 1517, ausgehend von den Diskussionen im Kreis um Luther, den Auftrag zu einer Visitation der Universität – mit dem erklärten Ziel, ein Reformkonzept zur Verbesserung der Lehr- und Personalstruktur, insbesondere in der für die Methodenlehre so wichtigen Artistenfakultät vorzulegen.[49] Vorrangig ging es dabei um eine Ausweitung der philosophischen und philologischen Vorlesungen, um die Forderung an den Kurfürsten, neue Professuren für Griechisch und Hebräisch, für die biblischen Sprachen und die humanistischen Studien einzurichten.[50] Die Berufung Melanchthons nach Wittenberg 1518 war somit in der Konsequenz das Ergebnis eines von Luther initiierten und von ihm erarbeiteten Reform- und Modernisierungskonzepts, auch wenn er zunächst Bedenken gegen die Person des Tübinger Magisters erhob. Melanch-thon war insofern, wie Heinz Schilling jüngst in seiner Luther-Biographie zugespitzt formuliert, »gleichermaßen Produkt wie wenig später Motor der Wittenberger Studien-reform« vor und nach 1518.[51]

War damit die alte scholastische Universität des Mit-telalters mit ihrer aristotelischen Philosophie und ihrem erstarrten Regelwerk in formaler Logik und Grammatik schon an ihrem Ende angelangt, zog jetzt eine neue, von humanistischen Studien und rhetorischer Gelehrsamkeit geleitete, veränderte neuzeitliche Universität im Banne der Reformation herauf? Der Wandel, so dynamisch und wortreich er mit oratorischen Gesten verkündet wurde, verlief in der sozialen Realität der Umbruchsszenarien un-gleich langsamer und stockender als erwartet.[52] Die wich-tige Universitätsreform von 1518, mit der die Berufung Philipp Melanchthons, der zukünftigen Zentralfigur hu-manistisch-pädagogischer Modernisierung in Schulen und Hochschulen, auf die neue Professur für Griechisch ver-bunden war, markierte den Beginn dieser folgenreichen bildungs- und wissenschaftsgeschichtlichen Entwicklung, die für das geistige und kulturelle Profil der anbrechenden Neuen Zeit bestimmend wurde.[53] Melanchthons fulmi-nante Wittenberger Antrittsrede im selben Jahr zum Thema »De corrigendis adolescentiae studiis« sowie deren nachhaltige, für damalige Verhältnisse außerordentlich kommunikative Binnen- und Außenwirkung, bedeuteten hierfür trotz aller anfänglichen Akzeptanzprobleme gleich-sam den programmatischen Auftakt.[54] Die Forderung, die Wissenschaften müssten die Rückkehr zu den Quellen selbst (»ad ipsis studiorum fontibus«) antreten, verfing sich durchaus in weiten Kreisen der akademischen Hof- und Bürgergesellschaft in der kleinen wettinischen Uni-versitäts- und Residenzstadt.[55]

Die Veränderungen des Jahres 1518 vermochten zu-nächst die einsetzende Krise des artistischen und des theologischen Studiums an der Leucorea nicht zu verhin-dern. Alte und neue Strukturen blieben jahrelang bis etwa 1523 nebeneinander bestehen. Universitätsreform und Kirchenreformation korrespondierten in dieser Zeit auf das Engste miteinander. Angesichts der Dynamik der Verän-derung erzeugten sie jedoch ein erhebliches Maß an Un-sicherheit und Unruhe in den Gremien.[56] Die klassischen scholastischen Disziplinen, wie Grammatik, Logik und Rhe-torik, verfielen unter dem Druck der doppelten Reform, einerseits der reformatorischen Bewegung, andererseits der humanistischen Bildungsbewegung, von Jahr zu Jahr zusehends. Promotionen in der Theologie wurden nach 1525 ganz eingestellt; die Zahl der Studenten ging massiv zurück. Die Krise betraf schließlich auch die neu entstan-

Abb. 5
Ansicht des Collegium Augusteum mit Vordergebäuden (rechts) und Hintergebäuden (links Lutherhaus) sowie Blick auf den Botanischen Garten, in: Johann Heinrich von Heucher, Index plantarum horti academiae Vitembergensis, Wittenberg: Christian Gerdesius, 1711, Bayerische Staatsbibliothek München, Sign. 4 Phyt. 149, Frontispiz

denen humanistischen Lektionen, die nach 1518 kurzzeitig zu einem Anstieg der Immatrikulationen geführt hatten. Es wäre daher verkürzt anzunehmen, Melanchthon sei mit einem gewissermaßen fertig abgesteckten kohärenten Reformprogramm 1518 nach Wittenberg gekommen. Dieses Programm nahm erst nach einigen Jahren geistigen Ringens im Professorenamt im Zeichen der existentiellen Krise des Universitätsstudiums während der frühen Reformation festere Konturen an, die auf Dauerhaftigkeit angelegt waren.[57] Den »Zusammenbruch des alten Systems« datiert Heinz Scheible 1522 mit dem Ende der »Wittenberger Bewegung«. Den Aufbau der neuen reformatorischen Universität verbindet er hingegen mit Melanchthons erstem Rektorat 1523/24, unter programmatischer Bezugnahme auf dessen wegweisende »Loci communes« von 1521.[58] Damit wird ein Erneuerungsprozess in verdichteter Form in Gang gesetzt, dessen Ausgestaltung über alle Krisenphänomene der Zeit hinweg bis weit in die 1530er Jahre hinein reichte. Erst danach konnte die Frequenz- und Strukturkrise als überwunden gelten, die maßgeblich durch die Konfrontation der Reformation mit dem alten Studiensystem verursacht worden war.[59]

Im Mittelpunkt der Reformmaßnahmen standen die von Melanchthon angeregten und selbstorganisierten Veränderungen des artistischen Curriculums – damit indirekt zugleich die Fortschreibung der methodischen Grundlagen für das Theologiestudium –, die er in seinem berühmten »Encomium eloquentiae« von 1523 mit Blick auf die Unverzichtbarkeit fundierter Sprachkenntnisse für die Theologie begründet hat.[60] Eine erste Institutionalisierung erfuhren diese Neuerungen in der 1523 neu erlassenen Wittenberger Universitätsordnung, die wichtige philologische Grundwissenschaften als Fundament jedes ernsthaften, auf »pietas« und »eruditio«, auf »humanitas« und »civilitas« ausgerichteten Studiums verbindlich vorschrieb. Erneuerte Deklamation und erneuerte Disputation als rhetorische Übungen und wissenschaftliche Vermittlungsformen wurden über die reformatorischen Veränderungen hinweg als feste Bestandteile des universitären Lebens verteidigt.[61]

Die prozesshafte Umgestaltung der Wittenberger Artistenfakultät zu einem institutionell gefestigten, mit einer eigenen Dignität versehenen philologischen und philosophischen Grundstudium, das die Bildungsgrundlagen für die Spezialausbildung in den oberen Fakultäten vermitteln sollte, stellt die wohl wichtigste, weil nachhaltigste Leistung des Humanisten Melanchthon dar. Die Dozenturen für die Artisten wurden zahlenmäßig erhöht, sie wurden spezialisiert, besser dotiert und nacheinander mit echten Fachwissenschaftlern besetzt, die das Profil der humanistischen Bildungsreform zu schärfen vermochten

– in der Perspektive einer longue durée zweifellos ein exklusiver Exportschlager der Wittenberger Reformation.[62] Der antiken Sprachausbildung wurde expressis verbis allerhöchste Bedeutung zugemessen. Dieser speziellen Ausbildung diente ein der Artistenfakultät vorgelagertes Pädagogium für junge Studienanfänger, das ein Mindestmaß an sprachlichen Vorkenntnissen vor dem Eintritt in das eigentliche universitäre Curriculum vermitteln sollte.[63]

Die Verdienste Melanchthons als Organisator und akademischer Lehrer, als Ausgangspunkt eines weitverzweigten humanistisch-pädagogischen Gelehrtennetzwerks über die Grenzen des Reiches hinaus, schließlich seine Leistung als Verfasser richtungsweisender Studienordnungen und Lehrbücher in fast allen Gebieten der artistischen Grundwissenschaften sind auf das Engste verbunden mit der eingeleiteten curricular organisierten Professionalisierung der unteren Universitätsfakultät, deren Professorenschaft insgesamt »berufsmäßiger« und durch die einsetzende disziplinäre Verfachlichung auch leistungsorientierter wurde. Seit 1523 ging die Wittenberger Universität mit Unterstützung durch die kurfürstliche Protektion in diesen Veränderungsprozessen, die einem exorbitanten Generationenprojekt glichen, in kleinen und in großen Schritten richtungsweisend voran.[64]

Gemeinsam mit der Theologischen Fakultät, aber auch mit derjenigen der Juristen und mit der im Aufbau begriffenen Medizinischen Fakultät trug das umgestaltete artistische Grundlagenstudium, das den allergrößten Teil der nach Wittenberg kommenden Studenten zunächst betraf, maßgeblich zu dem unvergleichlichen Prestige und der hohen Anziehungskraft bei, durch die sich die Leucorea seit den 1520er und 1530er Jahren über Jahrzehnte hinweg reichsweit auszeichnen sollte.[65] Von großer Bedeutung blieb dabei der Einfluss Melanchthons als Philologe und Humanist auf die weitere Entwicklung der Wittenberger Reformationstheologie neben der Autorität Luther und der um ihn versammelten identitätsstiftenden akademischen Reformergruppe.[66] Beide Reformatoren waren seit 1518 mehr als ein Vierteljahrhundert lang in einer Art »lebenslanger Arbeitssymbiose« als Strukturgestalter, Wissenschaftler und Leit-repräsentanten der neuen Kirche eng miteinander verbunden.[67] Mit der Symbiose von Bildung und Bekenntnis, oder anders gesagt: Mit dem engen Ineinandergreifen von Humanismus und Reformation haben sie trotz schwieriger Anfänge und mancher Rückschläge ein gemeinsames Werk auf den Weg gebracht, das schon bald eine große weltgeschichtliche Wirkung erlangen sollte. Daran hatte die Geschichte der Leucorea im Reformationsjahrhundert unstrittig einen maßgeblichen, einen lange Zeit überragenden Anteil.[68]

Ein kurzes Fazit sei an den Schluss gestellt: Keine andere zeitgenössische Institution als die frühneuzeitliche konfessionelle Landesuniversität, in der Regel entschieden gestärkt durch die machtbewusste Protektion des Fürstenhofes in der Nachbarschaft, bot für derlei symbiotische Annäherungsprozesse den geeigneten intellektuellen und geistigen Nährboden.[69] Die Reformation als genuin kirchliche und theologische Gestaltungskraft wuchs aus diesen zutiefst universitär-akademischen Kontexten zu einer konfessionellen Großmacht heran, die das kulturelle und geistige Gefüge Alteuropas religionssoziologisch auf Dauer tiefgreifend prägte. Wittenberg stand dabei als authentisches Muster Pate für viele andere Hohe Schulen in Deutschland in der frühen Neuzeit, nicht zuletzt für das erst 1539 lutherisch gewordene Leipzig im albertinischen Teil des Hauses Wettin.[70] Friedrich der Weise förderte die Anfänge dieser Entwicklung aus seiner Kabinettsstube heraus in durchaus weiser und dosierter Regie. Martin Luther, den Wittenberger Neubürger, hat er in seinem nahen Schloss wohl nie zu einem Gespräch empfangen. Dafür war der Kontakt mit dem Privatsekretär des Kurfürsten, mit dem reformgeneigten und klugen Spalatin, umso effizienter und vertrauensvoller.[71] Und dennoch blieb der Fürst als Universitätsgründer auch im neuzeitlichen Kontext der vorklassischen Universität der älteste und entscheidende »Bezugs- und Orientierungspunkt« aller bildungspolitischen Maßnahmen und geplanten Reformkonzepte.[72] »Seine«, die landesherrliche, mit vier Fakultäten ausgestattete Voll-Universität als Fundament frühmoderner Herrschaft wurde gleichsam als eine öffentliche Manifestation der fürstlichen Dignität und Legitimität, als ein Statussymbol dynastischer Herrschaft wahrgenommen.[73]

Friedrich der Weise reihte sich am Beginn der Neuzeit mit seinem politischen Gewicht selbstbewusst in den Kreis jener gebildeten Reichsfürsten ein, die sich wie Eberhard im Bart in Württemberg einen Namen als Universitätsgründer gemacht hatten und damit zugleich dazu beitrugen, dem Selbstverständnis des Reichsfürstenstandes ein besonderes mentales und soziales Profil zu verleihen.[74] Ausschlaggebend für den Gründungsimpuls war der entschiedene Wille, sozusagen das Startsignal der fürstlichen Obrigkeit: Der Landesherr als Gründer war und blieb die Schlüsselfigur des Gründungsvorgangs, daneben war natürlich die Kompetenz seiner Räte und die der Professoren selbst gefragt. Allgemein wurde die Universität als ein für die neue Zeit »nützliches« Mittel der Steuerung und der Gestaltung empfunden, um einerseits den Prozess der Territorialstaatsbildung mit studiertem Personal und gelehrtem Wissenstransfer voranzubringen, und anderer-

seits dem fürstlichen Repräsentations- und Prestigestreben im dynastischen Konkurrenzdenken der Zeit Genüge zu tun. So wurde die Etablierung einer neuen Universität im ständestaatlichen Reich in der Wahrnehmung der Zeitgenossen als ein willkommenes, außerordentlich filigranes »instrumentum dominationis« in der Hand der Herrschaft gesehen. Zugleich wurde sie zu einem neuen identitätsstiftenden »seminarium ecclesiae et rei publicae« im Territorium erkoren, zu einem Attribut also von obrigkeitlicher Ausbildungsförderung, von zeitgemäß moderner Fürstenherrschaft und fortgeschrittener Territorialstaatlichkeit; freilich wurde die Universität aber auch zu einem wichtigen institutionellen Forum und innovativen Ausgangspunkt der langsam einsetzenden Professionalisierung und Verwissenschaftlichung vieler Lebensbereiche in Politik, Kultur und Kirche im Geiste humanistischen Denkens und beginnender rationaler Funktionsabläufe fortentwickelt und genutzt.[75]

Es waren dies entscheidende strukturbildende Prozesse, die gewiss über die lange Ära der Regierungszeit Friedrichs des Weisen hinauswiesen, die seinen Bruder Johann und seinen Neffen Johann Friedrich in hohem Maße als Förderer und Impulsgeber weiterhin in Anspruch nahmen.[76] Was aber bleibt und in die späten Jahre des weisen Kurfürsten in Wittenberg zurückverweist, ist die fortschreitende Genese der drei hauptsächlichen geschichtlichen Wirkkräfte, die das lange Reformationsjahrhundert über Sachsen und den mitteldeutschen Bildungs- und Kulturraum hinaus in Deutschland so signaturstiftend geprägt haben: der territoriale Fürstenstaat, die lutherische Konfession und der christliche Humanismus.

Wäre es jetzt nicht an der Zeit, das alte und noch immer nützliche Werk von Walter Friedensburg von 1917 endlich durch eine neue quellen- und methodenorientierte, komparatistisch angelegte Wittenberger Universitätsgeschichte zu ersetzen? Erste wichtige Fundamente sind bereits gelegt, wichtige Weichen gewiss gestellt.[77] Das große Jubiläumsjahr der Reformation 2017 in Wittenberg, das etwas kleiner dimensionierte in Halle, die Vereinigung der erloschenen Universität Wittenberg mit der Wiedereröffnung der Universität Halle vor 200 Jahren, böte hierfür gewiss die beste Motivation und eine sinnvolle innovative Zielsetzung dazu. Lebt die empirisch betriebene Universitätsgeschichte über weite Strecken nicht doch von der animierenden und befruchtenden Kraft eines der Chronologie geschuldeten breiten Jubiläumskanons, der trotz mancherlei kritischer Stimmen, die durchaus ernst zu nehmen sind, genutzt werden sollte?

Anmerkungen

1   Für die ältere Geschichte der Universität Wittenberg immer noch grundlegend: Walter Friedensburg, Geschichte der Universität Wittenberg. Halle 1917; ders. (Hrsg.), Urkundenbuch der Universität Wittenberg Teil 1. Magdeburg 1926; Friedrich Israel (Hrsg.), Das Wittenberger Universitätsarchiv, seine Geschichte und seine Bestände. Halle 1913; 450 Jahre Martin-Luther-Universität Halle-Wittenberg Bd. 1. Halle 1952. – Neuerdings die vorzügliche Zusammenfassung bei Dieter Stievermann, Friedrich der Weise und seine Universität Wittenberg, in: Attempto – oder wie stiftet man eine Universität. Die Universitätsgründungen der sogenannten zweiten Gründungswelle im Vergleich, hrsg. von Sönke Lorenz. Stuttgart 1999, S. 175–207; ferner Gerd Heinrich, Frankfurt und Wittenberg. Zwei Universitätsgründungen im Vorfeld der Reformation, in: Beiträge zu Problemen deutscher Universitätsgründungen der frühen Neuzeit hrsg. von Peter Baumgart und Notker Hammerstein. Nendeln 1978, S. 111–129; Heinz Scheible, Gründung und Ausbau der Universität Wittenberg, ebd., S. 131–147. – Für tatkräftige Unterstützung bei den Korrekturarbeiten danke ich Frau Katja Wöhner und Herrn Johannes Bolte (beide Universität Leipzig).

2   Vgl. dazu Günther Wartenberg, Die reformatorische Veränderung von Kirche und Gesellschaft. Das Werden der Wittenberger Reformation, in: Glaube und Macht. Sachsen im Europa der Reformationszeit, hrsg. von Harald Marx und Cecilie Hollberg. Dresden 2004, S. 16–26; Manfred Rudersdorf, Luthertum, humanistische Bildung und Territorialstaat. Anmerkungen zu einem historischen Problemzusammenhang im Reformationsjahrhundert, in: Christlicher Glaube und weltliche Herrschaft. Zum Gedenken an Günther Wartenberg, hrsg. von Michael Beyer u. a. Leipzig 2008, S. 301–315.

3   Ausführlich hierzu: Manfred Rudersdorf, Lutherische Orthodoxie und universaler Humanismus im Widerstreit? Zur Profilbildung der Leipziger Universität im Zeitalter der Konfessionalisierung, in: Konstellationen über Geschichte, Erfahrung und Erkenntnis. Festschrift für Dan Diner, hrsg. von Nicolas Berg u. a. Göttingen 2011, S. 45–65.

4   Ein Pendant zum Wittenberger Bildungsprogramm Melanchthons bildete wenige Jahre später die Konzeption des Straßburger Schulrektors Johann Sturm. Vgl. dazu Anton Schindling, Humanistische Hochschule und freie Reichsstadt. Gymnasium und Akademie in Straßburg 1538–1621. Wiesbaden 1977.

5   Vgl. Helmar Junghans, Die Ausbreitung der Reformation von 1517 bis 1539, in: Das Jahrhundert der Reformation in Sachsen, hrsg. von dems. Leipzig ²2005, S. 37–67.

6   Stievermann, Friedrich der Weise und seine Universität (wie Anm. 1), S. 180–198.

7   Vgl. Notker Hammerstein, Universitäten und Reformation, in: ders., Res publica litteraria. Ausgewählte Aufsätze zur frühneuzeitlichen Bildungs-, Wissenschafts- und Universitätsgeschichte, hrsg. von Ulrich Muhlack und Gerrit Walther. Berlin 2000, S. 388–401; Peter Baumgart, Die deutschen Universitäten im Zeichen des Konfessionalismus, in: ders., Universitäten im konfessionellen Zeitalter. Gesammelte Beiträge. Münster 2006, S. 5–30.

8   Siehe Friedensburg, Universität Wittenberg (wie Anm. 1), S. 180–249.

9   »An die Ratherren aller Städte deutschen Lands, daß sie christliche Schulen aufrichten und halten sollen«, zitiert nach: WA 15, S. 27–53. – Thomas Töpfer hat in seiner gedruckten Leipziger Magisterarbeit die berühmte Ratsherrenschrift im Kontext der Universitätsgeschichte eingehend gewürdigt: Thomas Töpfer, Die Leucorea am Scheideweg. Der Übergang von Universität und Stadt Wittenberg an das albertinische Kursachsen 1547/48. Eine Studie zur Entstehung der mitteldeutschen Bildungslandschaft. Leipzig 2004, hier S. 28–41.

10 Zur Diskussion um die Genese von »Bildungslandschaften« im Alten Reich vgl. insbesondere Anton Schindling, Bildung und Wissenschaft in der Frühen Neuzeit 1650–1800. München ²1999, S. 3–48; ders., Katholische und Protestantische Kulturlandschaften im Heiligen Römischen Reich Deutscher Nation, in: Religion und Kultur im Europa des 17. und 18. Jahrhunderts, hrsg. von Peter Claus Hartmann. Frankfurt am Main u. a. 2004, S. 25–49; Matthias Asche, Der Ostseeraum als Universitäts- und Bildungslandschaft im Spätmittelalter und in der frühen Neuzeit. Beiträge zu einer hansischen Kulturgeschichte, in: Blätter für deutsche Landesgeschichte 135 (1999), S. 1–20; Enno Bünz, Die mitteldeutsche Bildungslandschaft am Ausgang des Mittelalters, in: Die sächsischen Fürsten- und Landesschulen. Interaktion von lutherisch-humanistischem Erziehungsideal und Eliten-Bildung, hrsg. von Jonas Flöter und Günther Wartenberg. Leipzig 2004, S. 39–71; Thomas Töpfer, Gab es »Bildungslandschaften« im Alten Reich? Dimensionen und Möglichkeiten einer aktuellen Kategorie der frühneuzeitlichen Universitätsgeschichte am Beispiel Mitteldeutschlands, in: Jahrbuch für Universitätsgeschichte 9 (2006), S. 101–112; ders., Bildungsgeschichte, Raumbegriff und kultureller Austausch in der Frühen Neuzeit. »Bildungslandschaften« zwischen regionaler Verdichtung und europäischer Ausstrahlung, in: Kultureller Austausch. Bilanz und Perspektiven der Frühneuzeitforschung, hrsg. von Michael North. Köln, Weimar, Wien 2009, S. 115–139.

11 Vgl. hierzu Anton Schindling, Bildungsreformen im Reich der Frühen Neuzeit – vom Humanismus zur Aufklärung, in: Zwischen Wissenschaft und Politik. Studien zur deutschen Universitätsgeschichte. Festschrift für Eike Wolgast zum 65. Geburtstag, hrsg. von Armin Kohnle und Frank Engehausen. Stuttgart 2001, S. 11–25.

12 Vgl. hierzu die für die sächsische Entwicklung wichtigen Beiträge von Günther Wartenberg, Wittenberger Reformation und territoriale Politik. Ausgewählte Aufsätze, hrsg. von Jonas Flöter und Markus Hein. Leipzig 2003.

13 Zur Person des Kurfürsten vgl. grundlegend Ingetraut Ludolphy, Friedrich der Weise. Kurfürst von Sachsen 1463–1525. Göttingen 1984, Leipzig 2006; Paul Kirn, Friedrich der Weise und die Kirche. Seine Kirchenpolitik vor und nach Luthers Hervortreten im Jahre 1517. Leipzig 1926, Hildesheim 1972; Bernd Stephan, Beiträge zu einer Biographie Kurfürst Friedrichs III. von Sachsen, des Weisen (1463–1525), 3 Teile. Diss. masch. Leipzig 1980; Friedrich Hermann Schubert, Friedrich III., der Weise, Kurfürst von Sachsen, in: Neue Deutsche Biographie 5 (1961), S. 568–572; Thomas Klein, Politik und Verfassung von der Leipziger Teilung bis zur Teilung des ernestinischen Staates (1485–1572), in: Das Zeitalter des Humanismus und der Reformation (Geschichte Thüringens 3), hrsg. von Hans Patze und Walter Schlesinger. Köln, Graz 1967, S. 178–210.

14 Manfred Rudersdorf, Thomas Töpfer, Fürstenhof, Universität und Territorialstaat. Der Wittenberger Humanismus, seine Wirkungsräume und Funktionsfelder im Zeichen der Reformation, in: Funktionen des Humanismus. Studien zum Nutzen des Neuen in der humanistischen Kultur, hrsg. von Thomas Maissen und Gerrit Walther. Göttingen 2006, S. 214–261, hier besonders S. 220–235; Dieter Stievermann, Lucas Cranach und der kursächsische Hof, in: Lucas Cranach. Ein Maler-Unternehmen aus Franken, hrsg. von Claus Grimm u. a. Augsburg 1994, S. 66–77; Edgar Bierende, Lucas Cranach d. Ä. und der deutsche Humanismus. Tafelmalerei im Kontext von Rhetorik, Chroniken und Fürstenspiegeln. München 2002; Andreas Tacke (Hrsg.), Lucas Cranach 1553/2003. Wittenberger Tagungsbeiträge anlässlich des 450. Todestages Lucas Cranachs des Älteren. Leipzig 2007.

15 Rudersdorf/Töpfer, Fürstenhof, Universität und Territorialstaat (wie Anm. 14), S. 233–235; Christoph Volkmar, Reform statt Reformation. Die Kirchenpolitik Herzog Georgs von Sachsen 1488–1525. Tübingen 2008, hier S. 2–19, 76–111; ders., Georg von Sachsen und der Humanismus: Distanz und Nähe, in: Der Humanismus an der Universität Leipzig (Pirckheimer Jahrbuch für Renaissance- und Humanismusforschung 23), hrsg. von Enno Bünz und Franz Fuchs. Wiesbaden 2008, S. 129–147; Volker Leppin u. a. (Hrsg.), Johann Friedrich I. – der lutherische Kurfürst. Heidelberg 2006.

16 Vgl. zuletzt Irene Dingel, Günther Wartenberg (Hrsg.), Die Theologische Fakultät Wittenbergs 1502–2002. Beiträge zur 500. Wiederkehr des Gründungsjahres der Leucorea. Leipzig 2002 sowie die konzisen Gesamtüberblicke von Heiner Lück, Wittenberg, Universität, in: Theologische Realenzyklopädie 36 (2004), S. 232–243; ders., Wittenberg, in: Handbuch kultureller Zentren der frühen Neuzeit. Städte und Residenzen im alten deutschen

Sprachraum Bd. 3, hrsg. von Wolfgang Adam und Siegrid Westphal. Berlin, Boston 2012, S. 2201–2248 (mit aktueller Bibliographie).

17   Dazu vor allem Bernd Stephan, Kulturpolitische Maßnahmen des Kurfürsten Friedrich III., des Weisen, von Sachsen, in: Lutherjahrbuch 49 (1982), S. 50–95; Stievermann, Friedrich der Weise und seine Universität (wie Anm. 1), S. 175–207.

18   In vergleichender Perspektive hierzu Volker Press, Soziale Folgen der Reformation in Deutschland, in: ders., Das Alte Reich. Ausgewählte Aufsätze, hrsg. von Johannes Kunisch. Berlin ²2000, S. 435–479; ders., Martin Luther und die sozialen Kräfte seiner Zeit, ebd., S. 590–621.

19   Exemplarisch für diesen Kontext Manfred Rudersdorf, Die Geburt einer Universität – Gießen 1607. Eine frühneuzeitliche Universitätsgründung im Spannungsfeld von Dynastie, Territorium und Konfession, in: Universalität in der Provinz. Die vormoderne Landesuniversität Gießen zwischen korporativer Autonomie, staatlicher Abhängigkeit und gelehrten Lebenswelten, hrsg. von Horst Carl und Friedrich Lenger. Darmstadt 2009, S. 63–82; Anton Schindling, Die Universität Gießen als Typus einer Hochschulgründung, in: Academia Gissensis. Beiträge zur älteren Gießener Universitätsgeschichte, hrsg. von Peter Moraw und Volker Press. Marburg 1982, S. 83–113.

20   Zur Stadtgeschichte Wittenbergs vgl. in Auswahl: Richard Erfurth, Geschichte der Stadt Wittenberg Bd. 1. Wittenberg 1910, zur Zeit Friedrichs des Weisen besonders S. 17–23; Karlheinz Blaschke, Wittenberg. Die Lutherstadt. Berlin ³1981, S. 6–16; ders., Wittenberg vor 1547. Vom Landstädtchen zur Weltgeltung, in: 700 Jahre Wittenberg. Stadt, Universität, Reformation, hrsg. von Stefan Oehmig. Weimar 1995, S. 29–38. Den Aufstieg Wittenbergs zur Residenz unter Friedrich dem Weisen behandeln ausführlich Helmar Junghans, Wittenberg als Lutherstadt. ²Berlin 1979, überarbeitet erschienen als: Martin Luther und Wittenberg. München, Berlin 1996; Edith Eschenhagen, Beiträge zur Sozial- und Verfassungsgeschichte der Stadt Wittenberg in der Reformationszeit, in: Lutherjahrbuch 9 (1927), S. 9–118 (zugleich Diss. phil. Halle-Wittenberg 1927); Manfred Straube, Wittenberg in den Anfangsjahren der Universität und der Reformation. Wirtschaftliche Herausforderungen und soziale Probleme am Beginn einer neuen Stadtentwicklung, in: Oehmig, 700 Wittenberg (s. o.), S. 431–448; Enno Bünz, »am Rande der Zivilisation ...«? Residenz und Hof des Kurfürsten von Sachsen in Wittenberg zur Zeit Lucas Cranachs d. Ä., in: Die Reformation und die Künste. Wittenberger Sonntagsvorlesungen im Evangelischen Predigerseminar 2003, hrsg. von Peter Freybe. Wittenberg 2003, S. 9–36; Heiner Lück, Die Universität als Verwaltungs- und Wirtschaftsfaktor. Zur Ausstrahlung der Leucorea auf die Stadt Wittenberg und deren Umland – Ausgewählte Beispiele, in: Europa in der Frühen Neuzeit Bd. 7, Festschrift für Günter Mühlpfordt, hrsg. von Erich Donnert. Köln, Weimar, Wien 2008, S. 95–111.

21   Zur Frequenzentwicklung vgl. auf der Grundlage der Angaben von Franz Eulenburg: Lück, Wittenberg, Universität (wie Anm. 16), S. 234. Matthias Asche, Frequenzeinbrüche und Reformen. Die deutschen Universitäten in den 1520er bis 1560er Jahren zwischen Reformation und humanistischem Neuanfang, in: Die Musen im Reformationszeitalter, hrsg. von Walther Ludwig. Leipzig 2001, S. 53–96.

22   Vgl. Stievermann, Friedrich der Weise und seine Universität Wittenberg (wie Anm. 1), S. 179 f.; Thomas Töpfer, Landesherrschaft, fürstliche Autorität, korporative Universitätsautonomie. Zur frühen Geschichte der Universität Wittenberg (1502–1525), in: Universitäten und Wissenschaften im mitteldeutschen Raum in der Frühen Neuzeit. Ehrenkolloquium zum 80. Geburtstag von Günter Mühlpfordt, hrsg. von Karlheinz Blaschke und Detlef Döring. Leipzig, Stuttgart 2004, S. 27–54, hier S. 32 f.

23   Zum Hintergrund vgl. Uwe Schirmer, Die ernestinischen Kurfürsten bis zum Verlust der Kurwürde 1485–1547, in: Die Herrscher Sachsens. Markgrafen, Kurfürsten, Könige 1089–1918, hrsg. von Frank-Lothar Kroll. München ²2013, S. 53–75.

24   Zu Spalatin unentbehrlich: Irmgard Höss, Georg Spalatin 1484–1545. Ein Leben in der Zeit des Humanismus und der Reformation. Weimar ²1989; ferner zur Altenburger Zeit Spalatins: Björn Schmalz, Georg Spalatin und sein Wirken in Altenburg 1525–1545. Beucha 2009.

25   Vgl. Töpfer, Landesherrschaft, fürstliche Autorität, korporative Universitätsautonomie (wie Anm. 22), S. 29–37.

26   Zu den Einzelheiten des Handlungsablaufs vgl. Stievermann, Friedrich der Weise und seine Universität (wie Anm. 1), S. 175–207; Lück, Wittenberg, Universität (wie Anm. 16), S. 232–235; Töpfer, Landesherrschaft, fürstliche Autorität, korporative Universitätsautonomie (wie Anm. 22), S. 29–37.

27   Zu den Räumlichkeiten der Universität neuerdings: Ulrike Ludwig, Die Universitätsgebäude von der Gründung der Leucorea 1502 bis zum Jahr 1547, in: Das ernestinische Wittenberg: Universität und Stadt (1486–1547), hrsg. von Heiner Lück u. a. Petersberg 2011, S. 105–118; ebenso Lück, Wittenberg (wie Anm. 16), 2202–2206, 2221–2223.

28   Zu den handelnden Personen der ersten Stunde vgl. Stievermann, Friedrich der Weise und seine Universität (wie Anm. 1), S. 188–193; Töpfer, Landesherrschaft, fürstliche Autorität, korporative Universitätsautonomie (wie Anm. 22), S. 33–37; Stephan, Beiträge zu einer Biographie Kurfürst Friedrichs (wie Anm. 13), S. 201–203.

29   Stievermann: Friedrich der Weise und seine Universität (wie Anm. 1), S. 190–195; Markus Wriedt, Johann von Staupitz als Gründungsmitglied der Wittenberger Universität, in: Oehmig, 700 Jahre Wittenberg (wie Anm. 20), S. 173–186, besonders S. 183–186; Friedensburg, Geschichte der Universität Wittenberg (wie Anm. 1), S. 19, 24 f.

30   Lück, Wittenberg, Universität (wie Anm. 16), S. 232 f.; Töpfer, Landesherrschaft, fürstliche Autorität, korporative Universitätsautonomie (wie Anm. 22), S. 37 f.

31   Vgl. auch den instruktiven Artikel von Franz Fuchs, Christoph Scheurl (II.), in: Deutscher Humanismus 1480–1520. Verfasserlexikon, hrsg. von Franz Josef Worstbrock. Berlin, New York 2012, Sp. 840–877.

32   Lück, Wittenberg, Universität (wie Anm. 16), S. 232; Töpfer, Landesherrschaft, fürstliche Autorität, korporative Universitätsautonomie (wie Anm. 22), S. 38–40.

33   Stievermann, Friedrich der Weise und seine Universität (wie Anm. 1), S. 202 f.

34   Scheible, Gründung und Ausbau der Universität (wie Anm. 1), S. 136 f.

35   Lück, Wittenberg, Universität (wie Anm. 16), S. 232.

36   Töpfer, Landesherrschaft, fürstliche Autorität, korporative Universitätsautonomie (wie Anm. 22), S. 27–54. – Grundsätzlich zu dieser Problematik: Peter Baumgart, Universitätsautonomie und landesherrliche Gewalt im späten 16. Jahrhundert, in: ders., Universitäten im konfessionellen Zeitalter (wie Anm. 7), S. 203–237; Rudersdorf, Lutherische Orthodoxie und universaler Humanismus (wie Anm. 3), S. 45–65.

37   Vgl. Hans Hausherr, Die Finanzierung einer deutschen Universität. Wittenberg in den ersten Jahrzehnten seines Bestehens (1502–1547), in: 450 Jahre Martin-Luther-Universität Halle-Wittenberg (wie Anm. 1), S. 345–354.

38   Zu weiteren Einzelheiten der Finanzierung vgl. Stievermann, Friedrich der Weise und seine Universität (wie Anm. 1), S. 198–204; Lück, Wittenberg, Universität (wie Anm. 16), S. 232–234; Töpfer, Landesherrschaft, fürstliche Autorität, korporative Universitätsautonomie (wie Anm. 22), S. 42–44.

39   Vgl. Scheible, Gründung und Ausbau der Universität Wittenberg (wie Anm. 1), S. 138 f.; ebenso Martin Treu, Die Leucorea zwischen Tradition und Erneuerung. Erwägungen zur frühen Geschichte der Universität Wittenberg, in: Martin Luther und seine Universität. Vorträge anlässlich des 450. Todestages des Reformators, hrsg. von Heiner Lück. Köln, Weimar, Wien 1998, S. 31–51; ders., Die frühe Geschichte der Universität Wittenberg. Humanismus und Theologie bis 1520, in: Altertum 42 (1997), S. 265–280.

40   Uwe Schirmer, Die finanziellen Grundlagen der Universitäten Leipzig, Wittenberg und Jena im Vergleich (1409–1633), in: Georg Rörer (1492–1557), der Chronist der Wittenberger Reformation, hrsg. von Christian Speer und Stefan Michel. Leipzig 2012, S. 75–103.

41   Neuerdings sehr aufschlussreich: Matthias Asche, Die Tübinger Wurzeln der Wittenberger Bildungsreform. Melanchthon als Traditionswahrer eines vorreformatorischen christlichen Humanismus, in: Vom Schüler der Burse zum »Lehrer Deutschlands«. Tübingen 2010, S. 161–173; ders., Philipp Melanchthon als christlicher Schulhumanist und Bildungsreformer – Wittenberg und der Export des humanistischen Bildungsprogramms, in: Philipp Melanchthon. Seine Bedeutung für Kirche und Theologie, Bildung und Wissenschaft, hrsg. von Friedrich Schweitzer u. a. Neukirchen-Vluyn 2010, S. 75–94.

42   Vgl. Friedensburg, Geschichte der Universität Wittenberg (wie Anm. 1), S. 54–57, 72–74; Max Steinmetz, Die Universität Wittenberg und der Humanismus (1502–1521), in: 450 Jahre Martin-Luther-Universität Halle-Wittenberg (wie Anm. 1), S. 103–139; Maria Grossmann, Humanismus in Wittenberg 1486–1517, in: Lutherjahrbuch 39 (1972), S. 11–30; dies., Humanism in Wittenberg. Nieuwkoop 1975, S. 36–54.

43   Grundlegend hierzu Peter Baumgart, Humanistische Bildungsreform an deutschen Universitäten des 16. Jahrhunderts, in: ders., Universitäten im konfessionellen Zeitalter (wie Anm. 7), S. 31–60; Treu, Leucorea zwischen Tradition und Erneuerung (wie Anm. 39), S. 31–51; Rudersdorf / Töpfer, Fürstenhof, Universität und Territorialstaat (wie Anm. 14), S. 235–243.

44   Edition des Textes in: Friedensburg (Hrsg.), Urkundenbuch der Universität Wittenberg (wie Anm. 1), Nr. 17, S. 14–17.

45   Vgl. Scheible, Gründung und Ausbau der Universität Wittenberg (wie Anm. 1), S. 131–147, hier S. 138 f.; Robert Rosin, The Reformation, Humanism and Education. The Wittenberg Model for Reform, in: Concordia Journal 16 (1990), S. 301–322, hier S. 307 f.

46   Dazu von zentraler Wichtigkeit: Helmar Junghans, Martin Luthers Einfluss auf die Wittenberger Universitätsreform, in: Die Theologische Fakultät Wittenbergs (wie Anm. 16), S. 55–70; ders., Der junge Luther und die Humanisten. Weimar 1984 und Göttingen 1985. – Mit anderer Akzentsetzung: Heinz Scheible, Aristoteles und die Wittenberger Universitätsreform. Zum Quellenwert von Lutherbriefen, in: Humanismus und Wittenberger Reformation. Festgabe anlässlich des 500. Geburtstages des Praeceptor Germaniae Philipp Melanchthon, hrsg. von Michael Beyer und Günther Wartenberg. Leipzig 1996, S. 123–144; ders., Die Philosophische Fakultät der Universität Wittenberg von der Gründung bis zur Vertreibung der Philippisten, in: Archiv für Reformationsgeschichte 98 (2007), S. 7–43.

47   Armin Kohnle, Die Wittenberger Theologische Fakultät in der Reformationszeit. Probleme – Themen – Perspektiven, in: Das ernestinische Wittenberg: Stadt und Bewohner, hrsg. von Heiner Lück u. a. (Wittenberg-Forschungen 2.1). Petersberg 2013, S. 201–211.

48   Jens-Martin Kruse, Universitätstheologie und Kirchenreform. Die Anfänge der Reformation in Wittenberg 1516–1522. Mainz 2002, hier zu den Reformen der Jahre 1518 bis 1521 und speziell zur Integration Melanchthons in den Kreis der Wittenberger Reformtheologen, S. 139–153.

49   Dazu Scheible, Gründung und Ausbau der Universität Wittenberg (wie Anm. 1), S. 138–142; Lück, Wittenberg, Universität (wie Anm. 16), S. 233 f.; Kohnle, Die Wittenberger Theologische Fakultät (wie Anm. 47), S. 204–206.

50   Zum Vollzug der Forderungen vgl. Junghans, Luthers Einfluss (wie Anm. 46), S. 55–70; Scheible, Philosophische Fakultät (wie Anm. 46), S. 7–43; Heinz Kathe, Die Wittenberger Philosophische Fakultät 1502–1817. Köln, Weimar, Wien 2002.

51   Heinz Schilling, Martin Luther. Rebell in einer Zeit des Umbruchs. München 2012, S. 137.

52   Schilling, Martin Luther (wie Anm. 51), S. 115–143; Volker Leppin, Martin Luther. Darmstadt 2006, S. 62–164.

53   Manfred Rudersdorf, Philipp Melanchthon und die humanistische Bildungsreform. Anmerkungen zu einer kulturellen Erfolgsgeschichte in den wettinischen Landen, in: Historische Korrespondenzen. Festschrift für Dieter Stievermann zum 65. Geburtstag, hrsg. von Ulman Weiß und Jochen Vötsch. Hamburg 2013, S. 45–61; Philipp Melanchthon. Lehrer Deutschlands, Reformator Europas, hrsg. Von Irene Dingel und Armin Kohnle. Leipzig 2011.

54   Melanchthons Antrittsrede von 1518 zitiert nach der Übersetzung von Gerhard Steiger: Melanchthon deutsch Bd. 1, hrsg. von Michael Beyer u. a. Leipzig 1997, S. 41–63 (= Melanchthons Werke Bd. 3, hrsg. von Robert Stupperich. Gütersloh ²1969, S. 30–41).

55   Stupperich, Melanchthons Werke Bd. 3 (wie Anm. 54), Zitat S. 31.

56   Vgl. Scheible, Gründung und Ausbau der Universität Wittenberg (wie Anm. 1), S. 138–145; Kohnle, Die Wittenberger Theologische Fakultät (wie Anm. 47), S. 204–207.

57   Vgl. Töpfer, Die Leucorea am Scheideweg (wie Anm. 9), S. 28–35; Fürstenhof, Universität und Territorialstaat (wie Anm. 14), S. 235–243.

58   Scheible, Aristoteles und die Wittenberger Universitätsreform (wie Anm. 46), S. 123–144, hier S. 124 f. Scheible sieht in der Artistenfakultät den eigentlichen »Reformmotor« an der Leucorea. Kritisch hierzu ist Treu, Die Leucorea zwischen Tradition und Erneuerung (wie Anm. 39), S. 31–51.

59   Vgl. Kohnle, Die Wittenberger Theologische Fakultät (wie Anm. 47), S. 206 f.

60   Zur gemeinsamen theologischen Fundierung des bildungsreformatorischen Wirkens Luthers und Melanchthons vgl. Markus Wriedt, Die theologische Begründung der Bildungsreform bei Luther und Melanchthon, in: Humanismus und Wittenberger Reformation (wie Anm. 46), S. 155–183.

61   Zur generellen Beschreibung des humanistischen Bildungsprogramms Melanchthons vgl. Heinz Scheible, Melanchthons Bildungsprogramm, in: ders., Melanchthon und die Reformation. Forschungsbeiträge, hrsg. von Gerhard May und Rolf Decot. Mainz 1996, S. 99–114; Peter Walter, Melanchthon und die Tradition der »studia humanitatis«, in: Zeitschrift für Kirchengeschichte 110 (1999), S. 191–208; Rudersdorf, Luthertum, humanistische Bildung und Territorialstaat (wie Anm. 2), S. 301–315; Töpfer, Die Leucorea am Scheideweg (wie Anm. 9), S. 28–35. – Grundsätzliche Aspekte bei: Hammerstein, Universitäten und Reformation (wie Anm. 7), S. 388–401.

62   Vgl. Lück, Wittenberg, Universität (wie Anm. 16), S. 232–243; Asche: Melanchthon als christlicher Schulhumanist und Bildungsreformer (wie Anm. 41), S. 75–94; Baumgart, Humanistische Bildungsreform an deutschen Universitäten (wie Anm. 43), S. 31–60.

63   Friedrich Paulsen, Geschichte des gelehrten Unterrichts auf den deutschen Schulen und Universitäten vom Ausgang des Mittelalters bis zur Gegenwart Bd. 1. ³Leipzig 1919, Berlin 1965, S. 224–233; Rudersdorf, Melanchthon und die humanistische Bildungsreform (wie Anm. 53), S. 45–61.

64   Heinz Scheible, »Melanchthon als akademischer Lehrer«, in: ders. (Hrsg.), Melanchthon in seinen Schülern. Wiesbaden 1997, S. 13–30; Johannes Klaus Kipf, Der junge Melanchthon und die Wittenberger Humanisten, in: Der frühe Melanchthon und der Humanismus, hrsg. Von Franz Fuchs (Pirckheimer Jahrbuch für Renaissance- und Humanismusforschung 25). Wiesbaden 2011, S. 95–117; Töpfer, Landesherrschaft, fürstliche Autorität, korporative Universitätsautonomie (wie Anm. 22), S. 44–54.

65   Zur Bedeutung der Juristischen Fakultät im Prozess der Reformen vgl. zuletzt besonders Heiner Lück, Zwischen modus legendi und modus vivendi. Ein Beitrag zur Geschichte des Rechtsunterrichts an der Universität Wittenberg im Reformationsjahrhundert, in: Festschrift für Jan Schröder zum 70. Geburtstag, hrsg. von Arndt Kiehnle u. a. Tübingen 2013, S. 443–467; ders., Einführung: Die Universität Wittenberg und ihre Juristenfakultät, in: Wittenberg. Ein Zentrum europäischer Rechtsgeschichte und Rechtskultur, hrsg. von Heiner Lück und Heinrich de Wall. Köln 2006, S. 13–33.

66 Vgl. dazu Günther Wartenberg u. a. (Hrsg.), Philipp Melanchthon als Politiker zwischen Reich, Reichsständen und Konfessionsparteien. Wittenberg
1998; Kruse, Universitätstheologie und Kirchenreform (wie Anm. 48),
S. 139–153; Schilling, Martin Luther (wie Anm. 51), S. 139–143.

67 Schilling, Martin Luther (wie Anm. 51), Zitat S. 137.

68 Dazu noch einmal pointiert Junghans, Luthers Einfluss (wie Anm. 46),
S. 55–70; Scheible, Die Philosophische Fakultät der Universität Wittenberg
(wie Anm. 46), S. 7–43; Kohnle, Die Wittenberger Theologische Fakultät (wie
Anm. 47), S. 201–211; Lück, Wittenberg, Universität (wie Anm. 16), S. 232–243;
Dieter Stievermann, Wittenberg als Universitätsstandort zwischen Mittel-
alter und Neuzeit, in: Die Theologische Fakultät Wittenbergs (wie Anm. 16),
S. 39–54; Rudersdorf/Töpfer, Fürstenhof, Universität und Territorialstaat
(wie Anm. 14), S. 214–261.

69 In vergleichender Perspektive zusammenfassend: Baumgart, Humanistische Bildungsreform an deutschen Universitäten (wie Anm. 43), S. 31–60.
Exemplarische Fallbeispiele: Rudersdorf, Die Geburt einer Universität (wie
Anm. 19), S. 63–82; Schindling, Universität Gießen als Typus einer Hochschulgründung (wie Anm. 19), S. 83–113; Matthias Asche, Jena als Typus
einer protestantischen Universitätsgründung im Zeichen des Humanismus,
in: Zeitschrift für Thüringische Geschichte 63 (2009), S. 117–142.

70 Vgl. dazu insbesondere Manfred Rudersdorf, Weichenstellung für die Neuzeit. Die Universität Leipzig zwischen Reformation und Dreißigjährigem
Krieg 1539–1648/1660, in: Geschichte der Universität Leipzig 1409–2009
Bd. 1, von Enno Bünz u. a. Leipzig 2009, S. 326–515, S. 775–840; ebenso Thomas Töpfer, Die Universitäten Leipzig und Wittenberg im Reformationsjahrhundert. Aspekte einer vergleichenden Universitätsgeschichte im territorialen Kontext, in: Universitätsgeschichte als Landesgeschichte. Die
Universität Leipzig in ihren territorialgeschichtlichen Bezügen, hrsg. von
Detlef Döring. Leipzig 2007, S. 41–83; Enno Bünz, Leipzig oder Wittenberg?
Bildung und Konfession im Herzogtum Sachsen 1517–1539, in: Perspektiven
der Reformationsforschung in Sachsen. Ehrenkolloquium zum 80. Geburtstag von Karlheinz Blaschke, hrsg. von Winfried Müller. Dresden 2008,
S. 83–94.

71 Höss, Spalatin (wie Anm. 24); dies., Georg Spalatins Bedeutung für die Reformation und die Organisation der lutherischen Landeskirche, in: Archiv
für Reformationsgeschichte 42 (1951), S. 101–135.

72 Peter Moraw, Aspekte und Dimensionen älterer deutscher Universitätsgeschichte, in: Moraw/Press, Academia Gissensis (wie Anm. 19), S. 1–43, Zitat
S. 35.

73 Exemplarisch dazu: Rudersdorf, Die Geburt einer Universität (wie Anm. 19),
S. 63–82.

74 Vgl. insbesondere Dieter Stievermann, Herzog Eberhard im Bart (1459–1496),
in: 900 Jahre Haus Württemberg, hrsg. von Robert Uhland. ³Stuttgart 1985,
S. 82–109; Gerhard Faix, Eberhard im Bart. Stuttgart 1990; Dieter Mertens,
Eberhard im Bart und der Humanismus, in: Eberhard und Mechthild, hrsg.
von Hans-Martin Maurer. Stuttgart 1994, S. 35–81. – Zur Formierung des
Reichsfürstenstandes vgl. Manfred Rudersdorf, Die Reformation und
ihre Gewinner. Konfessionalisierung, Reich und Fürstenstaat im 16. Jahrhundert,
in: Europa in der Frühen Neuzeit Bd. 6, Festschrift für Günter Mühlpfordt,
hrsg. von Erich Donnert. Köln, Weimar, Wien 2002, S. 115–141.

75 Vgl. dazu die Diskussion bei Schindling, Bildungsreformen im Reich der
Frühen Neuzeit (wie Anm. 11), S. 11–25; Gerrit Walther, Humanismus und
Konfession, in: Späthumanismus. Studien über das Ende einer kulturhisto-
rischen Epoche, hrsg. von Notker Hammerstein und Gerrit Walther. Göttingen 2000, S. 113–127; Eike Wolgast, Universität, in: Theologische Realenzyklopädie 34 (2002), S. 354–380; Wolfgang E. J. Weber, Geschichte der
europäischen Universität. Stuttgart 2002, hier S. 71–153; schließlich mit

neuer Perspektivierung Wolfgang Neugebauer, Zu Stand und Aufgaben
moderner europäischer Bildungsgeschichte, in: Geschichte und Gesellschaft
22 (1995), S. 225–236; Matthias Asche, Stefan Gerber, Neuzeitliche Universitätsgeschichte in Deutschland. Entwicklungslinien und Forschungsfelder,
in: Archiv für Kulturgeschichte 90 (2008), S. 159–201.

76 Dass die Entwicklung später einmal auf die Gründung einer Hohen Schule
im ernestinischen Jena als »besseres Wittenberg« hinauslief, ist dem politisch-dynastischen Paradigmenwechsel nach dem Schmalkaldischen Krieg
1546/47 im Haus Wettin geschuldet. Vgl. Helmut G. Walther, Die Gründung
der Universität Jena im Rahmen der deutschen Universitätslandschaft des
15. und 16. Jahrhunderts, in: Blätter für deutsche Landesgeschichte 135
(1999), S. 101–121, vgl. auch Joachim Bauer u. a., Dokumente zur Frühge-
schichte der Universität Jena 1548 bis 1558. Weimar 2003.

77 Ausgehend von der Herausgabe des Sammelbandes »Martin Luther und
seine Universität. Köln/Weimar 1997« hat insbesondere der Hallenser
Rechtshistoriker Heiner Lück durch eine Vielzahl von Studien und Beiträgen
das säkulare Interesse an der alten Wittenberger Universität, fokussiert auf
die Glanzzeit der Hohen Schule im Reformationsjahrhundert, wachgehal-
ten. Seit einigen Jahren ist er Leiter eines großen, vom Land Sachsen-Anhalt
und der Stiftung LEUCOREA geförderten Forschungsprojektes mit mehreren
Mitarbeitern, das sich der systematischen Bearbeitung des ernestinischen
Wittenberg in der Scharnierzeit zwischen 1486 und 1547 widmet. Inzwischen
liegen bereits zwei Bände in der neu begründeten Reihe »Wittenberg-
Forschungen« vor, die Heiner Lück im Auftrag der Stiftung LEUCOREA zusammen mit Enno Bünz, Leonhard Helten, Armin Kohnle, Doróthée Sack
und Hans-Georg Stephan im Michael Imhof Verlag herausgibt: Das ernestinische Wittenberg: Universität und Stadt (1486–1547), Bd. 1. Petersberg
2011 sowie Das ernestinische Wittenberg: Stadt und Bewohner, Bd. 2.1 Textband, Bd. 2.2 Bildband. Petersberg 2013. Das interdisziplinär angelegte Projekt, in dessen Mittelpunkt Wittenberg als Residenz- und Universitätsstadt
und als Zentrum der lutherischen Reformation steht, lässt zweifellos weiteren empirischen Erkenntniszuwachs, nicht zuletzt im Blick auf das große
Jubiläumsjahr der Wittenberger Reformation 2017, erwarten.

THOMAS FUCHS

Buchdruck in Kursachsen zur Zeit Friedrichs des Weisen

Das Thema »Der Buchdruck in Kursachsen in der Zeit Friedrichs des Weisen« gliedert sich grundsätzlich in zwei Bereiche mit den entsprechenden analytischen Herangehensweisen: erstens die quantitative Beschreibung des Druckgeschäftes, d.h. wie viele Drucke wurden in einem gewissen Zeitraum von dem jeweiligen Drucker hergestellt, und zweitens, welche Drucke vom jeweiligen Drucker produziert wurden, also die inhaltlich-thematische Beschreibung der Buchproduktion.[1] Bei der quantitativen

Analyse der Druckproduktion geht es aber nicht nur um die reine Ausgabenanzahl, sondern auch um die nicht minder wichtige Frage, welche Texte produziert wurden. Eine Vollbibel machte einem Drucker mehr Arbeit als 100 Flugschriften oder Universitätsdrucke. Ein solcher Großdrucker musste durch den notwendigen Kapitalaufwand sein Geschäft auf einem viel komplexeren Niveau betreiben als der lokale Universitätsdrucker, der die Mitglieder der Akademie mit Teilausgaben der antiken und scholastischen Autoren versorgte. Die Erhebung der Zahlen der Druckproduktion einzelner Druckorte ist aber immer nur im Vergleich zu anderen Zahlen sprechend, es handelt sich interpretatorisch nicht um absolute, sondern um relative Größenordnungen.

Ein Drucker der Inkunabelzeit lässt sich in Kursachsen nicht nachweisen. Drei Gründe waren hierfür ausschlaggebend:

Das Fehlen einer Universität oder eines bedeutenden kirchlichen Zentrums

Die Universitäten waren neben den Nutzern juristischer Fachliteratur wie den Stadtschreibern, der noch wenig ausgreifenden pragmatischen Drucktätigkeit für den Staat und der kirchlich bedingten Druckertätigkeit der wichtigste Faktor in der Entwicklung der frühen Druckgeschichte. Das universitäre Milieu befeuerte darüber hinaus die breite Produktion von Texten der pragmatischen Kontingenzbewältigungspraxis, die aus Texten wie Almanachen, Praktiken, Horoskopen und Ratgeberliteratur bestand. Mit ihrer Hilfe sollte den Menschen das beste Handeln in verschiedenen Lebenssituationen vermittelt werden. In den Universitätsstädten betätigten sich vor allem Professoren als Autoren dieser Kleinliteratur – in Leipzig z. B. Wenzeslaus Faber –, deren Produktion nicht unwesentlich zur Aufbesserung ihres Einkommens beitrug.

*Das Fehlen eines bedeutenden, überregional
ausstrahlenden Handelszentrums*

Sofort neben den Buchdruck trat das Buchhandelsgewerbe.
Buchdruckereien waren auf leistungsfähige Waren-
austauschbeziehungen ebenso angewiesen wie auf die
Möglichkeit, über den lokalen Markt hinaus auch den überregionalen zu bedienen. Druckereien, die nur Kleinschrifttum für den lokalen Markt produzierten, waren strukturell
nicht überlebensfähig und wurden in den zeitgenössischen
Quellen gerne mit dem abfälligen Begriff »Winkeldrucke-
reien« abgetan. Um ökonomisch überlebensfähig zu sein,
musste ein Drucker einen überregionalen Markt mit dicke-
ren Büchern als einem Quartheftchen von zwei Bögen bedienen können. Eine Zahl kann dieses Problem verdeutlichen: Zwar hatten rund 200 Städte in Europa irgendwann
im 15. Jahrhundert mindestens eine Buchpresse, aber nur
zwölf Orte stellten zwei Drittel aller Bücher im 15. Jahrhundert her. Nur wenige Großdrucker wie Nicolaus Jenson,
Aldus Manutius, Peter Drach oder Anton Koberger bedien-
ten überregional die Leser und konnten damit eine Produk-
tionsgröße erreichen, die das Geschäft rentabel machte.[2]

*Die übermächtige Stellung Leipzigs als
bücherproduzierendes und bücherhandelndes
Zentrum im thüringisch-sächsischen Raum*

Im mitteldeutschen Raum stieg Leipzig sehr schnell zur
führenden Buchdrucker- und Buchhändlerstadt auf und
wurde bis in die Zeit um 1520 zu einer der wichtigsten
Buchstädte in Deutschland. Leipzig konkurrierte spätestens seit den 1490er Jahren mit so frühen und bedeutenden Druckorten wie Augsburg, Nürnberg oder Straßburg.[3]
Nominell wurden im 15. Jahrhundert in Deutschland nur
in Köln mehr Bücher hergestellt als in Leipzig. Vom Umfang
der produzierten Werke her gesehen blieb allerdings das
vor allem Kleindrucke produzierende Druckgewerbe Leipzigs immer noch weit hinter Nürnberg, Augsburg, Köln
und Straßburg zurück. In Leipzig kam aber die Besonderheit der Messe hinzu, die das zentrale Verteilungszentrum
für die Drucke aus den süddeutschen, den südwestdeut-
schen und den italienischen Druckereien bildete. Wie über-
mächtig Leipzigs Stellung war, lässt sich an dem einfachen
Beispiel ersehen, dass Erfurt mit seiner Universität und als
zentraler kirchlicher Ort im 15. Jahrhundert nicht einmal
zehn Prozent der Druckzahlen Leipzigs erreichte, obwohl
schon seit 1473 in Erfurt gedruckt wurde.

Ein Blick auf die Druckzahlen ausgewählter Orte in
Deutschland, Italien und Frankreich kann diesen Befund
erhärten:

Ort	Ausgaben
Venedig	4 349
Paris	3 841
Rom	2 282
Köln	1 754
Lyon	1 632
Leipzig	1 533
Straßburg	1 368
Augsburg	1 359
Mailand	1 216
Nürnberg	1 158
Florenz	1 067
Magdeburg	140
Erfurt	134
Merseburg	9
Meißen	3

Tabelle 1:
Druckzahlen der
Inkunabelzeit

Die drei angeführten Punkte, die die Etablierung eines
Druckgewerbes in Kursachsen behinderten bzw. im historischen Rückblick offensichtlich unmöglich machten, wurden von dem allgemeinen Phänomen der kulturellen
Hegemonie des Südens und Westens gegenüber dem Nor-
den und Osten Europas in der Vormoderne überwölbt. Um
es etwas salopp zu formulieren, war Gutenberg ein Unfall
der Geschichte, den die italienischen und französischen
Drucker innerhalb einer Generation beseitigten – ein früher Buchdruck in Kursachsen ohne ein großes kirchliches
oder städtisches Zentrum hätte den Entwicklungsstruk-
turen der Epoche widersprochen. Diese Feststellungen
mögen banal sein, aber sie sind das Fundament der Analyse der Entwicklung des frühen Buchdrucks. Wo sie nicht
bedacht werden, werden die falschen Schlüsse gezogen.
So heißt es in der Literatur: »Die Frage, warum in der Han-
dels- und Universitätsstadt [Leipzig] ein leistungsstarkes
und sesshaftes Druckgewerbe erst so spät entstanden ist,
konnte noch nicht befriedigend beantwortet werden.«[4]
Hier wird die falsche Frage gestellt. Das »späte« Einsetzen
des Buchgewerbes liegt in der historischen Logik begründet; die entscheidende Frage ist, warum Leipzig eine so
herausragende Stellung erlangte. Warum entwickelte sich
Leipzig nicht wie Magdeburg und Erfurt?

Die Antwort liegt in der herausragenden Bedeutung
Leipzigs als Universitäts- und Handelsstadt. Sie besaß nicht
nur als produzierende Stadt eine dominante Stellung, sondern auch als Stadt des Buchhandels. Insbesondere die
venezianischen Druckererzeugnisse wurden über Leipzig

vertrieben. Werkausgaben antiker Autoren, der Kirchenväter, die großformatigen Ausgaben des kanonischen und kaiserlichen Rechts und die Werkausgaben der großen Scholastiker wurden von den venezianischen Druckereien hergestellt. So konnte sich in Leipzig insbesondere ein kleinteiliges Druckgewerbe etablieren. Nur im Bereich des Drucks von Liturgica und verwandten Textsorten sowie den recht wenigen deutschen Drucken, die eben nicht von ausländischen Offizinen angeboten werden konnten, war es möglich, dass Konrad Kachelofen und sein Nachfolger Melchior Lotter ein umfangreiches und komplexes Produkt auf den Markt brachten. Die Kachelofen-Lotter-Firma spezialisierte sich auf solche Liturgica und konnte sie praktisch konkurrenzlos auf dem mitteldeutschen Markt anbieten.[5]

Leipzig dominierte den Buchdruck in Mitteldeutschland, weil in der Stadt alle Lesebedürfnisse und Kundenwünsche befriedigt werden konnten. Die lokalen Drucker produzierten das breit gestreute Kleinschrifttum für Stadt und Universität und die gewichtigen Ausgaben wurden aus Süddeutschland und Italien importiert.

Weitere Zahlen können diese Zusammenhänge verdeutlichen: Das Leipziger Dominikanerkloster, von dessen Bibliothek wohl 80 Prozent des Bestandes im Jahr 1539 erhalten geblieben sind, weist sicher bestimmbar 441 Inkunabeldrucke auf.[6] Hinzu kommt eine unbekannte Anzahl von Inkunabeln, von denen nur klar ist, dass sie aus einem sächsischen Kloster stammten, aber aufgrund der herausragenden Bedeutung der Dominikanerbibliothek im Altbestand der Universitätsbibliothek Leipzig zu einem großen Teil aus dem Predigerkloster stammen müssen.[7] Von den gesicherten 441 Inkunabeltiteln aus dem Leipziger Dominikanerkloster wurden 122 in Venedig gedruckt, 43 in Köln und nur 38 in Leipzig. Die Zahlen sind zwar etwas verzerrt, da der Leipziger Mediziner Konrad Niesemann, der in Italien studiert hatte, 50 Drucke, und zwar alle aus Italien, dem Dominikanerkloster geschenkt hatte. Aber auch unter Berücksichtigung dieses Vermächtnisses war es in Leipzig offensichtlich kein Problem, italienische Drucke zu erwerben. Denn insgesamt 193 Inkunabeln aus der Bibliothek des Dominikanerklosters stammten aus Italien, das sind 43,7 Prozent.

Die Chance, im Großraum um Leipzig eine überlebensfähige Offizin zu gründen, war gering, wenn es so einfach war, an italienische und süddeutsche Drucke heranzukommen. Dann blieb als Produkt nur das Kleinschrifttum, mit dem der lokale Markt bedient werden konnte. In diesem regionalen Marktsegment wiederum waren die Leipziger Druckereien und die Vertriebsmechanismen der Leipziger Messe marktbeherrschend.

Tabelle 2: Druckorte der Inkunabeln aus der Bibliothek des Leipziger Dominikanerklosters

Druckort	Ausgaben
Venedig	121
Köln	42
Leipzig	37
Straßburg	35
Nürnberg	26
Bologna	19
Basel	19
Rom	18
Augsburg	16
Hagenau	10
Paris	9
Pavia	9
Ulm	8
Reutlingen	8
Mailand	6
Lyon	6
Ferrara	5
Speyer	4
Deventer	4
Treviso	4
Erfurt	4
Antwerpen	3
Mainz	3
Brescia	3
Padua	2
Vicenza	2
Modena	2
Freiburg	2
Löwen	2
Memmingen	1
Lauingen	1
Tübingen	1
Verona	1
Passau	1
Breslau	1
Rostock	1
Florenz	1
Lübeck	1
Wien	1
Brüssel	1
Alost	1

Die hier genannten Punkte griffen ineinander über und bedingten sich gegenseitig. Sie zementierten die Vormachtstellung Leipzigs als Drucker- und Buchhandelsstadt im mitteldeutschen Raum und verhinderten die Ausbreitung von Druckstätten und Druckzentren in der weiteren Region bis Brandenburg und Mecklenburg und im Osten bis Böhmen und Schlesien.

Deshalb war es auch für die Ernestiner einfacher, die Leipziger Druckereien zu beauftragen, anstatt in ihren Ländern ein eigenes Druckgewerbe zu etablieren. So wurde nicht nur die sächsische Landesordnung der Brüder Ernst und Albrecht 1482 in Leipzig bei Lukas Brandis gedruckt,[8] sondern auch noch 1526 ein Nachdruck bei Melchior Lotter.[9] Insgesamt 16 Ausschreiben, meist Einblattdrucke, Friedrichs des Weisen und seines Bruders als Mitregent sind aus der Zeit vor 1501 bekannt. Alle wurden in Leipzig gedruckt (siehe Anhang). Das erste Ausschreiben war die am 9. Januar 1488 in Torgau publizierte Münzordnung, die Moritz Brandis herstellte. Alle weiteren Drucke, erschienen 1490 bis 1500, produzierte Martin Landsberg, weil Brandis 1490 Leipzig verlassen musste.[10]

Mit der Gründung der Universität Wittenberg 1502 änderte sich die Situation grundlegend. Nun war auch in Wittenberg eine Markt- bzw. Nachfragesituation vorhanden, die den Betrieb einer Druckerei gestattete.[11] Befeuert wurde dieser Prozess durch den kurfürstlichen Willen, eine Offizin einzurichten. Von Beginn an trafen sich die Vorstellungen des Kurfürsten, dass zu einer richtigen Universität eine richtige Druckerei gehöre,[12] mit studentischen Eingaben, dass der Kurfürst für die Einrichtung einer Druckerei sorgen solle.[13] Auch spielte das Autarkiedenken der Zeit eine gewisse Rolle. Wir können diese Haltung auch bei der Bibliothek im Schloss beobachten. Spalatin, der für die Sammlung zuständig war, suchte immer wieder Kontakt zu Aldus Manutius in Venedig, um von ihm direkt unter Umgehung des Leipziger Zwischenhandels dessen Verlagsprodukte zu beziehen.[14]

Allerdings gestalteten sich die Anfangsjahre für die Pressen in Wittenberg mehr als beschwerlich, wie ein Blick auf die Entwicklung der Wittenberger Druckereien zeigt.

Eine Vergleichszahl zeigt die geringe Produktivität Wittenbergs als Buchdruckstadt: Martin Landsberg brachte in den fünf Jahren zwischen 1510 und 1514 insgesamt 106 Schriften heraus, alle Wittenberger Drucker zusammen in diesem Zeitraum gerade einmal 48 Bücher.

Schon 1502 kam als erster Drucker der Erfurter Magister Nikolaus Marschalk nach Wittenberg, der allerdings nur eine Hausdruckerei betrieb und 1505 die Stadt wieder verließ.[15] Er druckte noch bis 1516 in Rostock. Dieser produzierte 1502/03 nur zwölf Universitätsdrucke mit geringem Umfang. Einen Teil seines Typenmaterials gab Marschalk an Hermann Trebelius weiter, der an der Universität Wittenberg Griechisch lehrte. In seiner zweijährigen Tätigkeit 1504 und 1505 erschienen aus dessen Presse 18 Titel. Schwerpunkt waren die von Trebelius herausgegebenen Schriften von Baptista Mantuanus und anderer italienischer Humanisten, seine eigenen Arbeiten, aber auch eine Schrift Johannes Reuchlins. Sein Programm war deutlicher humanistisch als das von Marschalk.

Die erste öffentliche Druckerei im Sinne eines Unternehmens begründete Wolfgang Stöckel, der – ursprünglich vom Kurfürsten berufen – aber nur 1504 in Wittenberg arbeitete und danach wieder nach Leipzig zurückkehrte. Nur drei Drucke verließen die Wittenberger Druckerei Stöckels: Petrus Tartaretus philosophische Werke, ein juristisches Kompendium sowie eine Schrift des Baptista Mantuanus über Maria, also ebenfalls universitäres Schrifttum.

1506 und 1507 arbeitete überhaupt kein Drucker in Wittenberg, woran auch die Pest Schuld haben mag,

Drucker	02	03	04	05	06	07	08	09	10	11	12	13	14	15	16	17	18	19	20	21	22	23	24
Marschalk	2	10																					
Trebelius			3	15																			
Stöckel			3																				
Rhau-G.							10	12	8	12	11	11	8	8	11	5	29	45	50	54	52	40	14
Lotter																		1	60	38	14	35	21
Döring																						15	22
Schirlentz																				13	15	27	21
Lufft																						8	17
Klug																						4	8
	2	10	6	16	0	0	10	10	8	12	10	10	8	8	11	5	29	46	110	105	81	129	103

Tabelle 3:
Übersicht über die
Wittenberger Drucker
1502–1524

wegen der die Universität 1506 nach Herzberg verlegt wurde. Die geringe Leistungsfähigkeit der Wittenberger Offizinen führte dazu, dass die Wittenberger Professoren auch weiterhin in Leipzig drucken ließen. Martin Polich, 1502 bis 1513 eine der bestimmenden Gestalten der neugegründeten Universität, publizierte in seiner Wittenberger Zeit insgesamt sechs Schriften: zwei bei Marschalk,[16] eine bei Stöckel[17] und eine bei Rhau-Grunenberg[18] in Wittenberg, je eine bei Jakob Thanner[19] und bei Melchior Lotter d. Ä.[20] in Leipzig.

Die Bedeutung des Druckortes Leipzig für die junge Universität Wittenberg kann an zwei prominenten Universitätsschriften aufgezeigt werden: zum einen die von Christoph Scheurl bei der Präsentation der Wittenberger Reliquiensammlung gehaltene Rede im Herbst 1508,[21] zum anderen der von Andreas Meinhardi in Dialogform gehaltene Führer durch die Residenz- und Universitätsstadt Wittenberg,[22] der für die neue Hochschule werben sollte. Beide Bücher wurden bei Martin Landsberg in Leipzig gedruckt. Andreas Karlstadt ließ 1507 sein Buch über den Aquinaten bei Lotter in Leipzig drucken,[23] sein nächstes Buch im darauf folgenden Jahr ebenfalls zur thomistischen Theologie schon bei Johannes Rhau-Grunenberg,[24] der in den Folgejahren der wichtigste Drucker Karlstadts wurde.

Mit der Tätigkeit Johannes Rhau-Grunenbergs von 1508 bis 1525 können wir überhaupt erst von einer richtigen Druckerei in Wittenberg sprechen, obwohl Rhau-Grunenberg in den ersten zehn Jahren in Wittenberg kaum mehr hervorbrachte als Marschalk und Trebelius. Rhau-Grunenberg druckte wie seine Vorgänger ausschließlich für die Universität: Texte für den Lehrbetrieb, teilweise mit breitem Zeilendurchschuss, den die Studenten bei den Vorlesungen zum Mitschreiben nutzen konnten, die üblichen akademischen Reden und einige Texte italienischer Humanisten mit ihrem vorbildhaften Latein. Symphorian Reinhart, ein aus Straßburg stammender Maler, druckte 1509 das Heiltumsbuch in Wittenberg[25] und 1512 eine poetische Schrift von Adam von Fulda in der deutschen Versbearbeitung von Wolfgang Cyclops.[26] Seine Produktionszahlen waren sehr niedrig, wahrscheinlich besaß er daher keine eigene Presse, sondern nutzte die Werkstatt Rhau-Grunenbergs.

Wir können also von 1502 bis zum Beginn der reformatorischen Publizistik von einem relativ homogenen Wittenberger Buchgewerbe sprechen, das in Größenordnungen von zehn bis 15 Ausgaben pro Jahr für den Universitätsbetrieb produzierte. Bücher, die auf ein größeres Publikum als die Wittenberger Universitätsangehörigen abzielten, wurden in Leipzig hergestellt oder über den Leipziger Buchhandel bezogen.

Die Reformation änderte dieses Bild grundlegend.[27] Seit der von Johannes Rhau-Grunenberg 1516 gedruckten Theologia Deutsch war dessen Arbeit eng mit der Publikationstätigkeit Luthers verknüpft.[28] Neben dem traditionellen Geschäft der Wittenberger Pressen, der Belieferung der Universität mit Büchern, erschienen bei Rhau-Grunenberg in diesem Jahr schon zwei Drucke Ulrich von Huttens,[29] die nun nicht mehr unmittelbar in Beziehung zur Universität standen. Das heißt mit der Produktion für Luther änderte sich das Profil Rhau-Grunenbergs und orientierte sich über den lokalen Buchmarkt hinaus. In den nächsten Jahren verlief die Steigerung der Druckzahlen Rhau-Grunenbergs parallel zu der zunehmenden publizistischen Aktivität Luthers.

Einschneidend wurden die Jahre 1518/19. Die Druckzahlen Rhau-Grunenbergs vervierfachten sich gegenüber 1516. Von den 45 im Jahr 1519 in seiner Presse entstandenen Drucken stammten 29 aus der Feder Martin Luthers. Hinzu kamen je zwei Schriften Melanchthons und Karlstadts, die die Auseinandersetzung mit Johannes Eck betrafen, d. h. 33 von 45 Drucken Rhau-Grunenbergs im Jahr 1519 standen im Zusammenhang mit der Auseinandersetzung um Luthers Theologie. Die Produktion universitären oder sonstigen Schrifttums hatte sich seit 1502 nicht erhöht. Die frühen Drucker produzierten tatsächlich marktkonform.

Das Jahr 1519 war aber nicht nur wegen der starken Erhöhung der Produktionszahlen Rhau-Grunenbergs ein Wendejahr in der Buchdruckgeschichte Wittenbergs, sondern auch durch die Ankunft eines zweiten leistungsstarken Druckers, nämlich Melchior Lotters d. J. Sein Vater gleichen Namens besaß eine florierende Offizin in Leipzig, die 57 Ausgaben im Jahr 1518 herausbrachte. Diese Zahl verschleiert, wie leistungsfähig die Offizin Lotters tatsächlich war, da er neben dem universitären Kleinschrifttum sehr umfangreiche Werke druckte: So z. B. das Breviarium ecclesiae Havelbergensis mit einem Umfang von insgesamt 574 Blatt,[30] das sind 1 148 bedruckte Seiten je Exemplar. Neben universitären Kleinschriften, hochwertigen Liturgica, humanistischen Autoren wie Franciscus Philelphus, Erasmus von Rotterdam und Petrus Mosellanus verließen immerhin 15 Lutherdrucke seine Presse. Im Gegensatz zu Rhau-Grunenberg war er aber zuallererst Geschäftsmann, denn in den nächsten Jahren druckte er gleichzeitig Luther und dessen Gegner, so z. B. zwei Schriften Hieronymus Emsers.[31] Seit 1521 ging Lotters Drucktätigkeit stark zurück, er hielt sich mit der Publikation reformatorischer Schriften zurück und spezialisierte sich weiterhin auf Liturgica und Andachtstexte.

Nachdem aus der Lotterschen Druckerei in Wittenberg im Jahr 1519 nur noch ein Druck erschien, nämlich eine Streitschrift Johannes Oekolampads für Luther und gegen Eck,[32] warf er im darauf folgenden Jahr in enger Zusammenarbeit mit der Lotterschen Offizin in Leipzig 60 Titel auf den Markt: Neben einigen Klassikerausgaben, die von Melanchthon angeregt waren, wurden hauptsächlich reformatorische Schriften von Luther, aber auch von Karlstadt, Lazarus Spengler, Melanchthon und Johannes Dölsch gedruckt. Die Lottersche Druckerei in Wittenberg war aber nicht nur aufgrund der absoluten Steigerung der reformatorischen Publikationen bedeutsam, sondern auch aufgrund des Qualitäts- und Quantitätssprungs im Vergleich zu den Drucken Rhau-Grunenbergs. Das Septembertestament[33] sowie das Dezembertestament,[34] beide in Folio gedruckt und mit reicher Holzschnittausstattung 221 Blatt und 203 Blatt stark – das Septembertestament in der gewaltigen Auflage von 3 000 Exemplaren –, zeigen eindrücklich die Leistungsfähigkeit der Lotterschen Offizin. 1 326 000 Seiten mussten für die Herstellung des Septembertestaments bedruckt werden. Das war deutlich mehr als die Jahresproduktion Rhau-Grunenbergs. 1523 trat der jüngere Bruder Michael in die Wittenberger Firma ein und führte sie weiter, während Melchior 1524 Wittenberg Richtung Magdeburg verließ, wo er bis zu seinem Tod 1554 für die Reformation arbeitete.

Die reiche publizistische Tätigkeit der Anhänger Luthers ließ Platz für weitere Drucker in Wittenberg. 1523 eröffnete Lucas Cranach zusammen mit Christian Döring eine dritte Druckerei in Wittenberg. Beide waren zuvor als Verleger tätig gewesen, so z. B. für das 1521 von Rhau-Grunenberg gedruckte Passional Christi und Antichrist sowie für das bei Lotter gedruckte Septembertestament. In den beiden Jahren 1523 und 1524 brachte Döring 37 Titel heraus. Cranach / Döring druckten ausschließlich Werke der reformatorischen Publizistik. Bis auf zwei Werke stammten sie von Martin Luther oder Luther war zumindest als Beiträger beteiligt.

Die 1523 in Wittenberg tätigen Druckereien Rhau-Grunenberg, Lotter und Cranach / Döring standen alle in direkter Beziehung zu Luther. Rhau-Grunenberg war mit Luther aus Erfurt gekommen und war der erste Lutherdrucker überhaupt, die Lottersche Offizin hatte schon in Leipzig Luthertexte gedruckt und Cranach wirkte auch als Illustrator der Werke des großen Reformators.

Die nächste Welle von Druckeransiedlungen in Wittenberg bestand nun aus Druckern, die unabhängig von Luther

Abb. 3
Lucas Cranach d. Ä., Holzschnitt zur Offenbarung des Johannes, in: Martin Luther, Das Newe Testament deutzsch, übers. von Martin Luther, Wittenberg: Melchior Lotter, 1522. Staatsbibliothek zu Berlin, Abteilung Historische Drucke, Sign. Biblia sacra fol. 50

nach Wittenberg kamen. Schon 1521 siedelte sich Nickel Schirlentz in Wittenberg an. Die ersten Drucke tragen den Erscheinungsvermerk »Impressus Wittembergae a Nicolao Schirlenco, in aedibus Carolstadii«. Da diese von mangelhafter Qualität im Vergleich zu seinen späteren Erzeugnissen sind, wird davon ausgegangen, dass Schirlentz zunächst als Buchführer für eine Hausdruckerei Karlstadts fungierte und sich im Laufe des Jahres 1522 / 23 als Drucker selbstständig machte.[35] 1523 stellte er 27 Drucke her. Kein Text Karlstadts war mehr darunter, dagegen 20 von Luther und sieben von anderen evangelischen Autoren.

1523 begannen zwei weitere Drucker in Wittenberg ihre Tätigkeit für die Reformation: Hans Lufft, welcher der bedeutendste Reformationsdrucker werden sollte, und Joseph Klug. Sie stellten in den Jahren 1523 und 1524 jeweils 25 und zwölf Ausgaben her. Wie die anderen Drucker auch standen sie ganz im Dienste der Reformation. Lufft profilierte sich als Drucker der Lutherbibeln, 1534 produzierte er die deutsche Vollbibel und 1539 die erste Gesamtausgabe Luthers. Klug hingegen stellte zunächst das übliche reformatorische Kleinschrifttum her.

Jahr	WB	Luth	Kar	Z	Luth	ABG	Luth	CO	Luth	J	Luth	L	Luth
1501												62	
1502	2											64	
1503	11											83	
1504	6											81	
1505	16											106	
1506	0											52	
1507	0											90	
1508	10		1									74	
1509	14											90	
1510	8											91	
1511	12		1									80	
1512	11											111	
1513	11											81	
1514	8											92	
1515	8											133	
1516	11											120	
1517	5											102	
1518	29	19	2									172	46
1519	47	28	3									189	71
1520	120	68	11									190	45
1521	105	53	12					2				119	9
1522	81	54	8					28	10			121	
1523	129	106		43	6			1	1	1		43	4
1524	105	64		57	6	10	3			12	4	26	
1530	99			21				6				44	
1550	137			2				6				56	
1570	159											100	
1590	81											115	
1600	136											123	

Tabelle 4:
Wittenberger Druck
im Vergleich[36]

In dem uns interessierenden Zeitraum wurde auf dem Gebiet Kursachsens bzw. im Herrschaftsbereich der Ernestiner nicht nur in Wittenberg, sondern auch in Zwickau, Altenburg, Coburg und Jena gedruckt.[37] Alle diese Druckorte entstanden mit der Reformation und waren von unstetigen Druckereien geprägt, die unmittelbar nach dem Bauernkrieg ihre Tätigkeit einstellten. Eine nennenswerte Anzahl von Drucken wurde nur noch in Zwickau produziert. Johann Schönsperger d. J., aus alter Druckerfamilie stammend, stellte sein Schaffen ebenfalls vorbehaltlos in den Dienst der Reformation.[38] Allerdings war die Zahl der Autoren viel höher als in Wittenberg. Obwohl die 100 von Schönsperger in Zwickau 1523 und 1524 hergestellten Drucke die reformatorische Botschaft verkündeten, stammten nur elf Texte aus der Feder Luthers. In Wittenberg war der Autor Luther das Zentrum des Druckschaffens, alles andere war mehr oder weniger bedeutungslos, während in Zwickau die lutherische Botschaft in ihrer ganzen Autorenbreite zum Zuge kam. Die hohe Nachfrage nach Luthertexten und die hohe Produktivität des Reformators ließen in Wittenberg für andere Autoren nur wenig Raum.

Unbestreitbar war die Reformation der Wendepunkt in der Druckgeschichte Kursachsens. Die Reformation und vor allem Luther produzierten die Themen, die die Nachfrage ansteigen ließen.[39] Offensichtlich war der Markt, der von den Wittenberger Druckern in der Zeit vor 1518 bedient werden konnte, gesättigt. Erst Luthers Auftreten gab den Wittenberger Druckereien die Chance, in den überregionalen Markt einzusteigen und Produkte anzubieten, für die eine vorher nicht vorhandene Nachfrage existierte. 1524, im Todesjahr Friedrichs des Weisen, hatten sich schon sechs leistungsstarke Druckereien in Wittenberg angesiedelt, die ausschließlich für die Reformation produzierten. In der Druckgeschichte des 16. Jahrhunderts besitzt Wittenberg eine absolute Ausnahmestellung.

Das bisher Gesagte kann in einer These zugespitzt werden: Wittenbergs Aufstieg war nur durch den Niedergang Leipzigs als Buchstadt möglich. Ganz offensichtlich korrelierten die Wittenberger und Leipziger Druckzahlen. Leipzig war bis 1521 ein wichtiger Druckort für Schriften Luthers: 178 Ausgaben von Luthertexten wurden 1518 bis 1521 in Leipzig hergestellt; 1522 bis 1524 nur noch vier. In Wittenberg dagegen wurden 170 Ausgaben zwischen 1518 und 1521 gedruckt, zwischen 1522 und 1524 dagegen 224. Erst die antireformatorische Politik Herzog Georgs nach dem Wormser Edikt und dem daraus resultierenden Abstieg Leipzigs als bücherproduzierende und bücherhandelnde Stadt schaffte den Raum, den Wittenberg benötigte, um sich als größter Druckort im Reich im 16. Jahrhundert zu etablieren.

Anhang

- Leipziger Einblattdrucke der Inkunabelzeit mit ernestinischen Verordnungen
- GW 1038610N / VE15 F-106: Friedrich <III., Sachsen, Kurfürst>: Münzordnung. Torgau, 9. Januar 1488 [Leipzig: Moritz Brandis].
- GW 10387 / VE15 F-107: Friedrich <III., Sachsen, Kurfürst> und Johann <Sachsen, Kurfürst>: Verzeichnis der zugelassenen fremden Münzen und ihrer Umrechnung und der verbotenen fremden Münzen [Leipzig: Martin Landsberg, 1490].
- GW 10388 / VE15 F-108: Friedrich <III., Sachsen, Kurfürst> und Johann <Sachsen, Kurfürst>: Ausschreiben zu dem Verzeichnis der zugelassenen und verbotenen fremden Münzen. Weimar, 28.IX.1490 [Leipzig: Martin Landsberg].
- GW 10389 / VE15 F-109: Friedrich <III., Sachsen, Kurfürst> und Johann <Sachsen, Kurfürst>: Ausschreiben zu dem Verzeichnis der zugelassenen und verbotenen fremden Münzen. Weimar, 28.IX.1490 [Leipzig: Martin Landsberg].
- GW 10390 / VE15 F-110: Friedrich <III., Sachsen, Kurfürst> und Johann <Sachsen, Kurfürst>: Ausschreiben zu dem Verzeichnis der zugelassenen und verbotenen fremden Münzen. Weimar, 28.IX.1490 [Leipzig: Martin Landsberg].
- GW 10391 / VE15 F-111: Friedrich <III., Sachsen, Kurfürst> und Johann <Sachsen, Kurfürst>: Ausschreiben zu dem Verzeichnis der zugelassenen und verbotenen fremden Münzen. Weimar, 28.IX.1490 [Leipzig: Martin Landsberg].
- GW 10392 / VE15 F-112: Friedrich <III., Sachsen, Kurfürst> und Johann <Sachsen, Kurfürst>: Ausschreiben zu dem Verzeichnis der zugelassenen und verbotenen fremden Münzen. Weimar, 28.IX.1490 [Leipzig: Martin Landsberg].
- GW 10393 / VE15 F-113: Friedrich <III., Sachsen, Kurfürst>: Ausschreiben zu dem Verzeichnis der zugelassenen und verbotenen fremden Münzen. Weimar, 28.IX.1490 [Leipzig: Martin Landsberg].
- GW 10394 / VE15 F-114: Friedrich <III., Sachsen, Kurfürst> und Johann <Sachsen, Kurfürst>: Ausschreiben zu dem Verzeichnis der zugelassenen und verbotenen fremden Münzen. Weimar, 28.IX.1490 [Leipzig: Martin Landsberg].
- GW 10395 / nicht in VE15: Friedrich <III., Sachsen, Kurfürst> und Johann <Sachsen, Kurfürst>: Münzordnung. [Leipzig: Martin Landsberg, 1500].
- GW 10396 / VE15 F-115: Friedrich <III., Sachsen, Kurfürst> und Johann <Sachsen, Kurfürst>: Ausschreiben zu der Münzordnung von 1500. Jena, 10.VI.1500 [Leipzig: Martin Landsberg].
- GW 10397 / VE15 F-116: Friedrich <III., Sachsen, Kurfürst> und Johann <Sachsen, Kurfürst>: Ausschreiben zu der Münzordnung von 1500. Jena, 10.VI.1500 [Leipzig: Martin Landsberg].
- GW 10398 / VE15 F-117: Friedrich <III., Sachsen, Kurfürst> und Johann <Sachsen, Kurfürst>: Nachtrag zu einem Ausschreiben an die Städte betreffend den Umtausch ausländischer Münzen [Leipzig: Martin Landsberg, 1500].
- GW 10399 / VE15 F-118: Friedrich <III., Sachsen, Kurfürst> und Johann <Sachsen, Kurfürst>: Ausschreiben über ihre Vereinbarungen mit Ernst, Erzbischof von Magdeburg, und Albrecht, Herzog von Sachsen, betreffend Maßnahmen für Sicherheit und Ordnung in ihren Territorien. Torgau, 19.VIII.1491 [Leipzig: Martin Landsberg].
- GW 10400 / VE15 F-119: Friedrich <III., Sachsen, Kurfürst> und Johann <Sachsen, Kurfürst>: Ausschreiben mit der Aufforderung zur Folgeleistung bei einem Kriegszug und der Weisung, die Waffenfähigen zu mustern und über ihre Zahl und Ausrüstung einen Bericht einzusenden. Torgau, 5.V.1494 [Leipzig: Martin Landsberg].
- GW 10401 / VE15 F-120: Friedrich <III., Sachsen, Kurfürst>: Ausschreiben betreffend die Erhebung des Gemeinen Pfennigs angesichts der Türkengefahr. Coburg, 30.IX.1495 [Leipzig: Martin Landsberg].
- GW 10402 / VE15 F-121: Friedrich <III., Sachsen, Kurfürst> und Johann <Sachsen, Kurfürst>: Ausschreiben betreffend die Erhebung einer Türkensteuer. Jena, 22.XII.1500 [Leipzig: Martin Landsberg].
- GW 10403 / VE15 F-122: Friedrich <III., Sachsen, Kurfürst> und Johann <Sachsen, Kurfürst>: Nachtrag zu einem Ausschreiben an die Städte mit der Weisung, einen Bericht über den dort herrschenden übertriebenen Aufwand der Lebensführung, Vorschläge zur Bekämpfung dieser Mißstände und ein Verzeichnis der Zünfte und Innungen der Handwerker einzureichen [Leipzig: Martin Landsberg, 1500].

Anmerkungen

1 Die folgenden Ausführungen basieren auf der Auswertung des »Verzeichnisses der im deutschen Sprachbereich erschienenen Drucke des 16. Jahrhunderts (VD16)«, Online-Ausgabe: www.vd16.de; weitere benutzte Bibliographien sind: GW = Gesamtkatalog der Wiegendrucke, Online-Ausgabe: http://www.gesamtkatalogderwiegendrucke.de; VE15 = Falk Eisermann, Verzeichnis der typographischen Einblattdrucke des 15. Jahrhunderts im Heiligen Römischen Reich Deutscher Nation: VE15 Bd. 1–3. Wiesbaden 2004.

2 Andrew Pettegree, The book in the Renaissance. New Haven, London 2010, S. 65 f.

3 Hans Lülfing, Leipziger Frühdrucker. Leipzig 1959; Helmut Claus, Untersuchungen zur Geschichte des Leipziger Buchdrucks von Luthers Thesenanschlag bis zur Einführung der Reformation im Herzogtum Sachsen (1517–1539). Diss. masch. Berlin 1973; Thomas Thibault Döring, Der Leipziger Buchdruck vor der Reformation, in: Bücher, Drucker, Bibliotheken in Mitteldeutschland. Neue Forschungen zur Kommunikations- und Mediengeschichte um 1500, hrsg. von Enno Bünz. Leipzig 2006, S. 87–98.

4 Döring, Der Leipziger Buchdruck (wie Anm. 3), S. 87.

5 Hans Lülfing, Lotter, Melchior (d. Ä.), in: NDB 15 (1987), S. 246 f. (Onlinefassung: www.deutsche-biographie.de/pnd119747162.html); Hartmut Harthausen, Kachelofen, Konrad, in: Lexikon des gesamten Buchwesens, 4 (²1992), S. 123.

6 Die folgenden Zahlen basieren auf der Arbeit am Inkunabelkatalog der Universitätsbibliothek. Der Katalog wird 2014 erscheinen.

7 Zur Inkunabelsammlung der Universitätsbibliothek: Thomas Thibault Döring, Die Inkunabelsammlungen der Universitätsbibliothek Leipzig und der Stadtbibliothek Leipzig, in: Das Buch in Antike, Mittelalter und Neuzeit. Sonderbestände der Universitätsbibliothek Leipzig, hrsg. von Thomas Fuchs u. a. Wiesbaden 2012, S. 197–219.

8 GW 9389

9 VD 16 S 727

10 Döring, Der Leipziger Buchdruck (wie Anm. 3), S. 88f.

11 Andreas Gössner, Die Anfänge des Buchdrucks für universitäre Zwecke am Beispiel Wittenbergs, in: Bücher, Drucker, Bibliotheken in Mitteldeutschland (wie Anm. 3), S. 133–152.

12 Kurfürst Friedrich fordert die Universität auf, eine Druckerei für die Universität einzurichten: Urkundenbuch der Universität Wittenberg Bd. 1, hrsg. von der Historischen Kommission für die Provinz Sachsen und für Anhalt, bearb. von Walter Friedensburg. Magdeburg 1926, Nr. 8, S. 6–7.

13 Studenten klagen über die mangelhafte Ausstattung mit Büchern, weil ein Drucker fehle: Urkundenbuch (wie Anm. 12), Nr. 49, S. 71.

14 Urkundenbuch (wie Anm. 12), Nr. 46, S. 68, 13. Dezember 1512.

15 Im Folgenden: Gössner, Die Anfänge des Buchdrucks (wie Anm. 11); Christoph Reske, Die Buchdrucker des 16. und 17. Jahrhunderts im deutschen Sprachgebiet. Auf der Grundlage des gleichnamigen Werkes von Josef Benzing. Wiesbaden 2007; Hans Lülfing, Universität, Buchdruck und Buchhandel in Wittenberg, vornehmlich im 16. Jahrhundert, in: 450 Jahre Martin Luther Universität Halle Wittenberg Bd. 1. Halle 1952, S. 377–391.

16 VD16 P 3973 und P 3976.

17 VD16 J 654.

18 VD16 S 6270.

19 VD16 ZV 12642.

20 VD16 ZV 12643.

21 VD16 S 2803.

22 VD16 M 2251.

23 VD16 B 6168.

24 VD16 B 6150.

25 VD16 Z 250 und ZV 24309.

26 VD16 ZV 86.

27 Helmut Claus, »als ob die Engel Botenläufer gewesen.« Wittenberg als Druckstadt, in: Wittenberg als Bildungszentrum 1502–2002. Lernen und leben auf Luthers Grund und Boden, »Recht lehren ist nicht die geringste Wohltat«, hrsg. von Peter Freybe. Wittenberg 2002, S. 75–102.

28 VD16 T 890.

29 VD16 H 6381 und H 6380.

30 VD16 B 8153.

31 VD16 E 1116 und E 3035.

32 VD16 O 299.

33 VD16 B 4318.

34 VD16 B 4319.

35 Lülfing, Universität, Buchdruck und Buchhandel (wie Anm. 15), S. 377.

36 Abkürzungen: WB = Wittenberg; Z = Zwickau; ABG = Altenburg; CO = Coburg; J = Jena; L = Leipzig; Luth = Luther; Kar = Karlstadt.

37 Helmut Claus, Zum Buchdruck in Zwickau und Altenburg in der Reformationszeit, in: Flugschriften der Reformationszeit. Colloquium im Erfurter Augustinerkloster 1999, hrsg. von Ulman Weiss. Tübingen 2001, S. 17–55; Helmut Claus: Sächsische Kleinpressen im Dienste der Reformation. Das Schaffen von Gabriel Kantz in Altenburg (1524 bis 1527?), in: Martin Luther. Leben, Werk, Wirkung, hrsg. von Günter Vogler. Berlin 1983, S. 348–365.

38 Helmut Claus, Die Zwickauer Drucke des 16. Jahrhunderts, Teil: 1. Johann Schönsperger 1523–1528; Gabriel Kantz 1527–1529, Teil: 2. Wolfgang Meyerpeck 1530–1551. Gotha 1985-1986.

39 Mark U. Edwards, Printing, propaganda, and Martin Luther. Berkeley u. a. 1994; so auch: John L. Flood, The Book in Reformation Germany, in: The reformation and the book, Bhrsg. von Jean-François Gilmont. Aldershot 1998, S. 21–103.

ANHANG

Abkürzungen und Siglen

ADB . . . . Allgemeine Deutsche Biographie. 56 Bde. Leipzig 1875–1912. (ND 1968–1974) (Online-Ausgabe: http://www.deutsche-biographie.de).

EGA . . . . Ernestinisches Gesamtarchiv

fol. . . . . Folio

GStAPK . . . . Geheimen Staatsarchiv Preußischer Kulturbesitz Berlin

GW . . . . Gesamtkatalog der Wiegendrucke (Online-Ausgabe: http://www.ge-samtkatalogderwiegendrucke.de)

HRG² . . . . Handwörterbuch zur deutschen Rechtsgeschichte. 2. Aufl. Berlin 2008.

LHASA-MD. . . . . Landeshauptarchiv Sachsen-Anhalt Magdeburg

NDB . . . . Neue Deutsche Biographie / hrsg. von der Historischen Kommission bei der Bayerischen Akademie der Wissen-schaften. Berlin 1953 ff. (Online-Ausgabe: http://www.deutsche-biographie.de).

OBA . . . . Ordensbriefarchiv

OF . . . . Ordensfoliant

r . . . . recto bei Handschriften und Druck-schriften mit Blattzählung

RI . . . . Regesta Imperii (Online über http://www.regesta-imperii.de)

RTA JR . . . . Deutsche Reichstagsakten Jüngere Reihe

RTA MR . . . . Deutsche Reichstagsakten Mittlere Reihe

StA-D . . . . Sächsisches Staatsarchiv Hauptstaatsarchiv Dresden

StAT . . . . Stadtarchiv Torgau

ThHStAW . . . . Thüringisches Hauptstaatsarchiv Weimar

TRE . . . . Theologische Realenzyklopä-die / hrsg. von Gerhard Krause u. a. 36 Bde. und Abkürzungsverzeichnis. Berlin 1977–2004.

v . . . . verso bei Handschriften und Druck-schriften mit Blattzählung

VD16 . . . . Verzeichnis der im deutschen Sprachraum erschienenen Drucke des 16. Jahrhunderts

VD17. . . . . Verzeichnis der im deutschen Sprachraum erschienenen Drucke des 17. Jahrhunderts

VE15 . . . . Falk Eisermann, Verzeichnis der typographischen Einblattdrucke des 15. Jahrhunderts im Heiligen Römi-schen Reich Deutscher Nation

WA . . . . D. Martin Luthers Werke. Kritische Gesamtausgabe: Schriften. Weimar 1883 ff.

WA Br . . . . D. Martin Luthers Werke. Kritische Gesamtausgabe: Briefwechsel. 18 Bde. Weimar 1930–1985.

WA TR . . . . D. Martin Luthers Werke. Kritische Gesamtausgabe: Tischreden. 6 Bde. Weimar 1912–1921.

zit. . . . . zitiert

Abbildungen

Museen der Stadt **Aschaffenburg:** S. 58

Hofbibliothek **Aschaffenburg:** S. 151, 153

bpk / Kupferstichkabinett, Staatliche Museen zu Berlin / Volker-H. Schneider: S. 10; bpk / Hamburger Kunsthalle / Elke Walford: S. 29; bpk / Museum der bildenden Künste, Leipzig / Ursula Gerstenberger: S. 93, 99; bpk / Gemäldegalerie, SMB / Jörg P. Anders: S. 105; bpk / Lutz Braun: S. 110; bpk / Staatsbibliothek zu Berlin: S. 141, 171

Kunstsammlungen der Veste **Coburg**: S. 2–3, 132, 133

Landesbibliothek **Coburg**: S. 81

Anhaltische Gemälde-Galerie **Dessau**: S. 106

Institut für Sächsische Geschichte und Volkskunde **Dresden**: S. 135 (Foto: Ludwig Felber)

Staatliche Kunstsammlungen **Dresden**: S. 20 (Foto: Hans-Peter Klut), 42 (Foto: Elke Estel), 107 (Foto: Dirk Gedlich), 109 (Foto: Herbert Boswank), 134 (Foto: Roger Paul), 140 (Foto: Roger Paul); 143

Sächsische Landesbibliothek – Staats- und Universitäts-bibliothek Dresden / Deutsche Fotothek: S. 63

Institut für Stadtgeschichte **Frankfurt / M.**: S. 40 (Foto: Uwe Dettmar)

Stiftung Schloss Friedenstein **Gotha**: S. 55

Martin-Luther Universität **Halle**-Wittenberg, Universitätsarchiv: S. 159

Evangelisch-Lutherisches Pfarramt **Heilsbronn**: S. 66

Herzog, Jürgen: S. 120

Staatliche Kunsthalle **Karlsruhe**: S. 145

Landesamt für Denkmalpflege Sachsen (Bildsammlung): S. 121

Bayerische Staatsbibliothek **München**: S. 25, 43, 48, 152, 154, 165, 172, 176

Germanisches Nationalmuseum **Nürnberg**: S. 162 (Foto: D. Messberger)

Nasjonalmuseet for kunst, arkitektur og design **Oslo**: S. 83

Evangelische Kirchengemeinde **Torgau**: S. 127

Thüringisches Hauptstaatsarchiv **Weimar**: S. 94

Kunsthistorisches Museum **Wien**: S. 23, 24, 54, 123

Evangelisches Predigerseminar **Wittenberg**: S. 163

Ratsarchiv **Wittenberg**: S. 164

Stadtbibliothek **Worms**: S. 12

Impressum

© 2014 Staatliche Kunstsammlungen Dresden
und Sandstein Verlag, Dresden

Herausgeber
Dirk Syndram, Yvonne Fritz und Doreen Zerbe
im Auftrag der Staatlichen Kunstsammlungen Dresden

Redaktion
Doreen Zerbe

Bildredaktion
Marco Neumaier

Lektorat
Betty Baumann, Sina Volk, Sandstein Verlag

Gestaltung
Simone Antonia Deutsch, Sandstein Verlag

Satz und Reprographie
Nadja Rein, Jana Neumann, Jana Felbrich,
Sandstein Verlag

Druck und Verarbeitung
Offizin Andersen Nexö Leipzig

In Kooperation mit

Sächsische Akademie
der Wissenschaften
zu Leipzig

Landkreis Nordsachsen

Torgau Elbe

Gefördert durch

Freistaat
SACHSEN

IN DER SAMMLUNGSTRADITION
DES HAUSES WETTIN A.L.

Die Deutsche Nationalbibliothek verzeichnet diese
Publikation in der Deutschen Nationalbibliographie;
detaillierte bibliographische Daten sind im Internet
über http://dnb.ddb.de abrufbar.

www.sandstein-verlag.de
ISBN 978-3-95498-101-4